**조너선 아이브 Jony Ive**

# 조너선 아이브 Jony Ive

## 위대한 디자인 기업 애플을 만든 또 한 명의 천재

리앤더 카니 | 안진환 옮김

민음사

아내 트레이시와 우리의 아이들
나딘, 밀로, 올린, 라일에게 이 책을 바칩니다.

저자의 말

처음 만난 날, 조너선 아이브는 저녁 내내 내 배낭을 메고 돌아다녔다.

2003년 맥월드 엑스포, 거기서 열린 한 초저녁 파티에 참석했다가 그와 마주쳤다. 당시 나는 《와이어드닷컴》에 기사를 팔아 먹고살던 프리랜서 기자였기에 그가 누구인지 한눈에 알아보았다. 세계에서 가장 유명한 디자이너로 부상하고 있던 조너선 폴 아이브가 아니던가.

그는 놀랍게도 기꺼이 시간을 내 나와 담소를 나눴다.

우리는 서로에게서 몇 가지 공통점을 발견했다. 둘 다 맥주를 무척 좋아한다는 점과 둘 다 영국 출신의 샌프란시스코 거주자라 약간의 문화 충격을 느낀다는 사실이었다. 아이브의 부인인 헤더까지 함께한 그 자리에서 우리는 영국의 선술집과 대단한 일간지들, 영국 음악(특히 일렉트로닉 하우스 뮤직) 등을 화제로 삼으며 고국을 추억했다. 그렇지만 맥주 몇 잔을 비울 때쯤 나는 몸을 벌떡 일으키지 않을 수 없었다. 약속에 늦었다는 사실이 떠오른 것이다. 서둘러 자리를 뜨는 바람에 노트북 배낭을 챙기는 것도 깜빡했다.

자정을 한참 넘겼을 무렵 나는 시내 건너편에 있는 한 호텔 바에서 아이브와 다시 마주쳤다. 진정 놀랍게도 그의 한쪽 어깨에 나의 배낭이 걸쳐져 있었다.

세계에서 가장 유명한 디자이너가 건망증이 심한 기자의 노트북 가방을 밤새 들고 다녔다는 사실에 나는 크게 놀랐다. 하지만 지금은 그런 행동 방식이야말로 조너선 아이브의 특성임을 이해한다. 그는 늘 팀과 협력자들에게 초점을 맞추며 특히 애플이라는 조직을 중시한다. 아이브에게는 일에 관한 한 그런 태도가 가장 중요하기 때문이다. 그는 자기 일에 관해 이야기할 때도 '나' 대신 '우리'라는 표현을 사용한다.

첫 만남이 있고 몇 달 후, 그러니까 2003년 6월 애플이 주최한 세계 개발자 콘퍼런스(WWDC)에서 아이브를 다시 만났다. 스티브 잡스가 멋진 알루미늄 케이스에 담긴 강력한 데스크톱 컴퓨터인 파워맥 G5를 소개하는 동안 그는 한쪽에 비켜서 있었다. 그렇게 서서 애플 홍보부에서 나온 거들먹거리는 듯 보이는 여성 두세 명과 소곤소곤 담소를 나눴다. 잡스의 연설이 끝난 후 나는 아이브가 서 있는 쪽으로 발걸음을 옮겼다.

아이브는 환한 미소로 나를 반겼다. "다시 만나서 반가워요." 악수를 나누며 그가 상냥한 어조로 물었다. "잘 지내시죠?"

배낭 사건이 떠올랐지만 창피해서 입 밖에 내지는 않았다.

나는 이런저런 인사말을 나누다가 마침내 틈을 타 이렇게 물었다. "몇 마디 취재에 응해 주실 수 있나요?" 옆에 서 있던 홍보부 직원들이 일제히 머리를 가로저었다. 애플은 늘 그토록 비밀스러운 조직이었다. 그러나 아이브는 흔쾌히 답했다. "물론이죠."

그는 전시용 모델을 올려놓은, 옆에 있던 받침대 쪽으로 나를 이끌었다. 내가 원한 건 그저 기삿거리가 될 만한 한두 마디였는데, 그는 20분에 걸쳐 자신의 최신 작업에 대한 이야기를 신 나게 쏟아 내기 시작했다. 내가 끼어들 틈이 거의 없었다. 스스로도 어쩔 수 없는 듯 보였다. 디자인은 그의 열정 자체였다.

큼지막한 알루미늄 판으로 제작된 파워맥 G5는 잿빛 금속 재질의 스텔스 폭격기를 연상시켰다. 이러한 밀리터리 풍은 당시 업계의 상황을 반영한 것이었다. 그 시절 애플은 칩의 속도를 놓고 인텔과 대립하며 '메가헤르츠 전쟁'에 한창이었다. 컴퓨터 제조 업체마다 자사 하드웨어의 기본 처리 능력을 홍보하기 바빴는데, 애플이 개중 가장 강하다고 자부할 수 있는 새로운 PC를 들고 나온 것이다. 하지만 아이브는 처리 능력에 관해선 한마디도 언급하지 않았다.

"정말 힘들었던 부분은 말이에요." 그는 파워맥 G5의 전반적인 디자인 철학이 바로 단순하게 가는 것이었다고 말하기 시작했다. "우리는 절대적으로 본질적인 부분이 아닌 것은 무엇이든 제거하려고 애썼어요. 하지만 그런 노력은 겉으로 드러나 보이진 않죠. 우리는 계속해서 처음으로 되돌아가곤 했어요. 이 부분이 필요한가? 그것을 유지해서 다른 네 부분의 기능을 수행하게 할 순 없을까? 이런 식으로 줄여 나가는 게 하나의 의식이 돼 버렸죠. 하지만 그럼으로써 만들기도 더 쉬워졌고 사람들이 함께 일하기도 더 쉬워졌어요."

축소와 단순성? 이것이 정녕 기술 업계 사람들이 즐기는 대화의 전형이란 말인가? 기술 회사들은 새로운 제품을 출시할 때 대개 차별화를 위해 가급적 부가 기능을 (없애기는커녕) 추가하려 애쓰기 마련인데, 아이브는 그 정반대를 말하고 있었다. 단순화가 무슨 새로운 접근 방식이라도 되는 양 말하는 것은 아니었다. 사실 단순화 개념은 디자인 공부의 기초에 속했다. 하지만 2003년의 현실 세계와는 걸맞아 보이지 않았다. 그 유월 오후 샌프란시스코에서 우연히 만났을 때 조너선 아이브가 애플 혁신의 비밀에 대해 엄청난 힌트를 제공했다는 사실을 깨달은 것은 한참 후의 일이었다. 그는 이후 애플이 그 대단한 약진을 이루고 세계의 지배적인 기업으로 성장하는 데 바탕이 된 철학의 단서를 내게 알려 주었던 것이다.

아이브는 스티브 잡스가 그들의 공동 작업물(애플의 상징과도 같은 아이맥과 아이팟, 아이폰, 아이패드 등)을 대중 앞에 선보일 때면 옆에 비켜서 있는 것에 만족했다. 그러면서 자신의 사고방식과 디자인 철학이 이룩한 획기적 발전을 관조하곤 했다. 애플의 산업 디자인 담당 수석 부사장으로서 조너선 아이브는 오늘날 정보 기반 사회의 형성에 독보적인 영향력을 행사하는 인물이다. 그는 우리가 일하는 방식과 즐기는 방식, 소통하는 방식을 새롭게 써 내려가고 있다.

그렇다면 난독증이 있는 영국의 한 아트 스쿨 졸업생이 어떻게 해서 세계를 주도하는 기술 혁신가가 된 것일까? 우리는 이 책에서 명석하지만 겸손한 한편, 디자인에 유달리 집착하는 한 인간을 만나게 될 것이다. 지대하고 영향력 있는 통찰력으로 우리의 생활 방식을 바꿔 놓은 인물, 조너선 아이브 말이다.

# 차례

# 1

## 학창 시절

유압 메커니즘이 얼마나 잘 조합되었던지 거의 한순간에 전개되었습니다.
조니에게서 움트기 시작한 재능을 여실히 느낄 수 있었지요.

—랠프 태버러(전 영국 교육부 국장)

전해 오는 이야기에 따르면 칭퍼드는 설로인 스테이크의 본고장이다. 17세기 영국 스튜어트 왕조의 제3대 국왕 찰스 2세가 한 장원 영주의 저택에서 만찬의 메인 요리로 나온 큼지막한 등심구이의 맛에 반해 그 고깃덩어리에 로인 경(Sir Loin)이라는 기사 작위를 하사했다는 게 이야기의 내용이다.

이 고장의 또 다른 특산품인 조너선 폴 아이브는 그보다 한참 뒤인 1967년 2월 27일에야 세상에 나왔다.

현대에 배출한 그 아들처럼 칭퍼드는 조용하고 겸손한 고장이다. 런던 북동쪽 끝자락에, 그러니까 에식스 주와 경계를 이루며 에핑포리스트 바로 남쪽에 위치한 칭퍼드 자치구는 부유한 베드타운 공동체다. 전 영국 보수당 당수 이언 덩컨 스미스의 지역구로서 전통적으로 보수당 지지세가 강하다. 스미스는 윈스턴 처칠 경이 앉았던 그 유명한 의석을 차지하고 있다.

조너선 아이브의 성장 환경은 안락했지만 호화롭지는 않았다. 아버지 마이클 존 아이브는 대학에서 은세공을 가르치는 은세공 전문가였으며, 어머니 패멀라 메리 아이브는 심리 치료사였다. 조너선에게는 앨리슨이라는 두 살 터울의 여동생도 있었다.

아이브는 칭퍼드 공립 학교에 다녔는데, 이 학교는 축구 스타 데이비드 베컴의 모교로도 유명하다.(베컴은 아이브의 8년 후배다.) 초등학교 시절 아이브는 학습 장애 난독증 진단을 받았다.(훗날 그는 같은 증상이 있었던 좌뇌형 동료를 만난다. 바로 스티브 잡스다.)

소년 시절 아이브는 사물의 작동 원리에 호기심을 드러냈다. 그는 점차 각종 제품이 구성되는 방식에 매료되었고, 그래서 조심스럽게 라디오나 카세트 녹음기 등을 분해해 보곤 했다. 부품이 배치되고 조립되는 방식에 강한 흥미를 느낀 것이다. 그렇게 확인한 후엔 다시 원 상태로 돌려놓으려 애쓰곤 했지만, 매번 성공한 것은 아니었다.

"저는 늘 제작된 물건에 관심을 가졌던 것으로 기억합니다." 2003년 런던의 디자인 박물관에서 진행된 인터뷰에서 아이브는 이렇게 회상했다. "어린 시절 손에 닿는 물건은 무엇이든 분해하곤 했는데, 이런 호기심이 나중에는 물건이 어떻게 만들어지고 어떻게 작동하는 것인지, 또 형태는 어떠하고 재료는 무엇인지 등에 대한 관심으로 발전했습니다."[1]

마이크 아이브는 틈만 나면 아들을 디자인에 관한 대화에 끌어들여 이런 관심을 북돋웠다. 아들이 자기가 가지고 노는 물건들에 함축된 보다 큰 맥락을 늘 이해한 것은 아니었지만, 아버지는 아들의 어린 시절 내내 디자인에 관심을 가질 수 있는 환경을 꾸준히 조성해 주었다.("당시 어린 나는 그 물건들이 디자인의 결과물이라는 사실도 잘 몰랐고, 그래서 당연히 그 부분에는 큰 흥미가 없었습니다." 2003년 아이브는 런던 박물관에 모인 사람들 앞에서 이렇게 말했다.)

## 오랜 장벽을 허물다

마이크 아이브의 영향력은 조숙한 아들과 가족의 울타리 안에만 머물지 않았다. 그는 오랜 기간 에식스에서 은세공인이자 교수로 일했으며, 한 동료가 "부드러운 거인"으로 묘사했듯이 온화한 성격과 능숙한 제조 기술로 많은 이들의 사랑과 존경을 받는 인물이었다.[2]

처음에는 물건 만드는 재주가 좋아 공예 기술 가르치는 일을 직업으로 삼았지만 나중에는 교육계에서 지위가 올라 보다 폭넓은 영향력을 행사할 수 있었다. 마이크 아이브는 영국 교육부에서 교습 능력을 기준으로 왕립 교육 장학관에 선발한 유명 교사 및 교수 중 한 명이었다. 명칭 그대로 전국의 학교를 대상으로 교육의 질을 감독하는 책무를 맡은 것이다. 특히 그에게는 디자인 및 기술 교육을 중점적으로 관리하는 임무가 부여되었다.

당시 영국의 학교들은 직업 교육을 개선할 방법을 강구하고 있었다. 학술 과목과 기술 과목 사이에 갈수록 틈이 벌어졌고, 목공예와 금속 공예, 요리와 같은 기술 과목들은 열악한 환경과 제한된 자원에 시달렸다. 설상가상으로 교수 표준도 정립되지 않아 교사로 일한 적 있는 어떤 사람의 말마따나 학교들이 "사실상 자기들 마음대로 가르칠 수 있는" 상태였다.[3]

마이크 아이브는 얼마 후 디자인 테크놀로지로 불리게 되는 과목의 수준을 끌어올려 영국 학교 교육의 핵심 교과 과정 중 하나로 만드는 데 일조했다.[4] 마이크가 고안에 참여한 미래 지향적인 디자인 및 기술 교과 과정을 통해 기존의 단순했던 기술 교과는 이론과 실기를 겸비한 통합 교과로 진화하기 시작했다.

"그는 교육자로서 시대를 앞서 간 인물입니다." 마이크의 동료 교수였으며 21세기에 들어 토니 블레어 행정부에서 교육부 국장 자리에 오른 랠프 태버러의 말이다. 마이크는 의무 과정으로 자리 잡은 디자인 테크놀로지 과목의 교수 내용과 체계를 잡는 데 참여하기도 했다. 그렇게 만들어진 학과 과정은 잉글랜드와 웨일즈가 세계 최초로 5세에서 16세 사이의 모든 학생이 디자인 테크놀로지 과목을 수강할 수 있도록 조치함에 따라 영국의 모든 학교에서 지침으로 삼는 청사진이 되었다.

태버러는 말한다. "마이크 덕분에 별 볼 일 없던 디자인 테크놀로지가 초중고생의 학과 시간 중 7~10퍼센트를 점유하는 과목으로 변모했습니다." 또 다른 옛 동료 맬컴 모스는 디자인 테크놀로지 교육에 대한 마이크의 공헌을 다음과 같이 묘사했다. "마이크는 디자인 테크놀로지의 강력한 지지자로 명성을 얻었지요."[5] 이는 곧 웬만하면 시간이나 때우던 수업을 디자인 개별 지도 시간으로 탈바꿈시켰다는 의미이며, 그럼으로써 영국의 재능 있는 디자이너 세대를 위한 토대를 마련했다는 뜻이다. 마이크의 아들도 그 혜택을 입게 될 터였다.

태버러는 마이크가 종종 아들의 학교생활이나 디자인에 대한 열정이 갈수록 늘고 있다며 자랑했던 것을 기억한다. 하지만 마이크 아이브는 비너스와 세레나 윌리엄스 자매의 아버지처럼 자식을 신동으로 만들어 놓기 위해 지나치게 몰아붙이는 유형은 아니었다. "아들의 재능을 키우기 위한 마이크의 노력은 순전히 보살피며 영향을 주는 방식이었죠." 태버러는 말한다. "마이크는 틈만 나면 아들에게 디자인에 대해 얘기해 주곤 했습니다. 예를 들어 함께 거리를 걸을 때면 여러 위치에 설치된 서로 다른 종류의 가로등을 가리키며 왜 다른 등을 설치했다고 생각하는지, 빛의 조명 각도와 범위는 어떤지, 가로등의 디자인을 선택하는 데 기상 조건은 어떤 영향을 미쳤는지 등을 묻곤 했습니다. 그들 부자는 그렇게 늘 주변의 건조(建造) 환경과 구조물에 대해 대화를 나눴으며, 그러면서 어떻게 하면 더 낫게 바꿀 수 있는지 개선 방법까지 생각해 보곤 했지요."[6]

태버러의 말을 더 들어 보자. "마이크는 외유내강형으로 맡은 일은 늘 철저하게 수행하는 사람이었습니다. 아는 게 많으면서도 항상 겸손하고 관대한, 전형적인 영국 신사였다고 할 수 있습니다." 이러한 품성은 물론 조너선 아이브에게도 그대로 물려졌다.


## 잉글랜드 중서부로 이사하다

아이브가 열두 살이 되기 직전, 가족은 런던에서 북서쪽으로 200킬로미터 떨어진, 웨스트미들랜즈 지역의 중소 도시 스태퍼드로 이사했다. 남으로는 대규모 산업 도시 울버햄프턴, 북으로는 소도시 스토크온트렌트에 면한 스태퍼드는 거리마다 옛 건물이 늘어선 아름다운 도시다. 도시 가장자리에는 11세기 노르만 왕조 시절에 처음 지어진 스태퍼드 성의 바위투성이 폐허가

도시를 보호하듯 굽어보고 있다.

1980년대 초 아이브는 스태퍼드 변두리에 위치한 대규모 공립 학교 월턴 고등학교에 입학했다. 지역의 다른 아이들과 마찬가지로 그는 일반적인 초등 교육 과목을 이수한 상태였으며, 새로운 고향에 쉽게 적응하는 듯 보였다. 고교 동창들은 아이브를 약간 통통한 체구에 머리칼이 짙은, 겸손한 학생으로 기억한다. 나름대로 인기가 있어 친구가 많았고, 교내외 과외 활동에 다수 참여하기도 했다. "결단력이 있는 성격이었죠. 직선 코스로 나아가는 학생이었다고나 할까요." 월턴 고등학교에서 독일어 교사로 재직하다 은퇴한 존 해든의 회상이다.[7]

당시 월턴 고등학교에는 에이콘, BBC 마이크로, 그리고 그 유명한 클라이브 싱클레어의 ZD 스펙트럼 등 초기 컴퓨터가 구비된 컴퓨터실이 있었지만 아이브는 그곳에서 결코 편안한 느낌을 갖지 못했다. 어쩌면 난독증 때문에 그랬는지도 모른다. 당시의 컴퓨터는 커서가 깜박거리는 줄에 자판으로 명령어를 일일이 입력해 가며 프로그램을 작성해야 했다.[8]

아이브는 지역 교회 조직인 와일드우드 기독 단체에서 창의력을 발산할 수 있는 기회를 찾았다. 이 단체는 종파에 관계없이 문호를 개방하며 지역 문화 회관에서 회합을 갖는 복음주의 교회였는데, 아이브는 여기서 다른 뮤지션들과 어울려 밴드 활동을 했다. "'하얀 까마귀(White Raven)'라는 밴드에서 드러머로 활동했지요." 고교 동창인 크리스 킴벌리의 회상이다. "밴드의 다른 멤버들은 조니보다 나이가 한참 위였죠. (중략) 주로 예배당에서 감미로운 록 음악을 연주하곤 했습니다."[9]

아이브는 그림과 디자인에서도 학술 과목들이 주는 지루함과 피로를 떨쳐 내는 데 필요한 위안을 찾았다. 어려서부터 데생과 디자인에 탁월한 재능을 보여 주던 터였다. 특히 아버지와의 관계에서 지속적인 영감을 얻었다. "아버지는 손재주가 매우 훌륭하신 분이었습니다." 아이브는 이렇게 기억했다. "무언가를 직접 만드는 데 놀라운 재능이 있어서 은 식기류는 물론이고 가구도 직접 만들어 쓰셨습니다."[10]

크리스마스가 되면 마이크 아이브는 아들에게 매우 사적인 선물을 주곤 했다. 그 선물이란 아들을 자신의 대학 작업실에 데려와 마음껏 이용할 수 있게 해 주는 것이었다. 얼씬거리는 사람 하나 없는 작업실에서 아이브는 아버지의 도움을 받으며 만들어 보고 싶은 것은 무엇이든 만들 수 있었다. "하루 종일 시간을 내어 대학 작업실에서 저와 놀아 주는 게 아버지의 크리스마스 선물이었죠. 아무도 없는 크리스마스 연휴에 말이에요. 제가 뭘 상상하든 그것을 만들도록 도와주셨어요."[11] 단 한 가지 조건이 있었다. 아버지와 함께 만들고 싶은 것을 직접 손으로 그려야 했다. "저는 어렸을 때부터 손으로 제작하는 것들의 아름다움을 이해했어요." 아이브는 스티브 잡스의 공식 전기를 집필한 작가 월터 아이작슨에게 이렇게 말했다. "진짜 중요한 것은 그것에 들어간 정성이라는 사실도 깨닫게 되었죠. 저는 어떤 제품에서 소홀함이 느껴지는 것을 정말 싫어해요."

마이크 아이브는 또한 아들을 런던의 디자인 스튜디오와 디자인 학교들에 데려가곤 했다. 그중 아이브의 앞날을 결정한 순간이 있었으니, 바로 런던의 한 자동차 디자인 스튜디오를 방문했을 때였다. "그날 거기서 저는 산업적인 규모로 조형물을 제작하는 일이 제 평생의 관심사가 될 것임을 깨달았습니다." 아이브의 회상이다.[12] 열세 살의 나이에 아이브는 자신이 "물건의 도안을 그려 보고 제작도 하길" 원한다는 것을 알았다. 물론 어떤 물건을 만들고 싶은지까지 정한 상태는 아니었다. 그는 자동차에서 각종 생활용품까지, 가구에서 보석, 심지어 보트까지 모든 것의 디자인을 구상해 보곤 했다.

마이크 아이브가 아들의 디자인 소양 계발에 끼친 영향을 수치로 나타내기는 불가능할 것이다. 하지만 지대한 영향을 끼친 것은 부인할 수 없는 사실이다. 마이크는 경험에 의거한 교육(직접 만들어 시험해 보기)[13]과 직관적인 디자인 방식(발상이 떠오르면 만들어 보고 고쳐 나가기)[14]에 강한 신념을 가진 사람이었다. 마이크는 한 슬라이드 프레젠테이션에서 "드로잉과 스케치, 발표와 토론" 행위를 창작 과정의 핵심으로 묘사한 바 있다. 또한 그는 디자이너가 "모든 것을 다 알 수는 없음"을 양심적으로 인정해야 한다고 강조하는 한편, 위험을 기꺼이 감수하는 태도를 가져야 한다고 역설했다. 마이크는 교사들에게 가능한 한 자주 '디자인 스토리'를 들려주며 학생들의 흥미와 관심을 유도하라고 독려했다. 학생들이 끈기를 길러 쉽게 포기하는 일이 없도록 하는 게 필수라고 생각한 것이다. 이들 요소는 모두 훗날 그의 아들이 애플에서 아이맥과 아이폰을 개발하는 과정에 그대로 반영된다.

아이브는 월턴 고교 시절 스스로 '메이블(Mabel)'이라 이름 붙인 소형 승용차 피아트 500을 직접 몰고 다녔다. 1980년대 초 영국에는 포스트 펑크와 고스(1980년대에 유행한 록 음악의 한 형태로서 세상의 종말과 죽음, 악 등에 관한 가사가 특징이다. ─옮긴이)를 추종하는 10대들이 많았는데 그들은 대개 검은 옷을 입고 다녔다. 아이브 역시 예외가 아니었다. 사방팔방으로 세운 그의 긴 검은 머리는 인기 록 밴드 더 큐어의 리드 보컬 로버트 스미스를 연상시켰다. 스미스처럼 아이라인을 진하게 칠하고 다니진 않았지만 말이다. 위로 세운 머리는 얼마나 높았는지 피아트 천장에 눌릴 정도였다. 그래서 아이브는 운전석에 앉을 때면 늘 선루프를 열어 놓았다. 월턴의 선생들은 학교 운동장으로 들어서는 밝은 오렌지색 피아트와 그 위로 삐쭉 삐져나온 검은색 더벅머리를 지금도 기억하고 있다.

지금도 그렇지만 그 시절에도 승용차는 아이브에게 매우 중요했다. 아이브 부자는 당시 다른 승용차 한 대를 복원하고 있었다. 마치 크게 뜬 두

눈처럼 후드에서 돌출된 구 모양의 헤드램프가 인상적인 순백색의 구형 오스틴힐리 스프라이트였다. 이 2인승 소형 스포츠카는 사람의 얼굴을 떠올리게 하는 친근감 있는 외관이 독특했으며 디자인도 강한 호기심을 유발했다. 반(半)일체형 차체로 외관이 유기적 구조를 지녔기에 더욱 그랬다.

아이브의 디자인 재능은 수업 중에 두드러지기 시작했다. 아이브와 함께 디자인을 배운 학교 친구 제러미 던은 아이브가 제작한 '똑똑한 시계(clever clock)'를 기억한다. 무광의 검은색 시계였는데 시침과 분침도 검은색이고 숫자도 적혀 있지 않아서 어느 방향으로 설치해도 무방한 디자인이었다. 목재로 만들었음에도 검은색 마감 처리가 흠집 하나 없이 완벽해서 친구들은 그 시계가 무엇으로 만들어졌는지 알 수 없었다.[15]

대학 진학 가능성이 어렴풋이 엿보이자 아이브는 영국의 대학 입학 자격시험인 A 레벨을 준비하기 시작했다. 하지만 주력 과목은 당연히 디자인 테크놀로지였다. 디자인 테크놀로지는 2년 과정의 통합 교과로서 1년 차에는 목재에서 금속, 플라스틱, 섬유까지 거의 모든 소재의 특성과 쓰임새를 탐구했다. 2년 차가 되기 전에 학생들에게 아이디어를 개발하고 실용 기술을 습득할 기회를 제공하려는 취지였다. 2년 차 과정은 보다 학술적인 부분과 프로젝트 진행에 초점이 맞춰지기 때문이었다.

"뭐든 손으로 만지고 만들어 보는, 매우 실제적인 과정이었죠." 아이브와 같은 시기에 그 과정을 공부한 디자이너 크레이그 먼시의 회상이다. "제작 기술과 디자인 프로세스 기술을 동시에 배웠습니다."[16]

아이브의 작품은 탁월했고 드로잉 역시 뛰어났다. 아이브를 가르친 교사들은 그 나이에 그 정도 수준에 오른 학생은 처음 봤다고 입을 모았다. 이제 겨우 열일곱 살이었음에도 아이브는 종종 곧바로 제작에 들어가도 될 정도의 디자인을 내놓곤 했다. "그래픽이 탁월했지요." 수년간 아이브에게 디자인과 기술을 가르친 데이브 화이팅은 이렇게 말했다. "조니는 초기 디자인을 갈색 공예지에 흰색과 검은색 펜으로 드로잉 했는데요. 새로우면서도 매우 효과적인 방법이었지요. 아이디어가 참신하고 혁신적인 경우가 많았고, 남들과는 다른 방식으로 아이디어를 제시하는 능력이 있었습니다."[17]

화이팅은 덧붙였다. "얼마나 훌륭한지 그의 작품을 보고 우리가 배우는 경우도 종종 있었지요."

아이브가 공예 기술만 훌륭했던 것이 아니라 아이디어를 전달하는 능력도 탁월했음을 알 수 있다. 화이팅의 말을 계속 들어 보자. "다른 사람들은 못하는 것을 할 줄 알았지요. 디자이너라면 디자이너가 아닌 사람들에게 아이디어를 납득시킬 수 있어야 합니다. 자금을 지원하는 사람이나 제품을 제작하는 사람들에게 말입니다. 제작될 제품에 매료되도록, 그 실현 가능성을 신뢰하도록 만들 수 있어야 하죠. 조니는 그런 걸 할 줄 알았습니다."

교사들은 아이브의 작품이 매우 수준 높다는 점을 인정했다. 그가 그린 데생과 그림 가운데 몇 점이 주임 교사 사무실에 걸릴 정도였다. "교회의 특정 부분들, 갖가지 아치, 무너지는 교회와 잔해 등을 연필로 아주 정교하게 스케치하거나 수채 물감으로 그린 게 몇 점 걸려 있었지요." 화이팅의 말이다. 1980년대 말 주임 교사 사무실이 재단장될 때 그 스케치들은 모두 사라졌지만 그의 재능만큼은 사람들의 기억 속에 여전히 자리 잡고 있다. "드로잉에 소질이 없다고 조니가 말하는 것을 들은 적이 있는데, 그건 사실이 아닙니다." 화이팅은 한 인터뷰에서 이렇게 밝혔다.

"조니는 일찍부터 제품의 라인과 디테일이 갖는 중요성을 이해했습니다. 몇 가지 휴대용 전화기를 디자인한 걸 예로 들 수 있는데요. 요즘 볼 수 있는 것과 마찬가지로 두께가 얇을 뿐 아니라 디테일이 살아 있었지요." 아이브의 전화기에 대한 관심은 그저 청소년기의 어설픈 호기심 정도가 아니었다. 그는 나머지 고교 시절과 대학 시절 내내 계속해서 새로운 전화기를 디자인해 보곤 했다.(그리고 물론 애플에서도 계속했다.)

아이브는 2년 차 프로젝트로 오버헤드 프로젝터(OHP)를 디자인하기로 결정했다. 디자인 테크놀로지 수강 학생들은 초기 아이디어를 내고 그것을 개선한 다음 프레젠테이션용 도안을 그려서 모형을 제작해야 했고, 만약 가능하다면 실제 제품까지 직접 만들어야 했다. 도면으로만 진행하는 이론적 연습을 뛰어넘어, 개념에서 출발해 제품 완성에 이르기까지 디자인 프로세스의 전 단계를 다루는 실습이었다.

프로젝트를 수행하려면 시장 조사도 해야 했다. 아이브는 OHP가 당시 학교나 기업에서 필수 장비로 통한다는 것을 잘 알았다. 대개 책상 위에 올려놓고 투명 슬라이드에 박힌 이미지를 벽이나 화이트보드에 투사하는 식이었다. 어디서나 쉽게 볼 수 있던 그 기계는 하나같이 크고 묵직했다. 아이브는 OHP 시장을 조사한 후 휴대용 모델이 들어설 자리가 있다고 판단했다.

그는 무광 검은색 케이스에 쏙 들어가는 라임빛 녹색 본체가 특징인 가벼운 OHP를 디자인했다. 휴대가 용이할 뿐 아니라 매우 현대적인 외관을 지닌, 당대의 커다란 탁상용 OHP와는 사뭇 다른 느낌의 기계였다. 케이스 뚜껑을 열면 확대경과 그 아래 전등으로 구성된 프레넬(우묵하게 경사진 동심원을 등고선 모양으로 연속 배열하여 광선을 평행 광선으로 모아 방출하도록 만든 렌즈. — 옮긴이) 스크린이 모습을 드러냈다. 전통적인 OHP와 마찬가지로 프레넬 스크린에 놓인 투명 필름의 이미지가 일련의 거울과 확대경을 통과해 벽에 투사되는 방식이었다.

마이크 아이브의 동료 교수였던 랠프 태버러는 그 휴대용 OHP를 처음 보고 크게 감명받았다고 회상한다. "유압 메커니즘이 얼마나 잘 조합되었던지 거의 한순간에 전개되었습니다. 조니에게서 움트기 시작한 재능을 여실히 느낄 수 있었지요."

월턴 고교의 교사들은 아이브의 프로젝트가 탁월하다고 생각했다. 그래서 몇몇 다른 학생들의 작품과 함께 아이브의 OHP를 전국 경시대회에 출품하기로 결정했다. 그해에는 세계적으로 유명한 건축가이자 산업 디자이너인 테런스 콘랜이 영국 디자인 위원회가 후원하는 '올해의 젊은 엔지니어 상' 수상자를 결정하기로 되어 있었다. 예선 격인 1회전에서는 참가자들이 제출하는 그래픽과 그림, 사진만으로 심사했다. 그중 가장 흥미로운 디자인 작품들만 경시의 다음 단계로 진출하는 것이었다.

아이브의 휴대용 OHP는 몇몇 작품들과 함께 2회전에 진출했다. 다음 단계의 심사를 받기 위해 OHP를 보내기 전에 아이브는 마지막으로 깨끗이 닦고 광을 낼 요량으로 프로젝터를 낱낱이 분해했다. 그런데 다시 조립할 때 무심코 렌즈를 뒤집어 넣는 실수를 저지르고 말았다. 결국 선명한 이미지를 투사해야 할 프레넬 렌즈가 광선을 사방팔방으로 흩뜨리는 바람에 이미지를 전혀 알아볼 수가 없었다. 그런 상태로 심사대에 오른 아이브의 OHP는 쓸모없는 기계로 판단될 수밖에 없었다. 아이브의 디자인은 거기서 고배를 마셨다. 그렇지만 그의 아이디어는 독보적이었던 게 틀림없다. 비록 상을 타지는 못했지만, 그 후 얼마 지나지 않아 아이브가 디자인한 것과 별반 다를 게 없는 휴대용 OHP가 시장에 나와 크게 히트했기에 하는 말이다.

## 흔치 않은 후원, 대학 문을 열어 주다

이미 열여섯 살 때부터 아이브의 재능은 디자인 세계의 관심을 끌기 시작했다. 런던 최고의 디자인 회사 로버츠 위버 그룹(RWG)의 전무 이사였던 필립 그레이는 한 교사 협의회에 참석했다가 아이브의 작품을 접했다.

전국 모든 학교에서 디자인 과목을 교과 과정에 채택하도록 독려하기 위해 매년 개최되던 그 회의는 바로 디자인 부문 왕립 교육 장학관이었던 마이크 아이브가 조직한 것이었다. 그 자리에 기조연설자로 참석한 필립 그레이는 처음으로 아이브의 작품을 보고 놀라지 않을 수 없었다.

회의가 이루어지는 홀 입구에 고등학교 학생들의 디자인 작품이 전시되었는데 그중 몇 점이 아이브의 작품이었다. 그레이는 다양한 칫솔들을 스케치한 아이브의 작품에 곧바로 눈길이 갔다. 훗날 그는 그 어린 학생의 디자인 작품에서 "연필과 크레용의 세밀한 선들"을 보고 "사고 및 분석의 탁월함"을 확인할 수 있었다고 회상했다.

"그의 작품은 열예닐곱 나이치고는 매우 원숙한 면모를 드러냈지요. 그래서 아주 비범한 재능을 느낄 수 있는 작품이라고 언급했는데, 마이크가 그러더군요. '감사합니다. 제 아들 녀석 조니의 작품이거든요.'"[18]

며칠 후 아버지와 아들은 런던 중심부에 위치한 RWG 사무실로 그레이를 찾아갔다. 함께 점심을 먹으면서 그레이는 아이브 부자에게 산업 디자인을 전공할 수 있는 훌륭한 대학을 몇 군데 추천했다. 그레이의 회상이다. "몇몇 대학을 언급한 후에 그중 뉴캐슬 과학 기술 대학이 으뜸이라고 덧붙였지요."

그 점심 자리에서 마이크 아이브는 다소 뻔뻔한 질문을 던졌다. 그레이의 회사에서 아이브의 대학 학자금을 후원하는 게 어떻겠는가? 졸업 후에 RWG에서 일한다는 조건으로 대학 4년 동안 매년 연간 약 1500파운드에 달하는 장학금을 후원해 달라는 요구였다. 그런 식의 후원이 매우 드물던 시절이었지만 그레이는 흔쾌히 동의했다.

"조니는 RWG에서 내가 후원한 유일한 학생입니다. 우리 회사에도 여름 방학이면 인턴으로 일하러 오는 학생들이 있었지만, 조니와 같은 경우는 유일무이했지요. (중략) 회사의 다른 이사들을 설득하는 데에는 아무런 문제가 없었습니다. 이미 조니가 확실한 재능을 선보였기 때문이죠."

어찌 보면 마이크 아이브가 아들에게 디자인 분야로 나가도록 종용하는 것 같지만, 그레이는 상황을 그런 식으로 이해하지 않았다. 그는 마이크가 그저 디자인에 대한 아들의 커 가는 집착에 호응하고 있는 것으로 생각했다. "마이크는 디자인 업계의 명사들과 친분을 나눌 수 있는 위치에 있던 사람입니다. 필경 그런 인물들이 조니에게 좋은 영향을 미치길 바랐겠지요." 그레이는 이렇게 인정하며 덧붙였다. "조니는 매우 똑똑한 엔지니어였어요. (중략) 아버지와 아들 둘 다 매우 열정적이었고요. 디자인을 좋아하는 성향은 부전자전이었던 셈이죠."[19]

그 후로도 수년 동안 그레이는 아이브 부자를 관찰할 기회를 여러 번 가졌다. "정말 많은 부분이 닮은 부자였어요. 내성적이지만 집중력이 매우 강했고 항상 조용하고 차분하게 일을 완수하곤 했지요. 목청을 높이는 걸 한 번도 본 적이 없어요! 그들과 함께 했던 기억은 대부분 요란하고 거친 웃음 대신 미소와 쾌적함으로 각인되어 있답니다. 마이크는 분명 나름의 자부심이 있는 사람이었지만 결코 입 밖으로 드러내지는 않았지요. 재능과 겸손을 겸비한 흔치 않은 경우라 할 수 있습니다."

디자인에 대한 열정뿐 아니라 아이브의 기질에 끼친 아버지의 영향도 명약관화했다. 그레이의 말을 더 들어 보자. "마이크 아이브는 자신이 하는 일을 사랑하는 진정한 열정가였습니다. 늘 활력이 넘쳤으며 아들의 성공을 간절히 열망했어요. 조니가 디자이너로 성공하기 위한 최상의 기회를 가질 수 있도록 최선을 다해 보살피고 돕는 그런 아버지였지요."

월턴 고교 시절 아이브는 디자인 테크놀로지 고급 과정뿐 아니라 화학과 물리학도 선택해서 공부했다. 예술계 학생으로서는 흔치 않은 일이었다. 1985년 월턴 고교를 졸업할 때 그는 A 레벨 시험 세 과목에서 A 학점을 획득했다. 2년간 공을 들인 입시 공부가 결실을 거둔 셈이었다. 세 과목 A는 결코 쉬운 게 아니었다. 영국 정부 통계에 따르면 아이브가 거둔 성적은 전국 상위 12퍼센트에 속하는 수준이었다.[20]

이 점수로 그는 명문 대학으로 손꼽히는 옥스퍼드나 케임브리지에 지원할 수도 있었다. 자동차 디자인 공부에도 관심이 있었던 터라 세계 최고의 예술 및 디자인 학교로 인정받는 런던 소재 센트럴 세인트 마틴스 예술 대학도 고려해 보았다. 하지만 학교를 직접 방문해 보니 왠지 자신과 어울리는 장소가 아니라는 느낌이 들었다. 그곳의 학생들이 "너무 기이하다는" 느낌이 든 것이다. 아이브의 말을 들어 보자. "글쎄, 학생들이 도안을 그리면서 '부웅 부웅' 소리를 내고 있더라니까요."[21]

학업 성적이 우수하고 재능이 특출 났기에 아이브는 대학을 골라 갈 수 있었다. 결국 그는 필립 그레이가 추천했던 영국 북부의 뉴캐슬 과학 기술 대학을 택했다. 전공은 프로덕트 디자인(공장 형태를 갖춘 장소에서 생산되는 모든 제품에 대한 디자인. — 옮긴이)이었다.

# 2

# 영국식 디자인 교육

영국에는 T형 디자이너라는 개념이 있습니다. 특정 분야에서 원숙한 기량을 연마한 동시에
여타 디자인 분야에도 상당한 조예가 있는 디자이너를 말하는 겁니다.

—알렉스 밀턴(아일랜드 국립 예술 디자인 대학 교수)

아이브의 새 보금자리, 타인 강변에 자리 잡은 뉴캐슬은 맥주(뉴캐슬 브라운에일)와 축구팀(뉴캐슬 유나이티드 축구 클럽), 그리고 끔찍한 날씨로 유명한 항구 도시다. 당시 영국 정가의 수장은 마거릿 대처였다. 뉴캐슬 경제의 근간이던 조선업과 석탄 광업은 대처 정권이 들어선 이래로 쇠퇴 일로를 걷고 있었다.

심술궂은 빗줄기, 그리고 광부들을 홀대했던 대처 여사에도 불구하고 영국 북동 해안에 면한 뉴캐슬은 파티의 도시라는 평판을 얻고 있었다. 전체 주민의 약 6분의 1이 학생이었고, 도심에 자리한 수많은 술집과 나이트클럽이 호황을 누렸다. 아이브가 대학 1년생이던 1985년, 영국 음악계는 여전히 전성기를 구가했다. 특히 북부 지역의 열기가 뜨거웠으며, 그랬던 만큼 더 스미스나 뉴오더 같은 북부 출신의 밴드들이 영국 전역에서 인기를 몰았다. 뉴캐슬의 나이트클럽들은 이내 디제이와 밴드의 라이브 공연을 앞다퉈 유치하기 시작했고, 아이브 또한 값싼 가격에 절정감을 맛볼 수 있는 그런 현장의 역동적인 전자 댄스 음악에 깊이 빠져들었다.

지금은 노섬브리아 대학으로 불리는 뉴캐슬 과학 기술 대학은 요즘과 마찬가지로 당시에도 산업 디자인 부문에서 영국 최고의 명문으로 통했다. 현재 노섬브리아 대학에서는 65개국 이상에서 몰려온 1600명 가량의 학생들이 120여 명의 교수진의 지도 아래 세계 최고 수준의 교육을 받고 있다.[1] 예나 지금이나 디자인 학부의 보금자리는 스콰이어스 빌딩이라는 이름의 고층 건물이다. "삭막해 보이는 대형 빌딩이지만 창의성의 산실로는 나무랄 데 없는 곳입니다." 아이브의 대학 동기이자 절친한 친구인 데이비드 톤지는 그 건물을 이렇게 묘사한다. "산업 디자인이 각광받기 전부터 미술과 패션, 공예 관련 학과들이 그 건물을 공동으로 사용했습니다."[2]

산업 디자인, 가구 디자인, 패션, 그래픽 디자인, 애니메이션 등 디자인과 관련된 모든 학과가 층층이 들어찬 스콰이어스 빌딩은 온갖 장비와 테크놀로지의 보고다. "디자이너들은 다양한 소재를 다룰 줄 알아야 합니다. 나무, 종이, 플라스틱, 금속, 가죽, 합성 섬유, 면, 또 뭐 있죠?" 노섬브리아 대학의 디자인 학부 교수 폴 로저스의 자랑 섞인 설명이다.(로저스는 아이브를 가르친 적은 없다.) "우리 학생들은 모든 장비를 손쉽게 이용할 수 있습니다. 어떤 작업이든 문제없이 해낼 수 있는 여건이 마련돼 있는 셈이죠. 구멍 뚫기, 재봉질, 바느질, 고정하기, 에칭, 그을리기, 또 뭐 있죠? 실기 교육을 담당하는 강사진은 전원 일류 장인들입니다."[3]

뉴캐슬 과학 기술 대학의 산업 디자인 학과는 1953년에 개설되었는데 1960년대에 이르러 세간의 주목을 받기 시작했다. 부분적으로는 영국 산업계와 긴밀한 유대를 유지해 온 덕분이었다. 아이브보다 1년 앞서서 산업 디자인 학과를 졸업한 크레이그 먼시는 이렇게 말한다. "뉴캐슬은 최고라는 명성을 얻었습니다. (중략) 그들은 모든 것을 이룩했지요. 디자인 학부 교수들은 뉴캐슬의 디자인 기법을 업계의 표준으로 통하게 만들었습니다."[4] 먼시는 현재 호주의 일류 디자인 스튜디오 가운데 한 곳인 CMD의 CEO로 재직 중이다.

뉴캐슬 과학 기술 대학이 명문으로 부상한 또 다른 이유는 우수한 학생 자원이었다. 먼시에 따르면 뉴캐슬에 입학하기 위해서는 10대 1의 경쟁을 뚫어야 한다. 1984년 디자인 학과의 정원은 고작 25명이었는데 지원자 수는 250명이었다. "우리는 사실상 정규 디자인 교육을 받는 디자이너라는 새로운 물결의 맨 꼭대기에서 빛나는 존재들이었습니다." 먼시의 자랑이 계속된다. "이것도 겸손하게 표현한 겁니다."

뉴캐슬에서는 신입생들에게 1년 내내 실기와 이론을 병행해서 가르쳤다. 이론 수업은 디자인 심리학에 중점을 두었다. "학생들의 숙련도를 신속하게 향상시킬 목적으로 편성된 과정입니다." 로저스의 설명이다.

"이 과정을 통해 신입생들은 먼저 디자이너답게 생각하는 법을 배우고 익혔습니다. 처음으로 주어지는 과제 가운데 하나는 원형, 정육면체, 정사면체, 원뿔 등 단순한 기하학 도형만을 사용해서 방 두 개를 디자인하는 프로젝트였습니다. 하나는 사람을 사로잡는 매력이 있어서 계속 머물고 싶게 만드는 방, 다른 하나는 적대적이고 배타적인 분위기 때문에 당장에 떠나고 싶어지는 방, 그 극적인 대비가 프로젝트의 취지였죠." 먼시의 회상이다. 프로젝트에서 학생들이 가장 중시해야 할 부분은 디자인의 의도를 그럴듯하게 설명하는 보고서를 작성하는 일이었다. "1학년 과정은 이런 식으로 발상과 연구 조사, 추상적인 디자인 언어를 훈련하는 것으로 이뤄졌습니다." 먼시가 덧붙였다.

학생들은 또한 디자인 실기를 철저히 익혀야 했다. 이는 프로젝트에 기초한 수업 방식과 함께 뉴캐슬이 현재까지 고수하고 있는 교육 방침이다. 전통적으로 노섬브리아의 학생들은 무언가를 만드는 법을 배우고 익히는 과정에 많은 시간을 할애한다. 학생들은 스케치와 드로잉 기법을 배운다. 드릴, 선반, 컴퓨터 제어 절단기 등의 사용법을 배우는 건 물론이다. 또한 학생들은 학교 측에서 지원하는 재료와 장비를 이용해 마음껏 실험 실습을 할 수 있다. 그럼으로써 각각의 재료로 무엇을 할 수 있는지 깊이 이해하는 것이다. 이 모든 과정에서 초점은 언제나 창조와 제작에 맞춰진다.

"아주 합리적인 과정이죠. 우리는 기본기를 완벽히 다지도록 가르칩니다. 재료를 적절히 다루는 방법도 마찬가지고요." 로저스 교수의 설명이다.

노섬브리아의 교과 과정에는 또 한 가지 특기할 만한 필수 과정이 있다. 사실상 인턴 과정인 현장 실습이 그것으로서, 학생들은 재학 기간 중 두 차례 외부 기업체에서 이 과정을 이수해야 한다. 2학년과 3학년 때 실습을 나가야 하기 때문에 '샌드위치' 과정이라고 불린다.[5] 이런 식의 현장 실습을 필수 과정으로 규정하고 있는 기술 대학은 한둘이 아니다. 하지만 대부분은 현장 실습을 단 한 차례만 요구할 뿐이다. 이 '이중 샌드위치' 과정에 마음이 끌려 노섬브리아에 지원하는 인재들도 적지 않다. 필립스, 켄우드, 푸마, 레고, 알파인 일렉트로닉스, 일렉트로룩스 등의 기업들과 시모어 파월, 옥토 디자인, DCA 디자인 인터내셔널 등의 디자인 회사 및 컨설팅 업체가 노섬브리아 학생들에게 현장 실습 기회를 제공하고 있다.[6]

아이브의 재학 시절에도 이 프로그램이 시행되고 있었다. 데이비드 톤지의 얘기다. "특별했지요. 현장 실습이 끝나면 다들 훨씬 지혜로워지고 똑똑해져서 돌아왔습니다. 그러한 경험과 지식은 고스란히 학교에 쌓이고 그 혜택은 다시 학생들에게 돌아갑니다. 그렇게 모두들 최소한 1년 이상의 실무 경험을 쌓고 나서 학교를 졸업하는 겁니다. (중략) 다른 학교 졸업생들에 비해 훨씬 유리한 조건에서 사회생활을 시작하는 셈이지요."

실질 본위의 수업과 현장 실습 과정에 중점을 둔 교과 과정 덕분에 노섬브리아 졸업생들은 산업 디자인과 관련된 기술과 학식을 동시에 습득한다. 로저스 교수는 말한다. "영국의 여타 디자인 교육 기관과 비교해 보면 노섬브리아의 프로젝트들이 언제나 디테일과 시제품 제작에 큰 비중을 둔다는 사실을 확인할 수 있습니다. 프로젝트를 통해 제작되는 제품들 모두가 디테일이 탁월합니다."

이해를 돕기 위해 런던 소재의 유명한 인문 예술 대학인 골드스미스와 비교해 보기로 하자. 골드스미스는 '영국 신진 예술가들(Young British Artists, YBAs)'로 총칭되는 저명한 영국 예술가 그룹의 요람으로 잘 알려진 명문이다. YBA는 논란과 분노를 일으키는 행위 예술로 특히 유명하다. 죽은 상어들을 포르말린에 담가 전시한 데이미언 허스트와 사용한 콘돔이 아무렇게나 굴러다니는 자신의 흐트러진 침대를 갤러리에 설치했던 트레이시 에민이 대표적인 YBA이다.[7]

런던 남부의 뉴크로스 지역에 자리 잡은 골드스미스는 도회적인 지성인에게 어울릴 것 같은 분위기의 대학으로 지나치게 예술을 숭상한다. 반면에 뉴캐슬은 육체노동자에게 어울릴 것 같은 분위기로 철저하게 실질을 숭상한다. 뭔가를 만들어 내려면 손이 더러워지는 건 당연하다는 식이다. "골드스미스에서는 아이디어, 콘셉트를 중시합니다." 익명을 요구한 어느 노섬브리아 교수의 귀띔이다. "노섬브리아에서는 물체, 제품을 중시합니다. 보다 직설적으로 표현하자면 노섬브리아 졸업생은 실제 제품의 디테일, 그리고 제품 제조 및 기술을 중시하는 반면에 골드스미스 학생은 가공의 제품을 설정하고 개념적 틀 속에서 그 맥락을 따지는 걸 좋아합니다. 단적으로 비교하면 골드스미스 학생은 앉아서 생각을 하고 노섬브리아 학생은 일어서서 행동한다고나 할까요."

아이브가 뉴캐슬에서 받았던 디자인 교육은 독일식 접근법에 뿌리를 두었다. "1950년대에 영국의 디자인 교육계가 1920년대 독일의 바우하우스(1919년 독일 바이마르에 설립된 국립 조형 학교. 공업 기술과 예술의 통합을 목표로 했으며 현대 건축과 디자인에 큰 영향을 끼쳤다. — 옮긴이) 교육 방침을 채택했습니다." 킹스턴 대학 부총장을 역임한 디자인 전문 작가 페니 스파크 교수의 설명이다. "독일의 바우하우스와 영국 디자인 교육 기관에 모두 기초 학년 제도(foundation year, 대학 학위 과정에 본격적으로 들어가기에 앞서 1년간 다양한 학과의 과목을 수강하는 과정. — 옮긴이)가 있다는 사실이 단적인 예입니다. 기초 학년제는 학생들의 교육이 무(無)에서부터 이루어져야 한다는 취지에서 비롯한 발상입니다. 과거의 배움과는 단절된 상태 즉 백지상태에서 시작해야 한다는 말이지요."[8]

그녀의 이야기를 더 들어 보자. "오직 필요한 것만을 디자인하는 것이 디자이너의 본분이라는 미니멀리즘(최소 표현주의) 원칙 역시 독일식 교육에 근원을 두고 있습니다. 아이브의 디자인 철학은 이 점을 명백히 의식하고 있는 것처럼 보입니다. 아이브도 막스 브라운과 마찬가지로 바우하우스 교육 전통에서 직접적인 영향을 받았다고 봐도 무방합니다. 브라운이 설립한 브라운 기업 같은 제조원만이 아니라 주방 설비 전문 업체나 전자 회사들을 위시한 독일 산업계 각 부문의 많은 기업들이 바우하우스의 철학을 따르고 있는 것처럼 말입니다. 그 철학은 독일식 디자인의 기술적 목적에 고스란히 배어 있습니다. 고품질과 고도의 기술, 그리고 미니멀리즘을 지향하는 전통이 면면히 이어지고 있는 셈이지요. 아이브는 필시 자신이 받은 교육을 통해 바우하우스의 영향을 흡수했을 겁니다."

더블린 소재 아일랜드 국립 예술 및 디자인 대학의 디자인 학과장 알렉스 밀턴 교수는 아이브에게 끼친 독일식 교육의 영향을 다소 다른 각도에서 서술한다. "영국식 디자인 교육은 그 어느 시절의 바우하우스식 교육보다 형식 파괴적입니다. 물론 긍정적인 의미에서의 파괴를 말하는 겁니다." 밀턴은 그래픽에서 패션에 이르기까지, 뉴캐슬에서 디자인 전 분야에 노출됐던 몇 년 간의 경험이 독일식 교육법보다 아이브에게 더 큰 영향을 미쳤을 것이라고 주장한다. 풀어서 말하자면 각 분야의 디자인 교육이 체계적으로 이루어지는 대형 건물 안에서 4년 동안 교육을 받았던 경험이 향후 애플을 포함한 몇몇 직장에서 다양한 분야를 통합적으로 다루는 팀의 일원으로 활약하는 데 훨씬 큰 도움이 되었으리라는 얘기다. "뉴캐슬 재학 시절 아이브는 미술가, 패션 디자이너, 그래픽 디자이너 등 디자인 세계 각 분야의 전문가들과 교류했을 겁니다. (중략) 이것이 바로 영국의 디자인 학도라면 누구나 받게 되는 영국식 교육법의 핵심입니다. 아주 광범위한 디자인 교육 말입니다."9

밀턴 교수의 말을 더 들어 보자. "영국에는 T형 디자이너(전문성과 기술의 깊이를 T 자의 세로축에, 협업 능력을 가로축에 비유한 표현. ─옮긴이)라는 개념이 있습니다. 특정 분야에서 원숙한 기량을 연마한 동시에 여타 디자인 분야에도 상당한 조예가 있는 디자이너를 말하는 겁니다. 결국 아이브는 자신이 받은 영국식 디자인 및 예술 교육의 기본 취지를 토대로 서비스 디자인, 멀티미디어 측면, 포장 방식, 홍보 활동 등을 조율해 왔을 겁니다."[10]

1980년대에 아이브가 받은 예술과 기술 교육에 대해 얘기할 때는 문화와 역사의 영향도 빼놓을 수 없다. 당시 영국은 노동조합이 막강한 영향력을 행사하는 중도 사회주의 국가의 이미지를 씻어 내고 미국의 레이건 모델을 따르는 완전한 자본주의 국가로 변신을 도모하고 있었다. 젊은 층의 반발이 거셀 수밖에 없던 상황이었다. 젊은 영국인들이 인습 타파와 모험심, 실험 정신을 독려하는 펑크 록에 사로잡힌 것도 그래서였다. 훗날 조너선 아이브의 디자인 기법에서 특유의 독립 정신을 읽어 낼 수 있는 것 역시 여기에 연유한다.

밀턴의 설명이 계속된다. "미국에서는 디자이너가 산업계의 요구에 순순히, 그리고 철저하게 부응합니다. 하지만 영국에서는 그렇지 않습니다. 디자이너는 다른 분야의 입김으로부터 상대적으로 자유로운 분위기에서 작업을 합니다. 이를테면 나 홀로 작업 모드라고나 할까요? 자연히 실험적이면서 임기응변적인 방식이 개발될 가능성이 커집니다. 아이브 역시 그런 방식을 고수해 왔습니다. (중략) 단계를 밟아 가며 천천히 나아가기보다는 기회가 올 때마다 도약을 감행하는 겁니다. 만약 그의 디자인을 놓고 포커스 그룹 조사(소수의 인원을 모아 특정 주제에 대해 의견을 나누도록 하는 방법. 제품 품평회에 많이 쓰인다. — 옮긴이)를 실시했다면 어떤 결과가 나왔을까요? 과연 그것이 세상의 빛을 보고 성공을 거둘 수 있었을까요?"

대학 교육을 받으면서 아이브의 직업 윤리관은 더욱 확고해졌고 초점은 한결 분명해졌다. 그는 뉴캐슬 경험의 상당 부분을 자신의 것으로 소화했다. 모형과 시제품을 열심히 제작하는 평생 습관도 그렇게 생긴 것이었다. 그가 받은 디자인 테크놀로지 교육은 모험을 장려하고 실패해도 보상하는 분위기였다. 결국 아이브는 대내적으로는 권위를 내세우면서도 대외적 관계, 특히 산업 부문과의 관계에서는 종속적인 지위를 자처하는 미국식 디자인 교육과는 판이한 환경에서 기량을 키워 나갔던 것이다. 미국의 디자인 교육 제도가 학생들에게 종업원이 되는 방법을 가르친다면 영국의 제도는 열정을 좇고 팀원을 끌어모으는 방법을 가르치는 데 중점을 둔다고 비교할 수도 있다. 이러한 분석에 납득이 간다면 훗날 애플에서 아이브가 눈부시게 활약하게 된 배경에는 그가 받았던 교육, 특히 뉴캐슬의 경험이 자리 잡고 있다는 주장에 공감할 수 있을 것이다.

사실 뉴캐슬에서 아이브는 첫 출발부터 약간 특이했다. 개강 첫날에 결석한 것이다. 디자인 시상식에 참석하기 위해서였다. 그의 대학 동기들에게는 놀랄 만한 일이었다. 다소 겁을 집어먹는 친구들이 생길 정도였다. "개강 첫째 날인가, 둘째 날인가 정확히 기억은 나지 않지만 조니가 결석을 했습니다. 알고 보니 고등학교 때 만든 작품이 상을 받게 돼서 거기에 참석하느라 빠질 수밖에 없었더군요." 톤지의 회상이다.[11]

뉴캐슬의 강의실에서 아이브는 그의 삶에 큰 영향을 미치게 되는 경험을 거듭했다. 그중 대표적인 한 가지를 살펴보자. 1학년 때 아이브는 조각 강좌를 수강했다. 담당 교수는 횟가루 알레르기가 있는 사람이어서 강의 때마다 마스크와 고무장갑으로 중무장을 해야 했다. 하지만 단 한 번도 결강을 하거나 강의를 게을리하는 법이 없었다. 교수의 헌신적인 자세는 참으로 감동적이었다. 하지만 아이브가 더 깊이 감명받았던 부분은 그가 학생들의 조각을 다루는 태도였다. 교수는 제자들의 작품을 지극히 경건하게 다뤘다. 알레르기 증세에 시달리면서도 언제나 조각에 쌓인 먼지를 깨끗이 떨어낸 뒤에야 교육적 차원의 촌평을 했다. 형편없는 작품을 놓고서도 마찬가지였다.

"작품 자체를 존중하는 태도였습니다. 그러면서 학생들에게 작품을 존중하는 태도가 중요하다는 것을 보여 준 겁니다. 스스로 작품을 존중하지 않는다면 다른 어느 누가 존중해 주겠느냐, 이런 메시지를 전달한 셈이지

요." 아이브의 회상이다.[12]

뉴캐슬이 파티의 도시일지언정 아이브의 기억 속에 있는 그 시절은 흥겨움과는 거리가 멀다. "이런저런 이유로 꽤 불쌍하게 시간을 보냈죠. 공부 말고는 아무것도 한 게 없으니까요."[13]

아이브를 지도한 교수들은 그를 근면하고 성실한 학생으로 기억한다. "그의 학업 태도는 믿기 어려울 만큼 철저했어요." 산업 디자인 학과 전임 강사 닐 스미스의 얘기다. "자기 작품에 만족하는 법이 없는 학생이었습니다. 항상 자신의 디자인을 개선할 방법을 모색했지요. 학생으로서는 이례적으로 근면함과 통찰력을 겸비한 인재였어요. 시늉만 하거나 마지못해 하는 법 없이 항상 진심에서 우러나온 열정을 갖고 작품에 매달렸습니다."[14]


## "꼭 머리빗 같아 보였다니까요"

2학년이 되자 아이브는 한 학기씩 두 차례 나가는 현장 실습의 첫 번째 근무지로 자신을 후원하는 기업인 RWG를 택했다. 그리고 거기서 평생을 함께하며 큰 영향을 받게 될 친구를 만난다. 선배 디자이너 클라이브 그리니어가 바로 그 인물이다. 그리니어 역시 후에 성공 가도를 달려 영국 디자인 협회의 디자인 및 혁신 부문 책임자 자리에 오른다.[15]

그리니어와 아이브는 처음 만난 순간부터 죽이 척척 맞았다. 아이브가 여덟 살이나 어렸지만 나이 차이는 아무런 문제가 되지 않았다. 아이브의 기괴한 헤어스타일도 문제가 되지 않았다. 어깨에 닿을 만큼 길게 기른 뒷머리, 두피가 드러날 정도로 짧게 민 옆머리, 뒤로 넘겨 위에 고정한 앞머리. "작고 동그란 얼굴에 머리카락들이 미친 듯 돋아나 있었어요." 그리니어의 말이다. "꼭 머리빗 같아 보였다니까요."[16]

하지만 그리니어의 눈은 그 헤어스타일 너머로 회사에서 가장 어린 인턴사원이 열정을 다해 일하는 모습을 눈여겨보았다. "되돌아보면 참 재미있다는 생각이 듭니다. 정식 디자이너만 여덟 명에서 열 명쯤 있는데도 그 어린 학생이 모든 일을 도맡아 했으니까요. 내가 RWG에 합류해서 보니 이미 유명 인사로 통하고 있더라고요."[17]

그리니어는 숫기가 없고 겸손한 것 같으면서도 드러나지 않는 가슴 깊숙한 곳에는 자신감을 품고 있는 이 어린 친구가 마음에 들었다. 자기와 기질이 비슷해서 더욱 좋았다. "조니와 나는 곧 좋은 친구가 되었습니다. 그에게서는 자기도취를 찾아볼 수 없었지요. 디자인 세계에서는 보기 드문 자질이었어요. 재능은 없으면서 자기도취에 빠져 거만하게 구는 학생들이 대부분이었거든요. 조니는 정반대였어요. 디자인을 할 때면 그는 작품과 사랑에 빠졌습니다. 자신을 잊고 작업에만 몰두했지요."

당시 그리니어는 샌프란시스코에서 1년 동안 지내다 영국에 돌아온 참이었다. 2011년 타계한 전설적인 디자이너 빌 모그리지가 설립한 모그리지 그룹의 미국 지사격인 ID 투와 맺은 업무 계약 때문이었다. 디자이너로서는 물론 인격자로서도 사후에까지 세인의 칭송을 받고 있는 영국 태생의 모그리지는 오늘날 노트북 디자인의 전형이 된 접이식 구조를 갖춘 세계 최초의 모델 그리드 컴퍼스를 디자인한 인물이다.

아이브는 그리니어의 미국 생활에 관해 무척 궁금해했다. 그래서 질문을 수없이 퍼부었다. "조니는 캘리포니아에 관심이 아주 많았습니다. 그곳의 삶은 어떤지, 그리고 어떤 기회가 있는지 몹시 궁금했던 모양입니다. 디자이너는 프로젝트를 의뢰한 고객이 속한 문화권을 늘 염두에 두어야 합니다. 장식이나 마감 등 제조 과정에 관한 고객의 태도에 따라 디자이너의 재량권 범위가 결정되기 때문입니다. 그런 점에서 미국은 조니에게 기회의 땅이었습니다. 1980년대의 샌프란시스코 베이 에어리어는 유럽 디자이너에게 아주 매력적인 곳이었지요." 그리니어의 회상이다.

창의성 넘치는 아이브의 디자인을 회사에서 얼마나 신임했는지는 풋내기 인턴을 일본 기업 담당 부서에 배치한 사실을 통해서 여실히 확인할 수 있다. 1980년대의 일본은 요즘의 중국처럼 세계 정상을 향해 급부상하는 경제 강국이었다. RWG의 디자이너 피터 필립스에 따르면 당시 런던 디자인 업계를 선도하던 RWG는 현지의 마케팅 회사에 계약 수주를 위탁하는 방법으로 일본 시장을 개척했다. 마케팅 회사에 지불하는 수수료가 수주 총액의 40퍼센트였으니 엄청나게 비싼 셈이었지만 그럴 만한 가치가 충분했다. 이내 다양한 일본 기업들의 의뢰가 밀려들어 왔다.

아이브는 도쿄에 본사를 둔 일본의 펜 제조 업체 제브라의 가죽 제품과 지갑을 디자인하는 업무를 지시받았다. 그는 늘 하던 대로 종이로 섬세하게 지갑 모형을 만들었다. 피터 필립스의 회상이다. "종이를 이리저리 접어 가며 작업에 열중하던 조니의 모습이 생생합니다. 마침내 새하얀 종이 지갑들이 완성되더군요. 하나같이 아주 아름다웠습니다. 재료만 종이였을 뿐 실제 지갑과 똑같았습니다. 양쪽으로 펼치면 안쪽에 주머니까지 있었고요. 한쪽 귀퉁이에는 작고 세밀하게 엠보싱 처리를 나타내는 표식을 해 놓았더군요. 절대미라는 게 이런 거구나 싶었습니다. 그때까지 보아 왔던 어느 모델보다 완벽했습니다. 정말 놀라웠어요."[18] 인턴 시절에 제작한 흰색 지갑, 그것은 아이브라는 디자이너가 평생 동안 흰색을 선호하게 될 것을 암시하는 전조였다.

어린 아이브가 회사의 "주요 프로젝트"를 도맡은 반면 자신을 비롯한 정식 디자이너들은 "지저분한 프로젝트"에만 지겹도록 매달려야 했다고 필립스는 농담조로 덧붙였다.

얼마 지나지 않아 아이브는 다시 비중이 높은 새 프로젝트를 맡게 됐다. 제브라의 펜 시리즈를 디자인하는 일이었다. 책상 아래 구겨진 도안지가 수북이 쌓이고 난 뒤 아이브는 마침내 마음에 드는 디자인을 고안할 수 있었다. 그의 특출한 재능이 유감없이 발휘된 그 작품은 즉시 런던 디자인 업계에 큰 반향을 불러일으켰다. 아이브의 대학 등록금 후원에 동의했던 디자인 디렉터 필립 그레이는 이 프로젝트를 위해 아이브가 고안했던 도안을 기억하고 있다.

"조니는 완전히 독창적인 표현 기법을 창조했습니다. 필름에 아름다운 도안을 그린 다음 그 뒷면에 구아슈 물감을 칠하고 나서 다시 뒤집어서는 아주 섬세하게 외곽선 작업을 했습니다. 도안이 반투명하게 비치는 효과를 노렸던 겁니다. 그런 효과를 통해 본인이 어떤 소재를 염두에 두고 디자인을 했는지 분명하게 전달할 수 있었습니다. 손으로만 작업했는지 아니면 제도기를 사용했는지 구별할 수 없을 정도로 스케치 기술도 뛰어났습니다. 그 정도로 꼼꼼한 디자이너였지요."[19]

아이브는 손에 쥐기 쉽도록 측면에 고무 리벳을 박은 하얀색 플라스틱 재질의 펜을 디자인했다. 이번에도 역시 흰색이었다. 하지만 그의 펜을 차별화한 건 색깔이 아니라 부차적인 특징이었다.

아이브는 펜의 '놀이 요소'에 초점을 맞춰 디자인을 했다. 그는 사람들이 항상 펜을 만지작거리는 모습을 유심히 지켜보았다. 그리고 펜을 제 용도로 사용하지 않을 때 즉 필기를 하지 않을 때에도 만지작거리며 놀 수 있도록 부차적인 요소를 더하기로 결정했다. 그 결정에 따라 아이브는 볼 앤드 클립 메커니즘을 적용한 장치를 펜 상단에 부착했다. 펜을 쥐고 있는 사람이 만지작거릴 수 있는 놀잇감을 제공하는 것 말고 다른 목적은 하나도 없는 장치였다. 아마 당시에는 이런 식의 놀이 요소를 대수롭지 않게 생각하는 디자이너가 적지 않았을 것이다. 하지만 클립에 볼을 결합한 그 장치는 펜을 특별한 무엇으로 탈바꿈시켰다.[20]

"단순히 만지작거리며 놀라고 어떤 장치를 펜에 부착하는 건 당시로서는 획기적인 발상이었지요. 확실히 조니는 다르게 생각하고 있었습니다. 그 펜의 디자인은 아름다운 형태만이 아니라 감정적인 배려까지 전달하고 있었으니까요. 그렇게 어린 나이에 그런 차원의 발상이 가능했다는 사실에 입이 떡 벌어질 수밖에 없었습니다." 그리니어의 말이다.

아이브가 제작한 시제품 펜에 대단히 만족한 상사 배리 위버는 그 펜을 손에서 놓지 않았다. RWG의 디자이너들 역시 아이브의 특출한 재능을 인정하지 않을 수 없었으며 어느새 '조니풍(Jony-ness)'이라는 단어를 입에 올리기 시작했다. 당장엔 알 수 없지만 제품 속에 구체화됐을 때 사용자로 하여금 만지작거리며 놀고 싶게 만드는 요소를 지닌 제품을 의미하는 그들만의 용어였다.[21] 디자인에 촉각 요소를 적절히 첨가하는 재능은 이렇게 RWG 인턴 시절부터 아이브의 트레이드마크 가운데 하나로 자리 잡기 시작했다.(훗날 애플에서 선보인 디자인 다수에도 손잡이를 비롯해 접촉을 유도하는 다양한 요소들이 들어갔다.) 아이브의 특별한 펜은 훗날 그가 디자인하게 될 제품들처럼 커다란 호응을 불러일으키리라는 기대를 한 몸에 받았다. 그 펜은 "즉시 소유자의 애장품이 되었습니다. 항상 만지작거리고 싶어지는 물건이 된 겁니다." 그리니어의 회상이다.[22]

아이브의 TX2 펜은 대량 생산에 들어갔다. 인턴의 디자인으로서는 전례가 없는 일이었다. TX2 펜은 여러 해 동안 일본 시장에서 절찬리에 판매되었다. 또한 RWG의 동료 디자이너들의 기억 속에 아이브 작품의 전형으로 각인되었다. 그리니어는 말한다. "조니의 디자인은 단순하면서도 우아했습니다. 발상 자체는 대개 파격적이었지만 일단 완성된 작품을 보고 나면 지극히 합리적이라는 사실을 확인할 수 있었습니다. 그런 작품을 전에 본 적이 없다는 게 오히려 이상할 정도였지요."[23]

# 다시 학교로

RWG에서 현장 실습을 마친 뒤 아이브는 다시 북부로 돌아왔다. 학위를 위해 다시 학업을 재개했지만 그해 말에 '왕립 예술 학회(RSA)'라는 이름으로 더 잘 알려진 예술 및 제조업, 상업 진흥을 위한 왕립 학회에서 경연 대회를 통해 수여하는 여행 장학금을 받게 된다.[24] 1754년 코번트 가든의 한 커피숍에서 창립된 영국의 유서 깊은 자선 단체 RSA는 대내외 명성에 걸맞게 오랜 역사를 자랑하는 동시에 사회를 긍정적으로 변화시키기 위해 내실과 규모를 겸비한 사업을 지속적으로 펼치는 기관이다.[25]

RSA의 부문별 장학금은 받는 것만으로도 큰 영예다. 경쟁 또한 치열해서 매년 영국 전역에서 부문별로 수백 명이 응모하며, 기업들이 앞다퉈 스폰서를 자원할 만큼 권위 있는 경연 대회다. 사실 이 대회는 인재를 발굴하기 위한 수단이라 할 수 있다. 기업들이 재능이 뛰어난 예비 디자이너들을 상대적으로 손쉽게 발굴하는 황금 어장인 셈이다. 아이브가 사무용 및 가정용 집기 부문에 지원했던 첫해에는 소니가 대회 스폰서였다.

아이브에게 수상의 영예를 안겨 준 작품은 미래형 전화기였다. 뉴캐슬 전공 프로젝트 가운데 하나로 예비 디자이너들이 시대를 앞서 갈 수 있는 디자인 감각을 익히고 '이렇다면 어떨까?'라는 창의적 사고방식을 키우기 위해 가상의 전화기를 디자인하는 프로젝트였다. 당시 뉴캐슬은 새로 부상하는 기술에 중점을 둔 교과 과정으로 유명했다. 예를 들어 음악 청취 방식을 혁신한 소니의 워크맨과 같은 기술은 뉴캐슬의 훌륭한 학습 모델이었다. 현재의 관점에서 보면 원시적인 기기에 불과하지만, 때는 바야흐로 휴대 기술이 모든 사람의 삶 속으로 파고들기 시작하던 시기였다. 워크맨은 당시 학생들의 필수품이었다.[26]

뉴캐슬 과학 기술 대학 학생들은 그들의 앞날이 과학 기술에 의해 좌우될 것이라는 사실을 깊이 이해하고 있었다. 아이브의 뉴캐슬 동창생 크레이그 먼시의 설명이다. "기술을 주류에 진입시키는 것이 우리의 사명이라는 얘기를 반복해서 들으며 공부했습니다. 그것이 전공 강의실의 주도적인 분위기였습니다. (중략) 뉴캐슬 교과 과정의 명성이 자자해진 것도 거기에 이유가 있습니다. 뉴캐슬에서는 학생들이 어떤 신기술이든 배우고 익혀서 디자인으로 집약할 수 있는 능력을 지니도록 가르쳤습니다. 나아가 기술이 나아갈 방향과 그 영향을 추측하는 습관까지 훈련시켰습니다."

전공 프로젝트와 경연 대회를 위해 아이브는 일반 전화기에 혁신적인 요소를 가미하는 방법을 택했다.(이 디자인으로 RSA 장학금을 획득한 것이다.) 휴대 전화기가 널리 보급되기 여러 해 전이었던 터라 아이브의 디자인도 일반 전화기에 혁신을 도입하는 것이 될 수밖에 없었다. 전화기 하면 떠오르는 전형적인 이미지에서 탈피한 외양이 특히 인상적이었다. 당시의 일반 전화기는 막대나 헤드폰 모양의 송수화기가 코일 전선으로 몸체와 연결된 형태였는데, 아이브의 전화기는 하얀색 물음표를 양식화한 모양새였다.[27]

아이브는 조금은 겉멋에 겨워 자신의 전화기에 '웅변가'라는 이름을 붙였다. 시안에 적힌 재료는 2.5센티미터 지름의 플라스틱 튜브, 색깔은 흰색 한 가지였다. 몸체에 송화기가 내장돼 있고 물음표 갈고리의 직선 부분은 손잡이, 굴곡진 부분은 수화기였다.

실용성이 뛰어난 디자인은 아닌지도 모른다. 하지만 작품성은 대단한 디자인이었다. 아이브는 상으로 받은 여행 장학금 500파운드를 나중에 쓸 요량으로 건드리지 않았다. 하지만 전화기 모형은 다시 들여다볼 이유가 생겼다. 성룡 영화의 무대 디자이너들이 소품으로 쓰게 해 달라고 부탁해 온 것이다. 아이브는 그 요청을 거절했다. 영화 소품으로 사용했다간 부서질 게 뻔했기 때문이다.[28]

RSA와 아이브의 인연은 한 번으로 끝나지 않았다. 1년 뒤 아이브는 여행 장학금을 노리고 경연 대회에 다시 참가했다. 이번에는 친구 데이비드 톤지와 팀을 이뤘다. 그해의 주 스폰서였던 비즈니스 서비스 전문 기업 피트니 보우즈에서는 우승자에게 코네티컷 주 스탬퍼드 소재의 본사를 견학할 수 있는 특전까지 내걸었다.

당시 대학 졸업반이었던 아이브와 톤지는 산업 디자인 학위를 위해 논문은 물론이고 처음부터 끝까지 자기 주도적으로 프로젝트를 하나 완성해야 했다. 아이브와 톤지는 각각 마이크 결합형 보청기와 사무용 알루미늄 의자 디자인에 매달려 있었다. 아이브가 마이크 결합형 보청기를 선택한 것은 청각에 문제가 있는 학생들이 자유롭게 강의를 듣도록 돕기 위해서였다.[29] 이 보청기 디자인은 1989년 런던 헤이마켓 디자인 센터에서 열린 신예 디자이너 센터 전시회에 출품되어 모종의 뒷이야기가 곁들여진 탁월한 아이디어를 뽐내게 된다. 하지만 그건 몇 년 뒤의 일이고, 졸업을 목전에 둔 두 친구는 대회 우승을 다짐하며 또 다른 작품을 공동으로 고안했다.[30]

"솔직히 말해서 우리 두 사람의 기량을 십분 발휘하면 우승할 수 있을 거라고 확신했어요. 당시 나는 대학 마지막 프로젝트로 사무용 알루미늄 의자 두 개를 실물 모형으로 제작하고 있었고 조너선은 보청기 디자인에 매달려 있었습니다. 그 두 가지 프로젝트의 특장점을 배합하고 우리의 기량을 합쳐 노력하면 제대로 된 작품이 나올 거라고 생각했지요. 우린 야심만만한 대학생이었으니까요." 톤지의 얘기다.

아이브와 톤지는 여행 장학금이 걸린 RSA 경연 대회에서 우승하기 위해 체계적인 전략을 세웠다. 참가작의 범위를 규정한 주최 측의 제안서를 꼼꼼히 검토하고 다양한 프로젝트 시안들을 면밀히 훑어보고 나서 출품작을 결정했다. '지능형 현금 인출기'. 일석이조의 효과를 누릴 수 있는 선택이었다. 미래형 현금 인출기 디자인이라면 그들의 합치된 기량을 마음껏 발휘할 수 있으며 쉽지 않은 만큼 흥미로운 도전이 될 게 분명했다.

둘은 아름다운 외형과 탁월한 실용성을 겸비한 제품으로 우승을 차지하려면 어떤 식으로 공동 작업을 진행해야 할지 의논에 의논을 거듭했다. 톤지는 아이브와 공동으로 작업한다는 생각만으로도 즐거웠다. "조너선은 규모가 큰 프로젝트에 도전하는 것 자체를 즐겼습니다. 물론 늘 성공을 거뒀지요. 그것도 완벽하게. 다른 디자이너들과 비교할 때 가장 놀라운 부분은 깔끔한 마무리입니다. 참신한 발상이나 창의적인 아이디어를 내놓을 수 있는 디자이너는 예나 지금이나 많이 있습니다. 하지만 조너선처럼 완벽한 수준으로 마무리할 수 있는 디자이너는 찾아보기 쉽지 않습니다. (중략) 바로 그 부분이 디자이너로서 조너선의 큰 장점입니다."

아이브와 톤지는 공동 작업을 통해 평면 스크린 현금 인출기를 만들어 냈다. 군더더기 없이 깔끔하며 조너선 아이브 방식대로 흰색 플라스틱을 재료로 한 모델이었다. 그 모델은 두 친구에게 피트니 보우즈의 월터 휠러 어태치먼트 상 수상의 영예를 안겨 주었다. 장학금 액수도 지난번보다 훨씬 큰 1500파운드였다.

IDEO에서 화려한 경력을 쌓았고 현재는 런던에서 디자인 스튜디오 더 디비전을 운영하고 있는 톤지는 오랜 세월이 흘렀음에도 여전히 그 프로젝트와 두 사람이 거기에 쏟았던 열정을 자랑스러워한다. "우리는 실로 현금 인출기라는 기계와 사용자 간의 관계, 그 기계가 놓이는 공간과 나름의 장애 요소 등을 면밀히 고려했고, 덕분에 아주 성공적인 결과를 낳을 수 있었지요. 정말로 훌륭한 작품이었습니다. 외양 면에서든 디테일 면에서든 대부분의 학생들이나 많은 기성 디자이너들의 수준을 단연 능가하는 디자인이었어요. 심사 위원들이 보는 순간 빠져들 수밖에 없었지요. 건방 떠는 게 아니라 사실이 그렇습니다."

아이브 역시 학부 시절의 프로젝트들을 자랑스러워했다. 졸업 작품 발표회를 위해 그는 RSA 경연 대회에 출품했던 전화기 디자인을 다시 다듬었다. 그리고 준비를 마친 뒤 RWG에 몸담고 있던 친구 클라이브 그리니어를 초대했다. 와서 한번 봐 달라는 부탁이었다. 그리니어는 런던에서 장장 다섯 시간 동안 차를 몰아 뉴캐슬의 빈민가인 게이츠헤드의 비좁은 아파트를 찾아왔다. 아이브의 아파트에 들어서는 순간 그리니어의 입이 떡 벌어졌다. 좁은 공간에 그동안 아이브가 프로젝트를 위해 제작한 폼(고무, 비닐, 폴리우레탄 등의 발포제. — 옮긴이) 모형이 100개도 넘게 들어차 있었기 때문이다. 마치 그의 디자인 숙련 과정을 진열해 놓은 듯한 모습이었다. 학생들은 대개 프로젝트 하나에 모형 대여섯 개를 제작했는데 아이브는 100여 개나 만들었던 것이다.[31]

"그런 광경은 난생 처음이었습니다. 완벽을 향한 조니의 순수한 집념을 고스란히 느낄 수 있었습니다." 그리니어의 회상이다.

그리니어는 그 모형들이 각각의 차이는 미미했지만 꾸준히 개선되고 있음을 느꼈으며, 아이디어를 철저하게 분석하고 올바로 구현하려는 아이브의 의지를 새삼 확인할 수 있었다고 말한다. 모형과 시제품을 수십 개 제작하는 작업 자세는 훗날 애플에서도 그의 특장점이 되었다. "어떻게 모형을 그렇게 많이 제작하면서 각각 미묘한 차이를 살려 냈는지, 눈으로 보면서도 믿을 수가 없었습니다." 그리니어의 감탄이 이어진다. "찰스 다윈이 개입한 게 아닌가 하는 생각까지 들더군요. 한 편의 진화 계보도를 보고 있는 느낌이었어요. 완벽을 향한 조너선의 집념 때문에 각각의 모형이 미세한 변화를 보이고 있었던 겁니다. 그로서는 실제 모형을 제작해 보는 것만이 작품에 불어넣고 싶은 변화가 과연 올바른지 그릇된지 확인할 수 있는 유일한 방법이었으니까요."[32]

아이브는 자신을 후원해 주던 RWG의 필립 그레이도 아파트로 초대했다. 그레이 역시 최종적으로 가다듬어진 전화기 디자인을 생생히 기억하고 있다. "정교한 솜씨가 돋보이는 디자인이었습니다. 발상도 아주 영리했고요." 그레이의 찬사 역시 길게 이어진다. "매우 논리적이면서도 미적 요소를 충분히 살린 디자인이었습니다. 환상적인 모델이었어요. 휴대폰이 없던 시절이라는 사실에 주목해야 합니다. 물론 우상시되는 전화기도 없었고요. 다이얼이나 번호판을 탑재한 몸체 위에 송수화기를 얹은 채 탁자 위의 한 공간을 차지하는 박스, 그게 전화기의 기본적인 이미지인 시절이었습니다. 그러니 조니의 디자인은 매우 급진적이었다고 할 수 있지요. 하지만 논리적인 측면과 인체 공학적 측면에서 매우 설득력이 높은 데다가 단순한 외관이 돋보이는 작품이었습니다."

뉴캐슬 과학 기술 대학의 교수들도 아이브의 전화기에 감탄하기는 마찬가지였다. 졸업 작품전에서 그 디자인은 일등상을 차지했다.

고작 약관의 나이에 아이브는 전문 디자이너들에게 실력과 인격을 동시에 인정받았다. 그들은 아이브를 동료 디자이너로서 존중했다. "그의 작품은 비범했습니다." 그레이의 감탄은 그칠 줄 몰랐다.

아이브는 또한 학부 학생으로는 최초로 RSA의 여행 장학금을 두 번이나 받았다. 지난 수십 년 동안 RSA 경연 대회가 원활히 운영되도록 기여해 온 RSA의 기록 보관 담당자 멜러니 앤드루스는 아이브의 넘쳐 나는 재능이 안겨 줄 밝은 미래를 진즉에 알아보았다고 단언한다. "RSA 장학금을 차지한 두 프로젝트를 통해 조너선 아이브는 하드웨어와 소프트웨어 디자인 둘 다에 관한 관심을 여실히 보여 주었습니다. 소프트웨어와 하드웨어에 대한 균등한 관심, 그거야말로 애플 제품들의 승리 공식이잖아요."[33]


## 맥과 사랑에 빠지다

대학 시절 아이브는 평생을 이어 갈 두 가지 깊은 인연을 맺는다. 첫 번째 인연은 1987년 8월에 공식적으로 맺어졌다. 대학 2학년 때 첫사랑 헤더 페그와 결혼을 한 것이다. 헤더의 부친 역시 지역 장학관이었다. 두 사람이 처음 만난 곳은 와일드우드 기독 단체였고, 아이브는 한 학년 아래인 그녀와 함께 월턴 고교에 다니며 사랑을 키웠다. 스태퍼드에서 결혼식을 올린 두 사람은 나중에 쌍둥이 아들 찰리와 해리의 부모가 된다.

결혼할 즈음 아이브는 또 다른 사랑에 나머지 반쪽 가슴을 빼앗긴다. 그 대상은 바로 애플이었다.

고등학교를 졸업할 때까지 아이브는 컴퓨터에 별다른 관심을 보이지 않았다. 컴퓨터 기술은 적성에 맞지 않는다는 확신을 품고 있었기에 대학 신입생 시절에는 컴퓨터가 사람들의 삶에 여러 모로 유용한 도구로 부각되는 현실에 깊이 좌절하기까지 했다. 아무리 생각해도 조만간 컴퓨터가 지배하는 시대가 올 게 분명해 보였다. 그런 상황에서 맥을 만난 것이다.

아이브는 깜짝 놀랐다. 그때까지 시도했던 어떤 기계보다 맥이 훨씬 사용하기 쉽고 편하다는 사실을 즉시 깨달았기 때문이다. 맥을 고안한 디자이너들이 사용자 경험을 제품에 고스란히 반영한 배려도 충격으로 다가왔다. 그는 곧바로 그 기기, 나아가 그 기기를 제작한 기업 정신과 긴밀한 유대감을 느끼게 되었다. 생명 없는 제품들 사이에서 처음으로 인간미를 느꼈던 것이다. "아주 극적인 순간이었기 때문에 아직까지도 기억이 생생합니다. 그걸 만든 사람들의 진정한 감각을 느낄 수 있었습니다."[34]

"애플에 관해 더 많이 알고 싶은 욕구가 일었지요. 창립 배경, 가치관, 조직 구조, 뭐든지 다요. 무례하기 짝이 없고 거의 반골 수준인 이 기업에 대해 알면 알수록 점점 더 끌렸습니다. 무사안일주의와 의도적 파산이 횡행하는 산업 부문에서 거리낌 없이 대안임을 자처하는 기업 정신이 몹시 좋았어요. 뭔가 중요한 가치를 대변하는 기업이 아닌가, 돈 버는 것 말고도 존재해야 할 명분이 뚜렷한 기업이 아닌가, 그런 생각이 들었습니다."[35]

# 3

# 런던 생활

조니는 부족한 부분은 보충하고 부정적인 부분은 바로잡아 용도와 취지에 적합하게 디자인
하는 데 중점을 두었습니다. 기술을 인간의 필요에 맞추는 데 깊은 관심이 있었던 겁니다.

—피터 필립스(전 탠저린 디자이너)

1989년 여름 조녀선 아이브는 데이비드 톤지와 함께 미국으로 건너간다. 뉴캐슬 과학 기술 대학을 갓 졸업한 그들의 주머니 속에는 RSA의 여행 장학금이 들어 있었다. 목적지는 코네티컷 소재의 비즈니스 서비스 전문 기업, 피트니 보우즈였다. 둘은 거기서 8주를 보낼 계획이었다.

피트니 보우즈 본사는 맨해튼에서 북동쪽으로 65킬로미터 가량 떨어진 스탬포드에 있었다. 아이브는 그곳에서 보내게 될 8주 동안의 연수 일정이 알찬 경험이 될 것이라고는 기대하지 않았다. "별로 흥미로워하지 않더군요." 그리니어의 웃음기 섞인 회상이다. 사실 아이브는 나중에 샌프란시스코로 날아가 베이 에어리어 일대의 신흥 디자인 스튜디오들을 둘러볼 기대에 훨씬 더 부풀어 있었다.

한편 톤지는 허먼 밀러와 놀을 위시하여 사무용 가구 디자인 업계의 유수한 기업들을 둘러볼 계획이었다. 피트니 보우즈에서 연수를 마치자마자 아이브는 실리콘밸리를 둘러보기 위해 톤지와 헤어져 샌프란시스코행 비행기에 몸을 실었다. 샌프란시스코에 도착한 그는 즉시 렌터카를 빌려서 페닌슐러 지역의 스튜디오 몇 곳을 방문했다. 그 가운데에는 그리니어가 한때 몸담았던 ID 투(IDEO의 전신)와 새너제이 중심가에 있는 루너 디자인도 포함돼 있었다. 당시 루너 디자인의 경영자는 업계의 신성으로 떠오르던 로버트 브러너였다. 아이브와 브러너의 첫 대면은 두 사람의 오랜 인연으로 이어진다.

브러너는 1958년 실리콘밸리에서 태어나 성장했다. 아버지는 기계 공학자, 어머니는 예술가였다. 오랫동안 IBM에서 근무한 아버지 러스 브러너는 세계 최초 하드 드라이브의 주요 부분을 고안한 인물이다.[1] 로버트 브러너는 대학에 입학하기 전까지 프로덕트 디자인이라는 분야가 존재한다는 사실조차 몰랐다. 새너제이 주립 대학에 입학한 그는 미술학과에 등록하러 가던 길에 우연치 않게 디자인 학과에서 렌더링(제품 예상도. — 옮긴이)과 모형을 전시해 둔 공간을 지나가게 되었다.

"바로 그 자리에서 깨달았습니다. 내가 뭘 하고 싶은지를요." 브러너의 회상이다.

새너제이 주립 대학 재학 시절 브러너는 산업 디자인 학위 과정을 이수하는 한편 당시 눈부시게 약진하던 실리콘밸리 최대 규모의 디자인 에이전시 GVO에서 인턴으로 일하며 실무 경험을 쌓았다. 대학을 졸업하고 얼마 후인 1981년에는 정식으로 GVO에 입사했다. 하지만 회사 생활은 만족스럽지 않았다. 그곳은 열정과 비전이 부족한 것 같다는 회의가 쌓여 갔기 때문이다.

"창의성을 마음껏 발휘할 수 없는 풍토였습니다. 그저 그런 렌더링만 다량으로 쏟아 내길 바라더군요. 오직 고객들의 비위를 맞추는 데만 급급하는 조직이었습니다."[2]

1984년 그는 기어이 일을 저지른다. 자신과 뜻이 맞은 GVO의 직원 제프 스미스, 제라드 퍼버쇼와 디자이너 피터 로와 함께 동업으로 회사를 차린 것이다. 네 사람은 주머니를 털어서 5000달러 정도의 사업 자금을 마련했다. 처음 둥지를 튼 곳은 이전에 헬리콥터를 제조했다는 어느 공장의 공간 일부였다. 복사기는 임대했고 컴퓨터는 달랑 애플 IIc 한 대뿐이었다. 회사명은 루너 디자인. GVO에 있을 때 달빛을 받아 가며 일했던 추억을 담은 이름이었다.

창업 타이밍은 완벽했다. 1980년대 중반, 실리콘밸리는 소비재 시장으로 영역을 넓혀 가고 있었다. 루너 같은 디자인 에이전시에 대한 수요가 치솟을 수밖에 없는 상황이었다. GVO도 물론 나름대로 차별화 전략을 준비해서 게임 판에 뛰어들었다. 당시 실리콘밸리는 디자인 전문 지식이 거의 없는 엔지니어들이 설립한 기업이 대부분이었다.

"우리에게 미래를 내다보는 수정 구슬 같은 게 있었던 건 아니었습니다. 다만 타이밍이 절묘하게 맞아떨어진 것뿐이었어요. 실리콘밸리의 황금기가 시작된 시점이었으니까요. 우리 회사가 창업할 즈음에 프로그가 이곳에 왔고, ID 투와 매트릭스 그리고 데이비드 켈리도 시장에 뛰어들었죠. 뒤의 세 회사가 나중에 IDEO로 통합된 겁니다. 우리가 사업을 시작한 것과 동시에 상황이 그렇게 되었죠. 실리콘밸리에서 일하거나 창업하기에 더할 나위 없는 호기였다고 할 수 있습니다." 브러너의 얘기다.[3]

1989년에 이르자 루너는 내로라하는 기업들을 고객으로 보유한 디자인계의 총아로 성장했다. 애플 역시 루너의 고객이었다. 브러너는 애플의 의뢰로 특별 프로젝트를 여러 건 수행했다. 그중에는 스티브 잡스의 오리지널 매킨토시의 대를 이을 제품을 디자인하는 프로젝트도 있었다. 4년 전 매킨토시가 출시된 이래로 이렇다 할 변화가 없었던 터라 애플로서는 중차대한 프로젝트였다.(재규어라는 암호명이 붙은 이 프로젝트의 최종 결과물이 바로 파워PC 플랫폼(하나의 컴퓨터로 다중 운용 체계를 운용할 수 있는 컴퓨터 하드웨어 규격. — 옮긴이)이다.)

브러너를 처음 만난 자리에서 아이브는 뉴캐슬 졸업 작품으로 만들었던 물음표 모양의 전화기 콘셉트를 제시했다.

아이브의 모델은 전화기의 외양을 모형으로 제작하는 게 고작인 여느 학생들의 프로젝트와는 차원이 달랐다. 제품에 들어가는 부품이 모두 포함되었음은 물론, 제작 과정에 대한 설명까지 첨부되어 있었다. 브러너의 회상이다. "정말 인상적이었습니다. 그 디자인은 사용 가능성이라는 관점에서 한 차원 앞서 갔지요. 하지만 정말로 뿅 간 순간은 조니가 전화기 모델을 분해할 때였습니다. (중략) 부품들이 실물 그대로 그 속에 들어 있는 겁니다. 탁월한 디자인 감각을 지닌 동시에 제품의 기능까지 완전히 파악하고 있는 학생은 처음이었습니다. 눈으로 보면서도 믿기지가 않았죠."[4] 아이브의 프로젝트에는 부품들의 두께와, 사출 성형기를 이용한 제작 방식까지 명기되어 있었다.

브러너에 따르면 아이브의 디자인은 학생의 실습 작품 수준이 아니었다. 당시 실리콘밸리에서 창출되던 최상의 디자인들과 견주어도 전혀 손색이 없을 정도였다고 한다. "갓 대학을 졸업한 데다가 정식으로 직장 생활을 해 본 경험도 없는 젊은이가 천부적인 재능은 물론 제품의 기능 원리에 대한 깊은 관심까지 보여 주다니, 나로서는 아주 신선한 충격이었습니다. 대학을 갓 졸업한 예비 디자이너들은 외형과 이미지에만 매달리는 게 일반적입니다. 물론 제품의 기능에 관심을 갖는 졸업생들도 있긴 하지만, 도발적이면서도 실용적인 모델을 제시하는 데다가 그 기능까지 완벽하게 구현하는 경우는 극히 드물다고 봐야지요."

"참신한 발상을 제품으로 구체화해서 온전하게 세상에 내놓는 게 산업 디자이너가 할 일입니다. 외형만 아름답게 개발한 채 그대로 내버려 두는 건 재능을 제대로 훈련하는 거라고 볼 수 없지요."[5]

아이브의 재능과 열정에 깊이 감명을 받은 브러너는 그에게 루너 디자인에서 함께 일할 의사가 있는지 타진해 보았다. 공식적인 입사 제안은 아니었다. '실력이 대단하군요. 우리와 함께 일해 보는 건 어떻습니까?' 정도의 은근한 권유였다. 어쨌든 아이브는 권유를 사양했다. 배려는 고맙지만 RWG에서 근무하기로 약속이 되어 있기 때문에 런던으로 돌아가야 한다고 답했다. 대학을 졸업할 때까지 후원해 준 회사라는 설명도 덧붙였다. 사실 그 캘리포니아 여행길에서 아이브에게 입사를 제안한 회사는 루너 디자인만이 아니었다. 몇몇 다른 회사 역시 앞날이 기대되는 졸업생을 알아봤던 것이다.

그로부터 수년이 지나고 브러너는 아이브에게 중요한 인연임이 입증된다. 아이브가 다녀가고 몇 달 후, 브러너는 애플로 자리를 옮겼다. 그의 주도 아래 애플은 처음으로 자체 디자인 스튜디오를 갖게 되었다. 애플을 디자인 업계의 선두 주자로 쏘아 올리는 무대가 마련된 셈이었다. 이를 토대로 얼마 후 브러너는 다시 아이브 영입에 나선다.

영국으로 돌아온 뒤 아이브는 RSA에 여행 보고서를 제출했다.[6] 보고서는 샌프란시스코 순례가 그에게 미친 영향을 그대로 드러냈다. "나는 즉시 샌프란시스코와 사랑에 빠졌습니다. 언젠가는 그곳으로 돌아가고 싶은 마음이 간절합니다."


## RWG

졸업 후 RWG에서 일한다는 약속을 충실히 이행하기 위해 아이브는 아내 헤더와 함께 뉴캐슬에서 런던으로 이주했다. 아이브의 상사가 된 필립 그레이는 RWG에 들어온다는 약속을 지킨 아이브의 신의에 상당히 놀랐다. 아이브가 많은 곳에서 입사 제의를 받았다는 사실을 알고 있었기 때문이다. "그는 이미 엄청난 재능을 지닌 젊은 디자이너로 인정을 받은 상태였습니다. 신의를 중시하는 신사답게 조니는 우리의 입사 제의를 받아들였습니다. 다른 회사들의 제의가 쇄도하던 상황이었는데 말이죠."

아이브가 RWG에 입사한 것은 신의를 지키기 위한 어쩔 수 없는 선택만은 아니었다. RWG는 영국 디자인 업계의 선두 주자 가운데 하나였다. 아이브는 배치된 팀의 다른 팀원들과 금방 친해졌다. 하나같이 재능 있는 인재들이었다. 그들과의 유대는 오늘날까지 이어지고 있다. 절친한 친구 그리니어는 케임브리지 인근의 어느 디자인 회사로 자리를 옮긴 뒤였지만, 1980년대 후반 RWG는 여전히 수차례에 걸쳐 디자인 상을 수상하는 개가를 올리고 있었다.

디자인 업계의 많은 회사들이 그렇듯이 RWG 역시 사업 분야가 광범위했다. 소비재 디자인부터 하이테크 제품 디자인까지 망라하는 한편, 미국과 유럽, 일본, 한국 등지의 고객들과 유대를 이어 가며 국제적으로 활동했다. 어플라이드 머티어리얼즈, 제브라, 그리고 잔디 깎는 기계를 만드는 퀼캐스트 등이 주요 고객이었다. 당시의 디자인 회사들이 대개 그랬듯이 RWG의 경영 및 생산 구조 역시 프로덕트 디자인, 인테리어 디자인, 작업장, 이렇게 세 팀으로 나뉘어 상호 협력하는 체제였다. 아이브는 프로덕트 디자인 팀에 배치되었다.

총 스무 명으로 구성된 프로덕트 디자인 팀은 디자이너와 엔지니어, 그래픽 디자이너들이 칸막이가 없는 사무실에서 함께 작업했다. 작업장이 바로 아래층에 있어서 아이브와 동료들이 언제든 쉽게 이용할 수 있었다. 시설이 완벽하게 갖춰진 작업장에는 모형 제작진 다섯 명이 근무했다. 인테리어 디자인 팀에서 근무하는 디자이너, 건축가, 컴퓨터 전문가는 모두 스물세 명이었다.[7]

회사의 동업자 중 한 명인 배리 위버에 따르면 RWG의 프로덕트 디자인 프로젝트는 크게 두 가지 유형으로 구분되었다. 첫 번째 유형은 특히 영국 국내 고객을 위한 것으로 제품 콘셉트 개발부터 시제품 제작, 관련 공학 기술 개발과 압형 제작 관리까지 수행하는 종합적인 프로젝트였다. 간단히 말해서 생산만 빼고 모든 과정에 관여하는 디자인 및 개발 프로세스였다. 두 번째 유형은 범위가 훨씬 좁았다. 새로운 아이디어나 제품안을 내는 데 초점을 맞추는 프로젝트로 특히 한국과 일본을 비롯한 외국 기업들이 주 고객이었다. 그런 기업들은 자체 디자인 팀을 구비하고는 있지만 참신한 콘셉트나 다른 각도의 접근 방법을 찾기 위해 의뢰해 오는 경우가 대부분이었다.

"우리의 프로젝트들은 대개 빡빡한 일정과 빠듯한 예산 속해서 수행되었다는 사실을 이해하는 것이 중요합니다." 당시 RWG의 상황에 관한 위버의 회상이다. "의뢰받은 프로젝트를 효율적으로 수행하지 못하면 금전적으로 손실을 보게 되는 상황이었습니다. 따라서 신속하게 결단을 내려야 했고, 분석과 자료 조사, 그리고 에스노그라피(현지 조사 중심의 소비자 조사 방법. ─옮긴이) 및 여타 시장 조사 등에 소요되는 시간을 가능한 한 단축해야 했습니다."

새로운 일터에서도 아이브는 뉴캐슬 시절과 마찬가지로 생산성을 과시했다. 위버의 말이다. "조사를 많이 할수록 더 나은 해결책을 얻을 수 있다고 믿는 디자이너들도 있습니다. 개인적으로 나 자신은 상식과 직관을 믿는 사람입니다. 조너선의 강점은 난해한 과업의 본질을 신속하게 파악하고 우아하면서도 실행 가능한 해결책을 직관적으로 제시할 줄 아는 동시에 그 또래의 젊은이들에게서는 기대하기 힘든 디테일 감각을 지녔다는 점이었죠."

아이브는 동료들로부터 열정적이고 근면한 팀 플레이어로 인정받았다. "조용하고 침착한 성품에 유머 감각까지 뛰어났습니다." 그레이의 회상이다. "스튜디오 안에서 절대로 큰 소리를 내는 법이 없었어요. 업무에 충실하며 생산성도 매우 높았지요. 믿기지 않을 만큼 근면한 태도로 열심히 일했어요. 기술도 완벽했고 성과도 눈부실 정도였어요. 또 아이디어가 끝없이 솟아나는 것처럼 보였습니다. 아이디어를 순식간에 대여섯 개 제안하는 건 예삿일이었죠. 그것도 단순히 제안만 하는 게 아니었습니다. 탁월한 드로잉 솜씨까지 겸비한 친구라서 아이디어를 구체화하는 방법까지도 알기 쉽게 제시할 수 있었지요."[8]

아이브의 스타일은 RWG와 들어맞는 것 같았지만, 컨설팅 회사의 본질적 사업 방식은 그의 생리와 맞지 않았다. RWG는 외부 컨설팅 회사였기에 고객의 입맛에 맞춰 가며 프로젝트를 진행할 수밖에 없었다. 바로 그 점이 아이브의 신경을 긁어 대기 시작했다. "컨설팅 회사의 입장에서는 부차적인 문제들을 우선적으로 고려해야 하는 경우가 종종 있다는 사실을 유념해야만 합니다. 최종 결정을 내리는 건 고객이거든요. 그들의 주머니에서 돈이 나오니까요!" 위버의 설명이다.

그런 현실을 인정하면서도 위버는 RWG 디자이너들의 좌절감을 충분히 이해했다. "유감스럽게도 고객사의 마케팅 팀이 뭐랄까, 애매모호한 취향을 늘어놓으며 디자인을 변경하라고 압력을 행사하는 경우가 종종 있습니다. 그런 경우에는 디자이너들이 자기 의지를 프로젝트에 고스란히 반영하지 못하게 됩니다. 타협을 할 수밖에 없는 거죠."

회사에 소속된 디자이너로서 아이브는 팀의 다른 디자이너들과 원만한 공조 속에서 다양한 프로젝트를 수행했다. 영국의 제조 업체 퀄캐스트의 야외 정원 조명과 잔디 깎는 기계 등이 그의 손을 거쳤고, 또 다른 영국 기업 캉고의 공업용 드릴을 위한 디자인 콘셉트 몇 가지가 그의 머릿속에서 나왔다.

아이브의 자부심은 급속하게 커져 갔다. RWG에 입사하고 몇 주가 지나지 않아 그는 상당한 폭의 봉급 인상을 요구했다. 아이브는 재능 있는 디자이너였다. 스스로 그 정도의 대우를 받을 만한 자격이 있다고 느꼈다. 하지만 동시에 이제 갓 대학을 졸업한 신입 사원이기도 했다. 그레이는 이 풋내기에게 봉급 인상 지침을 설명해야만 했다.

"사업상의 수지 균형을 고려해야만 했습니다. 아주 힘들게 대화를 시도했어요. 신입 사원으로서 아직 갈 길이 먼 그의 현재 위치를 설명해야 했습니다. 다른 직원들도 생각해야 했지요. 누구에게나 강점과 약점이 있습니다. 회사로서는 공정한 기회 부여라는 취지에 입각해서 형평성을 맞춰야 했습니다. 하필이면 내가 그 임무를 맡고 있었지요. 나로선 고역이었습니다. 상대방을 실망시킬 수밖에 없는 일을 하고 싶은 사람은 없으니까요. 하지만 조니와의 대화는 이성적으로 진행됐습니다. 결국 그가 고개를 끄떡이고 자리에서 일어났습니다. 그가 결과에 만족하지 못했다는 걸 나도 느낄 수 있었습니다. 하지만 조니는 불만을 드러내지 않았습니다. 다시 계속해서 충실히 업무를 수행했지요."

하지만 그의 비범한 재능은 RWG의 경영진에게 또 다른 고민거리를 안겨 주었다. 1989년 아이브의 강의실용 보청기 프로젝트가 영국 디자인 위원회에서 개최한 신예 디자이너 전시회에 출품되었다. 업계의 관심이 높았던 전시회였던지라 욕실 및 화장실 부문에서 영국의 최강자로 군림하는 대기업 아이디얼 스탠더드의 임원도 방문했다. 한순간 어떤 작품이 그의 눈에 뛰어들어 왔다. 아이브의 초현대식 디자인이었다. 아이디얼 스탠더드의 영업 이사였던 그 임원은 아이브의 작품에 감명을 받은 나머지 즉시 RWG에 접촉해 왔다. 그리고 아이디얼 스탠더드가 진행할 특별 디자인 프로젝트를 아이브에게 맡기고 싶다는 의사를 전했다. RWG로서는 거절할 수밖에 없는 요청이었다.[9]

그레이의 설명이다. "우리 회사 스튜디오에서 근무하는 디자이너가 열두 명이었습니다. 이제 갓 대학을 졸업해서 경험이 일천한 조니를 중요한 고객사에 파견할 수는 없었지요. 결국 이렇게 답변할 수밖에 없었습니다. '우리 회사에 그 프로젝트를 맡겨 준다면 정말 감사하겠다. 우리는 최선을 다해 프로젝트를 수행할 것이다. 하지만 프로젝트 진행을 누구에게 맡길지는 우리가 결정한다.' 그 사람은 답변을 듣자마자 자리를 뜨더군요! 조니가 아니라면 맡길 수 없다는 거였죠."

세월이 흐른 뒤 아이디얼 스탠더드의 그 임원은 다시 아이브의 삶 위로 떠오른다. 한편 1989년에 찾아온 금융 위기는 RWG에도 큰 타격을 입혔다. 그때까지 RWG의 인테리어 디자인 팀은 영국은 물론 스페인과 호주 등지의 은행 상담실 인테리어 프로젝트를 지속적으로 따내면서 상당한 수입을 올려 왔다. 하지만 금융 위기가 세계적으로 확산되면서 은행의 의뢰가 끊기기 시작했다. "금융 위기로 인해 은행들이 프로젝트를 연달아 철회했고, 우리 디자이너들은 할 일이 없어졌습니다. 설상가상으로 영국의 제조 업체들도 신용 경색 때문에 신제품 개발 프로그램을 대폭 줄이기 시작했지요." 위버의 회상이다.[10]

결국 RWG는 인테리어 디자인 사업을 접어야 했다. 위버의 동업자 조스 로버츠는 회사와 영국을 떠나 호주로 이주했다. 프로덕트 디자인 팀은 구조 조정 대상이 되었다. 구조 조정 과정의 일환으로 위버는 디자이너 전원과 맺을 새 계약서를 마련했다.

디자이너들은 누구도 그 계약서에 사인하려 하지 않았다. 오직 한 사람, 아이브만 예외였다. 아이브가 사인한 이유는 신규 계약을 맺으면 기존 계약이 무효가 되기 때문이었다. 대학을 졸업할 때까지 후원해 준 대가로 RWG에서 근무한다는 의무 규정의 효력이 상실되는 것이었다. 합법적인 탈출구가 생기자 아이브의 의무도 끝이 났다. 아이브는 RWG에 사표를 던졌다. 디자이너 삶의 제1장이 막을 내린 셈이다.


## 탠저린 드림

아이브는 친하게 지내던 클라이브 그리니어를 찾아갔다. 그 1년 전, 그리니어는 런던의 디자이너 마틴 다비셔와 함께 탠저린 디자인을 창업했다.

두 동업자는 오랜 친구 사이였다. 두 사람이 처음 만난 건 런던의 센트럴 세인트 마틴스 재학 시절이었고, 졸업한 뒤에는 빌 모그리지 어소시에이츠의 런던 스튜디오에서 함께 일했다. 그리니어가 먼저 RWG로 자리를 옮겼고 덕분에 아이브를 만나게 되었다. 이후 그리니어는 영국의 실리콘밸리 격인 케임브리지 사이언스파크에서 일자리를 잡았다. 사이언스파크에서 일하는 동안 콤텔이라는 전화기 회사에서 그에게 신형 전화기 디자인을 의뢰했다. 콤텔에서는 그리니어가 정규직으로 일해 주기를 원했지만 그는 설득 끝에 프리랜서 자격으로 프로젝트를 맡았다. 그 대가로 받은 2만 파운드를 밑천으로 다비셔와 함께 사업을 시작한 것이다.

"디자인 컨설팅 회사를 창업할 기회가 왔을 때 나는 마틴에게 카레 먹으러 가자고 말했습니다.(인도 음식점에 갔다는 얘기다.) 마틴은 즉시 나와 함께하겠다고 결정을 내렸습니다. 그와 나는 마치 접착제로 붙여 놓은 것처럼 이렇게 평생을 함께 움직이고 있습니다."[11] 그들은 런던 북부 핀즈베리 파크에 자리 잡은 다비셔의 아담한 주택 문간방에 사무실을 차렸다. 그리니어는 콤텔에서 받은 돈으로 매킨토시와 레이저 프린터를 비롯한 비품들을 들여놓았다.[12]

그들이 처음 사용했던 회사 이름은 '랜드마크'였다. 다비셔가 휴가 때마다 가족들과 함께 즐겨 이용하던 대여 주택 사업체 랜드마크 트러스트에서 따온 이름이었다. 적절한 무게감이 느껴지는 이름이라 두 친구 모두 적이 만족스러웠지만 그 이름 때문에 곧 곤경에 처했다. 이미 그 상호를 사용하고 있던 네덜란드 기업이 집요하게 법적 소송을 걸어왔기 때문이다. "상호를 포기하는 대신 새로운 브랜드를 만드는 데 드는 자금을 지원해 달라고 요구했지만 그들은 아랑곳하지 않았습니다." 그리니어의 유감 섞인 회상이다. 우여곡절 끝에 쌍방이 물러서면서 소송은 종결되었고 두 동업자는 새로운 이름을 짓기 위해 한동안 고심에 고심을 거듭했다. 마침내 두 사람 모두 마음에 드는 이름이 떠올랐다. '오렌지'. 하지만 그것도 이미 누군가가 사용하고 있는 브랜드라는 게 금세 밝혀졌다. 이번에는 덴마크의 디자이너 집단이었다.

때는 크리스마스 시즌, 주위에는 탠저린 즉 귤이 널려 있었다. 두 사람 중 누군가의 시선이 그 과일에 꽂혔다. 탠저린. 다양하게 해석될 수 있는 지극히 추상적인 이름이었다. 두 사람이 원하던 브랜드 이미지였다. 그 이름은 특히 그리니어에게 기분 좋은 추억을 되살려 주는 의미도 있었다. 탠저린 드림. 그리니어가 좋아했던 초창기 실험적 일렉트로니카 밴드의 이름이었다.

"지금 와서 생각해 보면 탠저린이라는 훨씬 좋은 이름을 얻기 위해 그 고생을 겪은 게 아닌가 싶습니다. 기억하기도 쉽고 영국과 미국은 물론이고 유럽에서도 누구나 쉽게 알아들을 수 있는 단어였죠. 게다가 우리가 표적 시장으로 삼고 있던 아시아권에서 선호하는 색깔이기도 했고요." 다비셔의 회상이다.[13]

1980년대에는 탠저린처럼 디자이너들만의 파트너십으로 운영되는 회사가 흔치 않았다. 프리랜서로 활동하는 디자이너들은 보통 단독으로 창업을 하던 시절이었다. "1980년대 말에 디자인 관련 학과를 졸업한 디자이너들은 소위 '나 홀로 산업' 부문에 뛰어들어야 했습니다. 당시 디자인 업계는 디자인과 제조를 함께하거나 디자인 예술에 중점을 둔 회사들이 주류를 이뤘지요." 알렉스 밀턴 교수의 설명이다. 하지만 그리니어의 가슴속에는 보다 웅대한 야망이 자리 잡고 있었다.

"파트너십이 진정한 사업을 한다는 느낌을 보다 강하게 주었습니다. 그리고 마틴과 나는 신기하게도 닮은 구석이 전혀 없습니다. 긍정적으로 보자면 부족한 부분을 서로 보완해 줄 수 있는 관계인 셈이지요."

다비셔의 집 한쪽에 사무실을 마련한 뒤로 한동안 두 사람은 그리니어가 케임브리지 시절에 관계를 맺었던 거래처들을 중심으로 프로젝트를 진행했다. 그들은 텔레비전 부대 용품과 하이파이 기기 부품을 디자인했다. 프로젝트 결과에 대단히 만족한 고객사의 초청으로 자동차 내 오락물에 관한 강연을 하러 미국 디트로이트에 다녀오기도 했다.

"나는 디자인 잡지에 정기적으로 기고도 했습니다. 우리 브랜드가 수면 위로 떠오르고 있었습니다." 그리니어의 말이다.

그 시점에서 그리니어와 다비셔는 과감한 홍보 전략을 연이어 펼치기 시작했다. 탠저린의 위상을 높이기 위해 실제보다 더 크고 튼실해 보이게 끔 한 것이다. 그들은 디자인 잡지에 글을 실을 때마다 해당 잡지에 광고를 올렸다. 그들의 강점을 집중적으로 조명한 광고들은 곧 세간의 관심을 끌기 시작했고 독자들의 의식 속에는 탠저린이 대규모 프로젝트를 거듭 수행하는 중견 기업으로 자리 잡게 되었다.

그리니어와 다비셔는 또한 일주일에 한두 번씩 세인트 마틴스에서 강의를 했다. 덕분에 이제 갓 걸음마를 시작한 그들의 회사는 더욱 널리 알려지게 되었다.(당시 그들의 강의를 들었던 예비 디자이너 가운데는 샘 헥트와 올리버 킹 등 훗날 거장으로 성장한 인물들이 여럿 있었다.) 그들은 홍보용 책자도 제작했다. 그 책자에 자신들의 작업을 이렇게 묘사해 놓았다. "사람을 위한 제품".14

그들은 탠저린이 최종 소비자에게 초점을 맞춘다고 설명했다. 그때까지 대부분의 디자인 회사들이 무시하던 최종 소비자 말이다. "당시 우리 업계에서는 최종 소비자를 입에 올리는 사람들이 없었습니다. 모두들 '제품의 이미지를 충실하게 전달하는 방법'에만 관심을 두었을 뿐, '어떤 제품이어야만 하는가 내지는 어떤 제품일 수 있는가'를 궁리하는 디자이너는 찾아보기 힘들었습니다. 하지만 우리 탠저린은 후자에 초점을 맞췄고 그 취지를 구현하기 위해 최선을 다했다고 자부합니다." 다비셔의 회상이다.

그들의 복합적인 마케팅 전략은 실효를 거두었다. "프로덕트 디자인 전문 기업으로 고객들이 안심하고 의뢰할 수 있는 브랜드 이미지를 쌓아 IDEO, 시모어 파월과 어깨를 나란히 하는 업계 3대 컨설팅 회사로 도약하는 것이 나의 목표였습니다." 그리니어의 얘기다. 의뢰가 꾸준히 이어진 덕분에 1990년에는 다비셔 집의 문간방 신세를 벗어나 런던 동쪽 변두리의 혹스턴에 진짜 사무실을 마련할 수 있었다. 두 사람이 알고 지내던 여류 건축가가 세를 놓은 스튜디오였다. 창고를 개조한 공간인 데다가 고작 한 층의 절반만 사용할 수 있었지만 타이밍은 적절했다. "아내가 첫아들 출산을 목전에 둔 상황이어서 사무실로 쓰던 그 큰 침실이 다시 필요했거든요." 다비서의 얘기다.

그들의 새 사무실은 탈공업화의 전형을 보여 주는 로프트(공장을 개조한 아파트나 스튜디오. — 옮긴이)였다. 크고 긴 공간에 회벽이 그대로 드러났고, 목재 마룻바닥은 거칠었다. 두 사람은 필립 스탁 의자들, 그리고 이케아 책상과 선반들을 들여와 그 공간을 꾸몄다. 오늘날의 혹스턴은 런던의 중심부 역할을 하며 유행을 선도하는 지역으로 유명하다. 하지만 20여 년 전에는 금융 위기의 여파로 주인을 잃은 경공업 건물들의 암울한 그림자에 덮여 있었다. 또한 당시의 혹스턴은 점심시간대에 운영되는 스트립 클럽이 군집한 곳으로도 유명했다.(음식도 파는 스트립 선술집에 가까웠다. 런던이라는 사실에 유념하시라.) 인근에 위치한 런던 금융가 시티에서 일하는 사람들이 그곳의 단골손님이었다. 그리니어의 승용차는 수없이 털렸다. 어떤 날은 스테레오 박스가 통째로 뜯겨 나가기도 했고 어떤 날은 타이어가 사라지기도 했다.[15] 그들의 스튜디오에서 가까운 혹스턴 거리 끝자락에서 영업을 했던 런던 어프렌티스 선술집은 그 일대에서 유명한 대형 게이 바였다. 그곳에선 정기적으로 아바(ABBA)의 밤을 개최했고 그때마다 은색 점프슈트 차림의 손님들이 몰려들곤 했다. 조용한 것과는 거리가 먼 지역이었다.

탠저린이 혹스턴에 사무실을 차리고 얼마 지나지 않은 시점에 친구를 찾아갔던 아이브는 곧장 그들의 세 번째 동업자가 되었다. 대학을 졸업한 지 얼마 되지 않은 스물세 살의 젊은이였지만 "조니는 풋내기 취급을 받아서는 안 될 존재"였다. 그리니어는 그 점을 잘 알고 있었다. 아이브와 그의 아내 헤더는 사무실에서 얼마 떨어지지 않은 런던 남동부의 블랙히스 지역에 작은 아파트를 장만했다.

아이브의 합류에 그리니어와 다비셔는 크게 기뻐했다. 엄청난 디자인 재능을 가진 아이브뿐 아니라 그를 따라 큰 거래처도 굴러 들어왔기 때문이었다. RWG 시절 아이브를 지목했던 영국 욕실 및 화장실 설비 업계의 선두 기업 아이디얼 스탠더드가 바로 그 거래처였다. 하지만 아이브는 탠저린에서 전동 공구부터 머리빗까지, 텔레비전부터 화장실 용기까지 회사가 따낸 프로젝트에 빠짐없이 참여했다. 세 동업자는 원만한 공동 작업을 통해 모든 프로젝트를 충실히 수행해 나갔다.

의뢰는 끊이지 않았지만 그들의 재능을 유감없이 발휘할 수 있거나 회사의 위상을 제고하는 데 큰 보탬이 될 만한 프로젝트는 없었다. 가끔씩 히다치나 포드 같은 대기업의 발주를 받기도 했지만, 특징도 없고 규모도 작은 업체들이 맡기는 소소한 프로젝트가 그들의 밥줄인 셈이었다. "디자인 회사들끼리 경쟁이 치열하던 시절이었어요. 특정 분야의 전문성을 표방하는 회사가 드물었습니다. 모두들 어떤 프로젝트든 주어지면 다 한다는 식이었죠. 샴푸 용기, 신형 오토바이, 열차 인테리어, 뭐든지 말이죠. 그럴 수밖에 없었던 상황이었습니다." 노섬브리아 교수 로저스의 설명이다.[16]

중소기업은 예산이 빠듯한 데다가 디자인 컨설팅 회사와 함께 일해 본 경험이 전무하거나 일천한 경우가 많았다. 그들은 몇천 파운드에 불과한 예산으로 프로젝트를 의뢰하곤 했다. 하지만 사업을 키워 나가는 단계에 있던 탠저린은 수익을 도외시한 채 일을 맡을 순 없었다. 탠저린이 제시한 시안은 종종 수만 파운드의 예산을 필요로 했고, 그럴 때마다 주머니가 얄팍한 고객들은 등을 돌렸다.

세 동업자는 그렇게 계약이 결렬될 때마다 철학적인 해석으로 자위할 수밖에 없었다. "당시 영국의 디자인 작업은 엔지니어링에 치우쳐 있었습니다. 소비자 리서치나 콘셉트 디자인 작업은 한참 뒷전이었죠. 우리가 시대를 좀 앞서 나갔던 겁니다." 다비셔의 회상이다. "우리는 디자인부터 생산 준비 단계까지 거의 모든 과정을 염가로 서비스 받기를 원하는 소기업 고객들의 소형 프로젝트를 꾸준히 수행하는 한편으로, 아시아와 미국에서 거래처를 따내 성장할 기회를 노렸습니다."

신규 고객을 유치하고 유지하기 위해 그들은 사무실 분위기를 실제보다 더 바빠 보이게 하는 전략까지 시도했다. 예전에 RWG에서도 그런 전략을 구사했던 것을 기억하고 있었다. 어느 자동차 회사의 임원들이 스튜디오를 방문하던 날 RWG의 디자이너들은 자기들 차를 스튜디오 안까지 몰고 들어와서 천을 씌워 놓고 극비리에 진행되고 있는 프로젝트라고 말했다.[17] 술수가 제대로 먹혀 들어간 덕분에 RWG는 그 자동차 회사의 프로젝트를 따낼 수 있었다. 탠저린에서도 같은 맥락의 연극이 연출되었다. 세 사람은 고객이 방문하는 시간에 맞춰 예전 프로젝트에서 제작했던 모형과 시제품을 모두 꺼내 놓았다가 그들이 돌아가면 다시 창고에 집어넣는 수고를 반복했다.[18]

아이브와 그리니어, 다비셔는 보쉬의 전동 공구와 금성의 전자 제품을 심혈을 기울여 디자인했다. 스코틀랜드의 미용실 용품 제조사 브라이언 드럼에서 의뢰한 이발용 머리빗 디자인에도 똑같이 정성을 쏟았다. 아이브는 머리빗 손잡이에 수준기(水準器)를 다는 콘셉트를 제시했다. 이발사나 미용사가 손님의 머리를 깎을 때 빗을 일정한 각도로 쥐도록 돕는 용도였다. 아이브의 디자인에 따라 제작된 브라이언 드럼의 머리빗은 일자 단발이나 정교한 커트에 효과적이어서 현재까지도 시판되고 있다. 머리빗 프로젝트는 남는 게 별로 없는 계약이었지만 앞에서도 언급했듯이 세 사람은 최대한 정성을 기울였다. "브라이언 드럼 측에서 아이브의 멋들어진 콘셉트를 선택했지요. 덕분에 나는 그 시안을 생산 현장에 제시할 수 있는 엔지니어링 디자인으로 변환하기 위해 한동안 고생했답니다." 다비셔의 회상이다. 그들의 열정은 결국 보답을 받았다. 1991년 그 머리빗이 세계적인 권위의 독일 산업 포럼에서 수상의 영예를 차지한 것이다. 더불어 탠저린의 명성도 높아졌다.

혹스턴 지역은 탠저린이 도약의 발판으로 삼기에 이상적인 터전이었다. 아이브와 그리니어는 지역의 한 헬스클럽에 다니기 시작했다.(아이브는 요즘도 헬스클럽에서 열심히 운동하는 습관을 유지하고 있다.) "내가 말하는 건 지금이 아니라 그 당시의 혹스턴입니다. 몇몇 남성 회원들이 옆에서 권투 연습에 열을 올리는 동안 조니와 나는 러닝머신 위에서 달리고 역기를 들면서 땀을 빼곤 했습니다." 그리니어의 말이다. 아이브와 대학 시절부터 함께했던 오랜 친구 톤지도 마침 아주 가까운 곳에서 일하고 있었다. 그래서 종종 그들을 찾아오곤 했다. 그는 혹스턴 지역을 이렇게 기억한다. "지금의 샌프란시스코 사우스파크 지역과 상당히 비슷했습니다. 안전하지 못한 구역에 인접해 있지만 고급 인력이 몰려 있고 경기가 활발한 데다가 예술적인 풍미도 곁들여진 곳이었죠. 게다가 철물점과 원자재 도매상이 즐비했어요. 때문에 젊은 디자이너를 발굴하기도 쉬운 곳이었지요." 톤지가 언급한 젊은 디자이너 가운데는 로스 러브그로브와 줄리언 브라운도 포함된다.[19]

"1980년대 말엽은 디자이너 농사가 아주 잘된 시기라 할 수 있습니다. 그때만 해도 산업 디자인이 인기를 끌기 전이었기 때문에 많은 친구들이 올바른 이유로 그 일을 하고 있었지요. 업계의 스타로 부상하기 위해서가 아니라 진정으로 훌륭한 디자인을 고안하기 위해 작업에 매진했다는 얘깁니다."

아이브가 탠저린에 합류하고 나서 1년쯤 지나서 세 사람은 네 번째 동업자를 맞이한다. 세 사람 모두와 인연을 맺고 있었던 피터 필립스가 합류한 것이다. 1982년에 센트럴 세인트 마틴스 산업 디자인 학과를 졸업한 필립스는 그리니어와는 대학 시절에 얼굴을 익혔고, 다비셔와는 IDEO에서 함께 일하면서 친분을 쌓았으며, 아이브를 만난 건 RWG 재직 시절이었다.

"조니를 처음 만났을 때 그는 디자이너 초년병이었습니다." 필립스의 회상이다. "'아주 괜찮은 녀석인걸.' 그게 조니에 대한 내 첫인상이었습니다. 전통적인 신사의 품격을 갖춘 사내라는 직감이 들더군요. 함께 지내면서 그 직감에 확신을 갖게 됐고요. 성품이 대단히 차분합니다. 마음 씀씀이도 참 고와요. 굳은 표정을 내비친 적도 없습니다. 웬만한 일은 웃고 넘어갈 수 있는 아량이 있는 친구거든요. 하지만 일에 대한 열정은 누구도 따라오지 못할 정도입니다. 재능도 그렇고요."[20]

아이브와 마찬가지로 필립스도 고객을 데리고 합류했는데, 그중에는 대기업도 두 개 있었다. 히다치와 LG전자. 이렇다 할 만한 프로젝트가 없던 차에 LG와 선이 닿은 건 말 그대로 횡재였다. 한국의 대기업 LG전자는 당시 아일랜드의 더블린에 첫 번째 유럽 디자인 센터를 설립했고, 손잡을 만한 유럽의 디자인 회사를 물색 중이었다. "우리는 LG와 재빨리 유대를 맺었고 그 관계를 유지하기 위해 최선을 다했습니다. LG는 정말 대단한 기업입니다. 우리에게 훌륭한 제품들을 디자인할 수 있는 기회를 주었거든요." 필립스의 회상이다.

탠저린에서 네 사람은 지위가 동등한 동업자였다. 물론 의견이 일치하지 않을 때도 있었다. 특히 가장 오랜 친구인 그리니어와 다비셔 사이에 불화가 불거지곤 했다. 하지만 그들의 우정에 금이 가는 일은 없었다. "때로는 누가 서로에게 더 크게 고함을 질러 대는지 겨뤄 보는 상황이 전개되기도 했습니다. 하지만 항상 원만하게 해결되곤 했지요. 어떤 불화든 몇 분 뒤에는 두 사람 모두 툭툭 털어 버렸습니다. 물론 조니와 내가 중재 역할을 했지요. 그와 나는 탠저린의 외교 사절로 통했답니다." 필립스의 회상이다.

한편 탠저린은 신생 회사였기에 늘 재정 상태에 유의해야 했다. "합리적인 사업가로서 우리는 경우에 따라 지출을 조절해서 회사가 파산 상태에 이르지 않도록 조심했습니다. 예를 들면 월말에 약간의 당좌 대월이 발행하거나 수익이 우리 월급에 미치지 못하면 그만큼씩 덜 가져갔습니다. 그런 식으로 수지 균형을 맞췄지요." 필립스의 또 다른 회상이다.

의뢰가 꾸준히 들어왔으므로 탠저린의 디자이너들은 늘 이런저런 스케치를 그리고 모형을 제작해야 했다. 모형 제작 때문에 스튜디오가 난장판이 되는 상황을 피하기 위해 가급적 아이브 부모님 댁의 차고에서 작업했고, 그래도 남는 일거리는 하청을 주곤 했다. "스튜디오에서 아주 가까운 곳에 믿고 맡길 수 있는 모형 제작 업체가 있었습니다. 요즘엔 모형 제작 업체가 거의 다 자취를 감췄지만 당시에는 전성기를 구가했습니다. 특히 우리와 거래했던 업체는 아주 솜씨가 좋았어요. 우린 종종 그리로 찾아가서 세부적인 부분에 대해 의견을 나누곤 했습니다." 필립스의 말이다.

테크놀로지가 디자인 과정의 한 부분으로 자리 잡아 가고 있었다. 하지만 아직까지는 더디게 진행되는 변화였다. 필립스의 말에 따르면 한 대뿐인 매킨토시가 스튜디오 한가운데 모셔져 있었다고 한다. "우리는 번갈아 그걸 사용했습니다." 컴퓨터 이용 설계(CAD)가 디자이너의 필수 장비로 부상하기 이전 시절이었기에 가능한 얘기다.


## 아이브의 디자인 스타일

아이브는 디자인 관련 이론을 넓혀 가는 일에도 열심이었다. 자타가 공인하는 독서광으로서 그는 디자인 이론서는 물론이고 행동주의 심리학자 B. F. 스키너의 저서와 19세기 문학 작품들까지 탐독했다.[21] 또한 박물관을 종종 찾았다. 박물관 애호가인 아버지 덕분에 예술과 디자인에 관한 한 세계 최고로 손꼽히는 빅토리아 앤드 앨버트 박물관을 어렸을 때부터 수없이

드나들곤 했다.

20세기에 가장 큰 영향력을 행사한 가구 디자이너 겸 건축가 아일린 그레이에 관해 집중적으로 연구하기도 했다. 아이브가 흠모한 현대 디자인의 거장들은 그레이만이 아니었다. 이탈리아 멤피스 그룹의 일원으로서 하이테크 제품들을 보다 이해하기 쉽도록 부드럽고 인간적이며 친숙한 형태로 디자인했던 디자이너 미켈레 데 루치도 그중 한 명이었다.[22]

그리니어는 아이브가 가구 디자이너 재스퍼 모리슨의 기법에 매료되었던 것으로 기억하고 있다. 모리슨의 작품은 건축학적으로 보자면 아주 단순한 기법으로서 오직 직선뿐, 곡선미가 존재하지 않는다. 조니는 또한 가전제품 제조 업체 브라운의 전설적인 디자이너 디터 람스에게도 빠져들었다. "사실 우리 모두 디터 람스의 영향을 받았다고 할 수 있습니다. 람스의 디자인 기법을 디자인 스쿨에서 세세히 배웠으니까요. 하지만 우리 탠저린에서는 브라운처럼 제품을 디자인하지는 않았습니다. 조니는 그저 브라운 제품에 담긴 단순성을 좋아했을 뿐이죠." 그리니어의 얘기다.[23]

네 명의 동업자 모두 디자인 철학에 관심을 갖고 있었다.(개중 아이브가 특히 유별난 편이었다.) 그리니어와 다비셔는 강의를 나가는 입장이었기 때문에 기업의 디자인 철학을 명확히 전달하는 부분에 상당한 비중을 두었다. 두 사람 모두 ID 투 혹은 이후의 IDEO에서 빌 모그리지와 함께 일한 바 있었고, 따라서 둘의 디자인 스타일에는 모그리지의 영향이 깊게 배어 있었다. 그리니어에 따르면 모그리지에게 배운 중요한 교훈 가운데 하나가 "이념적 관점을 지나치게 강조해서는 안 된다."라는 것이었다. 또 다른 교훈은 협업의 중요성이었다.

"IDEO는 합의 시스템을 채택하고 있었습니다. 모두가 동의를 해야 프로젝트가 진행됐던 거죠. 그 영향을 받았기 때문에 그리니어와 다비셔는 늘 다른 사람들이 자기 작품에 공감해 주길 원했습니다. 그래서 그들은 어떤 디자인 작업을 진행하든 수차례에 걸쳐 함께 검토하는 과정을 거치곤 했지요. 훌륭한 태도가 아닐 수 없습니다. 항상 자기 자신을 검증한다는 취지였으니까요. 또한 작업을 수행하는 아주 바람직한 방법이기도 했습니다. 고객의 만족도를 높이려고 노력하는 가운데 스스로를 채찍질하는 동기 부여도 되었으니 말입니다." 필립스의 얘기다.

미적인 부분에 대해서도 여러 스타일에 영향을 받기는 했지만 탠저린의 4인방은 결코 특정한 스타일을 고집하지는 않았다.

"조니까지 포함해서 우리 모두는 제품에 깃들어 있는 스토리를 최우선 순위에 두고 프로젝트를 진행했습니다. 조니는 부족한 부분은 보충하고 부정적인 부분은 바로잡아 용도와 취지에 적합하게 디자인하는 데 중점을 두었습니다. 기술을 인간의 필요에 맞추는 데 깊은 관심이 있었던 겁니다. '어떤 것이 무엇이 되어야 마땅한가' 하는 점이 언제나 그의 디자인 출발점이었습니다. 조니는 제품의 현재 상태나 엔지니어의 주장에 현혹되지 않고 스스로 적합성을 분별하는 능력을 지니고 있었습니다. 제품 디자인이든 사용자 인터페이스 디자인이든 필요하다고 생각되면 언제든지 프로젝트의 근본 취지로 되돌아가 콘셉트를 수정하는 능력도 있었습니다. 사실 조니만이 아니라 탠저린에서는 모두들 같은 맥락의 디자인 철학에 입각해서 작업을 했습니다. 우리가 받았던 정규 디자인 교육보다는 다른 디자이너들의 기법들을 보고 스스로 느끼고 깨달았던 부분들 덕분에 그런 자세를 견지할 수 있었던 것 같습니다." 그리니어의 얘기다.[24]

아이브에게 있어서 그것은 변화를 의미했다. 대학 시절, 그의 프로젝트들은 자신만의 디자인 언어를 통해 세상과 소통하려는 의도, 혹은 최소한 특정한 스타일을 고수하려는 의지를 여실히 드러냈다. 주로 흰색 플라스틱을 고집하지 않았던가. 하지만 탠저린에 합류한 이후 아이브는 자신의 작품에 특정한 도장을 찍으려 하지 않았다. "같은 세대의 여느 디자이너들과는 달리 아이브는 디자인을 자아의 전달 수단으로 삼으려 하지도 않았고 기존에 정립된 이론이나 스타일을 모방하려 하지도 않았다." 폴 컨켈의 기록이다. 컨켈은 1980년대 애플의 디자인 부서를 다룬 저서 『애플 디자인(AppleDesign)』에 필요한 자료를 수집하기 위해 아이브를 인터뷰한 적이 있었다. "카멜레온 같은 디자이너였다고나 할까. 프로젝트에 따라 접근 방법이 달라졌다. 자신을 제품에 맞춰 나가는 식이었다.(제품을 자신에게 맞추려는 게 아니라.) (중략) 그랬기 때문에 아이브의 초기 작품들에서는 '특징적인 스타일'을 찾아볼 수 없는 것이다."[25]

그러다가 아이브는 미니멀리즘을 지향하게 된다. 현재까지 이어지고 있는 그의 이런 미적 성향은 1980년대 중반의 과다 표현주의에 대한 거부감에서 비롯한 것으로 보인다. '디자이너들의 10년 황금기' 중에서도 최절정의 시기였던 그즈음에는 유행을 선도하던 컬처클럽과 카자구구의 현란한 색채가 디자인 업계를 지배했다. 컨켈에 따르면 아이브가 특정한 스타일을 고집하지 않은 건 제품 수명을 단축시키고 싶지 않아서였다. "급속한 변화의 시대에서 아이브는 특정한 스타일이 디자인을 부식시키는 작용을 한다는 사실을, 즉 제품에 조로(早老) 현상을 가져온다는 사실을 깨달았다. 스타일에 연연하지 않음으로써 아이브는 자기 디자인의 수명을 훨씬 더 늘릴 수 있었으며 동시에 작업에 진정성을 투여하는 데에만 오롯이 집중할 수 있었다. 모든 디자이너들이 바라 마지않으면서도 실제로는 거의 구현하지 못하는 그런 진정성 말이다."

아이브는 혼자가 아니었다. 그리니어와 다비셔, 필립스도 미니멀리즘을 추구했다. 영국 디자인 업계는 물론 세계적으로도 미니멀리즘을 표방하는 디자인 회사들이 점점 늘어 가는 추세였다. 탠저린의 디자이너들 외에 미니멀리즘을 적극적으로 수용한 부류에는 일본의 후카사와 나오토, 그리고 세인트 마틴스 출신의 샘 헥트 등이 포함되었다. 헥트는 '브랜드 없는 고품질주의'를 표방하는 일본의 패션 잡화 및 생활용품 제조 업체 무지의 많은 제품들을 디자인한 인물이다. "1980년대는 과도한 디자인이 판을 치던 시기였습니다. 모든 디자인이 기존의 색채와 형태에 반기를 들곤 했지요. 시각적으로 과부하가 걸렸습니다. 제품들이 소비자들을 향해 아우성을 쳤다고나 할까요." 알렉스 밀턴 교수의 설명이다. "조니는 바로 그런 디자인 폭동 시기에 대학을 졸업했습니다. 소유자의 개성을 조금이라도 살려 주는 제품은 찾아보기 힘들었죠. 오로지 브랜드뿐이었습니다. 결국 디자이너들은 좀 더 차분해지고 좀 더 침착해지고 좀 더 성찰을 늘리고 싶은 욕구가 생겼고, 기능주의와 공리주의의 감각으로 되돌아가길 원하게 됐습니다."

다비셔는 탠저린 스튜디오의 기본적인 작업 방침을 다음과 같이 표현한다. "우리는 제품의 실질적 가치를 향상시키기 위해 노력하는 동시에 늘 우리가 디자인하는 모든 제품의 시각적인 품질과 유용성, 그리고 시장에서의 경쟁력을 염두에 두고 프로젝트를 수행했습니다."

그리니어는 프로젝트를 수행할 때마다 자신들의 특정한 스타일을 부각시키기 위해 애쓰던 다른 디자인 업체들의 행태와 탠저린의 자세를 이렇게 비교한다. "빌 모그리지와 일하던 시절, 나는 실력이 좋으면서도 오직 특정한 종류의 사무용 공산품만을 디자인할 수 있었던 디자이너를 여럿 보았습니다. 간혹 그들이 보다 대중적인 시장을 위한 제품이나 일상 용품을 디자인해야 하는 경우가 있었는데, 그럴 때도 그들은 자신의 고정된 미적 기준만 적용하려 했고 결과적으로 프로젝트는 번번이 실패로 돌아가곤 했지요. 근본을 알 수 없는 제품들만 빚어냈기 때문입니다. 참으로 의아하더군요. 나는 모름지기 디자인이란 각 제품의 특수한 목적에 맞춰 각기 다른 디자인 언어로 스토리를 전달할 수 있어야 한다고 생각했거든요."

제조 기술이 진보함에 따라 아이브와 그의 동업자들도 그들의 지평을 넓혀 나갔다. "1990년대에 들어서자 우리는 제품을 장식하는 능력에 비중을 둘 수 있게 되었습니다. 제품의 형태는 좀 더 관심을 끌도록 꾸밀 수 있는 여지가 늘 있게 마련입니다. 전자 제품에 도색을 하거나 버튼을 제자리에 다는 게 전부였던 시대는 지나갔습니다. 플라스틱 사출 성형의 발달로 다양성과 유연성을 갖춘 제품을 제작할 수 있게 됐거든요. 단순한 기능성을 뛰어넘어 실질적인 아름다움까지 갖춘 제품들을 창출할 수 있는 시대가 열렸던 겁니다." 그리니어의 얘기다.

물론 이 새로운 제품들의 시대에도 부작용은 따랐다. 그리니어는 IDEO에서 일할 당시 그 부작용을 직접 목격할 수 있었다. "디자이너들이 외형에만 치중한 작품을 내놓는 상황이 벌어지곤 했습니다. 서로 다른 기능은 고려하지 않은 채 말입니다. 예를 들면 기능적으로 분명한 차이가 있는 컴퓨터 모니터와 텔레비전 스크린을 똑같이 멋있게만 디자인하려 하는 겁니다. 나는 그게 큰 실수라고 생각했습니다. 우리 탠저린에서는 단순히 아름다운 외양만을 갖춘 것을 만들지 않았습니다. 우리는 우리 디자인이 일단 사람들의 집과 어울려야 한다는 원칙 아래 작업을 했습니다. 그래서 늘 제품의 사용자 인터페이스에 중점을 두었습니다."

하지만 아이브는 동료들과는 다른 견해를 지니고 있었다. 그에게는 단순한 기능성보다는 아름다움이 부각된 제품을 창출하는 게 늘 우선인 것 같았다. 그는 제품들이 어떤 모양이어야 하는지 고민하고 고민했다. "그는 볼품없고 조악한 검은색 전자 제품을 혐오했습니다. ZX75 같은 이름을 가진 컴퓨터 혹은 메가바이트 수치를 내세우는 컴퓨터를 혐오했습니다. 그는 1990년대의 테크놀로지 자체를 혐오했습니다." 그리니어의 회상이다. 디자인 업계에 지각 변동이 일어나던 시기에 아이브는 자신만의 길을 모색하고 있었던 것이다.

# 좌절

RWG는 아이브를 지목해서 특별 프로젝트를 맡기려던 아이디얼 스탠더드의 제안을 묵살한 적이 있었다. 그러나 탠저린은 그런 대기업과 거래를 트는 게 그저 황송할 정도였다. 아이브가 탠저린에 합류하고 얼마 지나지 않아 아이디얼 스탠더드가 변기와 비데, 세면대로 구성된 신제품 라인의 디자인을 의뢰했다. 오랫동안 각광받아 왔던 미켈란젤로 시리즈를 대체하는 프로젝트였다.

일에 관한 한 완벽주의자들인 아이브와 그리니어, 그리고 다비셔는 새로운 욕실 프로젝트에 혼신을 기울였다. 하지만 이제 갓 걸음마를 시작한 탠저린에게 구명정처럼 나타났던 이 프로젝트는 이내 난파선으로 변해 버렸다. 나중의 얘기지만 이 프로젝트의 실패는 아이브가 탠저린을 떠나게 된 이유 중 하나가 되었다.

아이브는 아이디얼 스탠더드 프로젝트를 맡자마자 해양 생물학 관련 서적들을 구입해서 샅샅이 훑어보았다. 프로젝트의 완벽한 성공을 위해 자연으로부터 정보와 영감을 얻으려는 의도였다. "조니는 물에 깊이 빠져들었습니다. 흐르는 물을 한참 동안 바라본 적도 많았습니다. 그는 마치 신전의 물그릇을 제작하는 고대 그리스의 장인처럼 물에서 영감을 얻어 세면대를 디자인했습니다." 그리니어의 회상이다. "조니는 물을 거룩한 존재로 여겼습니다. 마땅히 숭배해야 할 대상이라고 말하곤 했습니다. 수자원이 고갈될 미래를 걱정하기도 했고요. 그런 마음가짐으로 그는 환상적인 받침 기둥이 딸린 타원형 세면대를 디자인했습니다. 정말 파격적인 작품이었습니다."[26]

아이브, 그리니어, 다비셔, 세 사람은 세 가지 디자인을 아이디얼 스탠더드에 제출했다. 「닌자 거북이」 주인공들처럼 르네상스 예술가들의 이름

을 좇아 각각 라파엘로, 도나텔로, 레오나르도라 명명했다.[27]

그들은 당시 서머싯 근교로 이사한 아이브 부모님 댁 차고에서 직접 세면대와 변기 모형을 제작했다. 그리니어에 따르자면 "놀랍도록 멋들어진" 작품이었다.

세 디자이너는 그 세 가지 디자인에 대한 프레젠테이션을 하기 위해 헐에 위치한 아이디얼 스탠더드 본사를 방문했다. 모형들은 대형 사무실에 들여져 생산 관리 매니저가 최종 프레젠테이션에 적합한지 확인했다. 일차 적인 검사는 합격이었다. 하지만 잠시 후 회의실에서 이뤄진 CEO와의 미팅 결과는 그렇지 못했다.

중역 몇 사람을 대동하고 세 사람과 마주한 CEO는 호된 비판을 쏟아 부으며 그들의 디자인에 퇴짜를 놓았다. 제작비가 너무 많이 들 뿐 아니라 자사의 디자인 방침에도 맞지 않는다고 했다. 특히 아이브가 자부심을 가 졌던 세면대 받침 기둥을 지적하며 그게 쓰러져 아이들이 다치기라도 하면 어쩌겠느냐는 군걱정까지 늘어놓았다.

"정말 견디기 힘든 자리였습니다. 디자인에 관한 우리의 설명은 아무 런 호응도 얻지 못했습니다. (중략) 문제는 아이디얼 스탠더드의 제품 이미 지와 우리의 디자인이 전혀 맞지 않는다는 데 있었습니다." 그리니어의 회 상이다.

CEO의 얼굴은 세 사람의 기분을 더욱 참담하게 했다. 그의 얼굴에 서 커스 광대가 하는 빨간 고무 코가 붙어 있었던 것이다. 하필이면 그날이 영국의 자선 단체 코믹 릴리프에서 전국적으로 기금을 모금하는 '레드 노 즈 데이(Red Nose Day)'였다. 행사에 동참하거나 동참을 촉구한다는 의미로 다들 광대의 빨간 코를 붙이고 있었다. 거부가 조롱으로 비춰질 수도 있는 상황이 연출된 것이다.

그리니어는 차를 몰고 런던으로 돌아오는 동안 아이브가 완전히 풀이

죽어 있었던 것으로 기억한다. "크게 낙심한 모습이었습니다. 그랬겠죠. 디자인에 쏟은 노력을 알아볼 줄도 모르는 사람들을 위해 헌신적으로 일한 셈이었으니."[28] 다비셔도 그날을 기억했다. "자신의 디자인이 인정을 받지 못한 것에 대해 몹시 기분이 상한 모습이었죠."

아이브는 속이 좁은 사람이 아니었다. 따라서 웬만한 경우는 웃어넘길 수 있었다. 하지만 아이디얼 스탠더드에서 겪은 수모는 쉽게 잊히지 않았다. 1차 시안이 퇴짜를 맞고 나서도 아이브는 그 프로젝트를 계속 수행했다. 하지만 그의 머릿속에서는 이건 아니라는 메아리가 끝없이 울렸다. "아이디얼 스탠더드는 '제품화하기 용이한' 디자인을 원했습니다. 그들의 주문에 따르기 위해 우리는 우리 작품의 심장과 영혼을 찢어야 했습니다." 다비셔의 회상이다.

아이디얼 스탠더드에서의 첫 번째 프레젠테이션은 실패했지만 탠저린 디자인 사무실의 문을 두드리는 대형 고객들의 숫자는 갈수록 늘어났다. 그때의 상황을 그리니어는 "마치 롤러코스터를 탄 것 같았다."라고 표현한다. 그들은 광고 전략도 계속해서 펼쳐 나갔다. "우리는 어떻게 하면 효과가 큰 홍보 전략을 구사할 수 있을까 고민을 많이 했습니다. 그런 과정을 거쳐 내가 콘셉트를 잡으면 조니가 멋들어지게 디자인을 했어요. 그런 다음엔 예쁘게 사진을 찍어서 신문이나 잡지에 올렸습니다. 광고에 대한 반응이 참 좋았어요. 문간방에서 창업한 지 채 5년도 되기 전에 우리는 세계적인 기업들을 고객으로 유치하는 디자인 회사로 성장했습니다." 그리니어의 얘기다.

아이브는 자신의 임무 가운데 일정 부분이 회사 홍보일 수밖에 없다는 사실을 영 마뜩지 않아 했다. 그리니어의 설명이다. "탠저린에서는 네 명의 동업자 모두가 항상 수익을 창출해야 했습니다. 우리는 모두 자부심이 대단한 디자이너였고 그래서 디자인에 주력하고 싶어 했습니다. 발주나 받아 와서 무대 뒤의 직원 디자이너들에게 일을 시키는 기업주가 되고 싶진 않았다는 뜻입니다. 하지만 그럼에도 네 명이 동업으로 운영하는 컨설팅 회사였기 때문에 어쩔 수 없이 우리는 모두 탠저린의 서비스를 고객에게 납득시키는 데 업무 시간의 90퍼센트를 사용해야 했습니다. 조니는 우리 가운데 가장 나이가 어렸고, 그래서 그런지 자기 시간 전부를 훌륭한 디자인을 고안하는 데 쓰고 싶어 했습니다. 그러니 때때로 좌절감을 느꼈을 겁니다."

아이브는 컨설팅이 자신의 생리에 맞지 않는다는 걸 점차 깨달았다. 그는 디자인을 사랑했다. 그로선 사업을 키우기 위해 종종 어쩔 수 없이 타협하고 양보해야 하는 게 못내 불만이었다. 소규모 동업 회사에서는 모든 디자이너가 세일즈맨이 되어야 하는 현실도 거부감이 들었다.

당시에 관한 아이브 자신의 설명을 들어 보자. "지나치게 순진했던 거죠. 대학을 졸업하고 나서 짧은 시간 동안에 다양한 프로젝트를 수행하며 많은 걸 배웠습니다. 머리빗과 도자기부터 전동 공구와 텔레비전에 이르기까지 많은 제품들을 디자인했죠. 중요한 것은 그런 과정을 통해 내가 잘하는 것과 잘 못하는 것을 알게 되었다는 겁니다. 그러다 보니 내가 무엇을 하고 싶어 하는지도 명료해졌죠. 오로지 디자인만 하면서 살고 싶었습니다. 사업을 키워 나가는 일에는 관심도 없었고 재주도 없었습니다."[29]

열정을 바쳐 고안한 디자인이 고객의 주관적이고 자의적인 간섭에 의해 망쳐질 때 아이브는 특히 속상해했다. RWG에서 그의 상사였던 필립 그레이는 2012년 아이브와 나눴던 대화를 이렇게 전한다. "디자인 컨설팅 회사에 있으면서 좌절을 느꼈던 이유를 털어놓더군요. 자신이 맡았던 프로젝트가 제대로 제품화되는 과정을 볼 수 없었기 때문이었죠. 고객들은 그의 디자인의 일부분만 발췌해서 그 부분들을 다시 자기들 입맛에 맞춰 이렇게 저렇게 편집하라고 요구했답니다. 그러니 어떤 프로젝트든 그가 구상한 콘셉트를 고스란히 구현할 수 없었지요. 어찌 보면 조니가 시대를 훌쩍 앞서 나갔기 때문에 고객들이 종종 그의 작품을 제대로 이해할 수 없었던 겁니다."[30]

그리니어 역시 고객들에 대한 아이브의 실망을 종종 목도했다. "조니가 정말로 멋진 디자인을 넘겨줬는데 고객 기업에서 그 콘셉트의 절반도 구현하지 못한 제품을 만들어 낸 적이 한두 번이 아니었습니다."

## 브러너의 방문

1991년 가을, 아이브가 그 몇 해 전 캘리포니아 여행길에서 찾아간 적 있는 로버트 브러너가 혹스턴 거리의 탠저린 스튜디오를 방문했다. 3년 전 루너 디자인을 떠나 애플로 자리를 옮겼던 브러너는 그즈음 애플의 산업 디자인 팀장을 맡고 있었다. 그는 휘하에 출중한 실력을 지닌 디자이너들로 최정예 디자인 팀을 구축해 놓은 상태였다.(그들 가운데 몇몇은 나중에 아이팟과 아이폰, 아이패드 개발 과정에서 중요한 역할을 하게 된다.)

브러너가 유럽에 건너온 목적은 애플에서 '프로젝트 저거넛'이라는 암호명 아래 비밀리에 진행하고 있던 특별 프로젝트에 참여시킬 디자인 회사를 물색하기 위해서였다. 다른 목적도 있었다. 사실 애플 같은 대기업에서 외부 협력사를 이용해 인재를 영입하는 것은 공식적으로는 금기 사항이었다. 하지만 세월이 흐른 뒤 브러너는 유럽 출장에 그런 목적도 있었음을 인정했다.

"조니를 애플로 데려오고 싶었거든요. 그러기 위해서는 일단 그를 그 프로젝트에 참여시키는 게 수순이라고 생각했죠."[31]

1991년, 애플은 여전히 잘나가고 있었다. 스티브 잡스의 차고에서 초라하게 출발한 애플은 어느새 급속히 성장하는 PC 업계의 최대 기업 중 하나로 성장해 있었다. 6년 전 애플을 떠난 스티브 잡스는 새롭게 창업한 넥스트를 성공 기업의 반열에 올려놓기 위해 분주히 뛰고 있었다. 그가 인수한 또 다른 기업 픽사 역시 고투를 벌이고 있었는데, 첫 작품인 CG 애니메이션 영화 「토이 스토리」로 대박을 치는 건 4년 뒤의 일이었다.

1991년 애플의 사령탑은 존 스컬리였다. 펩시 사의 중역(펩시콜라 부문 사장)이었던 스컬리를 애플로 데려오기 위해 스티브 잡스가 건넨 말은 불멸의 명대사로 회자된다. "설탕물이나 팔면서 남은 인생을 보내고 싶습니까? 아니면 세상을 바꿀 기회를 붙잡고 싶습니까?"[32] 오늘날 스컬리에 대해서는 긍정적인 평과 부정적인 평이 엇갈린다. 하지만 그때는 아직 어떤 실수도 저지르기 전이었다. 애플은 거대 기업이었고 컴퓨터 제조업은 팽창 일로에 있었다. 데스크톱 출판 혁명으로 인해 맥은 전 세계에서 날개 돋친 듯 팔려 나갔다. 그 얼마 전에는 처음으로 분기 매출이 20억 달러를 돌파해 자축 행사를 열기도 했다. 잡지 《맥애딕트》는 그 시기를 "매킨토시가 맞이한 첫 번째 황금기"라 선언했다. 윈도 95가 세상의 빛을 보는 건 몇 년 뒤의 일이었다. 마이크로소프트의 운영 체제가 PC 업계의 판도를 뒤바꿔 놓을 것을, 그래서 애플을 퇴출 직전의 궁지로 몰아넣을 것을 예견한 사람은 아무도 없었다.

돈이 강물처럼 흘러들어 오자 애플은 생산 라인을 확장해 나갔다. 스컬리는 도합 21억 달러에 달하는 현금을 연구 개발에 쏟아부으며 신제품 개발을 가속화했다. 동시에 혁신적인 휴대용 컴퓨터를 새로이 개발하고 있다고 대대적으로 홍보하며 세상의 이목을 끌었다. 그는 그 컴퓨터에 '휴대용 디지털 단말기(PDA)'라는 이름을 붙였다. 라스베이거스에서 개최된 전자 제품 박람회(CES)에서 주요 연설을 하면서 조합해 낸 이름이었다.[33] 몇 년 뒤 스컬리의 PDA가 뉴턴 메시지패드라는 이름으로 출시되지만, 당시는 브러너와 그의 디자이너들이 그 프로젝트를 성공시키기 위해 분투하던 때였다.

그들이 맡은 프로젝트는 메시지패드만이 아니었다. 파워북 시리즈라는 신제품 프로젝트도 그들의 몫이었다. 1세대 파워북이 출시되기 전이었음에도 브러너의 디자인 팀은 2세대 파워북을 준비하고 있었다. 파워북은 실로 혁명적인 제품이었다. 갓 날갯짓을 시작하며 데스크톱에만 열중하고 있던 PC 업계에 등장한 최초의 '진정한' 노트북이었던 것이다. 하지만 1세대 파워북은 크고 무거웠다. 휴대용 컴퓨터라기보다는 전기 대신 배터리로 작동하는 데스크톱이라고 부르는 게 옳을 정도였다. 디자인 팀으로서는 악몽이나 다름없었다. 브러너와 그의 디자이너들은 촉박한 데드라인에 쫓기며 단점을 개선하기 위해 아이디어 회의와 설계, 디자인, 테스트 등 모든 과정을 거의 동시에 수행해야만 했다.

차세대 제품들을 위한 프로젝트를 앞에 놓고 브러너는 고민에 휩싸였다. 팀이 '지금 그리고 여기'에만 지나치게 집중하고 있을 뿐 '앞으로 그리고 거기'에 관해서는 거의 시간을 할애하지 못하고 있었기 때문이다. 휴대용 컴퓨터 사업이 새로운 노다지가 될 건 분명한 사실이었다. 브러너는 앞으로 전개될 상황에 대해 기대가 컸다.

"신제품 출시 일정이 갈수록 빡빡해지고 극복할 과제의 수준도 높아지는 상황에서는 우선적으로 혁신에 눈 돌릴 여유가 없어질 수밖에 없습니다. 나는 미래 지향적인 디자인을 보고 싶었습니다. 우리가 이미 봐서 알고 있는 것 말고 앞날을 보여 주는 디자인 말입니다." 브러너의 얘기다.[34]

혁신 정신을 생생하게 유지하기 위해 브러너는 '병행 디자인 연구 조사'라는 이름 아래 정규 업무와는 별도로 일련의 프로젝트를 진행했다.

"새로운 형태 요소와 새로운 차원의 표현, 그리고 데드라인의 압박을 받지 않는 상태에서 신기술을 연구할 수 있는 전략을 개발하려는 취지였습니다." 브러너의 설명이다. 브러너는 그 조사 과정을 업무 외로 진행하기를 원했다. 그래야 디자이너들이 실수를 두려워하지 않고 부담도 느끼지 않으면서 창의성을 발휘할 것이기 때문이었다. "정규 업무에서 벗어난 상황에서 종종 최상의 아이디어가 도출되기도 하잖아요. 그래서 병행 디자인 연구가 엄청난 성과를 거둘 수도 있다고 생각했습니다. 조사에서 얻은 정보로 인해 우리의 디자인 언어가 풍요로워질 뿐 아니라 지향점도 파악하고 '이것이 우리가 앞으로 나아갈 길'이라는 확신까지 얻을 수 있기를 기대했습니다."[35]

브러너가 유럽 출장에 나선 데는 내적 동기도 있었다. 그는 외부 디자인 컨설팅 회사와 함께 일하는 걸 유난히 좋아했다.(애플로 옮기기 전 운영했던 루너 디자인도 디자인 컨설팅 회사 아니었던가.) "디자인 컨설팅 업계에서 디자이너들을 발탁해서 우리 산업 디자인 팀이 독립 디자인 회사처럼 신속하고 활기차게 작업을 해 나갈 수 있는 환경을 조성하기로 마음먹었습니다. 그런 회사의 디자이너들은 포트폴리오를 쌓고 싶은 열망이 강하기 때문에 아주 적극적입니다. 따라서 훌륭한 작품들을 기대할 수 있죠. 내가 직접 경험했기 때문에 잘 알고 있었습니다. 나는 유럽 최고의 디자인 회사와 인재를 물색했습니다. 특히 대학을 졸업한 지 얼마 안 되는 신진 디자이너들을 찾았죠." 아이브와 탠저린에 정확히 들어맞는 조건이었다. 브러너는 처음부터 아이브를 마음에 두고 있었던 셈이다. 아이브는 뉴캐슬 과학 기술 대학을 졸업한 지 고작 3년이 됐을 뿐이었고 대학 시절 고안한 전화기로 이미 브러너에게 재능을 인정받지 않았던가.

혹스턴 스튜디오 안으로 들어선 순간 브러너는 흥분에 휩싸였다. 첫 번째로 그의 눈에 띈 건 그리니어가 영국 기업 소다스트림을 위해 고안한 소다수 제조 기계였다. 그 기계의 문짝은 아주 기발한 경첩 장치에 의해 열리고 닫혔다. 브러너의 생각에 휴대용 컴퓨터의 스크린에 적용하면 좋을 것 같은 경첩이었다. "바로 우리가 찾고 있던 창의적 발상이었습니다." 브러너의 감격 어린 회상이다.[36]

브러너도 네 명의 런던 디자이너들에게 보여 줄 것이 있었다. 그는 가방에서 파워북 시제품을 꺼냈다. 이번엔 필립스가 감격할 차례였다. "그런 물건은 한 번도 본 적이 없었습니다. 믿을 수 없을 정도였어요." 필립스의 얘기다. 실제로 오프셋 키보드와 중앙의 포인팅 장치, 그리고 손바닥을 올려놓을 수 있는 전면의 공간, 즉 손목 보호대까지 갖춘 1세대 파워북은 이후 20년 동안 기본적인 노트북 디자인의 표준이 되었다. 다른 모든 사람들처럼 브러너 역시 아직까지도 그 사실에 놀라움을 감추지 못한다. "우리가 파워북으로 홈런을 친 셈입니다. 숨이 멎을 만큼 놀랄 일이었지요. 제품 자체는 물론이고 디자인에도 결함이 많았기 때문에 완전한 실패를 각오하고 있었거든요. 하지만 결국 파워북은 그 이후에 탄생한 모든 노트북 디자인의 표준이 되었습니다. 쑥 들어간 키보드, 손목 보호대, 중앙의 포인팅 장치 같은 게 말이죠."

브러너의 디자인 이전에는 노트북에 손바닥을 올려놓을 수 있는 공간이 없었다. 전면 맨 가장자리부터 곧바로 자판이었으며, 포인팅 장치도 없었다. 또한 대부분이 명령어 인터페이스에 의존하는 마이크로소프트의 MS-DOS를 이용했다. 맥처럼 그래픽 인터페이스를 사용하는 모델은 없었으며 따라서 4방향 커서 키를 조작해야 했다. 윈도가 대세였으므로 포인팅 장치의 필요성을 못 느꼈고 대신 클립으로 고정되는 트랙 볼을 사용하고 있었다.

"되돌아보면 파워북에서 현재의 맥북에 이르기까지 우리의 1세대 디자인이 결국 완벽에 가까웠다는 사실이 참 흥미롭습니다. 지금까지 그것보다 개선된 디자인을 내놓은 사람은 아무도 없습니다. (중략) 뛰어넘기가 아주 힘든 작품을 우리가 고안해 냈다는 사실을 당시엔 깨닫지 못하고 있었던 겁니다." 브러너의 회상이다.

이후로도 몇 차례 이어진 런던 미팅에서 브러너와 탠저린은 서로 아이디어를 나눴다. 그 사이에 아이브는 테스트의 일환으로 마우스 시제품을 만들었다. 양측의 대화는 술술 풀려 나갔고, 결국 탠저린은 저거넛 프로젝트의 컨설팅을 발주받았다.

아이브는 한편으로 가슴이 벅차오르면서도 다른 한편으로는 두려웠다. 애플과의 계약이 자신과 탠저린에게 엄청난 도약의 기회라는 잘 알고 있었다. 후일 그는 당시를 이렇게 회상한다. "애플의 제안이 얼마나 황홀했는지, 그리고 내가 일을 그르칠까 봐 얼마나 초조해했는지 지금도 생생하게 기억하고 있습니다."[37]

브러너가 설명했듯이 저거넛 프로젝트는 광범위한 병행 제품 조사였다. 구체적으로 말하자면 먼 미래에 실용성과 시장성을 가질 수 있는 일련의 휴대용 제품들을 탐구하기 위한 프로젝트였다. 브러너와 그의 팀원들은 새로운 파워북과 뉴턴 PDA를 효시로 전 영역에 걸쳐 휴대용 기기가 봇물처럼 쏟아져 나올 것으로 확신했다. 그들은 디지털 카메라와 개인용 오디오 플레이어, 소형 PDA, 그리고 PDA보다 조금 더 큰 펜 기반 태블릿을 위시한 일련의 비(非)컴퓨터 제품을 머릿속에 떠올리기 시작했다.(현재를 사는 우리에게는 아주 익숙하게 들리지만, 당시로서는 순전한 상상에 불과했다. 애플의 디자이너들이 이 꿈을 실현한 건 10년이 훌쩍 넘은 뒤였다. 그리고 회사의 수뇌부도 완전히 바뀐 뒤였다.)

그들은 적외선과 전파, 무선 전화 네트워크를 이용해 펜 기반 디지털 기기와 디지털 카메라, 노트북 컴퓨터를 서로 연결할 수 있는 날이 오길 희망했다. 디자인 팀의 책임자로서 브러너는 애플의 경영진이 그런 기기들을 제작할 필요를 느끼고 갑작스럽게 지시를 내릴 상황을 대비해 몇 가지 시안을 마련해 놓고 싶었다.

사안이 사안인 만큼 브러너로서는 탠저린에만 의지할 순 없었다. 그래서 외부 디자인 컨설팅 회사 몇 곳을 더 접촉했고, 자신의 디자이너들에게도 콘셉트를 구상할 것을 지시했다. "우리는 이제 곧 새로운 무언가가 다가올 것을 알고 있었습니다. 와이어리스가 중심으로 부상하고 이미지 캡처가 보다 중요해지며 기기가 점점 소형화되고 배터리 성능이 향상될 것임을 알고 있었습니다." 브러너의 설명이다.[38]

애플의 디자인 팀이 캘리포니아에서 휴대용 제품들의 콘셉트를 구상하는 동안 탠저린의 디자이너들은 네 가지 모험적인 제품을 고안했다. 태블릿, 태블릿 키보드, 그리고 한 쌍의 '이동식' 데스크톱 컴퓨터가 그 네 가지였다. 앞서 브러너는 그들에게 변환 가능한 제품을 디자인해 달라고 주문했다. 예를 들면 노트북으로 변환할 수 있는 태블릿 같은 것(물론 다시 되돌리는 것도 가능하도록) 말이다. "아이러니하게도 무슨 이유에선가 우리는 변환 가능성이 정말 중요해질 것으로 생각했습니다. 전통적인 키보드와 마우스 모드에서 펜 기반 모드로 변환하고 그런 것 말입니다. 요즘의 몇몇 서브노트북들이 그런 식의 변환을 채택하는 게 유행이잖아요."[39] 브러너는 이런 발상이 1990년대에는 다소 낯설고 급진적인 것 같았지만, 현재 시판되고 있는 최신형 태블릿과 하이브리드 랩톱 태블릿의 기초가 되었다는 점을 그렇게 강조한다.

브러너는 아이브와 그의 동업자들에게 디자인의 지평을 넓히되 당시 애플 디자인 언어의 주요 요소만은 유지해 줄 것을 당부했다.(그 주요 요소란 주로 불룩한 진회색 플라스틱 외형을 뜻한다.) 아울러 가까운 미래에 실제 생산이 가능하도록 당대의 기술 수준을 감안해야 한다는 조건도 덧붙였다.

아이브는 그리니어와 다비셔의 적극적인 지원을 받아 가며 매킨토시 폴리오라는 이름의 태블릿을 고안했다. 펜 기반 스크린과 큼지막한 붙박이 받침대를 갖춘 노트북 크기의 두툼한 태블릿이었다. 당시 애플이 주로 채택하던 진회색 플라스틱 몸체의 폴리오는 지금의 아이패드보다 다섯 배가량 두꺼웠지만 충분히 아이패드의 전신이 될 수도 있었을 모델이었다.

아이브는 그 태블릿을 위해 폴리오 키보드라 이름 붙인 특별한 스마트 키보드도 단독으로 고안했다. 하지만 오늘날의 분리형 키보드와 달리 폴리오 키보드는 지능형 키보드로 구상된 것이었다. 자체 CPU와 네트워크 잭, 트랙 패드까지 갖추었기 때문이다. 사실상 반은 노트북인 키보드였다는 뜻이다.

한편 그리니어와 다비셔는 절반은 데스크톱이고 절반은 노트북인 이동식 데스크톱 한 쌍을 고안했다. 한마디로 트랜스포머 같은 컴퓨터들이었다. 키보드와 스크린이 내장된 모델로서 데스크톱에서 휴대용으로 그리고 다시 데스크톱으로 변환이 가능했다.

하나의 이름은 스케치패드였다. 옅은 회색의 플라스틱 몸체를 지닌 그 모델은 높이와 기울기가 조절되는 연접식 스크린을 탑재했다. 핸드백 크기와 모양으로 접어지는 데다가 들고 다니기 편하도록 손잡이까지 달려 있었다.(나중에 아이브는 이 아이디어를 활용해 아이북에 내장형 손잡이를 장착한다.)

두 번째 이동식 데스크톱은 매킨토시 워크스페이스라고 명명했다. 펜 감지 스크린을 탑재했으며, 사용하지 않을 때는 양옆으로 분리해 몸체 아래로 접어 넣을 수 있는 키보드가 장착된 모델이었다. 오늘날의 태블릿보다는 훨씬 두꺼웠지만 어쨌든 납작하게 접어서 들고 다닐 수 있었다. 하지만 사용할 때는 두툼한 날개 같은 키보드를 꺼내 양쪽으로 펼쳐야 했다.

"어느 날 조니가 책상 위에 폼 모형 태블릿을 올려놓고 멀찍이 떨어진 의자에 무릎을 세운 자세로 앉아 폼 모형 키보드를 치면서 이렇게 말하더군요. '느낌이 아주 좋군.'" 필립스의 얘기다.[40]

"조니의 작품은 보는 사람으로 하여금 많은 생각을 하게 만들었습니다. 그의 작품답게 디테일이 살아 있었고요." 폴리오에 관한 다비셔의 회상이다. "그는 그 프로젝트를 제대로 해내기 위해 땀에 땀을 흘렸습니다. 그리고 결국 제대로 해냈어요. 정말 놀라운 작품이었습니다."[41]

아이브는 다른 디자이너들과 함께 매우 신속하게 작업을 수행했다. 작업에 착수한 지 몇 주 만에 그들은 스물다섯 개가량의 모델을 개발해서 브러너와 그의 디자인 팀에 제출했다. 몇 개월 뒤, 그들의 콘셉트는 네 개의 기본 디자인으로 가다듬어졌다.[42]

프로젝트가 거의 완성 단계에 이르렀을 무렵, 망쳐 버리면 어쩌나 우려했던 아이브의 불안이 현실로 나타났다. 아직 규모가 미천했던 탠저린은 최종 시제품을 제작할 수 있는 모형 작업장을 자체적으로 갖추지 못하고 있었다. 그런 작업장에 필요한 특수 기술 및 장비, 그리고 인력에 투자할 수 있는 자본이 없었기 때문이다. 그런 설비는 대형 디자인 스튜디오에서나 고려해 볼 수 있었다.(심지어 오늘날 애플 같은 대기업조차 최종 모형 제작은 외부 전문 업체에 하청을 주는 게 일반적이다.) 결국 탠저린의 네 디자이너는 저거넛 프로젝트를 위한 실물 크기의 모형 제작을 외부에 의뢰할 수밖에 없었다. 그들이 찾아간 모형 제작자는 영화와 광고 계통에서 오랫동안 활약해 온 인물이었다.

그리니어는 그가 제작한 모형들이 "환상적"이었다고 말한다. 그만큼 재능이 뛰어난 사람이었다. 그는 탠저린이 고객에게 보여 주고자 했던 아이디어를 제대로 구현한 모형들을 만들어 냈다. 완벽했다. 아니, 완벽해 보였다. 하지만 내구성이 없었다. "모형들을 찾아왔을 때 정말 환상적인 모습에 감탄했습니다. 하지만 한 번 사용하고 나자 망가져 버렸어요. 부서진 모형들을 가지고서 애플에서 뭘 할 수가 있었겠습니까? 한마디로 재앙이었죠." 그리니어의 얘기다.[43]

하지만 쉽게 망가지는 모형들을 접수하고도 브러너는 아이브의 헌신적인 노고에 깊은 감명을 받았다. "조니는 정말, 정말로 멋진 태블릿을 창조했습니다. 정말로 놀라웠습니다. 조니의 방식답게 아주 깔끔했고 아주 세련됐으며 디테일에 지극한 정성이 깃들어 있었습니다. 그러면서도 감각적인 요소를 잃지 않았습니다. (중략) 깔끔하고 아름답고 정제되고 세련되고 선진적이면서도 감정에 호소하는 모종의 분위기를 지니고 있었다는 얘기죠. 무미건조하다거나 지루하다는 느낌을 전혀 받을 수 없었습니다."[44]

브러너는 아이브가 저거넛 프로젝트에서 디자인한 것들이 애플은 물론 다른 어떤 컴퓨터 기업에서도 시도한 바 없는 기법을 구사했다는 점에서 더욱 돋보였다고 기억한다. 지극히 독창적이었기 때문에 그만큼 더 빛을 발했다는 말이다. "그 작품들에는 조니의 나이에서는 기대하기 힘든 감성적 원숙함이 배어 있었습니다." 브러너는 그렇게 덧붙였다.[45] 당시 아이브는 스물여섯 살이었다.

저거넛 프로젝트에 6개월 동안 매진한 후, 아이브와 그리니어, 다비셔, 세 사람은 그에 관한 최종 프레젠테이션을 하기 위해 쿠퍼티노에 있는 애플 본사로 날아갔다. LG에서 의뢰한 프로젝트를 수행하며 탠저린의 수지를 맞추느라 분주했던 필립스는 저거넛 프로젝트에 적극적으로 참여하지 않았기 때문에 미국행에 동행하지 않았다.

아이브와 그리니어는 애플의 분위기를 마음에 들어 했다. 하지만 다비셔는 그렇지 않았다. 지나치게 폐쇄적이라고 느꼈기 때문이다. "애플은 모종의 은밀한 문화가 지배하는 조직입니다. 스스로 절실히 원하는 마음이 있어야만 그 일원이 될 수 있습니다. 거의 광신적인 차원입니다. 나로선 왠지 으스스한 분위기라고밖에 말할 수 없습니다. 물론 그 문화에는 환상적인 장점도 있습니다. 아주 자유로운 분위기와 개발 의지를 지속적으로 북돋우는 장려 제도, 그리고 새로운 콘셉트를 찾아내고 완벽하게 구현하기 위해 노력하는 자세 같은 것 말입니다. 하지만 난 그 속에서 뭐랄까, 폐쇄적이면서도 기이한 분위기를 느꼈습니다. 폐소 공포증 비슷한 두려움이 밀려왔어요. 거의 종교 단체 같고 내 생리에는 도무지 맞지 않는 분위기입니다." 다비셔의 얘기다.[46]

프레젠테이션을 마치고 돌아갈 채비를 하는 그들에게 브러너가 다가와 아이브를 한쪽으로 데려갔다. 단둘이서 대화를 나누기 위해서였다. 그는 아이브에게 진정으로 "시대를 앞서 가는 뭔가를 창조하고" 싶다면 애플에 정식 직원으로 입사하라고 권했다.[47]

"제대로 격식을 갖춘 헤드헌팅은 아니었습니다. 나는 아직 기회가 있다는 걸 그에게 알렸고 그는 내게 '상당히 흥미로운 얘기군요. 생각해 보겠습니다.'라고 대답했던 정도였죠." 브러너의 얘기다.[48]

아이브의 대답은 진심이었다. 런던으로 돌아온 뒤 그는 어떤 결정을 내려야 할지 고민에 휩싸였다. 애플과 함께 프로젝트를 수행하는 동안 느꼈던 즐거움만 생각한다면 당장 짐을 꾸리는 게 옳을 것 같았다. 하지만 정말로 고국과 탠저린을 떠나고 싶은지 확신이 서지 않았다. 게다가 아직 상황을 모르는 아내 헤더가 미국 이주를 거부할 수도 있었다. 그렇지만 저거넛 프로젝트가 그에게 새로운 창문을 활짝 열어 준 건 사실이었다.

"그때까지 흥미로운 작업에 꽤 많이 참여한 편이었음에도, 저거넛 프로젝트를 수행하면서 맞닥뜨렸던 문제들은 전과는 차원이 다른 흥미를 유발했습니다. 여전히 그저 특색 없는 무생명체인 양 다뤄지던 기술에 인격과 의미를 부여하는 작업은 신선한 충격이었고 그만큼 애착이 갔습니다. 애플의 작업 환경에 끌렸던 것도 사실입니다. 일상적인 비즈니스에 직접 신경 쓰지 않고 오직 디자인에만 몰두할 수 있는 환경이 내겐 절실했으니까요." 아이브의 얘기다.[49]

런던과 캘리포니아는 멀리 떨어져 있다. 저울추를 확실히 기울이기 위해 브러너는 다시 한 번 아이브를 캘리포니아로 초청했다. 이번엔 헤더도 함께였다. 하지만 그 여행에서 돌아온 뒤에도 아이브는 여전히 결단을 내릴 수 없었다.

아이브의 새로운 기회는 비밀이 아니었다. 그리니어, 다비셔, 필립스, 세 사람은 캘리포니아로 떠나라고 아이브를 부추겼다. "우리 모두 그에게 말했습니다. '조니, 절호의 기회야. 붙들어야 해.'" 다비셔의 말이다.[50] 필립스는 자신을 비롯한 다른 동업자들에게는 모두 아이가 있다는 점을 앞세우며 설득에 나섰다. "우리는 런던에 묶여 있을 수밖에 없었지만 그는 그렇지 않았습니다. 깊게 생각할 필요도 없는 문제였지요."[51]

결국 저거넛 프로젝트 디자인들은 어느 것도 세상의 빛을 보지 못했다. 하지만 그 프로젝트는 애플이 기존의 진부한 디자인 관념에서 벗어나는 계기가 되었다. 양분되는 키보드, 도킹 스테이션,(이 아이디어는 훗날 '듀오 독'으로 구현되어 시중에 등장한다.) 1990년대 초반에 유명세를 떨쳤던 애플의 회색 및 검은색 디자인 등의 기발한 아이디어들이 모두 저거넛 프로젝트의 부산물이었다.

또한 저거넛 프로젝트가 적어도 부분적으로는 아이브를 영입하려는 브러너의 계책이었다는 사실이 갈수록 명백해졌다. "조니를 미국으로 낚아채 갈 가능성을 타진하려면 일단 그를 캘리포니아의 따스한 햇볕 속으로 불러들여야 했고 그러기 위해 그 프로젝트를 탠저린에 맡긴 게 아닐까, 우리는 늘 그 점이 미심쩍었습니다." 필립스의 얘기다.

마침내 아이브는 결단을 내리고 전화를 걸었다. 그는 "모종의 무작정 믿어 보자는 심정으로" 제안을 수락했다.[52]

브러너는 아이브에게 세 차례에 걸쳐 함께 일할 것을 권유했다. 아이브가 학생 신분으로 루너를 찾아왔을 때, 본인과 아이브가 각각 애플과 탠저린에 합류한 초창기 때, 그리고 저거넛 프로젝트가 끝났을 때. "그는 캘리포니아를 좋아했습니다. 거기서 뿜어져 나오는 에너지를 좋아했지요. 그래서 우리는 세 번째 시도 끝에 그를 데려올 수 있었어요. 인재는 그렇게 영입하는 겁니다. 대단한 재능을 가진 인재를 발견하면 자기 품에 안을 때까지 줄기차게 노력해야 한다는 얘기죠." 브러너의 말이다.

물론 아이브가 컨설팅에 불만을 느꼈다는 사실도 간과해서는 안 된다. 그는 탠저린에서 상당히 자유롭게 일하면서 성공적인 작품들을 고안했다. 다른 많은 디자이너들이 꿈꾸는 바를 이룬 상태였다. 하지만 컨설팅은 제품에 진정한 장인 정신을 불어넣을 수 있는 그의 능력을 상당 부분 제약하는 멍에였다. "디자인 컨설팅 회사에서는 당연히 독자적으로 프로젝트를 수행할 수 없습니다. 디자이너가 제품 계획에 심오한 영향을 끼치는 건 불가능에 가까울 수밖에 없고, 결국 진정한 혁신은 기대할 수 없게 되는 겁니다." 아이브의 얘기다.[53] 실제로 아이브가 수행했던 프로젝트 대부분은 그에게 의뢰되기 전에 이미 고객 기업 내부적으로 굵직한 지침들이 결정된 상태였다. 결국 아이브는 근본적으로 새로운 무언가를 하려면 조직 내부에서 극적인 변화를 꾀해야 한다고 확신하게 되었다.

"내가 대기업의 일원이 되어 성공적으로 업무를 수행할 수 있을 거라는 생각은 그때까지 단 한 번도 해 본 적이 없었습니다. 계속해서 독립적으로 일할 거라고만 생각하고 있었죠. 하지만 애플과 함께 대형 프로젝트를 진행해 보고 난 뒤 마음이 바뀌었습니다."[54]

아이브가 떠난 뒤에도 탠저린 디자인은 지속적으로 성장해 나갔다. 애플, 포드, LG 같은 큰손들과 계속 거래를 이어 나간 덕분이다. 탠저린은 지금도 다비셔의 지휘 아래 왕성히 사업을 벌이고 있다. 최근에는 침대로 변형되는 영국항공의 1등석 좌석 디자인으로 또 한 번 주가를 올리고 있다. 조너선 아이브는 그들을 떠나 애플의 세계에 합류했다. 아이브를 다시 되찾을 수 없다는 것을 아주 잘 아는 그의 예전 동업자들은 자신들의 상실감을 브러너의 성의를 다한 보상과 한데 엮어 해학적으로 표현한다. "조니가 떠난 뒤 브러너가 아주 굵직한 프로젝트를 우리에게 맡겼어요. 위자료인 셈이었죠. 미안하다는 말을 충분히 대신할 만큼 수익이 짭짤했습니다." 필립스의 얘기다.[55]

# 4

# 애플 입사 초기 시절

나는 디자이너들이 좁아터진 개인 사무 공간에서 일하게 놔둘 수 없습니다.
내 디자이너들은 결코 그런 환경에서 일하지 않을 겁니다. 높은 천장에 최신 설비를 갖춘
탁 트인 스튜디오를 마련해야 합니다. 그건 아주 중요합니다. 작업의 질을 위해 중요하지요.
디자이너가 가치 있는 디자인을 고안해 내려면 그런 작업 환경이 반드시 필요합니다.

—로버트 브러너(애뮤니션 대표, 전 애플 산업 디자인 팀장)

1992년 9월, 아이브는 스물일곱 살 때 애플의 정식 직원 제의를 받아들였다. 그는 아내 헤더와 함께 캘리포니아로 날아갔다. 부부는 샌프란시스코 트윈픽스의 아담한 주택에 보금자리를 꾸몄다. 트윈픽스는 샌프란시스코에서 가장 고지대였기 때문에, 시내 중심가의 마천루 숲을 비롯해서 마켓 로(路)의 전경이 한눈에 들어오는 전망이 일품이었다.

집 내부는 아이브의 디자인 취향을 역력히 내비쳤다. "여백의 미가 두드러졌다. 벽난로 하나, 턴테이블을 갖춘 고급 스테레오, 그리고 그 위에 놓인 소형 텔레비전, 이 정도가 눈에 띌 만한 인테리어였다. 거의 모든 가구에 바퀴가 달려 있는 게 인상적이었다." 몇 년 뒤 《뉴욕 타임스》 인물 소개 기사를 쓰기 위해 아이브 부부를 방문했던 존 마코프 기자의 기록이다.[1] "붉은 천체처럼 매달린 초현대식 램프가 실내를 비추고 있었다. 하지만 PC는 눈에 띄지 않았다."

아이브의 집에서 쿠퍼티노에 있는 회사까지의 거리는 약 55킬로미터였다. 그는 출퇴근을 위해 오렌지색 사브 컨버터블을 구입했다. 사무실은 밸리 그린 드라이브에 있는 산업 디자인 팀 스튜디오로, 인피니트 루프의 애플 본사와는 걸어서 잠깐 거리였다. 그곳은 애플 최초의 자체 디자인 스튜디오로서 로버트 브러너의 작품이었다. 브러너가 이 스튜디오를 설립하고 이끌면서 선택한 방향들은 상서로운 조짐을 보였으며, 훗날 애플에 다각적인 영향을 미치게 된다.(특히 스티브 잡스가 복귀한 뒤에 더욱 그랬다.)

그전까지 애플은 디자인 프로젝트 대부분을 걸출한 독일 디자이너 하르트무트 에슬링거의 종합 디자인 회사 프로그 디자인에 발주했다. 에슬링거는 애플을 위해 '백설 공주(Snow White)'라는 일관된 디자인 언어를 개발했고, 애플은 이 디자인 언어를 지속적으로 활용하면서 산업 디자인 세계의 패자로 군림할 수 있었다. 하지만 1980년대 후반에 이르자 프로그의 호가가 높아지기 시작했다. 프로그가 애플에 발송한 연간 청구서는 200만 달러를 넘어섰다. 대부분의 외부 디자인 업체보다 두 배가 비싼 금액이었다. 사내에 자체적으로 소규모 디자인 팀을 운영하는 경비보다 훨씬 비쌌다. 그러나 애플은 1980년대 초반에 스티브 잡스가 에슬링거와 맺은 계약에 묶여 있었고, 그 계약을 파기하려면 상당한 위약금을 물어야 했다.

금전적인 측면 말고도 더 중요한 문제가 있었다. 그 무렵 애플은 데스크톱 출판 혁명의 물살을 타고 상당한 고수익을 올리는 중이었다. 맥의 그래픽 유저 인터페이스와 우수한 레이아웃 소프트웨어, 그리고 저렴한 레이저 프린터 덕분에 애플의 제품들은 신문사, 잡지사, 출판사 등에 날개 돋친 듯 팔려 나갔다. 1988년 말에 애플은 공장 세 개를 연중무휴 24시간 가동했다. 하지만 2억 달러라는 막대한 연구 개발 예산에도 불구하고 애플은 체계적이고 통일된 생산 라인을 확립하지 못한 상태였다.

주변 기기, 휴대용 기기, 데스크톱 등 다양한 제품을 각각 전담하는 팀들이 차세대 제품에 열심히 매달려 있었던 건 사실이지만 거기까지가 한계였다. 팀 사이에 협업 시스템이 없었기 때문에 애플은 각각의 부문이 각각의 디자인 아이디어를 내세웠던 백설 공주 이전 시대로 회귀하는 중이었다. 이를테면 프린터 팀의 제품이 모니터 팀의 제품과 디자인 측면에서 전혀 동떨어진 느낌을 주는 식이었다. 마치 네댓 개의 독립 회사로 이루어진 기업 같았다. 정연한 생산 라인, 그리고 일관성을 유지할 수 있는 통일된 새로운 디자인 언어가 절실한 시점이었다.

1987년 애플 내에서는 자체 디자인 팀 개설이 해결책이라는 중론이 모아졌다. 하지만 잡스처럼 통찰력을 지닌 리더가 없는 상황이었기에 엔지니어들은 어디서부터 시작해야 할지 막막했다. 그때까지는 디자인 프로젝트를 프로그 디자인이라는 외부 업체에 맡겨 왔기 때문에 사실상 사내 직원 중에는 디자이너가 없었다. 경영진은 에슬링거를 대신할 수 있는 디자이너를 찾는 게 급선무라는 결정을 내렸다. 세계적으로 명성을 날리는 슈퍼스타급 디자이너여야 했다.

　1988년 초에 애플은 원하는 인재를 찾기 위해 세계 곳곳의 저명한 디자인 스튜디오를 뒤지기 시작했다. 유럽과 아시아를 방문해 포르셰 디자인 스튜디오를 위시한 일류 디자인 기업들을 접촉했으며 도쿄, 런던, 베를린 등지의 걸출한 디자이너들도 찾아갔다. 하지만 이 사람이다 싶은 인물은 만날 수 없었다. 이탈리아에서는 이탈리아 디자인의 황태자로 불리는 마리오 벨리니에게 문전 박대를 당하기도 했다. 그대로 발길을 돌리기가 아쉬웠던 애플은 1990년대에 20세기를 대표하는 자동차 디자이너라는 명성을 얻게 될 조르제토 주지아로를 만나기로 했다. 열일곱 살의 나이에 피아트에 입사한 주지아로는 부가티, BMW, 마세라티, 페라리 등의 디자인 프로젝트에서 탁월한 감각을 뽐냈다. 또한 이탈리아 자동차 디자인의 표상이라는 명성에 걸맞게 20세기의 그 어느 디자이너보다도 많은 작품을 남겼다.

　애플 중역들은 토리노 인근에 자리 잡은 주지아로의 이탈디자인 스튜디오로 찾아갔다. 공장 같은 규모에 경비도 삼엄한 곳이었다. 주지아로는 한 손으로 전화기를 잡고 통화하면서 나머지 한 손으로는 스케치를 하고 있었다. 그러면서도 여러 부하 직원에게 쉴 새 없이 지시를 내리고 있었다. 애플 중역들은 주지아로에게 깊은 인상을 받았고, 네 가지 제품의 디자인 콘셉트를 마련해 주는 대가로 '거장'에게 100만 달러를 제시했다. 전체 생산 라인의 모델로 사용할 계획이었기에 지불할 만한 가치가 충분한 금액이었다. 하지만 그들의 기대는 헛된 꿈이 되고 만다.

　주지아로의 전문 분야는 자동차였기에 그의 디자인은 자연히 겉모습에 비중을 두는 방식이었다. 세부적 표현 없이 전체적인 인상만 강조한 그의 스케치를 넘겨받은 모형 제작 팀에서는 점토로 실물 크기의 모형을 제작한다. 그렇게 완성된 모형은 많은 부분에서 원래 스케치와 다를 때가 종종 있다. 수개월 동안 지켜본 결과, 애플의 엔지니어들은 이탈디자인의 모형 제작 팀이 디자인 결정 과정에 깊숙이 관여하고 있다는 사실을 알게 되었다. 즉, 주지아로의 스케치는 구체적인 계획도라기보다는 영감을 제시한 도안에 가까웠던 것이다. 캘리포니아의 디자인 관행과는 정반대였다. 주지아로는 이런 디자인 방식을 애플 프로젝트에도 적용했고(최고급 이탈리아 스포츠카를 만들 때처럼 주지아로의 모형 제작 팀이 점토로 컴퓨터 모형을 제작했다.) 내부 구성 요소에 대한 고려가 부족한 모형으로는 실제 제품을 생산해 낼 길이 요원했다.

다각적인 시도가 차례차례 수포로 돌아가는 와중에 웃지 못할 해프닝도 벌어졌다. 애플 팀이 독일 디자이너 루이지 콜라니를 만나러 갔을 때였다. 아이브의 디자인 영웅 가운데 한 명인 콜라니는 기발한 '생체 역학적' 자동차, 오토바이, 소비재 제품의 디자인으로 유명한 거장이다. 어느 날, 애플 인사들이 패서디나의 아트 센터 디자인 대학에서 강연을 마친 콜라니에게 다가가 키보드의 미래에 관해 질문을 던졌다. 그러자 그는 키보드를 여자의 엉덩이에 비유하면서 비난조의 장광설을 한바탕 늘어놓았다. 남자는 여자의 엉덩이를 움켜쥐기를 좋아하므로 손 크기가 다양한 사람들이 키보드를 편리하게 쓸 수 있도록 가운데가 갈라져 있는 디자인이어야 한다는 것이었다. 해부학적 관점이 가미된 자신의 이론을 쉽게 설명하기 위해 콜라니는 자판 키들이 찍힌 여자 엉덩이를 그려 애플 관계자에게 내밀었다. 그는 스케치를 받아 들기가 몹시 민망했다. 그들이 애플 본사로 돌아온 후 이 이야기는 사내에 쫙 퍼졌고, 그 애플 관계자의 동료 한 명이 여자 마네킹을 구해서 엉덩이에 자판 키들을 부착한 뒤 실제 키보드로 사용했다. 이에 애플의 여직원들은 크게 분개했다. 하지만 그 아이디어는 살아남아 얼마 후 애플 컴퓨터에 가운데가 갈라진 모양의 인체공학적 키보드가 장착되었다.[2]

고위 경영진이 디자인 천재를 찾아 헤매는 동안, 애플의 몇몇 팀들은 루너 디자인의 로버트 브러너와 긴밀한 업무 관계를 유지해 오고 있었다. 그들의 공동 작업 가운데는 아직 현실성이 없는 미래형 제품 탐구 프로젝트도 포함되었다. 아이브가 나중에 참여했던 저거넛 프로젝트와 같은 종류 말이다. 알려진 바에 따르면, 루너가 애플에 발송하는 청구서에는 작업 내역이 '제품 설계'라고 쓰여 있었다. 산업 디자인이 아니라 엔지니어링 작업으로 명시한 것이었다. 프로그와 맺은 독점 계약 때문에 애플의 회계 부서에서 산업 디자인 작업에 관한 한 프로그의 청구서만 결제하는 방침을 고수하고 있었기 때문이다.

한편, 애플과 에슬링거의 관계가 소원해지면서 프로그로 가는 일거리 역시 갈수록 줄어들었다. 청구서 금액이 현격히 줄어들어 가던 어느 시점에 결국 애플이 프로그 측에 지급할 의뢰 비용이 영으로 떨어졌다. 그 무렵 에슬링거는 넥스트의 잡스로부터 함께 손잡고 일하자는 끈질긴 구애를 받고 있었으며, 양측이 손을 잡는 것은 프로그가 애플과 맺은 계약을 위반하는 결과가 될 터였다. 결국 애플과 프로그는 기존 계약을 파기하기로 합의했다.

이로써 애플은 상당한 곤경에 처하게 됐다. 새로운 거래처를 찾지 못한 상태에서 기존의 디자인 협력 회사와 관계를 끊었으니 자칫 심각한 위기가 불거질 수도 있는 상황이었다. 그런데 애플은 그제야 비로소 그들이 애타게 찾아 헤매던 슈퍼스타 디자이너가 바로 코앞에 있었다는 사실을 깨달았다. 바로 브러너였다. 브러너는 그동안 탁월한 디자인 실력을 발휘해 왔다. 애플에서는 단 한 번도 그의 디자인에 실망한 적이 없었다. 게다가 브러너는 계약한 업무 외에는 관심을 두지 않는 여느 하청업자들과는 달랐다. 그는 애플의 디자인 회의에 정기적으로 참석했다. 자신이 담당한 프로젝트와 직접적인 연관이 없는 경우에도 말이다. 백설 공주를 지속적으로 가다듬어 보다 일관되고 새로운 디자인 언어를 수립하라고 애플을 종용한 것도 브러너였다.

마침내 애플은 브러너 영입 작전을 개시했다. 그들은 두 차례에 걸쳐 브러너에게 디자인 책임자 자리를 제안했다. 하지만 그는 관심을 보이지 않았다. 애플에는 디자인 조직이 없으므로 그 직책이 유명무실하다고 느꼈기 때문이다.

"자기 제품의 디자인을 스스로 하지 않는 회사에서 일하고 싶지 않았습니다. 나는 창의적인 작업을 맡은 사람들을 관리하는 것에는 관심이 없었습니다. 나 자신이 창의적인 작업을 하고 싶었지요." 브러너의 말이다.[3] 1989년이 되자 더욱 초조해진 애플이 다시 브러너에게 연락했다. 이번에는 먼저 특정한 조건을 제시하지 않았다. 다만 이렇게 물었다. "어떤 조건이면 되겠습니까?"

브러너는 애플의 입사 제안을 받아들이고 싶은 유혹을 느꼈다. "세상의 모든 기업들 가운데 정말로 놀라운 자체 디자인 팀을 가질 수 있는 유일한 기업이었습니다. 정말로 놀라운 스튜디오여야만 했습니다. 대단한 제품들을 가진 기업이니까요. 대단한 브랜드와 대단한 역사도요."

브러너는 자신이 원하는 조건을 이렇게 밝혔다. 사내에 자체적인 디자인 팀을 구성하고 싶다, 그걸 토대로 애플을 세계적인 디자인 그룹으로 만들겠다, 하지만 애플 같은 규모의 회사에서 흔히 목격되는 방대한 디자인 조직을 원하는 건 아니다, 대기업의 디자인 조직은 규모가 너무 크고 체계가 복잡해서 창의성을 제대로 발휘할 수 없다는 걸 대기업들과 일해 본 경험을 통해 잘 안다, 방대한 조직은 관료주의적인 색채를 갖게 마련이고 그것은 훌륭한 디자인이 탄생하는 데 방해가 되기 때문이다…….

대신 브러너는 자신의 소규모 디자인 회사인 루너 같은 디자인 조직을 애플 내에 구현하고 싶었다. 그는 "작지만 아주 짜임새 있는" 스튜디오를 원했다. 브러너는 회상한다. "애플에 부설된 조직이지만 소규모 컨설팅 스튜디오 같은 디자인 팀을 운영하고 싶었습니다. 작고, 효율적이고, 민첩하고, 재능이 넘치고, 분위기 좋은 스튜디오 말입니다."[4]

회사 내에 컨설팅 스튜디오를 차린다는 발상은 관습에 얽매이지 않고, 아이디어를 숭상하며, 모험을 지향하는 애플의 기업 정신과도 부합하는 것 같았다. "그런 스튜디오를 원했던 건, 정말이지 다른 방법은 몰랐기 때문입니다. 어떤 기발한 아이디어가 떠오른 결과가 아니었습니다. 그저 내가 아는 게 그뿐이었던 거죠." 브러너의 설명이다.

애플은 브러너의 조건을 받아들였다. 그렇게 해서 브러너는 1990년 1월 서른두 살의 나이에 산업 디자인 책임자로 애플에 합류했다. 하지만 현실은 그가 기대했던 것과 전혀 달랐다. 그는 디자인 스튜디오의 책임자인 동시에 그 팀의 유일한 직원이었다. 그리고 하드웨어 부서의 한가운데 놓인 책상, 그곳이 그의 작업 공간이었다.

"막상 합류하고 나니 엔지니어들에게 둘러싸인 공간 하나를 내주더군요. 문득 이런 생각이 들었습니다. '오, 하느님. 제가 대체 무슨 짓을 저지른 겁니까?'"


## 브러너의 드림 팀

드림 팀을 구성하려는 계획은 브러너의 마음속에 진즉 수립되어 있었지만, 입사한 지 약 18개월이 지난 뒤에야 본격적인 인재 영입 작전을 개시할 수 있었다. 보다 많은 자원을 확보하기 위해 애플 경영진을 설득할 필요도 있었지만, 디자이너들이 일할 최적의 업무 공간을 먼저 확보하는 게 더 중요하다고 판단했기 때문이다.

"인재를 영입하기 위해서는 제대로 된 스튜디오가 반드시 필요했습니다." 브러너의 말이다. "나는 디자이너들이 좁아터진 개인 사무 공간에서 일하게 놔둘 수 없습니다. 내 디자이너들은 결코 그런 환경에서 일하지 않을 겁니다. 높은 천장에 최신 설비를 갖춘 탁 트인 스튜디오를 마련해야 합니다. 그건 아주 중요합니다. 작업의 질을 위해 중요하지요. 디자이너가 가치 있는 디자인을 고안해 내려면 그런 작업 환경이 반드시 필요합니다."[5]

브러너는 애플이 임차했지만 제대로 활용하지 못하고 있던 밸리 그린 드라이브 20730번지의 빌딩에서 답을 찾았다. 밸리 그린 II 혹은 VGII라고 불리는, 나지막하면서 널찍한 스페인풍의 회벽 건물이었다. 키 작은 나무들이 주변에 둘러서 있고 대형 주차장도 있었다. 밸리 그린 드라이브와 애플 본사는 쿠퍼티노 중심을 관통하는 주 도로인 데안자 대로를 사이에 두고 있었고 거리도 멀지 않았다. 구역 건물은 대부분 애플이 임차하고 있었기에 그 일대의 경제를 애플이 책임지고 있는 것과 마찬가지였다. 밴들리 드라이브에 위치한 애플의 첫 번째 사무실은 넘어지면 코 닿을 거리였다.

브러너는 그 건물의 절반을 차지했다. 천장 높이가 7미터가 넘는 탁 트인 공간이었다. 나머지 절반은 애플의 '자체 디자인 컨설턴트'로 알려진 크리에이티브 서비스 팀이 사용할 예정이었다. 브로슈어, 매뉴얼, 매장용 포스터, 디스플레이 및 비디오 광고 제작을 전담하는 부서였다.

브러너가 중요하게 고려한 사항 한 가지는 그 건물이 애플 고위층의 직접적인 간섭에서 자유로운 곳에 있다는 점이었다. "경영진과 멀리 떨어져 있는 게 마음에 들었지요."

브러너는 샌프란시스코의 유명한 건축 디자인 기업 스튜디오스에 실내 장식을 맡겼다. 당시 애플은 칸막이식 사무 공간을 처음으로 고안한 허면 밀러 사의 규격화된 사무용 가구를 사용하고 있었다. 하지만 브러너는 관행을 따르지 않았다. 대신 탁 트인 공간에 책상을 특이한 구조로 자유롭게 배치했다. 브러너는 이렇게 설명한다. "상대적으로 덩치가 큰 설비와 집기들을 칸막이 대용으로 배치하고 곳곳에 널찍한 작업 공간을 마련했습니다. 본사 관리 부서에서는 그런 구도를 이해하지 못하고 그래서는 안 된다고 말했습니다. 하지만 우리는 그렇게 했습니다. 기존과 완전히 다른 방식으로요. 본사에서는 난리가 났죠. 그래도 우린 무척 즐거웠습니다. 어쨌든 갑갑한 분위기에서 일하는 신세는 면하게 됐지요."

브러너는 3D 디자인 모델 작업을 위해 CAD 워크스테이션을 설치했다. CAD 모델을 폼 모형으로 제작하기 위해 컴퓨터 수치 제어(CNC) 밀링 머신도 들여놓았다. 여러 색깔을 시험하기 위한 페인트 작업장도 잊지 않았다.

"애플의 산업 디자인 스튜디오는 환상적이었습니다." 사진작가 릭 잉글리시의 회상이다. 그는 1980년대와 1990년대에 애플과 많은 작업을 수행했던 인물이다. 그의 사진들은 애플 디자인 팀을 다룬 폴 컨켈의 1997년도 저서 『애플 디자인』에도 실려 있다. 잉글리시는 실리콘밸리의 다른 스튜디오와도 많이 작업했다. 하지만 그의 눈에 비친 애플 스튜디오는 특별했다. 그곳엔 업무에 필요한 장비들과 열정만 있는 게 아니었다. 디자이너들의 사적인 애용품도 가득했다. 값비싼 자전거, 스케이트보드, 다이빙 장비, 영사기와 수많은 필름 같은 것 말이다. "창의성과 모험심을 제대로 키우고 발휘할 수 있는 분위기였습니다. 여느 스튜디오들과는 확실히 달랐어요." 잉글리시의 말이다.[6]

본격적으로 인재 영입 작전을 개시한 브러너는 현 상태로는 그 작전을 제대로 펼치기가 어렵다는 걸 깨달았다. 애플은 그전까지 디자인 프로젝트 대부분을 프로그에 맡겼고, 따라서 자체 디자인 능력을 갖춘 기업이라는 평판이 없었다. 재능과 야망을 겸비한 디자이너들은 베이 에어리어의 IDEO처럼 튼튼한 역사를 자랑하는 창의적인 디자인 기업을 선호했다.

브러너는 인재 영입을 위해 탠저린이 사용했던 전략을 택했다. 즉 디자인 잡지에 자신의 작품을 홍보하기 시작한 것이다. 그는 환상적인 애플 제품들의 실물 크기 모형을 제작한 다음, 모형을 찍은 화려한 사진을 디자인 잡지계의 바이블이라 할 만한 《I. D.》의 뒤표지에 게재했다. 그중에는 흑백 스크린에 지도와 인근 명소들을 보여 주는 커다란 자전거용 내비게이션 컴퓨터도 있었고 멜론 크기만 한 손목시계 컴퓨터도 있었다.

"단지 콘셉트였을 뿐 실제 제품은 아니었습니다. 그 사진들은 곧 관심을 끌기 시작했지요. 순전히 인재를 영입하기 위해서였습니다. 다른 목적은 없었어요. 상상 속의 정보 기기를 모형으로 만든 것이었습니다. 일종의 허구였던 거죠. 하지만 그건 제 몫을 해냈습니다." 브러너의 설명이다.[7]

마침내 브러너는 재능이 넘치는 디자이너 팀을 조직할 수 있었다. 그들 중 일부는 오랫동안 애플에 있으면서 아이폰과 아이패드를 비롯한 히트 제품들의 개발에 크게 기여해 오고 있다. 팀 파시, 다니엘레 데이율리스, 로렌스 램, 제이 메슈터, 래리 바베라, 캘빈 세이드, 바틀리 앤드리가 팀의 핵심 멤버였다.

이 중에 아마 다니엘레 데이율리스가 나이에 비해 가장 조숙한 편이었을 것이다. 이탈리아계로서 영국 브리스틀에서 출생한 데이율리스는 런던의 센트럴 세인트 마틴스 예술 대학 출신이다. 1991년 브러너는 ID 투(아이브의 친구 클라이브 그리니어가 잠시 일했던 곳이다.)의 샌프란시스코 지사에서 근무하고 있던 그를 애플로 영입했다.

로버트 브러너는 특히 디자인 컨설팅 경험을 쌓은 디자이너들을 원했다. "로버트는 애플 내부에 존재하는 무사안일주의를 겪은 뒤였기에 프리랜서 집단 특유의 속도와 효율성을 발휘할 수 있는 컨설팅 경력자를 고용할 필요를 느끼고 있었습니다. 자기 자신도 컨설턴트 출신이었기에 우리 팀원들이 컨설턴트답게 생각하고 움직여 주기를 기대했습니다." 팀 파시의 말이다.[8]

동료 디자이너 바베라는 한 팀이 된 데이율리스에게 한눈에 반해 버린다. "대니는 뭐랄까, 아주 묘한 빛을 발산했습니다. 디자이너라면 누구나 알아챌 수 있는 빛이었어요. 그를 보는 순간 우리의 작업이 훨씬 나아질 것이라는, 그리고 신속하게 진행될 거라는 느낌을 받았습니다."[9]

데이율리스는 디자인에 자신의 개성을 한껏 불어넣는 능력이 있었다. 그 능력은 두고두고 그의 경력에 큰 도움이 되었다. 매킨토시 컬러 클래식은 그의 초반기 프로젝트 가운데 하나다. 오리지널 맥을 아주 성공적으로 업데이트한 이 모델은 고유한 개성을 발산하며 출시 후 여러 해 동안 마니아들의 사랑을 듬뿍 받았다. 데이율리스는 후에 맥북 프로와 아이폰 4 및 5 프로젝트도 맡게 된다. 그의 명의로 등록된 특허만 560개가 넘는다. 3D 카메라, 멀티터치 디스플레이, 위치 추적 장치, 전파 식별 무선 응답기, 질화 스테인리스 스틸, 맥세이프 충전 방식, 아이팟, 스피커 울림통(enclosure) 개량과 관련된 혁신으로, 그 범위도 광대하다.

데이율리스는 나중에 여러 디자인 상도 수상한다. 아이브가 팀에 합류한 뒤 두 사람은 긴밀한 유대를 맺게 된다. 샌프란시스코에서 가까이 살았던 두 사람은 20년 넘게 함께 통근했다.

브러너는 1992년에 '바트'라는 애칭을 가진 바틀리 K. 앤드리를 영입했다. 앤드리는 캘리포니아 대학 롱비치 캠퍼스 출신이며 애플의 PIE(Personal Intelligent Electronics) 팀에서 인턴으로 일한 경력이 있었다. 나중에 그는 1년에 한 번 발행되는 미국의 5대 특허 보유자 명단에 매년 오르게 된다.(성이 A로 시작하는 덕분에 애플의 주요 특허 출원서에는 항상 그의 이름이 제목에 포함된다. "미국 특허 출원서, 앤드리 외".) 2013년 현재 기준으로 앤드리는 애플의 어떤 디자이너보다 많은 특허를 보유하고 있다. 물론 아이브보다도 많다. 2009년도 한 해에만 그가 승인받은 특허는 92개이며 2010년도의 114개는 애플 디자이너로서 신기록이다. 대부분의 특허 품목은 전화기, 태블릿, 노트북 제품군과 관련이 있다.

앤드리는 회로 모듈에서부터 RFID 시스템에 이르기까지 산업 디자인 팀의 모든 프로젝트에 참여했다. 2012년 삼성과 애플 사이에 벌어진 법정 투쟁의 와중에 밝혀진 정보에 따르면 아이패드의 첫 번째 시제품인 '모델 035' 디자인도 그의 작품이었다. 그는 다른 팀원들과 함께 독일의 디자인 젠트룸 노르트라인 베스트팔렌이 제정한 명망 높은 레드닷 디자인 상을 여러 차례 수상했다.

대니얼 J. 코스터는 아이브가 합류한 뒤인 1994년 6월에 팀의 일원이 되었다. "큰 키, 얼빠진 듯한 표정, 걸출한 재능"이라는 단어로 묘사되는 코스터는 1986년 뉴질랜드 웰링턴 기술 학교에서 산업 디자인 학위를 받았다. 애플에는 3개월 계약으로 입사했지만 휴대용 기기 뉴턴 프로젝트에 참여해 특출한 색감과 마무리 솜씨를 인정받은 뒤 정식 직원이 되었다. 그는 다양한 타워형 컴퓨터를 디자인했으며 본다이 블루 아이맥 프로젝트의 선도 디자이너로서 존재감을 과시했다. 다른 동료들과 마찬가지로 코스터 역시 특허 종목 숫자를 빠르게 늘려 갔다. 지난 20년 동안 코스터가 애플에서 일하며 획득한 특허의 개수는 거의 600개에 달한다. 2012년에 "미술과 디자인을 통해 뉴질랜드의 경제와 위상, 그리고 국가 정체성에 기여한 뛰어난 업적"을 인정받아 코스터의 이름은 모교의 디자인 명예의 전당에 올라 갔다.[10]

아이브가 합류할 당시 주위의 기대는 대단했다. "로버트는 탁월한 재능을 지닌 새로운 디자이너가 전체 팀에 미치게 될 영향력을 알고 있었습니다." 메슈터의 말이다. "다니엘레 데이율리스와 팀 파시가 합류한 뒤 디자인에 대한 우리 팀의 접근법은 완전히 바뀌었습니다. 하지만 조니가 등장한 이후…… 우리 팀은 한마디로 날아올랐습니다."[11]

애플에 속하면서도 독립 컨설팅 회사처럼 운영하기 위해, 브러너는 비교적 느슨한 관리 체계를 정착시켰다. 그 분위기는 현재까지도 거의 변화 없이 이어지고 있다. 디자이너들은 팀이 진행하는 모든 프로젝트에 항상 함께 참여했다. "동시에 여러 개의 프로젝트를 수행하곤 했습니다. 이 프로젝트에서 저 프로젝트로 옮겨 다녔지요. 현재 조니의 방식과 거의 흡사했어요." 브러너의 설명이다.[12]

브러너는 또한 CPU, 프린터, 모니터 등 애플의 주요 제품 팀들을 위해 약 여섯 명의 디자이너에게 '제품 라인 리더(PPL)'의 임무를 맡겼다. PPL은 본사와 디자인 팀 사이의 원활한 소통을 담당하는 일종의 연락책으로서, 외부 디자인 컨설팅 회사에 흔히 존재하는 역할이었다. 브러너는 말한다. "이 디자이너들은 각 제품 팀과 우리 팀 사이의 소통 창구였습니다. 덕분에 제품 팀들은 각각의 요구 사항을 우리에게 체계적으로 알릴 수 있었지요. 내가 아는 한 최선의 방법이었습니다. 루너 스튜디오에서 그랬던 것처럼, 일단 담당 부서와 해당 프로젝트에 관해 논의한 뒤 디자인을 하고 시안이나 시제품을 만들어 제출했습니다."[13]

팽창 일로의 PC 시장에 데스크톱 출판 혁명까지 더해지면서 애플이 성장 가도를 질주하자 디자인 팀의 업무도 대폭 증가했다. "프로젝트가 엄청나게 밀려들어 왔습니다. 데스크톱 라인 두 개, 모니터들, 프린터들, 휴대용 기기들…… 너무나 많았지요. 감당할 수 없을 정도였어요. 눈코 뜰 새 없이 바빴습니다." 브러너의 회상이다.

제품 개발 시한도 갈수록 짧아졌다. 브러너가 애플에 들어간 초창기 시절에는 제품 개발 주기가 18개월 또는 그 이상이었다. "그때는 시간이 아주 넉넉했습니다. 제대로 된 결과물을 내놓을 수 있는 시간적 여유가 충분했습니다." 브러너의 말이다. 하지만 불과 2~3년도 채 지나지 않아 제품 개발 주기가 점점 짧아졌다. 18개월에서 12개월로, 다시 9개월로. 때때로 시급한 제품의 경우에는 고작 6개월이 주어지기도 했다.

브러너는 회상한다. "갑자기 생각할 수 있는 시간이 확 줄어들었지요. 데드라인이 바짝 조여진 상황에서 프로젝트를 완수하기 위해서는 분석과 결점 테스트, 사용자 경험 테스트 등에 시간을 제대로 할애할 수가 없었습니다."

프로덕트 팀의 엔지니어들을 전폭적으로 선호하는 애플의 내부 문화 역시 브러너와 디자인 팀원들이 극복해야 할 난관이었다. 디자인 과정 역시 엔지니어 중심으로 돌아갔다. 프로그 디자인이 애플의 디자인 프로젝트를 도맡았던 초창기에는 엔지니어들의 역할이 디자인 팀의 야망을 구현하는 데 도움이 되기 위해 전력을 다하는 수준이었다. 하지만 어느새 무게 중심이 엔지니어 쪽으로 옮겨져 있었다. 그저 '외피를 씌우는 작업', 그것이 다양한 엔지니어링 팀에서 각각 개발 중인 제품의 디자인을 브러너의 팀에 맡기면서 요구한 전부였다.

브러너는 무게 중심을 엔지니어링에서 디자인으로 옮겨 오고 싶었다. 그래서 전략을 수립했다. 정규 업무 외로 진행한 병행 디자인 연구가 그 전략의 핵심 부분이었다. "우리는 디자인 언어, 미래의 테크놀로지가 실현되는 방식, 이동성의 진정한 의미 등에 대해 한층 더 장기적인 관점에서 생각하고 연구하기 시작했습니다." 엔지니어링 팀들보다 한 발 앞서 나가면서 애플이 마케팅이나 엔지니어링 기업이 아니라 디자인 중심 기업이라는 이미지를 고취하자는 게 브러너 전략의 목적이었다. "우리는 그들보다 앞서 나가고 싶었습니다. 그래야 더 많은 정보로 무장하고 제품 개발을 주도할 수 있으니까요."[14]

엔지니어링 팀을 위해 외피 작업을 할 때마다 브러너는 최고 열 개의 서로 다른 병행 디자인 연구를 진행시켰다. 때로는 이런 방식이 경쟁 구도를 조성하는 것처럼 보였다. 브러너는 여러 디자이너들(팀 내부는 물론 애플 외부의 디자이너도 포함됐다.)에게 초기 콘셉트를 제출하게 했다. "거의 경쟁 차원이었습니다. 로버트는 바로 그걸 원했던 겁니다. 자기가 제출한 시안이 선택받으면 그 디자이너는 디자인이 완성될 때까지 해당 프로젝트를 주도하게 되는 거죠." 잉글리시의 얘기다.

아이브가 탠저린에 있을 때 참여했던 저거넛 프로젝트도 그러한 병행 디자인 연구 가운데 하나였고, 루너와 IDEO 등이 참여한 병행 디자인 연구도 있었다.(이처럼 외부 업체와 협력하는 관행을 아이브와 스티브 잡스는 공식적으로 인정하지 않았지만 이 관행은 현재까지 이어지고 있다.) 과중한 업무에 시달리던 브러너의 디자인 팀이 외부의 재능 있는 디자이너들과의 협업을 통해 한숨 돌리게 된 것도 병행 디자인 연구 덕분이었다. "때때로 우리는 팀의 일원처럼 활동할 특별한 디자이너들을 프리랜서로 고용했습니다." 브러너의 말이다.

브러너는 자신의 팀에 이목을 집중시키는 수완이 있었다. 그 결과는 연이은 디자인 상 수상으로 나타났다. 브러너는 매달 《I. D.》의 뒤표지에 광고를 게재했다. 이제는 비현실적인 콘셉트 차원에 머물지 않고, 디자이너들이 직접 제작한 시제품의 사진을 잡지에 실었다. 애플 디자이너들에게 세상의 이목을 집중시키고 그들의 사기를 고취하는 것이 주요 목적이었다. 이는 경비가 상당히 소요되는 작업이었다.(릭 잉글리시의 말에 따르면 당시 그가 애플에 보낸 청구서 금액은 연간 최소 25만 달러였다고 한다.) 얼마 후 브러너의 스튜디오 벽에는 디자이너들의 작품 사진이 큼지막하게 걸렸다.

그리고 그들이 작업한 모든 내용은 기록으로 남겨졌다. 잉글리시와 또 다른 사진작가 베벌리 하퍼가 완성 디자인 전부와 많은 시안들에 대한 사진을 찍었다. 디자이너들은 자신들의 작업이 당시의 표준적인 PC에서 점차 벗어남에 따라 그 결과물을 기록으로 남겨둘 필요성을 느꼈다. "그들이 작업한 모든 내용을 길이 보존하고 싶었던 겁니다. 자신들의 작품이 그만큼 중요하다는 확신이 있었던 거죠." 잉글리시의 얘기다. 이런 마인드는 면면히 계승되어 아이브의 디자인 팀은 지금도 모든 것을 기록과 사진으로 남기고 있다.

이제 와서 돌이켜 보면 스튜디오의 재량권 확보, 느슨한 관리 시스템, 협업 원칙, 컨설팅 회사 같은 업무 자세 등 브러너가 취한 일련의 조치들이 결국 애플로서는 행운이나 마찬가지였다. 애플의 디자인 팀이 지금까지 효과적으로 운영될 수 있었던 이유 가운데 하나는 브러너가 수립했던 기본적인 업무 골격을 여전히 유지하기 때문이다. 아무리 힘든 디자인 프로젝트도 함께 수행해 낼 수 있는 걸출한 디자이너들로 이루어진 작고 긴밀하고 응집력 있는 집단. 바로 루너와 탠저린을 비롯한 소규모 디자인 회사의 디자이너들이 보여 줬던 모습이었다. 결국 브러너의 모험은 풍성한 결실을 이루었다.


## 구원 투수 아이브

애플에서 아이브가 맡은 첫 번째 굵직한 임무는 뉴턴 메시지패드의 차세대 모델을 디자인하는 일이었다. 1세대 뉴턴이 아직 출시되기 전이었지만 애플 디자인 팀은 이미 그 모델을 혐오하고 있었다. 생산 일정에 쫓긴 탓에 1세대 모델은 디자이너뿐만 아니라 애플 중역들까지도 어떻게든 개선하고 싶어 하는 심각한 결함들을 지니게 되었다.

애플은 뉴턴을 출시하기 직전에야 그 결함들을 깨달았다. 무엇보다, 손상되기 쉬운 유리 스크린을 보호하기 위해 제작한 덮개와 기기 윗면의 슬롯에 끼우는 확장 카드가 서로 거치적거리는 게 문제였다. 이 문제를 해결하기 위해 뉴턴 전용 케이스를(간편한 가죽 케이스를 포함하여) 신속하게 개발하라는 지시가 디자인 팀에 떨어졌다. 스피커 위치도 문제였다. 스피커가 손에 닿는 쪽에 내장된 탓에 사용자가 기기를 손에 들면 가려지기 십상이었다.

하드웨어 기술진에서는 필기 인식 기능을 보강하기 위해 차세대 뉴턴의 스크린이 좀 더 커지길 원했다. 또 기존의 뉴턴은 펜이 몸체 옆에 어색하게 부착되어 있었기 때문에 너비가 그만큼 볼썽사납게 넓어질 수밖에 없었다. 그들은 너비를 조절하는 한편 몸체도 훨씬 더 얇게 만들기를 원했다. 오리지널 뉴턴은 마치 벽돌 같아서 아주 커다란 외투 주머니에나 간신히 들어갈 정도였다.

아이브는 1992년 11월부터 1993년 1월까지 차세대 뉴턴 프로젝트, 암호명 '린디' 프로젝트에 매달렸다. 프로젝트에 전념하기 위해 그는 먼저 린디의 디자인 '스토리'를 곰곰이 생각했다. "이 제품의 스토리는 무엇인가?"라는 질문을 던져 본 것이다. 전혀 새로운 데다가 기능도 다양했으며 여타 제품들과 다른 독특함이 있었기 때문에 뉴턴의 주요 용도를 한마디로 정확히 정의하기는 쉽지 않았다. 어떤 소프트웨어를 실행하느냐에 따라 기능이 달라지기 때문에 경우에 따라 노트도 되고 팩스 기기도 되었다. CEO 스컬리는 뉴턴을 'PDA'라고 불렀지만 그건 너무나 모호한 정의라서 아이브로서는 공감할 수가 없었다.

아이브는 말했다. "1세대 뉴턴의 문제점은 이 기기를 사람들의 일상생활과 관련시키지 못했다는 사실에서 비롯됐습니다. 사용자들이 쉽게 이해할 수 있는 은유를 제공하지 못했죠." 아이브는 그 문제를 해결하는 데 도전했다.[15]

대부분의 사람들에게 덮개는 그냥 덮개일 뿐이다. 하지만 아이브는 그것에 특히 주목했다. "사람들 눈에 가장 먼저 들어오는 것도, 사람들이 가장 먼저 접촉하는 것도 바로 덮개입니다. 제품을 켜려면 반드시 먼저 덮개를 열어야 합니다. 나는 바로 그 순간을 특별하게 만들고 싶었습니다."[16]

덮개를 여는 순간에 특별한 느낌이 전달되도록 아이브는 정교한 용수철 개폐 장치를 디자인했다. 누르면 반동으로 열리는 덮개였다. 이 장치의 핵심은 필요한 만큼만 정확히 반응하도록 세심하게 고안된 작은 구리 용수철이었다.

윗면 슬롯에 확장 카드를 삽입하면 덮개가 거치적거리는 문제를 해결하기 위해 아이브는 이중 경첩을 고안했다. 반동으로 열린 덮개가 완전히 뒤로 젖혀지게 해 주는 장치였다. 사용자에게 감동을 전달하는 부수적인 효과도 있었다. "덮개를 위쪽으로 올려 뒤로 젖히는 방식은 중요합니다. 특정 문화권에 한정되지 않는 보편적인 방식이라 거부감을 일으키지 않으니까요." 당시 아이브의 언급이다.

"책장을 넘기는 것처럼 덮개를 옆으로 접는 방식은 문제가 있었습니다. 미국과 유럽 사람들은 책장을 왼쪽으로 넘기듯 덮개도 왼쪽으로 열어젖히는 방식을 선호하는 반면 일본 사람들은 오른쪽으로 열어젖히는 방식을 원할 테니까요. 그래서 나는 모든 문화권의 사용자가 거부감 없이 사용할 수 있게 위쪽으로 여는 방식을 택했습니다."[17]

이어서 아이브는 '놀이 요소'에 집중했다. 사용자가 제품에 개인적인 애착을 갖게 만드는 특별한 뭔가가 필요하다고 느꼈기 때문이다. 뉴턴은 스타일러스(휴대용 전자 기기의 터치스크린을 조작하는 펜. — 옮긴이)를 사용하는 기기였다. 그래서 아이브는 그 펜에 주목했다. 사용자들이 펜을 만지작거릴 것을 알았기 때문이다. 몸체 너비를 줄이고 메시지패드 속에 펜을 깔끔하게 갈무리해야 하는 숙제를 아이브는 저장 슬롯을 위로 옮기는 것으로 해결했다. "나는 덮개를 위로 들어 올려 뒤로 넘기는 방식을 고수했습니다. 속기사가 메모장을 넘기는 것처럼요. 그건 누구에게나 익숙한 방식입니다. (중략) 사용자들은 린디를 그런 메모장처럼 여겼습니다. 속기사의 메모장에는 윗부분에 용수철이 엮여져 있으니까 그쪽에 펜을 감춰 두는 게 자연스럽다는 생각이 든 겁니다. 그렇게 해서 제품 스토리의 뼈대가 이뤄졌습니다."[18]

저장 슬롯은 스타일러스를 갈무리하기에 길이가 너무 짧았다. 그래서 아이브는 망원경 몸통처럼 포개어 겹치는 식으로 길이를 조절하는 스타일러스를 고안했다. 덮개와 마찬가지로 윗부분을 누르면 본래 길이로 팅겨 늘어나는 펜이었다. 무게감과 질감을 살리기 위해 황동으로 제작한 것도 아이브의 아이디어였다.

그의 동료들은 모두 혀를 내둘렀다. "린디는 조니의 금자탑에 다름이 아니었습니다." 동료 디자이너 파시의 얘기다.[19]

촉박한 일정 내에 반드시 완료해야 하는 프로젝트였기에 아이브가 느끼는 스트레스는 엄청날 수밖에 없었다. 애플의 선구적인 첫 번째 뉴턴은 미국의 신문 연재만화 「둔즈베리」에 부정적인 소재로 등장하며 이미 비극적인 종말이 예견됐다. 시사만화가 게리 트루도가 자신의 작품 속에서 뉴턴의 필기 인식 기능을 엉터리라고 묘사하며 일격을 가했던 것이다. 뉴턴에게는 결코 회복하지 못할 치명타가 되었다. 1세대 뉴턴 메시지패드 대신에 보다 개선된 차세대 주자가 등장해야 할 필요가 시급해진 배경에는 트루도의 신랄한 붓끝의 역할이 컸다.

아이브는 촉박한 일정 때문에 스트레스를 받았다. "스케줄이 어긋나면서 하루하루 손실되는 수익을 생각하면 집중력을 발휘하지 않을 수가 없지요." 아이브는 영국인다운 절제된 표현을 써서 이렇게 말했다.[20]

아이브는 초기 디자인부터 첫 번째 폼 콘셉트 모형 제작에 이르는 과정을 단 2주 만에 완료했다. 빠른 속도에 동료들은 입을 다물지 못했다. 지금껏 그 누구보다도 빠른 속도였다. 프로젝트를 제시간에 끝내려고 마음먹은 아이브는 생산 과정의 문제점을 시정하기 위해 대만으로 날아갔다. 뉴턴의 생산을 담당할 현지 공장 인근의 호텔이 그의 임시 작업장이 되었다. 호텔 객실에서 아이브는 동행한 하드웨어 엔지니어와 함께 펜을 반동으로 늘어나게 하는 장치를 개선했다.

파시는 뭔가 특별한 것을 창조하려는 아이브의 열정을 떠올리며 이렇게 말했다. "최고의 디자인을 탄생시키기 위해서는 제품과 밤낮을 함께하는 열정이 필요합니다. 조너선은 사랑에 푹 빠진 사람처럼 일했습니다. 그의 작업은 생기가 넘쳐 났어요……. 그리고 아주 고단한 과정이기도 했지요. 하지만 자신이 가진 모든 것을 쏟아붓지 않고는 위대한 디자인을 기대할 수 없는 법입니다."21

프로젝트가 완료되자 아이브의 동료들은 새로운 뉴턴과 아이브 모두에게 감탄했다. 팀에 합류한 지 몇 개월밖에 되지 않은 디자이너의 멋들어진 작품이었으니 당연히 그럴 만했다. 뉴턴 프로젝트의 총책임자였던 애플 임원 하스톤 바스티안스는 아이브에게 앞으로 모든 디자인 상을 석권할 것이라고 예언하기까지 했다. 실제로 그 예언은 적중한 것과 다름없었다. 1994년 린디가 출시된 이후, 아이브는 최고 권위의 디자인 상들을 연달아 수상했다. 황금 산업 디자인 상, 인더스트리 포럼(IF) 디자인 상, 독일의 디자인 혁신 상, 《I. D.》 디자인 리뷰에서 주는 분야별 최우수상이 그것이다. 게다가 샌프란시스코 현대 미술관에 영구 전시되는 영예까지 누렸다.

릭 잉글리시가 인상적으로 느꼈던 아이브의 한 가지 특이한 점은 상을 싫어한다는 사실이었다. 아니, 공개 석상에서 상을 받는 것을 싫어한다는 게 어쩌면 더 정확한 표현일 것이다. "신예 시절에도 조니 아이브는 그런 자리에 참석하지 않겠다고 말한 적이 있습니다. 아주 흥미로웠습니다. 보통 사람들과는 달랐으니까요. 그는 무대에 올라가서 상을 받는 걸 아주 싫어했습니다." 잉글리시의 얘기다.

아이브의 뉴턴 메시지패드 110은 1994년 3월 시장에 선보였다. 오리지널 뉴턴이 출시된 지 불과 6개월이 지난 시점이었다. 하지만 안타깝게도 놀이 요소만으로는 뉴턴을 구해 내기에 역부족이었다. 준비도 충분히 되지 않은 상태에서 오리지널 뉴턴을 성급하게 출시한 데다 기능을 과대 선전하는 등 애플에서 돌이킬 수 없는 실수를 연거푸 저질렀기 때문이다. 비현실적인 기대 속에서 뉴턴은 결코 임계점에 도달하지 못했다. 1세대와 2세대 뉴턴 모두 배터리 문제가 있었다. 그리고 트루도가 만화에서 꼬집은 대로 필기 인식 기능에도 취약성이 있었다. 아이브의 눈부신 디자인으로도 덮을 수 없는 중대한 결함들이었다.

RWG 시절 아이브의 보스였던 필립 그레이는 메시지패드 110가 출시된 직후 런던에서 아이브를 만났던 것을 기억하고 있다. "지금 와서 생각해 보면 뉴턴이 벽돌 같았다는 생각이 듭니다. 하지만 그전에는 아무도 제품화하지 못했던 휴대용 기기의 효시였다는 건 엄연한 사실입니다." 그레이의 얘기가 이어진다. "열정을 쏟은 디자인이 기술적인 부분 때문에 수정될 수밖에 없었던 현실을 조니는 무척 애석해하더군요. 나중에 그가 엔지니어링 과정에 단순히 영향력을 끼치는 차원을 넘어서서 그것을 주도하게 된 것도 과거의 그런 경험과 무관하지 않을 겁니다."

메시지패드는 애플의 제품 생산 전략을 대폭 전환하는 계기가 되기도 했다. 메시지패드 110은 애플이 처음으로 생산 일체를 대만에 발주한 제품이었다. 그전에도 일본 업체들과 일정 부분 제휴하기는 했지만(모니터는 소니, 프린터는 캐논) 가급적 애플 자체 공장에서 생산하는 것이 그때까지 방침이었다. 그 관행을 깨고 메시지패드 110 생산을 대만의 인벤텍에 발주한 것이다. 브러너는 말한다. "그들은 놀랄 만큼 뛰어난 결과물을 보여 줬습니다. 아주 순조로웠지요. 품질이 아주 좋았습니다. 난 그게 조니 덕분이었다고 생각합니다. 조니는 등이 휘어질 정도로 프로젝트에 매달렸습니다. 제대로 된 제품이 나오도록 대만에서 정말 많은 시간을 보냈어요. 그의 노고는 아주 멋진 제품으로 결실을 맺었습니다. 모양도 기능도 훌륭했습니다. 정말로 놀라운 제품이 탄생했던 겁니다."

그 이후로 애플은 제품 생산을 갈수록 외부 제조 업체에 의존하게 되었다. 하지만 이런 방침은 10년 뒤 논란의 대상이 된다.

린디 프로젝트를 완수한 뒤, 아이브는 애플의 덩치 큰 CRT 모니터들의 디자인을 단순화하는 작업으로 눈길을 돌렸다. 애플 제품들 가운데 세련미와 가장 거리가 먼 제품이었고, 생산 비용이 가장 많이 소요되는 제품 중 하나였다. 커다란 덩치와 복잡한 구조 때문에 플라스틱 모니터 케이스를 위한 주형 제작비만 100만 달러 이상이 들었다. 모델이 수십 개나 생산되고 있었으니 당연했다.

그 비용을 절약하기 위한 해결책으로 아이브가 새로 창안한 디자인 아이디어는 크기가 다른 모니터들에 적용할 수 있는, 호환 가능한 부분으로 구성된 케이스였다. 기존의 모니터 케이스는 두 부분으로 구성되어 있었다. 베젤(브라운관이나 디스플레이의 테두리 부분. ─ 옮긴이), 그리고 브라운관의 뒷부분을 가리는 동시에 보호하는 버킷(통) 모양의 뒤쪽 케이스가 그것이다. 그것을 네 부분으로 세분하자는 것이 아이브의 아이디어였다. 베젤, 중간 버킷, 이중 구조의 후면 버킷, 이렇게 말이다. 이런 모듈식 디자인에서는 중간 버킷과 후면 버킷을 동일한 크기로 만들어 모든 제품에 활용할 수 있었다. 모니터의 다양한 크기에 맞게 오로지 전면 베젤만 다른 크기로 제작하면 되었다.

비용만 절감할 수 있는 게 아니었다. 다양한 CRT 모니터에 보다 깔끔한 디자인을 적용할 수 있었고, 한결 작아 보이는 외양과 보다 뛰어난 예술적 느낌까지 얻을 수 있었다. 애플 디자인 팀의 디자인 언어에 몇 가지 참신한 요소(통풍구와 나사의 새로운 처리법 등)가 첨가된 것도 결국 아이브의 디자인 덕분이었다. 동료 디자이너 바틀리 앤드리는 "그의 새로운 접근법은 과거 방식보다 예리했습니다."라고 말한다.[22] 앤드리는 아이브의 아이디어를 바탕으로 실제 케이스를 디자인했다. 모두의 이목이 집중되는 탁월한 결과물이 나온 건 물론이다.


## 거침없는 출발

관리자급으로 채용된 건 아니었지만 아이브의 타고난 리더십은 곧 두드러졌다. "조니 아이브는 늘 신중을 기하며 작업했습니다." 아이브의 애플 초년병 시절에 관한 잉글리시의 회상이다. "놀라울 정도의 열정으로 일에 매달렸습니다. 그는 조용한 성품이었습니다. 하지만 아주 속이 깊었어요. 몹시 진지하고 정말 괜찮은 사람이었지요. 조니는 늘 묵묵히 앞장을 섰습니다. 자신을 따르도록 주위 사람들을 끌어들이는 능력이 뛰어난 사람입니다."[23]

아이브는 디자인 팀 내에서 브러너 바로 아래의 2인자로 부상하기 시작했다. 참신한 아이디어와 디자인 감각을 통해서만 기여한 것이 아니라 새로운 디자이너들의 영입에도 한몫을 담당했다. 입사하고 몇 년 이내에 아이브는 훗날 아이맥, 아이팟, 아이폰 등 애플의 멋진 제품들을 탄생시키게 될 팀원들 대부분을 직접 영입했다. 여기에는 크리스토퍼 스트링어, 리처드 하워스, 덩컨 로버트 커, 더그 새츠거가 포함된다.

1965년 호주에서 출생한 크리스토퍼 스트링어는 잉글랜드 북부 지방에서 성장기를 보냈다. 스토크온트렌트에 있는 노스스태퍼드셔 과학 기술 대학에서 수학했고, 1986년 런던의 왕립 예술 대학을 졸업했다. 1992년 IDEO에 입사해 델의 디자인 언어 개발 프로젝트에 참여했고 혁신적인 조명 스위치로 《I.D.》 디자인 리뷰 상을 받는 등 활약을 펼치다가, 1995년에 아이브에 의해 애플의 간부급 산업 디자이너로 채용됐다.

스트링어는 애플의 초기 파워북 시리즈와 여러 타워형 컴퓨터 프로젝트에 참여했다. 이후 17년 동안 아이폰을 비롯한 주력 제품들에서부터 주변 기기, 심지어 제품 포장 디자인에 이르기까지 애플의 다양한 프로젝트에 참여했다. 또한 그는 애플과 삼성의 소송에서 증언대에 선 첫 번째 애플디자이너였다. 당시 그의 모습을 로이터 통신은 이렇게 보도했다. "어깨까지 기른 머리, 희끗희끗한 턱수염, 옅은 황백색 정장에 폭 좁은 검은 넥타이. 누가 봐도 디자이너였다."[24] 애플의 신제품 발표 행사장에서 아이브와 나란히 앉아 담소를 나누는 스트링어의 모습이 자주 목격되기에 두 사람이 절친한 친구 사이라는 소문이 무성하다. 둘 다 스태퍼드셔 출신이고 학창 시절도 북부 잉글랜드에서 보낸 공통점을 생각해 보면 뜬소문만은 아닌 듯싶다.

리처드 폴 하워스는 잠비아의 루사카에서 출생했다. 1993년 런던 레이븐스본 디자인 커뮤니케이션 대학을 졸업한 뒤 IDEO에서 근무하던 중 1996년에 애플에 채용되었다. 이후 애플 디자인 팀의 주축 멤버가 되었다. 하워스는 오리지널 아이폰 디자인 프로젝트를 주도했으며 아이팟 터치와 아이패드의 디자인에도 지대한 공헌을 했다.

덩컨 커 역시 영국 출신으로 1985년 런던 임피리얼 칼리지에서 기계공학 학위를 받았고 왕립 예술 대학에서 산업 디자인 엔지니어링 학위를 받았다. 커 역시 IDEO에서 일하던 중 애플로 영입되었다. 그는 기술 방면에 강점을 가진 디자이너답게 신제품 개발의 기술적 측면에 많은 기여를 했다. 아이폰과 아이패드를 탄생시킨 멀티터치 기술의 개발에도 큰 힘을 보탰다. 커는 근접 감지기, 디스플레이 모듈, 자기식 커넥터 등과 관련된 다양한 기술적 혁신에 대한 특허를 비롯해 수많은 특허를 갖고 있다.

더그 새츠거도 IDEO 출신이다. 미국 오하이오 주 태생으로 1985년 신시내티 대학을 졸업했다. 그 후 IDEO에 입사해 산업 디자이너로 일하다가 톰슨 컨슈머 일렉트로닉스로 이직해 텔레비전을 디자인했다. 1996년 애플로 자리를 옮긴 뒤 2008년까지 디자인 팀의 일원으로 활약했다. 특히 재료 및 제조 공정에 정통했던 터라 1세대 아이맥부터 최근의 아이폰, 아이팟, 아이패드, 맥북 등의 소재 및 색깔 선택, 마무리 작업을 주도했다. 새츠거의 수많은 특허 종목은 대부분 전자 장비, 디스플레이, 커서 컨트롤, 포장, 연결 장치와 관련된 것이다.(애플을 떠난 뒤에는 HP/팜에서 산업 디자인 수석 디렉터로 활약하다가 다시 인텔로 자리를 옮겨 모바일 및 커뮤니케이션 담당 부사장이자 산업 디자인 총괄 책임자로 재직 중이다.)

애플의 디자인 팀에서 디자이너를 영입할 때 엔지니어링이나 컴퓨터 능력은 플러스 요인은 될지언정 필수 조건은 아니었다. "품성, 탁월한 재능, 그리고 소수 정예 팀에서 함께 일할 수 있는 능력. 그것이 우리가 원하는 조건이었습니다. 거의 위협 수준의 감동을 줄 수 있는 디자이너를 원했지요." 데이율리스의 말이다.[25] 바꿔 말하면, 실력이 중간쯤 되는 컴퓨터 기술자와 재능이 뛰어난 자동차 디자이너가 있다면 둘 중에 후자를 선택했을 것이라는 얘기다.

캘빈 세이드 역시 1990년대 중반부터 팀의 주축으로 활동한 디자이너다. 미국 오리건 주 포틀랜드 태생으로서 1983년에 새너제이 주립 대학을 졸업한 뒤 오리건과 실리콘밸리의 여러 디자인 기업에서 근무했다. 그러다가 1993년에 애플의 산업 디자인 팀에 합류해 CPU 프로젝트에 참여했다.(세이드는 2007년 4월 6일 마흔여섯 살의 나이로 급작스럽게 세상을 떠났다. 사인은 관상 동맥 질환이었다. 팀에서 인기가 많았던 인물이었기에 동료들의 충격과 상실감은 엄청났다.)

다국적 집단이기는 했지만 팀원 대다수가 백인 남성이었다. 필리핀계인 세이드 말고는 모두 젊은 백인 남성이었고 대부분이 영국 출신이었다.

1990년대에는 여성 디자이너가 한 명 있었다. 2012년에도 전체 약 열여섯 명의 팀원 가운데 여성은 단 두 명이었다.

"조니는 초창기 멤버들을 거의 그대로 유지해 왔습니다. 그들은 20년 간 샌프란시스코와 쿠퍼티노를 잇는 280번 도로를 타고 출퇴근해 오고 있 지요." 1990년대 후반에 조니의 디자인 팀과 사업상 긴밀한 관계를 유지한 샐리 그리즈데일의 말이다. "그들은 똘똘 뭉쳐 있어요. 마치 가족 같지요. 초반에는 대부분 미혼이었지만 이젠 다들 가족을 꾸리고 있습니다. 그리고 모두 같은 지역에 살고 있어요."

애플 산업 디자인 팀은 디자이너들에겐 꿈의 직장이었다. 그래서 그런 지 아무도 그만두려 하지 않았다. 하지만 이것이 한편으론 문제점이기도 했다. 아이브는 팀원들이 물갈이가 되지 않는 상황에 대해 복잡한 심경을 털어놓았다. "다들 오랫동안 머물러 주는 건 참 고마운 일입니다. 하지만 그러다 보니 새로운 인재를 영입하기가 힘들어지는 게 사실입니다. 타성에 젖어 정체되지 않으려면 정기적으로 새 사람들을 영입하는 게 좋습니다. 하지만 기존 직원들이 자발적으로 떠나 줄 때나 가능한 얘기죠."[26]


## 에스프레소 미학

애플의 산업 디자인 팀은 참신한 인재들을 보강한 뒤 자사 제품을 위한 새 로운 디자인 언어를 개발하는 일에 착수했다. 이제 과거의 백설 공주로는 점차 다양해지는 애플 제품을 감당할 수가 없었다. 황백색이나 회색 일변 도의 색깔과 직선 위주의 단조로운 외양은 프린터, 휴대용 기기, 스피커, 휴 대용 CD 플레이어 등 연달아 나오는 수많은 신제품과 어울리지 않았다.

그래서 디자인 팀이 택한 대안은 '에스프레소'였다. 직선과 평면 대신 유기적인 형태와 굴곡을 강조하고 다양한 색상과 재질의 플라스틱 원자재를 모험적으로 시도한, 유럽 스타일의 디자인 언어였다. 아니, 디자인 언어라기보다는 프로젝트에 따라 유동적이고 가변적인 일종의 디자인 지침이라고 말하는 편이 옳을 것이다. 에스프레소는 한마디로 미학이었다. 엄격하고 철저한 원칙 따위는 존재하지 않았다. 하지만 포르노그래피가 그렇듯, 디자이너들은 어떤 설명도 필요 없이 눈으로 딱 보면 알 수 있었다.

애플의 디자인 언어가 에스프레소라는 이름을 갖게 된 데에는 두 가지 연원이 전해진다. 첫 번째이자 공식적인 연원은 디자인 팀이 일하면서 늘 애용했던 모던한 유럽산 커피포트의 미니멀리즘 디자인에서 영감을 얻었다는 것이다. 하지만 두 번째이자 비공식적인 연원이 좀 더 신빙성이 있다. 이에 대해서는 1990년대 중반 애플의 선진 기술 팀의 총책임자였던 돈 노먼의 흥미로운 설명을 직접 들어 보자.

"새로 생긴 디자인 팀에서 스튜디오에 고급 에스프레소 커피 머신을 들여놓으니까, 그게 못마땅했던 사내 일부 직원들이 경멸조로 그 표현을 쓴 겁니다. 어떤 고참 엔지니어가 애플이 '여피족'한테 장악당하는 것 아니냐며 디자인 팀을 에스프레소라고 부르기 시작했지요. 그런데 정작 디자이너들은 자신들을 조롱하려는 의도를 눈치채지 못한 채 그 이름을 새로운 디자인 언어로 채택한 거죠."

매킨토시 컬러 클래식은 에스프레소 디자인 언어로 새롭게 옷을 갈아입은 첫 세대 제품들 가운데 하나다. 스티브 잡스의 오리지널 맥을 업데이트한 제품으로, 데이율리스가 디자인에 주도적인 공헌을 했다. 매킨토시 컬러 클래식은 초기 맥과 마찬가지로 일체형이었지만 디자인은 크게 달랐다. 위아래로 길어진 앞면, 아가미를 연상시키는 통풍구, 높아진 전면의 이마, 입 모양과 훨씬 흡사해진 플로피 디스크 슬롯 등. 오리지널보다 통통하고 굴곡진 몸체는 한눈에 들어올 만큼 매력적이었다. 맥 컬러 클래식은 열광적인 반응을 불러일으키며 사용자들의 애장품 목록 상단에 자리 잡았다.

맥 컬러 클래식의 외양 가운데 에스프레소 색채가 가장 뚜렷이 드러나는 부분은 전면에 부착된 작고 둥근 다리였다. 아기 코끼리 발처럼 생긴 그 다리 한 쌍 덕에 컴퓨터 몸체가 뒤로 6도가량 기울어졌는데, 노먼의 표현에 따르면 이 때문에 컴퓨터가 "주인을 사랑스럽게 바라보며 놀아 주기를 고대하는 애완동물 같은 표정"을 갖게 됐다. 그 다리는 단순한 받침대가 아니었다. 노먼의 설명에 따르면 그것은 "완전히 망쳐 버린 프로젝트를 간신히 되살린" 긴급 보완 장치로서, 덕분에 제품의 인기가 높아진 것은 기대치 않았던 행운이었다.[27]

"본격적인 생산에 들어가기 직전에야 우리는 결정적인 결함을 알아챘습니다. 제품을 맵시 있게 뽑으려는 데에만 골몰한 나머지 앞부분에 들어가야 할 플로피 슬롯에 미처 제대로 신경 쓰지 못했던 겁니다. 키보드 때문에 디스크를 삽입할 공간이 나오질 않았던 거죠. 머리를 쥐어짠 끝에 몸체 앞부분을 약간 들어 올리자는 아이디어가 나왔어요. 그래서 앞다리 한 쌍을 부착한 거죠. 그게 이 제품의 독특한 개성이 되리라고는 꿈에도 생각 못 했습니다. (중략) 어쨌든 그건 그 이후로 5년 동안 우리 제품 디자인의 특징이 되었습니다." 에스프레소는 잡스가 복귀한 이후로도 아이맥을 비롯한 대박 제품들에 응용되었다.


## 포모나 프로젝트

아이브의 그다음 대형 프로젝트는 20주년 기념 매킨토시였다. 대형 프로젝트로는 처음으로 애플의 엔지니어링 팀이 아니라 디자인 팀에서 주도하게 되었다. "엔지니어 팀과 디자인 팀이 동등하게 협력하는 바람직한 경우도 있었지요. 하지만 대개는 그들이 우리에게 '이런 제품을 만들 거다, 디자인이 잘 빠지도록 신경 좀 써 달라.' 하고 말하는 식이었습니다. 이미 모든 게 결정된 상황에서 우리가 할 수 있는 건 모양을 내는 작업뿐이었습니다. 그게 최악으로 치닫던 시절 애플의 관행이었습니다." 브러너의 설명이다.

브러너는 포모나 프로젝트가 그러한 관행에 변화를 불러일으킬 신호탄이 되기를 원했다. "엔지니어가 아니라 디자인 팀이 주축이 된 프로젝트였습니다. 우리가 중요하다고 생각하고 또 그렇게 이해하는 특정한 유형의 경험이 시작된 겁니다."

1992년에 개시된 포모나 프로젝트는 브러너의 병행 디자인 연구 가운데 하나가 된다. 저거넛 프로젝트와 마찬가지로 포모나 프로젝트에도 산업 디자인 팀원 전체와 몇몇 프리랜서 디자이너가 함께 참여했다. 그들의 목표는 원대했다. 포모나 프로젝트는 사무실용이 아니라 가정용으로 디자인한 첫 번째 컴퓨터가 될 터였다. 그 최종 결과는 대성공이었다. 그러나 한편으론 실패이기도 했다.

1990년대 초반에는 가정에서 사용하는 컴퓨터 숫자가 나날이 늘고 있었다. 하지만 대부분이 사무용으로 디자인된 베이지색 제품이었다. 브러너는 그 점에 변화를 일으키고 싶었다. "여러 해 동안 나는 컴퓨터를 단순한 상자 형태가 아니라 일반 가정에 훨씬 어울릴 매력적인 모습으로 변모시킬 방법을 궁리하고 있었습니다." 그는 자신의 디자인 팀이 "사람들이 마치 가구나 가정용 스테레오를 고르듯 컴퓨터를 선택하게 유도하는 콘셉트"를 구상해 내기를 기대했다.[28]

또한 기존 데스크톱 컴퓨터용 CRT 모니터는 무겁고 덩치도 커서 가정용으로는 적합하지 않다는 게 브러너의 생각이었다. 대신 데스크톱 CPU와 평면 디스플레이를 결합하면 좋을 것 같았다. "우리는 앞으로 평면 패널 모니터가 대세가 될 거라고 생각했습니다. 노트북에는 이미 일반화되어 있었지요."

브러너는 1992년 10월의 브리핑 문서에서 참신한 디자인의 데스크톱 맥에 관한 자신의 생각과 기준을 제시했다. 사실 최고의 콘셉트를 고안하는 작업은 그의 디자이너들과 외부 디자이너 다섯 명에겐 쉽지 않은 도전 과제였다.

브러너는 디자이너들이 창의적 역량을 십분 발휘하도록 느슨한 관리 체계를 유지하되 핵심 포인트만 제시했다. 그의 기본 요구는 '성능이 뛰어나면서도 최소한의 공간을 차지하는 멋진 디자인의 데스크톱 맥'이었다. 또한 신소재를 참신한 방법으로 사용한 콘셉트를 구상하라고 말했다. 매끈한 금속, 빗질한 느낌의 금속, 목재, 베니어판, 다양한 방식의 코팅과 마감 방식 등 어떤 아이디어든 말이다. 여타의 제한 사항도 최소화했을 뿐만 아니라 애플의 기존 디자인 언어에서 벗어나는 아이디어도 얼마든지 환영한다고 했다.

브러너는 이 프로젝트에 또 다른 흥미로운 아이디어도 더했다. 추가적인 하드웨어 카드나 둔중한 내부 부품으로 확장할 수 없는 컴퓨터를 만들자는 것이었다. 가정용 PC 사용자들은 대개 컴퓨터를 확장할 필요를 구태여 느끼지 않기 때문이었다. 그래서 그는 디자이너들에게 확장 슬롯 따위는 잊어버리고 보다 날렵한 디자인을 자유롭게 구상해 보라고 주문했다.

초기 콘셉트는 매우 다양하게 나왔다. 탁상용 스탠드인 티치오 램프에서 영감을 얻은 콘셉트는 베이스 부분에 본체 부품이 들어가고 모니터 스크린은 이리저리 움직이는 관절에 연결되는 방식이었다. 그런가 하면 메인 디스플레이와 부품들을 금속제 외골격 안에 감추는 콘셉트도 있었다.

아이브와 데이율리스의 콘셉트도 단연 돋보였다. 두 사람은 팀을 이루어 중급 컴퓨터를 구상했다. 담백하고 아늑한 느낌을 주는 디자인이었고,

가격도 그리 비싸지 않은 제품으로 만들고 싶었다. 두 사람은 여기에 '애완용 맥'이라는 이름을 붙였다.

그들은 가격을 낮추기 위해 비싼 평면 스크린이 아닌 CRT 모니터를 택했다. 본질적으로는 클래식 맥이었지만 외양은 파격적이었다. 마치 골동품 옷장 같은 형태에 다리 3개와 문짝 한 쌍이 달린 아주 독특한 모양이었다. 문을 열면 모니터 스크린이 나타났으며 플로피 디스크 등을 꽂을 수 있는 슬롯이 있었다. 한쪽 문에는 아날로그 시계까지 장착돼 있었다. 정교한 기술력으로 부착한 시계는 문을 여닫을 때마다 시간을 알려 주었다.

브러너 역시 자신의 콘셉트를 구상했다. 날씬한 외양에 강력한 부품을 갖춘 미래형 컴퓨터라는 프로젝트 목표에 적절히 부합하는 콘셉트였다. 양옆에 커다란 스테레오 스피커를 장착한 평면 패널 디스플레이와 널찍하고 굴곡진 몸체가 인상적이었다. 컴퓨터 겸 스테레오 제품으로서 CD-ROM 멀티미디어 기능을 완벽하게 갖춘 기기였다. 물론 당시로서는 완전히 새로운 디자인이었다. 그는 날씬한 몸체를 위해서 파워북과 동일한 내부 부품을 사용할 것을 제안했다. 또한 외부 재질은 연주회용 피아노처럼 검은색 마호가니였다.

브러너의 콘셉트는 다른 디자이너들 눈에 PC라기보다는 뱅앤올룹슨의 고급 오디오 제품처럼 보였기 때문에 'B&O 맥'이라는 이름으로 불렸다. PC와 스테레오 시스템을 한데 결합한다는 것은 당시로서는 획기적인 발상이었다. 이 디자인이 처음 제시됐을 때 디자인 스튜디오는 환호성으로 뒤덮였다. 브러너의 콘셉트는 1993년 여름 포커스 그룹 평가에서 다른 모든 디자인을 제치고 가장 높은 점수를 얻었으며, 결국 포모나 프로젝트가 끝나갈 즈음에 최종 디자인으로 결정되었다.

브러너가 초기 브리핑을 하고 거의 1년쯤 지난 시점에 디자인 팀은 모든 준비를 마쳤다. 그때까지는 모든 게 순조로웠다.

1993년 여름 브러너는 콘셉트에 불과한 디자인을 실제 제품으로 만들기 위해 이 프로젝트를 아이브에게 인계했다. 런디 메시지패드 110 프로젝트를 갓 끝낸 상태에서 브러너로부터 B&O 맥의 작업을 넘겨받은 아이브는 자신이 아주 지난한 도전에 직면했다는 걸 알아차렸다. 기초부터 다시 점검하기 위해 그는 먼저 디자인 스토리에 주목했다.

"기술적인 측면에서의 애로 사항은 수많은 부품을 아주 얄팍한 공간에 집어넣어야 한다는 점이었습니다." 훗날 아이브의 회상이다. "하지만 디자인 철학의 측면에서는 더 큰 고충이 예상됐습니다. 오리지널 매킨토시처럼 그 디자인 역시 선례가 없었으니까요. 그건 곧 내가 그 제품에 새로운 의미를 불어넣어야 한다는 걸 의미했습니다. 나는 그 디자인을 거의 눈에 보이지 않을 지경까지 단순화하고 싶었습니다."29

결국 아이브는 브러너 콘셉트의 기본 정신은 유지하되 그 밖에 모든 부분은 바꾸게 된다. 일단 컴퓨터 외형의 비율을 바꿨다. 브러너의 디자인이 책상 하나를 거의 차지한다는 느낌을 줄 만큼 넓고 굴곡이 많았던 반면, 아이브의 새 디자인은 키가 더 높아지고 폭은 훨씬 줄어들었다. 그는 몸체 하단의 다리에 해당하는 부분('베일'이라고 불렀다.)의 크기를 바꿨고, 경첩을 활용해 다리 부분을 접히게 만들어 운반용 손잡이로도 사용할 수 있게 했다. 이후에도 아이브는 제품을 디자인할 때 손잡이에 남다른 애착을 보이게 된다. 그는 CPU와 머더보드를 넣을 공간이 넉넉해지도록 후면 패널도 다시 디자인했다.

겨울 내내 작업에 매달렸던 아이브는 1994년 4월 마침내 프로덕트 디자인 엔지니어 두 사람에게 최종 디자인을 넘겨주었다. 시제품이 모양을 갖춰 가는 동안 마케팅 매니저는 판매 전략에 관한 내부 브리핑을 준비했다. 그리고 이 컴퓨터에 '스파르타쿠스'라는 공식 암호명이 붙여졌다. 18개월 만에 모든 준비가 완료된 것이다. 이제 생산만 남겨 둔 상황이었다.

바로 그 시점에 스파르타쿠스는 첫 번째 장애물에 걸려 비틀거린다. 날씬한 몸체를 위해 아이브는 스파르타쿠스에 휴대용 파워북과 동일한 부품을 사용할 계획이었다. 하지만 그것 때문에 시제품의 성능이 심각하게 떨어진다는 사실을 발견했다. 당시 휴대용 기기 부품은 데스크톱 부품보다 최소한 한 세대 이상 개발이 뒤처져 있었다. 따라서 스파르타쿠스는 안타까울 만큼 속도가 느렸다. 특히 비디오가 형편없었다. 몸체가 납작한 탓에 여타 데스크톱에 들어가는 것과 같은 종류의 고성능 비디오 확장 카드로 회로망을 강화할 수도 없었다. 그 상태로 출시한다면 엄청난 재난을 각오해야 했다. 스파르타쿠스는 데스크톱 컴퓨터로 판매할 예정이었기 때문이다. 사용자들은 당연히 데스크톱 수준의 기능을 기대할 터였다.

아이브는 퍼포마 6400용으로 개발된 일반 데스크톱용 회로 기판을 대안으로 선택했다. 하지만 또 다른 새로운 문제가 불거졌다. "확장 카드를 위한 공간이 없는 데스크톱 컴퓨터를 어떤 사용자가 구매할 것인가?" 마케팅 부서의 지적이었다. 아무리 가정용이라 해도 확장 카드를 활용할 수 없는 컴퓨터를 출시한다는 건 자살행위라고 마케팅 전문가들이 입을 모았다. 아이브는 다시 마치 곱사등처럼 생긴, 사용자가 추가하고 싶은 어떤 카드든 수용할 수 있는 착탈식 부품을 디자인해야 했다. 사내 직원들 사이에서 '백팩'이라고 불린 그것은 결국 모든 완성품에 첨부되었다.

"원래의 디자인이 더 날렵하고 멋지긴 했지요. 하지만 백팩 덕분에 스파르타쿠스는 진정으로 강력한 시스템이 되었습니다. 통상 내부에 장착하는 확장 카드로 구현되는 기능 강화를 외부에서 수행한다는 것이 다를 뿐이었죠." 아이브의 얘기다.[30] 프로젝트에 차질을 빚은 디자이너의 궁색한 변명처럼 들릴 수도 있다. 하지만 어떻게든 문제를 해결해 나가는 아이브의 의연함이 돋보인 건 사실이다.

보기 흉한 곱사등이라는 응급조치까지 동원해야 했지만 디자인 팀은 스파르타쿠스의 미래를 십분 낙관하고 있었다. 1994년 중역들을 대상으로 한 프레젠테이션에서, 디자인 팀원들은 급히 제작한 스파르타쿠스의 크고 작은 버전들을 보여 주며 이 콘셉트를 데스크톱 계열의 전 제품에 응용하는 방안을 제시했다.

디자이너들은 매 단계마다 엔지니어들의 불만을 마주해야 했다. "애플의 기술 팀은 중간 매니저 층이 아주 두꺼웠습니다. 그들 중에는 델이나 HP 출신이 많았지요. 그 사람들은 디자인이 주축이 되는 접근법을 잘 이해하지 못했습니다." 브러너의 설명이다. "그들에게 디자인이란 제품에 값싼 금속제 표피를 입히는 작업 정도였습니다. 델에서는 그랬으니까요. 그러면서도 컴퓨터를 엄청 팔았으니까 당연하게 생각했던 거지요. 그들은 우리가 하는 작업에 도통 신뢰를 갖지 못했습니다. 당시 회사의 최고위층은 무간섭주의로 일관했습니다. 따라서 팀장급 사이에서 갈등이 지속될 수밖에 없었습니다."

결국 브러너는 작업을 진척시키기 위해서는 자신이 직접 프로덕트 매니저로 뛰어야 한다는 결단을 내렸다. "프로젝트를 이끌어 가는 프로덕트 팀이 있는 것도 아니었고, 도통 진전이 이뤄지지 않는 상태였습니다. 당시 애플에는 무언가를 프로젝트 로드맵에 올려놓을지 여부를 결정하는 프로세스가 있었습니다. 그 프로세스를 통과하려면 먼저 프레젠테이션을 준비해야 했고, 그다음에 적절한 엔지니어링 팀을 찾아 그것을 제시해야 했지요. 나는 마치 프로덕트 마케팅 매니저라도 되는 양 아이디어를 개진하기 시작했고, 그제야 비로소 순조롭게 출발할 수 있었습니다."

스파르타쿠스는 이제 정말로 모든 출시 준비가 끝난 것으로 생각되었다. 하지만 그 시점에서 또 다른 문제가 터졌다. 이번엔 통합 스피커였다. 스피커 볼륨을 높이면 CD-ROM이 튀는 것이었다. 이 문제로 팀원들이 몇 달을 고심하고 있던 차에 오디오 전문 기업인 보스 출신의 기술자 한 명이 해결책을 내놓았다. 데스크톱에 크기를 대폭 줄인 스피커 두 개를 장착하고, 대신 바닥에 놓는 서브 우퍼를 추가하는 방안이었다. 그러면 AC 어댑터도 서브 우퍼 안에 담을 수 있었다. 해결책은 주효했고 이제 스파르타쿠스는 40와트의 출력만으로 실내를 울리는 오디오 시스템을 갖추게 되었다.

연속해서 불거지는 문제들을 해결하기 위해 전전긍긍하는 동안 시간은 착실히 흘러 1995년 12월이 되었다. 그 시점에 다시 제품을 보강하기 위해 업데이트된 새 회로 기판과 보다 큰 LCD 스크린이 장착되었다. 그리하여 1996년 6월이 되어서야 비로소 두 번째 공식 시제품이 완성되었다.

3년이 넘는 시간 동안 다양한 시제품을 목격해 온 아이브와 디자이너들의 눈에는 스파르타쿠스의 진회색 마호가니 테두리가 아무래도 구닥다리처럼 느껴지기 시작했다. 문제는 그것만이 아니었다. "색깔이 너무 짙다는 지적도 있었습니다. 문제가 있다는 건 느끼겠는데 어떻게 해결하면 좋을지 대책이 떠오르지 않았습니다. 오랫동안 눈에 익혔기 때문에 어떤 색으로 대신해야 할지 선뜻 결정을 내릴 수가 없었던 겁니다." 아이브의 회상이다.[31]

결국 외부의 도색 컨설팅 회사에 도움을 청해야 했다. 그 결과 아주 참신한 조언을 얻을 수 있었다. 컴퓨터 자체의 색깔에만 집착하지 말고 컴퓨터가 놓일 주변 환경의 색깔을 고려하라는 것이었다. 컨설팅 회사에서는 일반 가정에서 흔히 볼 수 있는 카펫, 원목, 가죽, 천 등의 색을 모아 놓고 가장 어울릴 만한 색깔을 찾자고 했다. 몇몇 시제품에 색을 입힌 뒤 조명의 밝기를 다양하게 조절하며 각각의 색과 비교해 보았다. 그런 과정을 거치며 처음엔 열 개가 넘었던 선택안이 세 개로 좁혀지더니 마침내 하나가 남았다. 금속성 녹황색이었다. 금속성 광택 덕분에 황색 표면이 주변 색깔을 반사함으로써 카멜레온 효과가 생겨 어떤 실내에도 어울릴 수 있었다. 마호가니 테두리는 검은색 가죽으로 바뀌었고, 이로써 목재로 만들 때보다 내구성이 좋아질 터였다.

이렇듯 온갖 우여곡절 끝에 탄생한 최종 결과물에 디자이너들은 아주 만족했다. 고품격, 고품질에 여흥 기기로서의 옵션까지 갖춘 다기능 컴퓨터였다. 이 최종 모델에는 TV/FM 튜너까지 장착돼 있었기에 컴퓨터에서 스테레오로, 또 텔레비전으로 변신이 가능했다. 팀 파시는 이 제품의 성능과 품질을 이렇게 요약했다. "기하학적으로 아주 복잡한 기기입니다. 하지만 외견상으로는 전혀 복잡하지 않지요. 전면에서 보면 디자인이 아주 단순합니다. 그럼에도 사용자를 강렬하게 끌어당기는 힘이 있습니다. 몸체가 놀라울 정도로 얇게 빠졌으면서도 뒷부분을 보면 제반 기능을 쉽사리 지원할 만큼 충분히 강력하다는 걸 확인할 수 있습니다. 게다가 모든 굴곡과 디테일에는 다 나름의 목적이 있습니다."

아이브는 거기서 한 발 더 깊이 들어가 이렇게 말한다. "우리의 인식 범위에 근본적으로 도전하는 기기입니다."

1996년 8월 세 번째 시제품이 마침내 실제 생산 라인에서 만들어졌다. 대량 생산이 가능하다는 점이 입증된 것이다. 한 달 뒤인 9월에는 제작 설비 일체가 준비되었고 12월에는 최종 디자인이 완료되었다. 브러너가 기안서를 작성했던 시점으로부터 4년이 넘는 세월이 흐른 뒤였다.

고대했던 애플 20주년 기념일이 코앞으로 다가오는 가운데 애플은 스파르타쿠스를 특별 한정판으로 판매하기로 결정했다. '20주년 기념 매킨토시(TAM)'라는 공식 명칭 아래 2만 대 한정판으로 생산하는 것이었다. 애플은 1997년도 1월 맥월드 행사에서 스파르타쿠스의 전모를 공개했다. 처음 제작된 두 대는 고문 자격으로 애플에 갓 복귀한 스티브 잡스와 스티브 워즈니악에게 증정됐다.

보다 큰 감동을 선사하기 위해 특별 훈련을 받은 '컨시어지(안내원)'들이 직접 구매자의 집을 방문하여 컴퓨터를 (못생긴 곰사등과 함께) 설치한 뒤

확장 카드를 꽂아 주고 사용법을 상세히 설명해 주는 서비스 전략까지 마련됐다.

"아주 오랜만에 만나 보는 무척 합리적인 컴퓨터 디자인 같습니다. 매우 아름답고 매력적인 디자인이에요. 자동차로 따지면 포르쉐 수준의 가치가 있습니다. 컴퓨터, 텔레비전, 스테레오 시스템을 모두 갖추고 있다는 점이 특히 인상적입니다." 홍콩의 저명한 그래픽 디자이너 헨리 스타이너의 말이다.

메시지패드와 마찬가지로 20주년 기념 매킨토시 역시 명성을 얻은 것은 물론 《I. D.》의 연례 디자인 리뷰에서 선정하는 분야별 최우수상을 비롯해 여러 상을 수상했다.

스티브 워즈니악은 "날렵한 몸체에 컴퓨터, 텔레비전, 라디오, CD 플레이어를 비롯해 다양한 기능을 갖춘" TAM이 대학 실습용으로 아주 적합하다고 여겼다. 워즈니악은 이 컴퓨터가 몹시 마음에 든 나머지 실리콘밸리를 굽어보고 있는 로스가토스에 위치한 자신의 저택에 여러 대를 들여놓았다. 하지만 출시 1년 뒤 그 컴퓨터가 시장에서 사라질 즈음엔 지구 상에서 TAM을 사랑하는 사람은 오직 스티브 워즈니악 한 명뿐인 것 같았다.

TAM은 시장에서 참패를 맛보았다. 표적에서 크게 빗나간 화살인 셈이었다. 출시 당시 9000달러였던 가격은 1년이 채 지나지 않아 2000달러 아래로 떨어졌다. 가정용 주력 상품으로 가자던 기획 의도를 값비싼 특별 한정판으로 바꿔 버린 마케팅 부서의 무리수가 문제였다. 브러너의 인내는 진즉에 한계를 넘어선 상태였다. TAM을 출시하기까지 다른 팀들과 지속적인 갈등을 겪으면서 제 기능을 못 하는 애플의 기업 문화에 깊은 환멸을 느꼈던 것이다.

# 브러너와의 이별

브러너는 TAM 출시를 얼마 남겨 놓지 않은 시점에서 회사에 사직서를 제출했다. 애플을 떠난 그는 펜타그램에 합류했다. 펜타그램은 런던에서 설립된 명망 높은 디자인 기업으로, 그해 초부터 브러너에게 구애 작업을 펼쳐온 터였다.

브러너의 사직은 이미 몇 달 전부터 예정되어 있었다. 1996년 초에 그는 장기 휴가를 내고 한동안 자리를 비웠다. 그해 가을에 복귀하기는 했지만 애플 전체는 물론 디자인 부서 내에서도 상황은 더욱 악화되어 있었다. 다들 절망감을 느끼고 있었다. 오랫동안 근무했던 디자이너 두 명은 12월로 예정된 브러너의 퇴사에 앞서 자신들이 먼저 애플을 떠날 것이라고 선언했다.

브러너의 사직에 결정적인 원인을 제공한 것은 물론 TAM이었다. TAM을 출시하기까지 숱한 우여곡절을 겪은 끝에 브러너는 엉망이 된 제품 포지셔닝과 터무니없는 가격이 TAM을 실패로 이끌었다고 생각했다. "뜬금없이 특별 한정판이라니 정말 기가 막히더군요." 브러너의 얘기다. "고급 제품을 지향하긴 했지만 가정용 주력 상품으로 가자는 게 기획 의도였습니다. (중략) 미래를 염두에 두었기에 당시로서는 파격적인 디자인이었습니다. 6~7년은 앞서 간 제품이었죠."

브러너의 설명을 들어 보면 갈등의 양상은 생각보다 훨씬 심각했다. 갈등으로 점철됐던 프로젝트 과정은 애플의 내부 문화를 바꿔 보려는 디자인 팀의 단말마 같은 투쟁의 기록에 다름 아니었다. "우리 디자인 팀이 애플 내의 다른 팀들에 종속된 부서가 아니라는 점을 분명히 밝힌 시점부터 갈등이 불거졌습니다. 우리는 그런 신념하에 아이디어를 우리 힘으로 끝까지 밀고 나가려 했습니다. 다른 팀들은 그게 못마땅했던 겁니다. 하지만 진정으로 디자인 중심적인 프로세스가 무엇을 성취할 수 있는지를 사람들이 깨닫는 계기가 됐던 것도 사실입니다."

TAM의 실패가 시사하듯 애플의 기업 문화에 어느 정도 기능 부전이 있었던 건 사실이었다. 프로젝트를 추진할 때마다 비생산적인 갈등이 불거지곤 했고, 기술진과 중역들 사이에도 끊임없이 충돌이 발생했다. 브러너의 말이다. "내가 사직한 이유에는 또 한 가지가 있습니다. 애플에서 일하는 게 신이 나지 않았습니다. 정말 솔직하게 말하면 애플에서의 작업에 흥미를 잃어 갔습니다. 비생산적인 운영 회의에 참석하느라 갈수록 더 많은 시간을 허비해야 했습니다. 30분이면 끝날 회의가 여덟 시간씩 늘어지곤 했습니다. 갈수록 업무 의욕이 떨어졌어요. 난 엿 같다는 생각이 드는 일을 꾸역꾸역 참고 하질 못하는 타입입니다. 절대 못 하지요."

브러너가 떠나자 애플은 혼돈에 빠졌다. 브러너의 공백을 메워 줄 초일류 디자이너 영입이 시급하다는 분위기가 고조됐다. 5년 전과 비슷한 상황이 벌어진 것이다. 브러너는 차기 디자인 책임자를 외부에서 찾으려 해서는 안 된다는 충고를 남겼다. 그러면 디자이너 대부분이 팀을 떠날 것이라는 경고도 곁들였다. 그리고 애플 내에 이미 자격이 충분한 슈퍼스타가 있다는 사실도 일깨워 주었다. 그동안 브러너를 도와 팀을 이끌었던 인물, 바로 조너선 아이브였다.

"그는 조용한 리더십을 지닌 인재였습니다. 다들 그를 엄청 믿고 따랐지요. 팀원들을 권위적으로 억누르는 타입이 절대 아니었습니다. 나로선 다른 선택의 여지가 없었습니다." 브러너의 말이다.

하지만 애플의 몇몇 인사들에게는 아이브의 젊은 나이와 비교적 적은 경험이 문제가 됐다. 당시 스물아홉 살이었으니 너무 젊었던 건 사실이다. 하지만 아이브의 묵묵한 헌신에 감명을 받아 왔던 브러너는 아이브를 추천했다. "언제 봐도 한결같았습니다. 그리고 강인했습니다. 야망도 남달랐지요." 브러너의 찬사가 이어진다. "많은 사람들이 갖는 그런 속물적인 욕심이 아니었어요. 집념과 인내가 겸비된 야망이었습니다. 반드시 이걸 해내겠다, 그것도 완벽하게 해내겠다, 말하자면 그런 식이었죠."

무엇보다도 아이브는 브러너의 표현에 따르면 "모든 영역을 아우르는 정신력"을 지니고 있었다. 숲과 나무를 동시에 볼 수 있는 능력의 소유자였던 것이다.

"조니한테서는 명장 특유의 분위기가 감돌았습니다." 브러너의 찬사는 그칠 줄 모른다. "큰 구도를 좋아하면서도 세세한 부분까지 허술히 넘어가는 법이 없었습니다. 전체 생산 공정을 효율적으로 지휘하면서도 나사못 하나의 행방까지 눈여겨 두는 최고의 공장장 같다고나 할까요? (중략) 어쨌든 크게 성공할 인재라는 걸 나는 진즉에 알아봤습니다."

바꿔 말해서 아이브는 대기업 환경에서 성공하는 데 필요한 자질을 지니고 있었다. 지루한 회의도 끝까지 지키고 앉아 있을 인내력, 중간 관리자들과 갈등을 거듭하면서도 마침내 자신의 디자인을 관철하는 추진력을 갖고 있었다.

"애플에서 헤드헌터를 통해 엄청난 대우를 해 주고 이름난 디자이너를 영입했다면 재난 수준의 참사가 벌어졌을 겁니다." 브러너의 얘기다.

결국 아이브가 브러너의 자리를 물려받았다. "내 인생에서 가장 잘한 추천이었던 것 같습니다." 브러너의 뿌듯한 회상이다.


브러너는 단순히 지위만이 아니라 아이브가 무궁무진하게 뻗어 나가는 데 토대가 될 유산도 남겨 주었다. "1990년부터 1995년에 이르는 브러너 시대는 애플의 디자인 역사에서 가장 생산적이었고 흥미진진한 시기였다." 폴 컨켈은 저서 『애플 디자인』에서 이렇게 기술한다. "애플의 산업 디자인 팀은 기업 디자인 팀 가운데 가장 두드러지고 명망 높은 곳이 되었다.

컴퓨터 업계의 다른 모든 디자인 팀의 수상 내역을 합친 것보다 더 많은 상을 받았다. 경쟁사의 작품이 아니라 자신들의 작품을 기준으로 삼아 더 나은 발전을 꾀하는 수준에 도달했다." 파워북,(오늘날 맥북의 모태 격이다.) 20주년 기념 맥,(평면 스크린 아이맥의 모태 격이다.) 뉴턴(세련도는 떨어지나 아이폰과 아이패드의 전신이라 할 만하다.) 등 기술적인 신기원을 이룩한 일련의 성공적인 제품들은 미래의 애플을 위한 단단한 토대가 되어 주었다.

브러너의 업적 중에서도 백미를 꼽자면 자체 스튜디오 설립과 뛰어난 인재의 영입, 그리고 기업 문화 쇄신일 것이다. "로버트가 조니의 디자인 팀을 위해 한 일은 단지 초석을 깔아 놓은 정도가 아니었습니다. 그는 성을 쌓아 올렸습니다." 클라이브 그리니어의 말이다. "로버트 덕분에 애플 내부에 진정으로 멋진 디자인 팀이 만들어졌다고 봐야 합니다."[32]

작업대 앞에만 붙어 있는 샌님이 아니었기에 브러너는 1996년 펜타그램 샌프란시스코 지사의 파트너가 된다. 그는 아마존의 오리지널 킨들, 나이키와 HP의 제품들을 비롯해 다양한 프로젝트를 수행했다. 2007년에는 헤드폰 브랜드인 비츠 바이 닥터드레가 탄생하는 데 중요한 역할을 했다. 이 헤드폰 브랜드는 시장에서 공전의 히트를 쳤다. 2007년 중반 브러너는 샌프란시스코에 디자인 컨설팅 회사 애뮤니션을 설립했으며 이후 반스 앤드 노블, 폴라로이드, 윌리엄스 소노마 등을 주 고객으로 확보했다. 또한 브러너는 디자인계의 수많은 상을 수상했으며 그의 작품은 뉴욕 현대 미술관과 샌프란시스코 현대 미술관에 영구 소장되어 있다.

하지만 브러너는 사람들에게 기억될 만한 자신의 업적은 아이브를 애플로 영입한 것뿐이라고 너스레를 떤다. "내가 죽으면 묘비에 이렇게 적힐 겁니다. '조너선 아이브를 발탁한 사내, 여기 잠들다.'"

# 혼돈의 시대

브러너는 최소한 그 자신을 위해서는 적절한 시기에 애플을 떠난 셈이었다. 아이브가 디자인 팀의 새로운 사령탑을 맡고 며칠이 채 지나지 않은 시점에 애플은 판매 실적과 관련된 경고 메시지를 공표했다. 1995년 크리스마스 대목의 판매 실적이 기대에 한참 못 미칠 것으로 예상된다는 내용이었다. 저가품은 공급이 넘쳤고 보다 수익성 높은 파워북과 고급 데스크톱 제품은 공급이 딸렸기 때문이다.

"다들 벤츠를 사려는 시기에 우리 창고엔 똥차만 가득했던 셈입니다." 당시 마케팅 담당 부사장이었던 사치브 차힐의 비유가 재미있다.[33]

그때까지는 애플의 고공비행이 끝없이 계속될 것만 같았다. 하지만 그해 크리스마스 시즌의 형편없는 판매 실적에 뒤이어 2년 연속으로 매출이 급감하고 주가가 폭락하자 애플은 흔들린다. 게다가 자구책을 제시하지 못하는 CEO가 사령탑에 잠깐씩 머물다 떠나는 상황까지 반복된다. 애플은 극적일 만큼 빠른 속도로 추락세로 접어들었다. 1994년 애플은 IBM의 뒤를 이어 세계 2위의 컴퓨터 제조사로서, 수십억 달러 규모의 세계 PC 시장에서 10퍼센트에 육박하는 점유율을 자랑했다.

그러나 1995년 마이크로소프트의 새로운 운영 체제인 윈도 95가 출시되어 곧장 대박을 터뜨렸다. 윈도 95는 맥 운영 체제를 도용했다는 끔찍한 치욕을 마이크로소프트에 안겨 주었다. 하지만 윈도 95 덕분에 그들의 PC는 맥과 겨룰 수 있는 경쟁력을 지니게 되었다. 가격이 저렴하고 실용적인 윈도 95 컴퓨터들은 날개 돋친 듯 팔려나갔다. 반면 비싸고 호환성이 없는 애플 컴퓨터들은 판매가 지지부진했다.

한편 마이크로소프트는 자사의 운영 체제 라이선스를 하드웨어 제조사 수십 곳에 제공했다. 제조사들의 경쟁이 치열해지면서 컴퓨터 가격은 곤두박질쳤다. 애플은 어떻게든 살아남기 위해 극약 처방까지 동원했다. 파워 컴퓨팅, 모토로라, 유맥스 등 몇몇 컴퓨터 제조사에 매킨토시 운영 체제의 라이선스를 제공하기로 한 것이다. 하지만 그 처방마저 실효를 거두지 못했다.

1996년 초 애플은 6900만 달러의 분기 손실을 보고했고 직원 1300명을 정리 해고 했다. 그해 2월 이사회는 존 스컬리에 이어 사령탑을 맡고 있던 CEO 마이클 스핀들러를 해임하고 그 자리에 칩 제조 업계의 베테랑이자 기업 회생 전문가로 명성이 자자했던 길 아멜리오를 앉혔다. 그러나 아멜리오는 18개월의 재임 기간 동안 업무적으로도, 인간적으로도 실망만 안겨 주었다. 애플의 적자는 16억 달러에 이르렀고 시장 점유율은 10퍼센트에서 3퍼센트로 추락했으며 주가도 급락했다. 아멜리오는 수천 명의 직원을 해고했다. 하지만 자신의 배는 두둑하게 채웠다. 《뉴욕 타임스》에 따르면 아멜리오가 챙긴 연봉과 특전은 약 700만 달러에 달했고 깔고 앉은 주식의 가치도 2600만 달러였다. 게다가 재임 시에는 중역들의 방을 호화롭게 단장하는 등 공금을 흥청망청 써 대더니 물러날 때는 퇴직금으로 약 700만 달러를 챙겼다. 《뉴욕 타임스》는 애플 직원들이 아멜리오의 재임 기간을 '도둑 체제'라고 느낀다고 보도했다.

한편 내부적으로는 분열 양상이 극으로 치닫고 있었다. 수십 개의 팀이 각자의 방침과 의제를 고집했으니 갈등이 자꾸 불거질 수밖에 없었다. 게다가 애플은 극단적인 민주주의적 방식의 실험장이 되어 가고 있었다. 부분적으로는 스티브 잡스의 독재적인 경영 방식에 대한 반발로 인해, 애플의 기업 문화는 상의하달식이 아닌 상향식 프로세스로 바뀌어 있었다.

모든 결정에는 거기에 관련된 이해관계자 전원의 합의가 따라야만 했다. 신제품을 출시할 때면 운영 위원회가 구성되어 해당 과정을 이끌어 나갔다. 이에 관해서는 프로덕트 디자이너 테리 크리스텐슨의 말을 들어 보

자. "잡스의 접근 방법이 독재적이고 잘못됐다고 생각하는 직원이 많았습니다. 잡스든 아니면 다른 어떤 통찰력 있는 리더든, 한 사람이 프로젝트 전 과정을 추진하면 그 사람의 강점과 약점이 고스란히 배어 있는, 한쪽으로 치우친 제품이 탄생하게 됩니다. 오리지널 맥이 좋은 예죠. 반면, 운영 위원회 접근법은 해당 프로젝트에 관련된 부서가 모두 함께 참여하는 겁니다. 엔지니어링, 소프트웨어, 마케팅, 프로덕트 디자인, 산업 디자인, 제조 등이 모두 말입니다. 제품 개발의 모든 단계에서 토론과 합의 도출이 요구되는 것이죠."[34]

합의를 토대로 제품을 개발하는 접근법은 지나치게 관료주의적이 되어 갔다. 신제품을 기안하려면 일단 세 종류의 문서를 작성해야 했다. 마케팅 기안서, 엔지니어링 기안서, 사용자 경험 보고서가 그것이다. 프로그 디자인의 크리에이티브 담당 전무 마크 롤스턴은 그 시스템을 이렇게 요약한다. "한마디로 마케팅은 '소비자들이 무엇을 원하는가', 엔지니어링은 '우리가 할 수 있는 게 무엇인가', 사용자 경험은 '소비자들이 이렇게 하면 좋아하더라'만 생각하는 시스템인 거죠."[35]

이 세 종류의 문서는 중역들로 구성된 위원회에 제출된다. 거기서 승인을 받으면 그 다음엔 해당 프로젝트를 이끌 팀 리더, 일명 '챔피언'이 정해지고 디자인 팀에 예산이 배정된다. 그러고 나면 그 문서는 다시 마케팅, 엔지니어링, 사용자 경험 팀으로 돌아가 보완 과정을 거친다. 이 부분에 관해서는 돈 노먼의 설명을 들어 보자. "프로젝트를 맡게 된 팀은 이 세 종류의 문서를 기준으로 범위를 넓혀 갑니다. 마케팅, 엔지니어링, 사용자 경험, 이 세 측면의 니즈를 충족시키기 위한 세부 계획을 수립하는 것이지요. 출시 일자, 광고 주기, 가격 등의 사안도 이 과정에서 잠정적으로 결정됩니다."[36]

노먼은 그것이 어느 정도는 "잘 짜여진 프로세스"였다고 말하면서도 그런 접근법의 결점도 인정했다. 절차가 관료주의적이고 번거로워서 시간이 걸리는 것만이 문제가 아니었다. 절충을 통해 어중간한 결과물이 나오는 것도 문제였다. 여러 부서가 각자 원하는 바에 대한 의견을 개진하다 보면 어느새 원래 디자인에 이런저런 요소나 기능이 자꾸 추가될 수밖에 없고, 그러면 제품의 독창성과 일관성은 실종되는 것이다.

"장사꾼들은 모든 소비자의 마음에 들 만한 제품을 원합니다. 그러다 보니 이도 저도 아닌 그저 무난한 제품만 양산되는 겁니다." 브러너의 지적이다. "창작 프로젝트를 합의에 의해 추진한다는 발상부터가 잘못된 겁니다. 번뜩이는 아이디어나 천재적인 감각을 제품에 구현할 수 있는 기회 자체가 사라지는 거지요."[37]

결국 아무리 대단한 아이디어를 떠올렸어도 그걸 제품으로 구현할 길이 요원했다는 얘기다. 노먼은 이와 관련해 적절한 일례를 제시한다.

"어느 날 조니가 날 찾아왔습니다. 당시 애플의 고가품을 구입한 고객들은 기계를 열고 메모리를 대폭 늘리거나 비디오 카드 혹은 보조 프로세서를 장착하기를 원했습니다. 하지만 기계를 열기도 힘든 데다가 메모리에 접근하기도 쉽지 않았어요. 그러려면 일부 부품을 떼어 내야만 했지요. 그런데 조니가 그 수고를 덜어 줄 수 있는 아이디어를 고안했던 겁니다. 쉽게 풀 수 있는 조임 장치 두 개를 장착한 데스크톱이었죠. 난 깜짝 놀랐습니다. 컴퓨터 메모리를 바꾸거나 추가하는 과정을 아주 간단하게 만들어 줄 방법이었거든요."

노먼의 생생한 기억이 계속된다. "그런데 하드웨어 부서에서 못 하겠다는 겁니다. 그래서 조니와 나는 부사장들을 일일이 찾아다니며 설득에 나섰습니다. 비용을 걱정하는 사람에겐 조니가 가격 분석을 제시하면서 비용이 많이 들지 않는다는 걸 보여 주었습니다. 제작 기간을 걱정하는 사람에겐 생산 공장과 접촉했던 기록을 보여 주었습니다. 필요한 시간 내에 생산을 완료할 수 있다는 장담을 미리 받아 둔 상태였거든요. 그런 식으로 몇 주 동안 그들을 납득시키려고 무진 애를 썼습니다. 마침내 CEO가 조니의 아이디어를 채택했습니다. 그제야 프로젝트를 시작할 수 있었으니 얼마나 소모적입니까? 어쨌든 그건 예전의 이야기이고 지금의 애플에서는 그런 일이 절대 일어나지 않을 겁니다."

사용자를 컴퓨터 내부에 쉽게 접근할 수 있게 하는 아이브의 아이디어는 1997년 8월 파워맥 9600에 적용되어 시장에 진출한다. 그리고 그 이후의 모든 매킨토시 타워형 디자인에 활용되었다.

봉건적 관료주의 문화 때문에 참신한 아이디어가 꽃을 피워 보지도 못하고 시들어 버리는 일도 종종 일어났다. 1990년대 후반 아이브의 디자인 팀에서 고안한 가장 흥미로운 제품은 이메이트였다. 이메이트는 저렴한 가격의 학생용 소형 플라스틱 컴퓨터였다. 반투명한 녹색 플라스틱 재질로 조개 모양의 곡선미가 강조된 제품이었다. 그 외장에 사용된 반투명 기법은 나중에 첫 번째 아이맥에도 응용되었다. 보는 이를 확 끌어당기는, 누구나 탐낼 만한 물건이었다. 하지만 이메이트는 실패작이 되어 역사 속으로 사라졌다.

이 제품에 관해 다시 노먼의 얘기를 들어 보자. "이메이트는 산업 디자인 팀에서 주도한 프로젝트였습니다. 그런데 애플 내에 적극적으로 지원하려는 인사가 없었던 게 문제였어요. 여러 부서들끼리 의견이 분분하기만 했습니다. 뉴턴 소프트웨어를 써야 하는가, 애플 OS 소프트웨어를 써야 하는가? 기존 제품 가운데 어떤 걸 경쟁 대상으로 삼아야 하는가? 이런 걸 놓고 말이죠. 이를테면 앞에 나서서 '학생용으로 아주 바람직한 컴퓨터인 것 같다, 어떤 소프트웨어를 사용하면 좋겠는가, 학생들이 이 기계를 어떤 식으로 활용할 것인가' 하는 식으로 의견을 개진하는 사람이 없었습니다. 소비자의 입장으로 돌아가서 학생들이 그것으로 무엇을 하고 싶어 할지, 그에 따라 어떤 기능을 갖게 하면 좋을지 등에 관심을 보인 인사가 없었던 것입니다. 결국 애플의 분열된 기업 문화가 이메이트를 죽인 겁니다."

이메이트는 브러너가 떠난 후의 과도기에 디자인 팀이 수행한 프로젝트 가운데 내세울 수 있는 독창적인 제품이었다. 다른 대부분의 제품은 애플을 감싸고 있던 엔지니어링 위주의 분위기가 물씬 배어 있는, 지루하기 짝이 없는 흔한 디자인이었다. 그즈음 디자인 팀의 작업은 대부분 외피 씌우기 수준이었다. 그 혼돈의 시기에 부서 간 대립이 나날이 늘어 가는 환경에서 어떻게든 창작의 열의를 유지하려 애쓰는 동안 아이브도 점차 지쳐 가고 있었다. 디자인 팀의 책임자가 되고 나서 고작 몇 개월 뒤 아이브 역시 사직을 심각하게 고려하게 되었다.

"회사 분위기는 여전히 혁신을 도모할 기미를 보이지 않고 있었습니다." 아이브는 훗날 이렇게 말했다. "우리는 정체성을 잃었습니다. 주도권을 쥐려는 경쟁만 벌어지고 있었지요."[38]

아멜리오는 디자인의 가치를 인정하지 않았다. "제품에 정성을 들이는 것에는 관심도 없는 분위기였습니다. 그저 돈벌이에만 급급할 뿐이었죠. 그들이 우리 디자이너들한테 원한 건 이러저러한 외형을 갖춘 모형을 제시하라는 것뿐이었습니다. 그래서 원하는 대로 모형을 고안해 넘겨 주면 엔지니어들은 또 최대한 비용을 줄여 제작해 내곤 했지요. 난 정말로 사직하려고 했습니다." 아이브의 말이다.[39]

아이브가 애플에 남은 건 상관인 존 루빈스타인의 설득 때문이었다. 당시 애플에 갓 합류한 루빈스타인은 스티브 잡스의 넥스트에서 그랬던 것처럼 애플에서도 하드웨어 부문을 책임지고 있었다. 그는 인상된 연봉을 제안하는 동시에 앞으로는 상황이 많이 개선될 것이라면서 아이브를 설득했다.

당시 상황을 루빈스타인의 입을 통해 들어 보자. "일단은 참고 헤쳐 나가자고 했습니다. 조만간 분위기를 쇄신하게 되면 함께 새로운 역사를 만들어 나갈 수 있을 거라고요. 그게 조니를 애플에 붙잡아 둘 수 있는 조건이었지요. 그리고 앞으로는 디자인이 애플에서 진정으로 대접받게 될 거라고, 그렇게 되도록 나 역시 노력하겠다고 다짐해 주었습니다."[40]

결과적으로 루빈스타인의 다짐은 실현되었다. 제품을 출시하는 데 꼬박 3년이 걸리던 시대는 끝났다. 이후에는 신제품과 새로운 아이디어(그중 다수는 조너선 아이브의 창의적인 머리에서 나온다.)가 채택되는 속도가 놀랍도록 빨라지게 된다.

# 5

# 돌아온 잡스와 만나다

중요한 점은 다르게 가는 것은 쉽지만 더 낫게 만드는 건 아주 어렵다는 사실입니다.

—조너선 아이브

1997년 7월 9일, 애플의 임원 수십 명이 본사 강당에서 열리는 이른 아침 회의에 소집됐다. 약 18개월 동안 애플의 CEO로 재임한 길버트 아멜리오가 무거운 발걸음을 옮겨 단상에 올라섰다. "제가 물러나야 할 때가 된 것 같습니다. 저도 매우 안타깝게 생각합니다." 말을 마친 아멜리오는 잠시 후 조용히 강당을 떠났다. 애플 이사회가 그를 해임한 것이다.

임시 CEO 프레드 앤더슨이 짧은 연설을 마친 뒤 한 사내가 무대에 올랐다. 스티브 잡스였다. 잡스는 이미 얼마 전 애플이 고군분투 중인 넥스트를 인수함과 동시에 고문으로서 애플에 복귀한 상태였다. 애플 이사회는 아멜리오를 해임하고 잡스에게 회사의 리더 역할을 맡아 달라고 요청했다.

잡스는 반바지와 스니커즈 운동화 차림이었다. 면도하지 않은 얼굴엔 수염이 까칠하게 자라 있었다. 예전의 그 7월 4일 연휴 기간에 벌어졌던 싸움으로 권력을 잃은 지 정확히 12년 만이었다.

"우리 회사의 문제가 뭔지 한번 얘기해 보세요." 잡스가 좌중을 둘러보며 입을 열었다.

대답을 기다리지 않고 그는 곧장 이렇게 말했다. "바로 제품이에요. 제품들이 형편없다는 겁니다! 제품들이 더 이상 섹시하지 않단 말이에요."

아이브도 그 자리에 참석해서 청중석 뒤쪽에 앉아 있었다. 머릿속에서는 애플을 그만두는 쪽으로 마음이 기울고 있는 상태였다. 하지만 아내와 함께 영국으로 돌아갈 생각에 골몰해 있던 아이브의 귓속에 잡스의 연설한 대목이 파고들어 왔다. 애플이 원래 모습으로 돌아갈 것이라는 다짐이었다. "우리의 목적은 단순히 돈을 버는 게 아니라 훌륭한 제품을 만드는 것이라는 스티브의 말이 아직도 귓전에 생생합니다. 그런 철학에 기초해서 내리는 결정은 그 이전까지 애플에서 내리던 결정과 근본적으로 다를 거라는 확신이 들었습니다." 아이브의 회상이다.[1]

실제로 엄청난 변화가 있었다. 먼저 제품 라인을 진단하는 일부터 시작됐다. 1997년 잡스 복귀 당시 시장에 출시된 애플 제품은 40종이었다. 당시 애플의 혼란스러운 전략은 컴퓨터 제품 라인만 살펴봐도 금세 드러난다.

당시 애플의 주요 컴퓨터 시리즈는 쿼드라, 파워맥, 퍼포마, 파워북 이렇게 네 가지였다. 그리고 각각의 시리즈에 열 개가 넘는 모델이 있었는데 그 이름이 여간 혼란스러운 게 아니었다. 예를 들면 퍼포마 5200CD, 퍼포마 5210CD, 퍼포마 5215CD, 퍼포마 5220CD 하는 식으로 마치 소니의 카탈로그에서나 볼 수 있음 직한 명칭이었다. 게다가 애플은 광범위한 제품 분야로 진출한 상태여서 프린터, 스캐너, 모니터부터 뉴턴까지 그야말로 온갖 제품을 판매하고 있었다.

이 상황을 그대로 놔둘 잡스가 아니었다.

"다시 돌아와 보니 무지하게 많은 종류의 제품이 생산되고 있었습니다." 잡스는 훗날 이렇게 말했다. "놀랄 정도로 많아요. 그래서 회사 사람들에게 묻기 시작했습니다. 4400이 아니라 3400을 소비자에게 권한다면 그 이유가 무엇인가? 7300이 아니라 6500을 선택할 만한 이유가 무엇인가? 그렇게 3주 동안 직원들에게 묻고 설명을 들었는데도 이해가 안 가더군요. 나도 도통 이해가 안 가는데…… 고객들이 무슨 수로 그 차이를 이해하겠습니까?"[2] 제품 라인이 하도 복잡해서 애플은 제품들의 차이점을 고객에게 설명하기 위해 세세한 플로 차트를 마련해야 했다.(직원들은 이것을 일종의 커닝 페이퍼로 활용했다.)

하지만 제품 라인의 복잡함도 조직의 난맥상에 비하면 약과였다.《포춘》500대 기업으로 성장한 애플에는 엔지니어만 수천 명이었고 관리자급 직원의 수는 훨씬 더 많았다. 게다가 그들 중 다수는 직무와 책임이 중복되었다. 많은 이들이 대단히 뛰어난 인재였지만 회사에 집중되고 통일된 관리 체계가 부재했다. "잡스가 복귀하기 전의 애플은 우수하고, 열정적이고, 혼란스럽고, 뒤죽박죽이었습니다." 돈 노먼의 회상이다.

사실 잡스가 돌아오기 이전부터 구조 조정은 진행되고 있었다. 잡스는 그 전투에 새로 합류한 셈이었다. 그는 제품 디자인, 마케팅, 공급망에 이르기까지 애플의 모든 부분을 철저히 점검했다. 제품들도 샅샅이 검토했다. 그는 제품 팀들을 한 번에 한 팀씩 대형 회의실로 불렀다. 각 팀(대개 한 팀 구성원은 20~30명이었다.)은 자신들이 맡은 제품을 설명하고 잡스와 임원들로부터 질문을 받았다. 처음에 그들은 파워포인트 프레젠테이션을 하려 했지만 잡스가 곧 파워포인트 사용을 금지했다. 잡스는 파워포인트 프레젠테이션이 장황하기만 하고 무의미하다며 싫어했다. 그보다는 사람들로 하여금 직접 의견을 개진하게 하고 그들에게 질문을 던지는 방식을 선호했다. 이렇게 각 팀들과 회의를 진행한 결과, 잡스는 애플이 방향타를 잃은 난파선 신세라는 사실을 분명히 깨달았다.

몇 주 후, 중요한 전략 회의 도중에 잡스는 더 이상은 안 되겠다고 판단해 고함을 질렀다.

"이대로는 안 됩니다! 정신 나간 짓들을 하고 있다고요."

그는 화이트보드 앞으로 성큼성큼 다가가더니 거기에 애플의 연 매출을 나타내는 간단한 도표를 그렸다. 도표는 급격한 하향선을 그렸다. 120억 달러에서 100억 달러로, 다시 70억 달러로. 잡스는 설명을 시작했다. 애플이 120억 달러나 100억 달러의 매출을 올리고도 이익을 남기지 못할 수 있으며, 반면 60억 달러의 매출로 수익을 낼 수도 있다는 얘기였다.

그 답은 생산 제품 종류를 확 줄이는 데 있었다. 그렇다면 구체적인 방법은? 잡스는 화이트보드의 도표를 지우고 가로 세로 두 칸으로 된 간단한 표를 그렸다. 그리고 표 상단에 각각 '소비자용', '전문가용'이라고 적었다. 표 왼쪽에는 '휴대용', '데스크톱'이라고 적었다.

그런 다음 선언하듯 말했다. "이게 바로 애플의 새로운 제품 전략입니다." 앞으로 그 표의 각 사분면에 해당하는 네 개 영역에만 집중해야 한다는 말이었다. 노트북 제품군 두 개와 데스크톱 제품군 두 개, 그리고 전문가를 겨냥한 제품군 두 개와 일반 소비자를 겨냥한 제품군 두 개라는 의미였다.

뼈대만 남긴 채 군살을 모두 발라 버린 극단적 조치였다. 아멜리오 체제에서는 제품을 한 가지라도 더 출시하는 게 기본 전략이었다. 잡스는 그와 정반대되는 전략을 제시한 것이다. 이후 소프트웨어 프로젝트 수십 개와 거의 모든 하드웨어 제품들이 단칼에 끝장났다. 제품만이 아니었다. 이후 18개월 동안 4200명 이상의 정규직 사원이 해고당했다. 1995년 1만 3191명이었던 직원 수는 1998년에 이르자 6658명으로 줄어들었다.[3] 그제야 비로소 수지 균형이 맞춰졌다.

복귀 초 잡스가 내린 결정 가운데 가장 논란이 컸던 것은 1997년 말 뉴턴의 생산을 중단하기로 한 것이다. 당시 뉴턴은 아이브의 린디 프로젝트 이후에 7세대까지 나온 상태였다. 출범 초기부터 수익 창출은커녕 돈만 까먹고 있던 아멜리오의 경영진은 뉴턴 사업을 자회사로 분리하려고도 했다. 하지만 CEO인 아멜리오가 마지막 순간에 마음을 바꿨다. 그즈음 고문으로 들어온 잡스는 뉴턴 프로젝트를 폐기하도록 아멜리오를 설득하려 애썼다. 뉴턴은 기능상 문제가 많았으며 잡스가 그토록 싫어하는 스타일러스까지 딸려 있었다. 물론 뉴턴을 사랑하는 소비자도 소수 있었지만 다수 대중의 열렬한 호응을 얻지는 못했다. 존 스컬리가 열정적으로 지지한 제품이라는 것도 잡스의 마음에 들지 않았다. 사실 스컬리가 CEO 재임 중 혁신에 관해 내세울 만한 유일한 업적이 있다면 그것은 뉴턴이었다. 하지만 어쨌든 잡스로서는 뉴턴의 짧은 생을 마감시킬 이유가 수두룩했다.

임원들 대부분은 기대도 컸고 투자도 엄청났던 뉴턴을 포기하는 것이 과연 현명한 조치인지 갈피를 잡지 못했다. 한편 뉴턴을 사랑하는 팬들은 플래카드와 확성기까지 들고 인피니트 루프의 주차장으로 몰려들었다.("뉴턴은 나의 모든 것"이라고 적힌 피켓도 있었다.) 팜 파일럿 같은 휴대용 기기의 성공에 힘입어 PDA가 점차 부상하는 때이기도 했다. 하지만 잡스는 뉴턴을 계속 끌고 가는 건 시간과 에너지의 낭비일 뿐이라고 판단했다. 그는 애플이 핵심 제품 즉 컴퓨터에 총력을 기울여야 한다고 생각했다.

잡스는 이번에도 혁신적인 제품으로 승부한다는 전략을 세웠다. 하지만 마이크로소프트의 운영 체제를 탑재하는 평범한 컴퓨터나 만드는 업체들이 지배하는 시장에 나가 경쟁할 생각은 없었다. 그런 업체들은 기능성이나 사용자 편의성이 아니라 가격으로 경쟁을 했다. 그것은 바닥을 향한 경쟁일 뿐이었다.

잡스는 제대로 디자인한 컴퓨터, 제대로 만든 컴퓨터로 얼마든지 시장점유율과 이윤을 확보할 수 있다고 생각했다. 고급 승용차 시장과 마찬가지라는 게 그의 주장이었다. 비싼 BMW나 그보다 반값인 쉐보레나 도로를 달려 목적지에 도착하는 건 마찬가지다. 하지만 더 멋지고 더 편안한 차를 타기 위해 지갑을 활짝 여는 사람들은 늘 있기 마련이다. 따라서 델, 컴팩, 게이트웨이 같은 중저가 PC 업체들과 끝이 빤한 경쟁을 하는 대신, 이윤 폭이 큰 고급 제품을 만들어 수익을 올린 뒤 다시 그 일부를 더 뛰어난 제품 개발에 투자하는 식의 순환을 만들어야 한다는 게 잡스의 요지였다. 500달러짜리보다는 3000달러짜리 제품을 판매하는 게 수익률이 훨씬 더 높다, 상대적으로 적게 팔린다고 해도 말이다. 그렇다면 최고급 품질의 3000달러 제품에 총력을 기울이는 게 당연하지 않겠는가? 이것이 잡스의 생각이었다.

잡스의 전략은 회사의 재정 상태도 호전시킬 수 있었다. 제품의 가짓수가 대폭 줄어들면 재고량도 그만큼 감소한다. 그것은 곧 대차 대조표에 즉각적인 영향을 미친다. 실제로 잡스는 1년 만에 애플의 재고 관리비를 300만 달러 절감했다. 그리고 애플의 창고에는 끝내 팔리지 않으면 결손 처리해야 하는 재고품들이 상당량 줄어들게 되었다.

# 1976년 이후 스티브 잡스의 창조 역사

잡스가 애플을 위해 구사한 전략은 어떤 경영 대학원 강의실에서도 배울 수 없는 것이었다. 그는 애플의 회생을 위한 포석의 정중앙에 산업 디자인을 올려놓았다. 1976년부터 1985년에 이르는 그의 첫 번째 애플 시기부터 디자인은 언제나 스티브 잡스라는 인물의 생애를 이끄는 힘이었다.

아이브와 달리 잡스는 정식 디자인 교육을 받지 않았다. 하지만 그는 뛰어난 디자인 감각을 타고난 사람이었다. 어린 시절부터 잡스는 훌륭한 디자인이란 단순히 사물의 외양하고만 관련된 것이 아니라는 점을 알았다. 마이크 아이브가 그랬던 것처럼 잡스의 아버지 역시 아들이 디자인 감각을 키우는 데에 중요한 영향을 미쳤다. "아버지는 일을 제대로 하는 걸 철칙으로 여기셨지요. 눈에 보이지 않는 부분까지 신경 쓰면서 말이에요." 잡스의 회상이다. 잡스의 아버지는 울타리의 앞쪽뿐만 아니라 뒤쪽까지도 정성을 다해 만드는 사람이었다. "미적으로도 기능적으로도 완벽하게 만들지 않고는 편히 잠을 못 주무시는 성격이셨습니다."[4]

잡스는 조셉 아이클러의 규격형 주택 공법으로 지어진 집에서 자랐다. 아이클러는 20세기 중엽 캘리포니아의 건축물에 단순함의 미학을 불어넣은 부동산 개발업자였다. 잡스가 어린 시절 실제로 살았던 집은 아이클러 주택을 모방한 건축물이었을 가능성이 높지만(아이클러 팬들은 그런 주택을 '라이클러(Likeler)'라고 불렀다.) 어쨌든 어린 잡스에게 깊은 인상을 심어 주었다. 그 집을 회상하며 잡스는 이렇게 말했다. "나는 멋진 디자인 및 심플한 기능을 저렴한 가격과 결합하는 일을 무척 좋아합니다. 그것이 바로 애플 컴퓨터가 애초부터 가진 비전이었지요."[5]

잡스에게 디자인은 단순히 겉모양만이 아니었다. "대부분의 사람들이 디자인은 곧 겉치장이라고 잘못 생각합니다." 잡스가 남긴 유명한 말이다.

"단순히 제품의 외양을 치장하는 정도라고 생각하는 겁니다. 그래서 디자이너한테 멋지게 보이도록 만들어 달라고 주문하면 그뿐이라고요. 하지만 우리가 생각하는 디자인은 그런 차원이 아닙니다. 디자인은 겉모습이나 느낌에 불과한 게 아니라 제품의 총체적 기능 및 경험과 관련된 겁니다."[6]

잡스는 매킨토시를 개발하는 과정에서 그 소신을 최대한 살리기 위해 노력했다. 그래야만 상자에서 꺼내자마자 곧바로 사용할 수 있는 제품을 지향하는 애플의 소비자 친화적인 철학과 IBM 같은 초창기 경쟁 기업들의 무미건조한 제품을 차별화할 수 있다고 판단했기 때문이다.

PC 혁명이 시작된 지 채 5년이 되지 않았던 1981년 당시, 미국에서 PC를 소유한 가정은 전체의 3퍼센트에 불과했다.(코모도어나 아타리 같은 장난감 수준의 시스템까지 모두 포함한 수치다.) 가정이나 직장에서 PC를 접하는 사람들도 전체 미국인의 약 6퍼센트에 지나지 않았다. 잡스는 가정용 PC 시장이 승부처라고 판단했다. "IBM은 완전히 방향을 잘못 잡았습니다. 그들은 개인 사용자를 위한 도구가 아니라 데이터 처리 기계로서 PC를 판매했습니다." 잡스는 이렇게 말하곤 했다.[7]

잡스는 수석 디자이너 제리 매녁과 함께 맥에 매달리면서 세 가지 디자인 조건을 정했다. 먼저 단가를 낮추고 제작이 용이한 디자인을 고안하기 위해 잡스는 단일 구성 방식을 고집했다. 여기에는 그의 영웅 헨리 포드가 탄생시킨 모델 T에서 받은 영감이 작용했다. 잡스가 구상하는 새로운 기계는 모델 T처럼 '크랭크가 없는' 컴퓨터가 되어야 했다. 즉 포장을 푼 뒤 플러그를 꽂고 버튼을 누르면 곧바로 작동이 가능해야 했다. 매킨토시는 스크린과 디스크 드라이브, 회로망이 한 케이스에 들어가는 세계 최초의 일체형 PC가 될 터였다. 착탈식 키보드에, 마우스의 선은 몸체 뒤쪽에 꽂는 방식으로 말이다. 그리고 책상 위에서 많은 공간을 차지하지 않도록 잡스와 디자인 팀은 위 아래로 길쭉한 획기적인 모양을 고안하기로 결정했다. 또 당시의 다른 컴퓨터들과 달리 디스크 드라이브를 모니터 옆이 아니라 아래에 배치하기로 했다.

끝없이 의견을 나누고 일련의 시제품을 제작해 가며 수개월 동안 디자인 작업이 지속됐다. 외장재는 흠집이 잘 나지 않고 질감도 매끄러운 레고 블록 재료인 ABS 플라스틱으로 결정했다. 과거 애플 II 제품들이 시간이 지나면 햇빛에 바래서 오렌지색으로 변색됐던 문제를 해결하기 위해, 매녁은 매킨토시에 베이지색 도장을 결정했다. 이후 20년 동안 이어질 유행의 시작이었다.

아이브가 나중에 애플에서 그랬던 것처럼 잡스 역시 제품의 디테일 하나하나에 주의를 기울였다. 마우스조차도 컴퓨터의 형태 및 비율을 반영해 디자인했다. 마우스 위의 직사각형 단독 버튼은 모양이나 위치 면에서 컴퓨터의 스크린을 연상시켰다. 전원 스위치는 특히 호기심 많은 아이들이 만지는 경우를 비롯해 본의 아니게 꺼지는 위험을 방지하기 위해 컴퓨터 뒤쪽에 장착했다. 매녁은 사용자가 손으로 더듬어 찾기 쉽도록 스위치 주변을 다른 부분보다 부드럽게 마무리하는 배려까지 보탰다. "그런 세심함이 평범한 물건을 훌륭한 작품으로 바꾸는 겁니다." 매녁의 말이다.[8]

매킨토시는 사람 얼굴과 닮은 모습이었다. 이를테면 디스크 드라이브 슬롯은 입이고 컴퓨터 하단에 키보드와 닿는 우묵한 부분은 턱에 해당했다. 잡스는 그 모습이 마음에 들었다. 웃고 있는 얼굴 같은 컴퓨터, 그것이 매킨토시의 친화력이었다. "스티브는 직접 디자인 연필을 쥐지는 않았지만 그의 아이디어와 영감이 매킨토시 디자인을 탄생시켰습니다." 디자이너 테리 오야마의 회상이다. "솔직히 말하면, 스티브가 저희에게 말해 주기 전까지는 컴퓨터가 '친근해야 한다'는 말이 무슨 뜻인지조차 몰랐어요."[9]

1979년 구상되어서 1984년 1월 출시될 때까지 매킨토시의 제작에는 5년의 세월이 소요되었다. 그 제품은 잡스 디자인 철학의 정수가 제대로 담긴 첫 작품이었지만, 안타깝게도 잡스의 1차 애플 시기 동안 그가 출시한 마지막 제품이 되었다. 맥을 출시하고 나서 1년 반이 지난 1985년 9월, 스티브 잡스는 사내 권력 다툼에서 밀려 설 자리를 잃었다. 과거 잡스가 영입했던 펩시 사의 전(前) 마케팅 간부 존 스컬리가 권력을 거머쥐었다. 그러나 잡스의 디자인 철학은 그의 공백 기간에도 영향력을 유지했다.

애플에 있는 동안 잡스는 1970년대에 이탈리아의 올리베티가 누렸던 산업 디자인계의 절대적 명성을 1980년대의 애플이 누리게 만들겠다고 누누이 공언했다. 1980년대는 디자인이 상승세를 타던 시기였다. 그러한 경향은 특히 유럽에서 두드러졌다. 당시 유럽에는 이탈리아의 멤피스 그룹[10]처럼 과감하고 다채로운 디자인으로 명성을 날리는, 건축가와 디자이너로 구성된 그룹이 많았다.(이러한 경향을 두고 "바우하우스와 피셔프라이스의 강제 결혼"[11]이라는 표현이 나오기도 했다.) 매킨토시가 세상에 나오기 2년 전인 1982년 3월, 잡스는 애플의 전 제품을 위한 일관된 디자인 언어를 재단할 수 있는 세계적 수준의 산업 디자이너가 필요하다는 결정을 내렸다.

당시 애플의 하드웨어는 사방으로 흩어져 있었다. 애플 II 부문, 맥 부문, 리사 주변 장치 등 애플의 여러 부문들은 제각기 다른 아이디어를 지닌 다양한 디자이너를 활용하고 있었다. 애플 제품들은 한 회사가 아니라 서로 다른 네 개의 회사가 만든 것처럼 보였다. 잡스는 그런 상황이 아주 못마땅했다.

잡스는 매넉에게 「백설 공주」 동화 속 난쟁이들의 이름을 딴 제품 일곱 개를 디자인하는 디자인 경연을 지시했다. 매넉이 어린 딸에게 읽어 주던 동화책에서 영감을 받은 이름이었다. 잡스는 그 이름들이 개성 있고 친근한 이미지의 제품을 연상시킨다는 점이 마음에 들었다.

경연이 시작되자마자 독일의 산업 디자이너 하르트무트 에슬링거가 선두로 치고 나왔다. 당시 30대 중반이었던 에슬링거는 잡스처럼 대학을 중

퇴했다. 그는 소니와, 후에 소니가 인수하게 되는 독일 기업 베가의 텔레비전과 여러 가전제품을 디자인해 각광을 받은 인물이었다. 그가 담당했던 베가의 텔레비전 디자인 가운데 하나가 밝은 녹색의 플라스틱 재질이었는데, 베가의 CEO가 거기에 '프로그'라는 별명을 붙였다. 이는 분명히 에슬링거가 자신의 디자인 회사 이름을 프로그 디자인이라고 짓는 데 영향을 미쳤다. 또 그 이름은 에슬링거의 조국인 독일 연방 공화국(Federal Republic of Germany)의 머리글자를 모은 이름이기도 했다.

1982년 5월 에슬링거는 쿠퍼티노로 날아와 잡스와 대면했다. 두 사람은 닮은 점이 많았다. 둘 다 타고난 모험적 기업가로서 자신만만하고 독선적인 기질이 있었다. 또한 브라운과 메르세데스를 좋아한다는 점도 같았다. 잡스는 특히 에슬링거가 소니와 일했다는 점이 마음에 들었다. 소니는 그가 꿈꾸는 애플의 장래 모습 즉 디자인 중심의 기업이었기 때문이다.

에슬링거는 자신의 아이디어와 철학을 제시하는 기술이 탁월했을 뿐만 아니라 대단히 열정적으로 노력을 기울이는 타입이었다. 그의 팀은 디자인 과정을 네 단계로 나누어 수개월간 노력을 기울인 끝에 애플의 임원진에게 깜짝쇼를 선보였다. 다른 참가자들이 모델을 몇 개만 제출한 반면 에슬링거 팀은 40개나 제출한 것이다. 각 제품마다 두세 가지 유형으로 이루어진 그 모델들은 하나같이 아름다웠고 마무리도 깔끔했다. 다른 팀들이 1980년대 소니의 스테레오 컴포넌트처럼 예리한 테두리를 가진 어두운색 플라스틱 디자인을 내세운 반면, 에슬링거의 디자인은 부드러운 질감을 지닌 크림색 플라스틱 재질을 사용한 단순하면서도 세련된 작품이었다. 아이브와 마찬가지로 에슬링거 역시 1980년대의 대세였던 남성적 느낌의 전자기기 디자인에서 탈피해 애플을 차별화하고자 했다. 그리고 맥을 통해 이미 제시된 소프트웨어의 일관성과 공명하는 반복적 요소들에 기반한 디자인 언어를 창조하려 했다.

1983년 3월 에슬링거의 공식 프레젠테이션에 잡스는 대단히 만족했다. 결국 에슬링거가 백설 공주 프로젝트의 우승자가 되었고, 얼마 후 그의 회사는 캘리포니아로 근거를 옮겼다. 프로그 디자인은 월 10만 달러라는 전례 없이 엄청난 보수에 추가 시간 및 비용은 따로 정산한다는 조건으로 애플 측에 독점 서비스를 제공하기로 계약을 체결했다. 그 액수는 이내 연간 200만 달러로 솟구쳤다. 여타 경쟁 회사들이 고객들로부터 벌어들이는 것보다 훨씬 높은 금액이었다.

잡스는 매닉을 비롯한 사내 디자이너들에게 에슬링거의 지휘에 따라 작업하라는 지시를 가차 없이 하달했다. 에슬링거가 특별한 존재인 것은 사실이지만 어쨌든 그는 외부 하청업자였다. 매닉은 첫 번째 맥의 디자인을 위해 혼신의 힘을 다하고 있었다. 하지만 잡스는 그 불운한 매닉과 그의 팀원들에게 에슬링거 같은 걸출한 디자이너에게 뭔가를 배울 수 있는 기회를 행운으로 여기라고 말했다. 대부분의 팀원들은 자신들이 기껏해야 에슬링거의 보조 역할이나 하게 된 것에 깊은 우려를 표명했다. 결국 매닉은 잡스의 이런 조치에 어느 정도 영향을 받아 애플을 떠나게 된다.

새롭게 부상한 에슬링거의 백설 공주 스타일은 애플의 탁월한 다른 디자인들마저도 엉성한 구닥다리처럼 보이게 만들었다. 이후 백설 공주 스타일을 적용한 제품들은 산업 디자인계의 굵직한 상들을 석권하게 된다. 또 이 스타일은 많은 기업이 앞다투어 모방한 덕분에 결국 PC 업계 전체의 실질적인 디자인 언어가 되기에 이른다. 하지만 에슬링거가 애플과 계약을 맺은 무렵에는 맥을 다시 디자인하기가 불가능했다. 이미 엄청난 비용을 들여서 생산 장비까지 갖춘 상태였기 때문이었다. 결국 프로그가 백설 공주 스타일로 디자인한 애플의 첫 번째 주요 제품은 애플 IIc가 된다. 애플 IIc는 애플 II 시리즈의 네 번째 모델이자 첫 번째 휴대용 컴퓨터 실험작이었다.(애플 IIc의 c는 '콤팩트/소형(compact)'을 의미한다.) 비록 외부 업체가 주도한 디자인이었지만 애플 IIc는 애플 역사상 처음으로 디자인이 중심이 된 제품이라는 점에서 중요한 의의를 지닌다. 잡스는 애플을 떠나면서도 디자인 진화를 유산으로 남긴 것이다.

변화의 파장은 단지 디자인 부서에만 머물지 않았다. 애플의 엔지니어들은 프로그 디자이너들의 아이디어에서 흠을 잡기보다는 그들의 아이디어를 수용하려고 노력했다. 작지만 유의미한 변화였다. 애플이 엔지니어링 중심이 아닌 디자인 중심의 기업으로 변신하려는 첫 번째 몸짓이었기 때문이다. 하지만 조너선 아이브도 느꼈듯이 잡스가 복귀할 무렵엔 엔지니어들이 주도권을 휘두르는 옛날의 구도로 돌아가 있었다.


## A 팀

잡스는 복귀하자마자 제품 포트폴리오를 단순화하는 것과 동시에 분산되어 있는 팀들을 전격적으로 통폐합했다. 애플 최고의 디자이너, 엔지니어, 프로그래머, 마케터들로 이루어진 A 팀이 혁신적인 제품 고안에 전념할 수 있는 분위기를 만들기 위해서였다.

잡스는 애플로 데려온 과거 넥스트의 임원진을 굳게 신임했지만 애플의 기존 인력 가운데 인재를 발탁해 승진시키는 일에도 심혈을 기울였다. 그가 실행한 인재 발굴 정책 덕분에 애플의 사내 조직도는 한층 간단명료하게 정리되었다. 잡스는 상부에서 하부까지 명확한 지휘 체계가 갖춰진 조직을 원했다. 구성원 모두가 자신의 직속상관과 자신이 맡은 임무를 정확히 알고 있어야 했다.

잡스는 《비즈니스위크》 인터뷰에서 말했다. "모든 게 한결 간단명료해졌습니다. 그게 나의 슬로건이었습니다. 초점과 단순함 말입니다."[12]

제품 라인과 인적 자원을 검토하느라 여념이 없던 와중에도 잡스는 어느 날 애플에 관한 기사를 작성할 일류 분석가와 기자들 여섯 명을 초대해 회의를 열었다. 자신이 애플을 위해 구상한 새로운 사업 전략을 설명하기 위해서였다.

"잡스는 애플 핵심 고객들의 니즈를 충족시키는 방향으로 회사를 이끌어 나갈 것임을 특히 강조했습니다. 고객의 진정한 니즈에 중점을 두는 대신 모든 사람에게 모든 것을 제공하려는 전략 때문에 애플이 시장에서 힘을 잃었다고 했지요." 당시 회의에 참석했던 크리에이티브 스트래티지스의 분석가 팀 바자린의 회상이다. "그는 또 애플이 오리지널 맥 OS와 하드웨어 디자인으로 컴퓨터 업계에 신기원을 이뤘다고 말하면서, 이제 애플 발전 전략의 중심에 산업 디자인이 자리 잡을 거라고 단언했습니다."[13]

하지만 바자린은 잡스의 공언이 가슴에 와 닿지 않았다고 말한다. "당시 애플에 문제가 너무나 많아 보였어요. 그래서 산업 디자인을 중심으로 애플을 회생시키겠다는 선언에 그다지 믿음이 가지 않았습니다. 당시 애플의 재정난은 아주 심각했습니다. 그래서 내가 보기엔 잡스가 어떤 조치를 취하든 절대적인 추진력으로 밀어붙여 빠른 시일 내에 성과를 내지 못하면 애플은 정말 힘들어질 것 같았습니다."

바자린은 또 다른 기억을 털어놓는다. "제가 주변 사람들한테 이런 얘기를 했던 게 생각나는군요. 스티브 잡스를 절대 과소평가해서는 안 된다, 만일 애플을 회생시킬 수 있는 사람이 있다면 그건 바로 잡스라고요."[14]

애플을 디자인 중심 기업으로 복귀시키겠다고 공언을 했음에도 잡스는 곧장 산업 디자인 스튜디오를 방문하지는 않았다. 본사와 떨어진 곳에 스튜디오를 마련했던 브러너의 전략이 오히려 부작용을 낳고 있었다. 잡스가 이미 사내에 있는 인재들을 알아보지 못한 채 세계적인 디자이너를 찾기 위해 회사 밖으로 눈을 돌린 것이다.

잡스는 넥스트 시절에도 함께 일한 오랜 파트너인 프로그 디자인의 하르트무트 에슬링거를 영입하는 것을 진지하게 고려했다. 한편으론 IBM의 싱크패드 노트북을 디자인한 리처드 사퍼에게도 연락을 취했다. 그런가 하면 뜻밖의 인물도 염두에 두었다. 바로 오래전 애플이 상당한 출혈을 감수하며 기용했지만 결국 어떤 성과도 올리지 못했던 자동차 디자이너 조르제토 주지아로였다. 또한 잡스는 1960년대에 올리베티를 최고의 디자인 기업으로 등극시킨 주역이었던 이탈리아의 유명한 건축가 겸 디자이너 에토레 소트사스도 고려했다.[15]

잡스가 인재 사냥에 부심하고 있을 무렵, 본사에서 떨어진 디자인 스튜디오에서는 조너선 아이브가 팀의 운명이 위태로워졌음을 깨닫고 자신들의 역량을 돌아온 잡스에게 보여 줘야 할 필요성을 절감하고 있었다. 아이브는 디자인 팀의 최고 작품들이 실린 브로슈어를 모두 챙겼다. 또 반투명 재질의 이메이트를 출발점으로 과감하게 새로운 방향으로 향하기 시작한 애플 디자인 언어의 진화를 보여 주는 콘셉트들을 화려한 팸플릿에 담았다. "우리 팀의 역량을 보여 주기 위해 작은 책자들을 제작했습니다." 아이브 팀의 예전 멤버였던 어느 디자이너의 회상이다. "그 책자들이 스티브 잡스가 산업 디자인 팀의 존재와 역량을 알아보는 데 역할을 톡톡히 한 것 같습니다."

드디어 잡스가 애플의 디자인 스튜디오를 방문하는 날이 왔다. 잡스는 그곳에서 직접 목격한 디자인 팀의 창의성과 열정에 매료되었다. 스튜디오 안은 눈길을 잡아끄는 실물 크기 모형으로 가득했다. 이전 경영진이 너무 결단력이 부족해 그 가치를 깨닫지 못한 모형들이었다. CNC 밀링 머신들, 그리고 이제 막 날갯짓을 시작한 CAD 팀도 잡스의 눈에 들어왔다.

하지만 무엇보다도 잡스의 마음을 사로잡은 건 부드러운 어조의 아이브였다. 아이브는 잡스와 처음 대면한 순간 서로의 눈길이 굳게 얽혔다고 말한다. "우리는 형태와 재료에 대한 접근 방식에 관해 대화를 나눴어요. 우리가 동일한 주파수를 가졌다는 걸 알게 되었죠. 그 순간 제가 애플을 왜 사랑하는지도 깨달았고요." 아이브의 회상이다.

잡스는 아이브가 이끄는 산업 디자인 팀을 그대로 유지하기로 결정했다. 처음에 잡스는 아이브로 하여금 하드웨어 부문 책임자인 존 루빈스타인에게 업무 보고를 하게 했다.(나중에 디자인 팀이 자율성을 지닌 부문이 되면서 이런 보고 체계는 없어진다.) 아이브의 직속상관은 루빈스타인이었지만, 이후 몇 달 동안 아이브는 잡스와 자주 점심 식사를 같이 했다. 잡스가 밸리 그린 드라이브에 있는 디자인 스튜디오를 방문해 담소를 나누며 하루를 마무리하는 일도 잦아졌다.[16]

"잡스가 정말 자주 들렀습니다." 디자인 팀의 예전 멤버였던 어느 디자이너의 말이다. "대개는 조니를 만나기 위해서였지만 작업 진척 상황을 둘러보기도 했지요." 잡스는 이내 디자인 팀의 한 식구 같은 존재가 되었다.


## 잡스, 집중할 방향을 잡다

애플에 복귀한 잡스는 회사 전체만이 아니라 아이브의 디자인 팀에도 집중할 방향을 제시해 주었다.

아이브는 표면적으로는 디자인 팀의 책임자였지만 팀을 통합적이고 효율적으로 관리하지 못하고 있었다. 관리자치고는 젊은 나이인 데다가 경험도 부족했기에 팀의 체계를 세울 힘이나 리더십을 강력하게 발휘하지 못했다. 때문에 디자인 팀도 애플의 다른 부서들처럼 소위 '창조적 혼란' 상태에 빠져 있었다. 다들 재능 있는 디자이너였지만 고집도 만만치 않았기 때문에 서로 간의 공조는 거의 없이 각자 프로젝트를 수행하는 상황이었다.

"디자이너들 나름대로의 어젠다, 그러니까 각자의 디자인 감각을 고수했습니다. 그것들을 조절할 수 있는 관리 장치가 없었지요." 디자이너 더그 새츠거의 얘기다. "어떤 디자이너는 노트북 디자인에 관한 자신만의 확고한 의견을 주장하고, 또 다른 디자이너는 프린터에 대한 확고한 의견을 주장하는 식이었습니다. 차세대 파워맥의 타워형 디자인에 관해서도 일관된 방향이 잡히지 않았지요. 팀으로서 함께 협력하며 일하는 분위기가 제대로 형성되지 않은 상태였습니다. 디자이너들이 독립적으로 작업하면서 각자의 디자인 감각을 강력하게 주장했지요. 마치 각자 서로 다른 기업을 위해 일하고 있는 것 같았습니다."

새츠거는 타워형으로 제작될 전문가용 컴퓨터 파워맥의 업데이트 프로젝트에 디자이너 세 명이 서로 다른 세 가지 시안에 매달렸다고 말한다. "일관성이 없었어요. 데이율리스는 바퀴가 달린 완벽한 정육면체를 디자인했습니다. 상당히 크기가 큰 디자인이었지요. 대니얼 코스터는 다양한 블록을 겹쳐 놓은 것 같은 모델을 디자인했고, 산업 디자인 팀의 또 다른 디자이너 토머스 마이어호퍼는 외곽선이 복잡한 아주 특이한 모델을 디자인했죠. 작품성이 뛰어났습니다. 그러고 난 뒤 디자인 팀은 그중 하나가 아니라 세 개 모두를 시안으로 삼아 프로젝트를 진행했습니다."[17]

과거 에슬링거와 브러너는 둘 다 디자이너들이 서로 다른 다양한 디자인 방향을 탐색하도록 허용했다. 특히 브러너는 초기 디자인 단계를 경쟁 구도로 만드는 방식을 선호했다. 하지만 최종적으로 가장 뛰어난 아이디어를 간추리는 사람은 브러너였다. 에슬링거 역시 좋은 아이디어들을 통합해 단 하나의 디자인 방향을 확립하곤 했다. 아이브도 그런 종류의 환경에서 여러 해 동안 일한 인물이었지만, 정작 팀의 책임자가 되고 나서는 강력한 리더십으로 이끌 의지나 역량이 부족한 듯 보였다.

이런 상황에서 잡스가 등장했고, 그는 가망성 없는 프로젝트들을 폐기하고 자신이 화이트보드에 그렸던 사분면 도표의 네 영역 제품군에만 집중하는 방향을 제시했다. 새츠거는 잡스가 디자인 스튜디오를 방문해 애플이 앞으로 이 네 종류 제품에만 에너지를 집중할 것이라고 선언한 순간을 기억하고 있다. 그중에서도 가장 중요한 것은 소비자용 데스크톱이었다. "스티브가 이렇게 말했습니다. '내 딸이 대학 진학을 앞두고 있습니다. 그래서 난 출시되어 있는 모든 컴퓨터들을 살펴보았습니다. 하나같이 쓰레기더군요. 우리의 기회는 바로 여기에 있습니다. 이제 우리의 목표는 인터넷 컴퓨터를 만드는 겁니다.' 그는 아이맥을 구상하고 있던 겁니다. 그것은 애플의 새로운 초점이었지요."

잡스는 저렴한 컴퓨터를 원했다. 인터넷을 적극적으로 사용하고 싶어 하는 일반 소비자들에게 어필할 수 있는 컴퓨터 말이다. 당시에는 넷스케이프의 내비게이터 브라우저와 저렴한 모뎀, 그리고 AOL을 비롯한 인터넷 서비스 제공 업체(ISP)들의 급격한 증가에 힘입어 인터넷이 점차 많이 보급되고 있었다. 그런 ISP들은 저렴한 인터넷 접속 서비스를 제공했다. 그리고 잡스는 가급적이면 신속하게 움직이고 싶었다. 일단 구조 조정이라는 극약 처방으로 한숨은 돌렸지만 곤두박질치는 판매고를 다시 끌어올리기 위해서는 신제품 개발이 시급했다.

당시 애플에서 가장 저렴한 컴퓨터는 2000달러였다. 일반 윈도 PC의 평균가보다 800달러 이상 비싼 금액이었다. 애플 제품보다 훨씬 저렴한 윈도 제품들과 경쟁하기 위해, 처음에 잡스는 사양을 극도로 단순화한 '네트워크 컴퓨터(NC)'를 만들자고 주장했다. 당시 실리콘밸리에서 새롭게 부상하던 NC는 인터넷으로 중앙 서버에 연결되는, 저렴하고 단순한 단말기였다. 하드 드라이브나 광 디스크 드라이브 없이 다만 스크린과 키보드만 있는 것이다. 학교와 일터에서 사용하기에 적절한 컴퓨터로서, 첫눈에 보기에는 인터넷을 이용하려는 소비자들에게 안성맞춤일 것 같았다.

잡스의 복귀 전인 1996년 5월에 애플은 오라클 사와 하드웨어 및 소프트웨어 업체 서른 곳이 참여하는 네트워킹 컴퓨팅 연합에 가입했다. 이 연합은 공동의 네트워킹 플랫폼을 토대로 삼는 저렴하고 디스크 없는 컴퓨터를 위한 표준을 확립했다. 잡스의 절친한 친구이자 갑부인 래리 엘리슨은 컴퓨터 산업의 미래가 NC에 달려 있다는 확신에 차 있었다. 애플 이사회에 합류한 지 얼마 안 된 엘리슨은 기자들에게 애플이 NC를 만들고 있다고 말했다. 당시 그는 NC를 대대적으로 보급하려는 계획을 품고 네트워크 컴퓨팅라는 회사를 갓 창업한 상태였다.

엘리슨의 낙관론에 영향을 받은 동시에 그와 선의의 경쟁을 벌이고 싶었던 잡스 역시 NC 프로젝트에 관한 포부를 밝혔다. "우리는 엘리슨이 자신하고 있는 분야에서 그를 보란 듯이 물리칠 것입니다." 잡스는 애플 임원들에게 들뜬 어조로 말했다.[18] 첫 번째 매킨토시 프로젝트 때 그랬던 것처럼 잡스는 먼저 자신이 지향하는 맥 NC의 사양을 구체적으로 제시했다. 일체형 제품, 상자에서 꺼내자마자 곧바로 사용할 수 있는 제품, 브랜드 헌장을 구현하는 독특한 디자인의 제품이어야 했다. 그리고 가격은 1200달러 선이어야 했다. "잡스는 1984년 오리지널 매킨토시라는 원래의 뿌리로 돌아가 일체형 소비자 제품을 내놓아야 한다고 했습니다." 애플의 마케팅 책임자 필 실러의 회상이다. "이는 곧 디자인과 엔지니어링의 공조가 필요하다는 의미였습니다."[19]

1997년 9월, 존 루빈스타인은 아이브에게 잡스가 구상한 맥 NC의 사양을 반영해서 잠정적 디자인을 토대로 폼 모형 열두 개를 제작하라는 지시를 내렸다.

아이브는 디자인 팀 전체를 소집해서 이 프로젝트를 철저히 논의했다. 우선 맥 NC의 잠재적 타깃 시장에 관한 토론을 시작했다. "우리는 기술적인 문제부터 접근하지 않았습니다. 먼저 '사람'에서 시작했지요." 아이브의 말이다.

"아이맥에 관한 토론의 중심은 칩의 속도나 시장 점유율이 아니었습니다. 대신 좀 감상적인 질문들을 던졌지요. '우리는 사람들이 이 제품을 어떻게 느끼기를 바라는가?' '이 제품은 사람들 마음의 어떤 부분에 가닿을 것인가?' 같은 질문 말입니다." 훗날 아이브는 《뉴스위크》와의 인터뷰에서 이렇게 말했다.[20]

아이브는 맥 NC의 '디자인 스토리'에 집중하고 있었다. 아버지 마이크에게 배웠듯, 완전히 새로운 뭔가를 고안하는 과정에서 필수적인 첫 단계는 바로 디자인 스토리를 구상하는 일이었다. "산업 디자이너로서 우리가 하는 일은 더 이상 물건을 디자인하는 게 아닙니다. 우리는 그 물건에 대한 사용자의 인식을 디자인합니다. 또 제품을 활용할 수 있는 범위 내에서, 제품의 물리적 존재감과 기능에서 생겨나는 의미를 디자인합니다."[21]

디자인 팀은 '긍정적 감정을 불러일으키는 물건' 같은 주제에 관해 의견을 나눴다. 도중에 디자이너 한 명이 그런 물건의 예로서 동그란 모양의 투명한 사탕 판매기를 들기도 했다. 또 그들은 패션 등 다른 업계에서는 어떤 식으로 문제에 접근하는지에 대해서도 토론했다. "우리는 스와치처럼 틀을 깨고 혁신하는 기업들에 대해 이야기를 나눴습니다. 소비자를 테크놀로지 향상의 수단으로 여기는 게 아니라 테크놀로지를 소비자에게 다가가는 수단으로 여기는 접근법 말입니다." 아이브의 말이다.

훗날 아이브는 자신의 생각을 이렇게 설명했다. "디자인 관점에서 보면 컴퓨터 업계는 대단히 보수적으로 변해 버렸습니다. 실증적으로 측정할 수 있는 제품 특성에만 강박적으로 집착하거든요. 속도가 얼마나 빠른가? 하드 드라이브 용량이 얼마나 큰가? CD-ROM은 얼마나 빠른가? 그런 것들 말입니다. 6보다는 8이 더 낫다는 건 누구나 알 수 있으니까 그런 식의 경쟁에 익숙해진 겁니다."[22]

그러면서 아이브는 아주 중요한 통찰을 하나 제시했다. "또 컴퓨터 업계는 인간미가 결여되어 있습니다. 아주 차갑지요. 확실한 요소에 대한 특유의 강박 때문에 측정이 어렵거나 말로 설명하기 힘든 제품 특징은 무시하려는 경향이 있습니다. 때문에 컴퓨터 업계는 제품 특징 가운데 보다 감성적인 부분, 비유형(非有形)적인 부분을 놓치고 말았습니다. 하지만 나 같은 경우엔 애플 컴퓨터를 사는 이유가 바로 그런 부분들 때문입니다. 애플에 합류한 것도 바로 그 부분 때문이었습니다. 애플은 가장 기본적인 것 이상을 이뤄 내려는 열망을 지닌 기업이라는 점이 늘 느껴졌으니까요. 기능적으로, 실증적으로 필요한 것만 만들려는 기업이 아니었지요. 애플의 초기 제품들은 하드웨어든 소프트웨어든 사람들이 알아차리지 못할 수도 있는 디테일에까지 주의를 기울인 흔적이 역력했습니다."[23]

아이브와 팀원들은 탁자에 빙 둘러앉아 스케치를 시작했다. 새츠거는 테이블 위에 복사 용지와 색연필, 파일럿 펜 등이 가득했던 것을 기억한다. 팀원들은 서로의 스케치를 번갈아 검토해 가며 함께 아이디어를 짜냈다. 아이맥은 긍정적 감정을 불러일으키는 제품이 되어야 했다. 그 점을 떠올리면서 디자이너 크리스토퍼 스트링어는 다채로운 색깔의 사탕 판매기를 스케치해 보기도 했다.

새츠거는 자신이 과거에 톰슨 컨슈머 일렉트로닉스를 위해 디자인했던 텔레비전을 토대로 달걀 모양의 디자인 시안을 구상했다. "겉모습만 보자면 거의 똑같은 형태였습니다." 새츠거의 말이다.

아이브와 팀원들은 새츠거의 아이디어가 무척 마음에 들었다. 결정은 신속하게 내려졌다. 달걀 모양으로 가기로 한 것이다.

아이맥은 몇 개월 안에 출시돼야 했다. 시간을 더 끌면 애플은 무너질지도 몰랐다. 속도를 높이기 위해 아이브는 팀원들을 독려해서 철저하고 통합적인 디자인 프로세스에 착수했다. 기존의 애플 제품 개발과는 전혀 다른 방식이었다. 오늘날 애플 디자인 팀의 업무 진행 방식은 그때 아이브가 도입했던 방법과 근본적으로 별 차이가 없다.

디자인 팀은 복잡한 디자인 과정을 간소화해 주고 디자이너들이 3D 디자인을 할 수 있게 해 줄 새로운 장비가 필요했다. 그들이 3D 디자인을 고안하면 외부 공장의 생산 인력이 이를 가지고 컴퓨터 케이스 제작을 위한 주형을 만들 터였다. 프로덕트 디자인 팀의 마저리 안드레센이 아이브가 새로운 기계에 생명을 부여할 세련된 CAD 소프트웨어를 찾아내는 데 중요한 도움을 주었다. 아이브는 새로운 CAD 모델링 프로세스를 확립하는 데 상당한 기여를 했다. 이 새로운 프로세스는 상호 정보 교환이 가능하도록 파일을 해석하는 복합 소프트웨어를 활용해 이질적인 컴퓨팅 시스템을 통합해 주었다.

"제게 주어진 시간은 9개월이었습니다." 안드레센의 회상이다. 그녀는 자신을 'CAD/CAM 치료사'라고 불렀다. 극도로 예민해져 있는 디자이너들을 옆에서 돕는 것이 그녀의 역할이었기 때문이다. "디자인을 마무리해 생산 단계로 넘기는 작업에 9개월은 너무 짧은 시간이었습니다. 도안만 가지고는 아예 불가능한 일이지요. 우리의 유일한 희망은 디자인 파일들을 직접 사용하는 방법뿐이었습니다. 장비들은 갖춰진 상태였지만 그 프로세스는 엔지니어링 측면에서든 설비 제작 측면에서든 아직 검증이 되지 않은 상태였어요. 정말이지 빡빡한 스케줄 속에서 정신이 하나도 없었지요."

아이맥 이전에는 하드웨어 엔지니어링(전기 설계)과 프로덕트 디자인(기계 공학)이 디자인 과정을 주도했다. "그들이 기술적인 제약을 감안해서 케이스의 크기를 고안했습니다. 산업 디자인 팀에 주어진 작업은 그 케이스의 겉모습을 다듬는 수준이 고작이었죠." 애플에서 CAD 매니저로 일했던 폴 던의 얘기다. "잡스가 돌아오고 나서 조니와 함께 그 과정을 180도 바꿔 놓았습니다."

아이브의 디자인 팀도 스튜디오에 소규모 CAD 팀을 거느리고 있긴 했지만 아직 CAD 활용 초창기였다. 디자이너들은 대부분 손으로 직접 스케치하거나 초창기 2D CAD 소프트웨어를 활용해서 작업했다. 하지만 아이브의 팀은 2차원이 아니라 3차원 디자인이 절실하게 필요했다.

그들은 알리아스 웨이브프런트에서 해결책을 찾았다. 알리아스 웨이브프런트는 항공 우주 산업과 자동차 업계 그리고 이제 막 성장하기 시작한 컴퓨터 애니메이션 부문에서 활용되는 3D 그래픽 패키지였다. 스티브 잡스가 이끈 또 다른 기업 픽사에서도 1995년 개봉작 「토이 스토리」의 특수 효과를 위해 사용한 바 있었다.

던은 말한다. "애플은 컴퓨터 분야의 그 어떤 경쟁 업체보다도 훨씬 더 복잡한 디자인을 제작했습니다. 아이맥의 표면 처리는 컴퓨터 부문보다는 항공 우주 산업이나 자동차 업계의 방식과 더 닮아 있었습니다. (중략) 애플은 한계를 넘어서고 있었지요."[24]

알리아스 웨이브프런트는 사실상 조각 도구나 마찬가지다. 조각가가 점토로 작품 모양을 만들듯 제품의 외형을 결정한다. 디자이너들은 마음에 드는 스케치를 완성하는 대로 곧장 소위 '표면 작업 전문가들'로 불리는 CAD 팀에 넘겼다. 이들은 당시엔 고작 몇 명에 불과했지만 지금은 약 열다섯 명 규모로 확대되었다. 그들의 작업장은 여전히 산업 디자인 스튜디오에 있다. 그들은 알리아스(현재는 오토데스크 알리아스)를 활용해 최고급 애플 컴퓨터와 휼렛패커드 워크스테이션 프로젝트에 참여한다. 아이브의 디자이너들이 기본적인 형태와 비율이 제대로 구현되는지 확인하기 위해 등 뒤에서 지켜보는 가운데 CAD 담당자들은 상정된 디자인들의 윤곽을 완성하는 작업을 했다.

이런 과정은 며칠씩 걸리곤 한다. 마침내 디자이너와 CAD 담당자 모두가 만족할 만한 윤곽이 나오면 그 파일을 스튜디오 내부의 CNC 밀링 머신으로 보낸다. 실제 모형을 제작하기 위해서다. 초기 단계의 모형은 폼으로 제작하지만, 나중에 제품 특징을 보다 구체적으로 드러내는 '정밀 모형' 단계에서는 ABS나 렌셰이프를 사용한다. 특히 렌셰이프는 밀도가 높고 붉은색이 도는 폼으로서 목재처럼 잘라지는 성질 덕분에 표면을 구성하기에 좋은 소재다.

아이브의 초창기 리더 시절에 디자인 팀은 아주 값비싼 초창기 3D 프린터를 구비하고 있었다. "애플은 여러 해 동안 모델링 기술 분야에서 선두를 유지했습니다. 1990년대 초반부터 애플의 모델링 팀은 스테레오리소그래피 장비를 구비하고 있었습니다. 복잡한 3D 모델도 몇 시간이면 구현할 수 있는 기기였지요. 화학 약품은 독성이 아주 강했지만, 모든 번거로움을 충분히 보상할 만한 결과를 안겨 주었습니다." 던의 얘기다.

대학 시절 아이브가 깨달았던 것처럼 세밀한 모형을 제작하는 것은 디자인 작업의 핵심 과정 중 하나였다. "추상적인 아이디어가 보다 물질적인 대화 형식으로 구체화될 때 가장 극적인 변화를 느끼게 됩니다." 아이브의 얘기다. "3D 모형을 제작하면, 설령 그것이 아무리 조악할지라도, 모호했던 아이디어에 구체적인 형체를 부여하게 되는 것이지요. 그러면 모든 것이 변합니다. 전체 과정에서 하나의 전환점이 되지요. 그건 팀 전체에 일종의 자극을 제공합니다. 사람들의 집중을 불러일으키고요. 정말 대단한 과정입니다."[25]

이런 새로운 작업 체계가 확립되자 아이브는 프로덕트 디자인 팀에 속해 있던 모형 제작 팀을 디자인 스튜디오로 통합했다. 안드레센은 그것이 조직적으로나 기능적으로 아주 합당한 조치였다고 말한다. "조니의 디자인 팀원들은 스튜디오에 입주한 모델 제작 팀을 보는 순간 자신들이 프로덕트 디자인 부서에 와 있는 것 같은 기분에 휩싸였습니다. 모형 제작 팀은 완제품의 모습이 될 가능성이 있는 일회성 모형들을 계속 창출해 냈지요. (중략) 진정으로 가장 멋진 놈을 뽑아내기 위해서 말입니다."[26]

모형 제작 팀원들은 제품 제작 과정에 없어서는 안 될 존재였다. "애플의 모형 제작팀은 숙련된 장인들이었습니다. 그들은 무엇이든 만들 수 있었어요. 하지만 새로운 컴퓨터 툴들의 사용법, 그리고 엔지니어들이 넘겨주는 설계 파일을 해독하는 방법은 배워야 했죠." 안드레센의 회상이다.

디자인 과정을 새롭게 구상하는 과정에서 중요한 역할을 한 또 다른 소프트웨어는 유니그래픽스였다. 유니그래픽스는 맥도널 더글러스가 항공 분야에서 활용하기 위해 개발한 3D 엔지니어링 프로그램이다. 안드레센과 팀원들은 CAD 담당자들이 알리아스를 활용해 만든 3D 모델을 유니그래픽스로 보낼 수 있는 소프트웨어를 고안했다. 그리고 프로덕트 디자인 팀은 유니그래픽스를 이용해, 디자이너들이 결정한 표면을 토대로 실현 가능한 제품을 설계했다. 엔지니어들은 제품 구성 요소들의 세밀한 3D 모델을 스크린에 띄워 놓고 각 부품이 제대로 들어맞는지, 혹은 고안한 형태를 그대로 제품에 활용할 수 있는지 등을 검토했다. "디자이너들이 CAD 담당자들 옆에 앉아서 이런 식으로 말하곤 했습니다. 'CRT 튜브를 다시 한 번 확인합시다. 이 부분에 보드가 들어갈 약간의 공간이 필요해요. 여기는 커넥터를 위한 공간이 필요하고요.'" 새츠거의 말이다. "프로세스와 인터페이스가 개발된 덕분에 표면 도안을 유니그래픽스로 보낼 수 있었습니다. 그러면 프로덕트 디자인 팀에서 그걸 토대로 생산에 들어갈 수 있는 진짜 케이스와 부품을 개발했습니다." 던의 얘기다.

이런 전체 과정이 수차례 반복되었다. 디자이너들과 CAD 담당자들, 그리고 엔지니어들이 함께 작업을 진행하면서, 외형과 내부 부품이 바람직한 균형을 이룰 때까지 이런저런 부분들을 조율해 나갔다. "말로만 들어서는 아주 간단한 것 같지만 실제로는 아주 힘들었습니다. 반복 작업인 데다가 시간이 상당히 소요됐지요." 아이맥 프로젝트에 참여했던 전직 애플 디자이너 로이 애스컬랜드의 회상이다. "아주 미세한 부분까지 조율해야 했습니다. 한 번에 몇 밀리미터씩 말이지요."[27]

그 수고로운 과정의 마지막 단계는 세밀하게 제작한 3D CAD 파일을 주형 제작진에게 보내는 것이었다. 그전에는 공장에서 주형을 만들 때 손으로 그린 스케치와 마치 청사진 같아 보이는 2D CAD 출력물에 의존했다. 그 시절에는 공장에도 주형 제작을 위한 자체 컴퓨터 이용 제조(CAM) 시스템이 있었지만 디자인 팀의 시스템과 항상 호환이 가능한 건 아니었다. 따라서 디자이너들의 스케치와 모델을 토대로 주형을 만드는 현장 작업은 여전히 반(半)수동 시스템이었으며 수개월이 소요되기도 했다. 하지만 안드레센이 고안한 소프트웨어 덕분에 모든 시스템에서 공통 파일을 공유할 수 있게 되자 프로세스가 훨씬 단순해지고 속도도 빨라졌다.

여러 개선책이 나오면서 동시 진행 방식의 디자인 작업이 전반적으로 빨라졌지만 시스템은 원활하게 돌아가지 않았다. "완벽을 기대하기가 힘든 작업이었습니다. 일단 사내 팀이나 외부 하청 업체에 있는 CAM 시스템에 자료를 전송하는 일부터 만만치 않았습니다." 안드레센의 얘기다. "표면 모델링 작업에 들어가자 소프트웨어와 하드웨어의 한계가 발목을 잡더군요. 그 탓에 시간이 상당히 지연됐습니다. 그전에는 직선이었던 컴퓨터의 외곽선과 모서리가 곡선이 됐기 때문이었어요. 당연히 모델링 작업이 훨씬 힘들어졌죠. 하청 업체에서도 받아들이기가 무척 어려웠고요. (중략) 시스템이 여러 개인 판국에 시스템을 해석하는 방식은 훨씬 더 복잡했으니 작업이 원활하게 진행될 수가 없었지요."

하지만 문제점들은 결국 해결됐고 아이브가 도입한 혁신적인 작업 방식은 오늘날까지도 애플 산업 디자인 팀에서 활용되고 있다. "디자인 과정은 두 개의 주요 시스템을 중심으로 진행된다고 볼 수 있습니다. 바로 웨이브프런트와 유니그래픽스죠. 물론 그 외에 많은 인터페이스와 후처리 프로세서를 개발해야 했습니다. 그중에는 아주 복잡한 것도 있었지요. 하지만 일단 체계가 잡히고 나자 전체적인 진행 과정에는 큰 문제가 없었습니다." 던의 얘기다.[28]

안드레센은 1990년대 후반과 2000년대 초반에 이루어진 애플의 혁신적인 디자인들이 당시의 CAD 툴로 구현할 수 있는 한계를 넘어섰다고 말한다. "지금은 내 아이패드에서도 3D 모델링 작업이 가능하니, 그 시절을 돌아보면 우스운 생각도 들어요. 하지만 그 당시에는 알루미늄으로 컴퓨터 모형을 만든 뒤 실제로 조명까지 비추면 어떠해 보일지를 염두에 두고 모델링을 한다는 건 상상할 수도 없었습니다. CAD 개발 업체들은 우리 요구를 충족시키느라 정신 차릴 겨를이 없었습니다. 원하는 게 뭔지 직접 보여 주기 위해 그들을 산업 디자인과 프로덕트 디자인 작업장으로 불러들여야 했습니다. 컴퓨터와 자동차 부문을 넘나드는 우리의 고차원적인 주문 때문에 CAD 업계에서는 새로운 소프트웨어를 다수 개발해야 했지요."

처음 한 달 동안 아이브의 디자인 팀은 맥 NC를 위한 모델을 열 개 이상 제작했다. 하지만 모델 전부를 잡스에게 보여 주지는 않았다. 모두 달걀형으로 마음을 정하고 있었기 때문에 그 모양을 지닌 모델들만 제시했다. "우리 마음에 드는 모델들만 골라서 스티브 잡스에게 보여 주었습니다. 몇 개는 스티브에게 인정받았지만 대부분은 퇴짜를 맞았어요. 어쨌든 우리는 그에게 선택받으면 안 되겠다 싶은 모델들은 아예 보여 주지도 않았습니다." 새츠거의 얘기다.

디자인 스튜디오에서 아이브가 달걀형 모델을 처음 보여 주었을 때 잡스는 즉석에서 퇴짜를 놓았다. 하지만 아이브는 소신을 굽히지 않았다. 최적의 디자인이 아니라는 잡스의 지적에 동의하면서도 재미있는 기계라는 점을 밀어붙였다. 쾌활한 느낌을 주지 않느냐는 얘기였다. "이 기계는 이제 갓 책상 위에 내려앉은 것 같은 느낌을 줍니다. 아니면 책상을 훌쩍 떠나 다른 곳으로 갈 채비를 하는 것처럼 보이기도 하고요." 아이브는 잡스에게 이렇게 얘기했다.[29]

그다음 번에 아이브가 다시 달걀형 기계를 보여 주자 잡스는 단박에 매료되었다. 잡스는 고무 재질의 모형을 들고 애플 캠퍼스 여기저기를 돌아다니며 사람들에게 보여 주었다. 반응을 살피기 위해서였다. 그와 동시에 잡스는 전폭적으로 사양을 줄인 NC의 시장성을 냉철하게 재검토했다. 마이크로소프트의 웹TV, 그리고 일본에서 앳마크라는 이름으로 반다이가 판매하고 있던 애플의 피핀 등 이미 출시되어 경쟁을 벌이는 NC들이 전혀 주목을 받지 못하고 있었다.

잡스는 그의 NC를 일반 컴퓨터 수준으로 업그레이드하라는 지시를 내렸다. 특히 보다 큰 하드 드라이브와 광 드라이브를 장착하라고 주문했다. 시일을 끌지 않기 위해 루빈스타인은 G3 데스크톱에 기초해서 새 하드웨어를 제작하자고 제안했다. G3는 잡스가 복귀하기 전에 기획된 전문가용 데스크톱으로서 갓 출시된 상태였다. 하드 드라이브와 광 드라이브를 추가하려면 달걀형의 케이스를 더 크게 제작해야 했다. 하지만 비율대로 늘리면 되기에 그다지 어려운 작업은 아니었다. 아이브는 대니얼 코스터에게 이 작업을 맡겼다.

원래의 계획에 따라 아이맥은 플라스틱으로 제작될 예정이었다. 아이브는 "뻔뻔스러울 정도로 철저한 플라스틱" 제품이라고 표현했다. 하지만 플라스틱은 문제가 있었다. "우리는 그 제품이 싸구려처럼 보이는 게 싫었습니다. 적당한 가격과 저렴한 가격은 구별하기가 아주 애매합니다. 우리는 소비자들이 그 제품의 가격을 적당하다고 느끼길 원했습니다. 또한 무서운 테크놀로지도 아니라는 사실을 분명히 해 두고 싶었습니다. 테크놀로지라

는 단어만 듣고도 고개를 돌리는 사람들이 여전히 많았으니까요." 아이브의 설명이다.[30]

아이브의 팀은 붉은 색조가 첨가된 파란색, 열은 자주색, 오렌지색을 사용해서 모델을 제작했다. 하지만 고형 플라스틱은 싸구려처럼 보였다. 그 단점을 보완하기 위해 누군가가 투명하게 만들자는 제안을 했다. 아이브는 즉시 그 아이디어를 받아들였다. "하지만 완전히 투명하면 경박한 인상을 주었습니다. 그래서 우리가 반투명을 선호한 겁니다." 아이브의 얘기다.[31] 애플에서는 이미 프린터 받침이나 덮개 같은 몇몇 소품을 투명한 플라스틱으로 제작하고 있었다. 토머스 마이어호퍼가 디자인한 조개 모양의 이메이트의 외장 소재 역시 투명 플라스틱이었다. 당시 마이어호퍼는 《맥위크》와의 인터뷰에서 이메이트는 속이 들여다보이기에 접근성이 제고된다고 말했다.[32] 아이맥을 투명하게 제작하기로 결정한 뒤, 아이브는 내부 디자인에 보다 세심하게 주의를 기울일 필요가 있다는 걸 깨달았다. 훤히 들여다보이니 당연했다. 아이브는 특히 기계 속의 몇몇 부품을 둘러싸는 전자기 실딩이 염려스러웠다. 케이스가 불투명한 경우에는 대개 너저분한 금속 상자 속에 감춰 두면 그만이었지만 투명한 경우에는 얘기가 달랐다.

아이브는 디자이너들에게 투명하면서도 색깔을 입힌 제품을 뭐든 눈에 띄는 대로 스튜디오로 가져오라고 지시했다. 영감을 얻기 위해서였다. "BMW의 후미등도 있었습니다. 주방 기구는 아주 많았습니다. 낡은 보온병도 있었고 값싼 소풍용 접시도 있었지요. 스튜디오 선반 하나가 금세 그런 물건들로 꽉 채워졌습니다. 우리는 그것들을 연구했습니다. 투명도나 내부 질감 같은 것들을 세밀하게 살폈지요. 특히 보온병에서 상당한 영감을 얻을 수 있었습니다. 그윽하게 빛나는 파란색 플라스크를 통해 안이 비치는 보온병이었습니다." 새츠거의 얘기다.[33]

실제로 최종 디자인 단계를 거친 아이맥은 투명한 케이스를 통해 내부의 은빛 실딩이 들여다보이는 모습이었다. 농담조로 표현하자면 자동차 후미등과 결혼한 투명한 보온병 같았다.

어떤 디자이너가 작은 바다 유리 조각을 가져왔다. 연둣빛이 감도는 파란색에 표면엔 음영이 약간 뿌옇게 드리워 있었다. 캘리포니아의 하프문베이에서 찾아낸 것일 수도 있었고 코스터가 서핑을 즐겼던 호주 시드니의 본다이 비치에서 집어 온 것일 수도 있었다. 잡스의 최종 재가를 얻기 위해 모델 세 가지를 제시할 때 아이브는 오렌지색, 자주색 모델과 더불어 연둣빛이 감도는 파란색 모델까지 포함시켰다.(아이브의 디자인 팀은 그 세 번째 색을 본다이 블루라고 불렀다.) 잡스의 선택은 바로 그 본다이 블루였다.

투명한 몸체만으로도 접근성을 높이는 효과를 얻을 수 있었다. 하지만 소비자들이 아이맥을 더욱 가까이 느끼게 하기 위해 디자이너들은 상단에 손잡이까지 달았다. 사실 아이브는 운반의 편의를 도모하기 위해 아이맥에 손잡이를 단 게 아니었다. 만지고 싶은 욕구를 불러일으켜 소비자와 제품 간의 유대가 깊어지도록 하기 위한 것이었다. 사람과 컴퓨터가 상호 작용 하는 방식에 변화를 일으킬 일대 혁신이었다. 하지만 그 변화는 사용자들이 거의 의식하지 못하는 상태에서 일어날 것이었다.

"당시엔 사람들이 테크놀로지를 편안하게 받아들이지 못했습니다." 아이브의 설명이다. "두려워하는 대상은 건드리지 않는 법이지요. 우리 어머니 같은 분이라면 손대는 것조차 무서워할 것 같더군요. 그래서 손잡이가 있다면 교감이 가능해질 것이라는 생각을 하게 된 겁니다. 선뜻 다가갈 수 있게 하니까요. 직관적인 판단이 작용하는 겁니다. 손잡이가 있으면 만져도 된다는 직관 말입니다. 순순히 접촉을 허락하는 제품으로부터 사용자는 자신이 존중받고 있다는 느낌을 받게 되는 겁니다."[34]

아이브에 따르면 그 아이디어에는 한 가지 단점이 따랐다. "하지만 사용할 때만 올려 빼는 방식의 손잡이라 제작비가 많이 들어갔습니다. 예전의 애플이었다면 손잡이에 관한 내 아이디어는 사장됐을 겁니다. 하지만 스티브가 누굽니까? 보자마자 이렇게 말하더군요. '이거 멋진데!' 그 아이디어에 관해 줄줄이 설명할 필요조차 없었습니다. 스티브가 직관적으로 알아챘으니까요. 그는 손잡이가 아이맥에 친근감과 재미를 더해 주는 장치라는 걸 척 보고 알았습니다."

아이맥의 암호명은 콜럼버스로 결정됐다. 신세계를 대변한다는 의미였다. 아이브는 이에 관해 다음과 같이 회상한다. "첫 번째 아이맥 프로젝트를 수행할 당시 우리의 목표는 차별화된 외양이 아니었습니다. 최상으로 집약된 소비자용 컴퓨터를 제작하는 게 우리의 목표였습니다. 결과적으로 형태에서도 차별화를 이룬 셈인데, 개발이라는 게 다 그런 거죠. 중요한 점은 다르게 가는 것은 쉽지만 더 낫게 만드는 건 아주 어렵다는 사실입니다."

수년간 애플은 조직 내에서 유산으로 전수되던 레거시 기술을 다량으로 축적해 온 상태였다. 쓸모가 줄어들고는 있지만 아직 폐기할 단계는 아닌 그런 기술 말이다. 급변하는 테크놀로지 분야에는 대개 그런 것들이 수두룩하기 마련이다. 당시 애플의 레거시 가운데는 마우스와 키보드, 프린터 및 여타 주변 기기들을 연결하는 병렬 및 직렬 포트도 포함되었다. 대부분의 컴퓨터 제조 업체들과 마찬가지로 애플 또한 가능한 한 많은 레거시 기술을 수용해서 유지하는 경향이 있었다. 구식 프린터를 연결할 커넥터가 없어서 제품을 판매하지 못하는 상황은 절대 피해야 했기 때문이었다.

잡스는 아이맥을 '유산에서 자유로운' 첫 번째 컴퓨터로 만들기로 작정했다. 그는 구식의 ADB(apple desktop bus, 매킨토시용 키보드나 마우스 등의 입력 장치를 접속하는 데 쓰이는 인터페이스 규격. ─ 옮긴이)와 SCSI(PC와 주변 기기를 접속하는 데 쓰이는 인터페이스 규격. ─ 옮긴이), 직렬 포트 등을 제거하고 이더넷과 적외선 포트, USB만을 포함시켰다. 아울러 플로피 디스크 드라이브도 포기했다. 이 점과 관련해서는 다른 어떤 경우보다 거센 논란이 일었다. 어쨌든 잡스의 단순화 철학을 반영한 이러한 변화는 곧 애플의 많은 제품들로 확산된다. 아이브 역시 "단순함이란 궁극의 정교함이다."라는 잡스의 만트라에 공감하며 이러한 접근 방식의 달인으로 거듭나게 된다.[35]

지금은 USB가 주변 기기들을 연결하는 표준 기술이지만 1990년대에 USB를 선택한다는 것은 두둑한 배짱 없이는 힘든 일이었다. 인텔이 발명한 USB 1.1 표준은 아직 완성되지 못한 상황이었다.(1998년 9월에 이르러서야, 그러니까 아이맥이 시판되고 한 달이 지나서야 USB 1.1이 완성된다.) 아직 업계에서 주목을 받지 못하고 있었지만, 잡스는 USB가 갈수록 불거지는 맥 플랫폼 전용 액세서리들의 성가신 문제를 해결해 주리라는 판단 아래 도박을 감행했다. 맥의 시장 지분이 갈수록 줄어들면서 알량한 맥 시장을 위해 기꺼이 특별한 커넥터들을 장착한 하드웨어를 제작하는 주변 기기 제조 업체 또한 점점 줄어드는 상황이었다. 하지만 USB 주변 기기들은 그것을 구동할 수 있는 소프트웨어만 추가하면 모든 맥 컴퓨터에서 호환이 가능했다. 또한 필요한 경우에는 애플에서 그런 드라이버 소프트웨어들을 직접 제작할 수도 있었다.

보다 손쉽게 이용할 수 있도록 아이브는 포트를 본체 측면에 설치했다. "보통 컴퓨터 본체 뒷면은 수많은 케이블 때문에 아주 어지럽습니다. 우리는 연결하기도 훨씬 수월하고 뒷면도 깔끔한 상태를 유지할 수 있도록 커넥터들을 측면에 설치했습니다. 내 컴퓨터의 뒷면은 다른 사람이 보는 위치에서는 정면이 될 수도 있으니까요." 아이브의 얘기다.[36]

늘 그래 왔듯이 아이브는 이번에도 디테일에 심혈을 기울였다. 전력 케이블 역시 투명하게 만들기로 결정했다. "샤워를 할 때 물방울이 유리 위에 어떻게 맺히는지 아시죠? 우리는 그것과 똑같이 전력 케이블의 표면을 아주 정교하게 무광택으로 처리하고 싶었습니다."

아이브는 특히 투명 마우스를 자랑스러워했다. "마우스 작동 방식을 알고 있는 사용자라면 호기심을 강하게 느낄 수밖에 없는 제품입니다. 윗부분에 작은 창문처럼 붙인 투명한 애플 로고를 통해 그 작은 마우스가 작동하는 모습이 훤히 보이기 때문이지요. 일단 쌍둥이 회전축 사이에서 볼이 움직이는 걸 볼 수 있습니다. 하지만 진짜 흥미진진한 건 마우스 안에서 벌어지는 상황입니다. 우리는 사용자들이 그 상황을 제대로 볼 수 있도록 정말 많은 노력과 세심한 주의를 기울여 부품 층을 쌓았습니다. 마우스 안에서 반짝이고 있는 부품들을 흘깃거리는 정도로도 재미는 있습니다. 하지만 그것들이 각자 움직이며 제 역할을 다하고 있는 모습을 지켜보는 건 정말 흥미진진합니다. 마치 작은 공장 같거든요."[37]

하지만 아이브의 완벽하게 둥근 마우스는 인체 공학적 측면에서 보자면 악몽이나 다름없었다. 테이블 위에 놓으면 경박한 인상을 주는 데다가 적절히 방향을 잡기가 힘들었다. 잘못된 방향을 가리키기 일쑤였으며 성인이 사용하기에는 크기도 너무 작았다. 손을 오므려서 사용해야 하는 탓에 쥐가 나는 경우가 잦았다. 잡스는 마우스가 문제가 될 수도 있다는 보고를 받았지만 출시 경쟁에 열중한 나머지 그 충고를 무시해 버렸다.

아이브의 디자인 스튜디오에 정기적으로 출근하다시피 했던 잡스는 콜럼버스를 비롯해 아이브의 디자인 팀이 파격적으로 재구상한 디자인들을 보면서 흥분에 휩싸이곤 했다. CAD 전문가 마저리 안드레센은 아이브 디자인 팀의 낙관주의와 비전이 강한 전염성을 지니고 있었다고 말한다. "엔지니어들은 현재 시점에서 가능한 조건들에 얽매이게 마련이지요. 반면에 산업 디자이너들은 내일 혹은 미래의 어느 시점에 가능해질 수도 있는 조건들을 아주 구체적으로 상상합니다."

애플은 LG와의 제휴를 통해 아이맥을 조립 생산하기 위해 한국에 특수 공장을 설립했다. 하지만 제조 엔지니어들은 아이맥 디자인의 제조 비용을 놓고 우려의 목소리를 높였다. 새츠거는 케이스의 제작 설비가 매우 복잡했다고 말한다. "기계 설비와 사출 성형 제작에 파격적인 변신을 도모한 첫 번째 시도였습니다."

엔지니어링 팀의 총책임자로서 루빈스타인은 관련 당사자들의 우려와 불만을 중재해야 했다. 루빈스타인은 아무래도 엔지니어 편에 서는 입장이었지만 잡스는 대개의 경우 아이브와 그의 디자인 팀을 밀어주었다.

"디자인을 가지고 엔지니어 팀에 갔더니 그걸 만들 수 없는 이유를 서른여덟 가지 내놓더군요. 그래서 내가 말했지요. '아니, 아니, 우리는 이걸 해야 해.' 그들이 이렇게 반문합디다. '글쎄, 왜요?' 그래서 내가 대답했지요. '내가 CEO이고 CEO인 내가 충분히 할 수 있다고 생각하니까.' 결국 그들은 마지못해하며 제작에 임했지요." 잡스의 회상이다.[38]

애플의 마케팅 책임자 필 실러는 이와 관련된 전후 관계를 이렇게 설명한다. "스티브가 복귀하기 전에는 엔지니어들이 '여기 내용물이 있소.'라고 말하며 프로세서나 하드 드라이브를 디자인 팀에 건네는 게 관례였지요. 디자이너들에겐 그걸 박스에 담는 작업만이 주어졌던 셈입니다. 항상 그런 식으로 프로젝트를 진행했으니 끔찍한 제품들만 나올 수밖에요."[39]

하지만 잡스와 아이브는 무게 중심을 다시 디자이너 쪽으로 옮겨 놓았다. 실러의 얘기가 이어진다. "스티브는 디자인이 애플을 위대하게 하는 과업의 중심이라고 거듭거듭 강조했습니다. 디자인이 다시 한 번 엔지니어링을 지휘하게 된 겁니다. 엔지니어링이 디자인을 지휘하는 게 아니라요."

"스티브 잡스는 타협안을 찾고 그러는 사람이 아니었습니다. 그는 자신이 원하는 대로 제품을 만드는 데에만 집중할 뿐, 반대 의견에는 전혀 귀를 기울이지 않았습니다. 물론 결정을 내리기 전에 의견을 수렴하는 과정을 거치긴 했습니다. 하지만 일단 마음을 정하면 그걸로 끝이었습니다. 스티브가 복귀하기 전에는 타협이 빈번하게 이루어졌습니다. 그러다 보니 응집력

이 떨어지고 생산 일정이 미뤄지는 경우가 비일비재했지요." 돈 노먼의 얘기다.[40]

잡스 리더십의 몇 가지 특징이 아이브에게도 영향을 미치기 시작했다. "재능에 따른 모종의 위계질서가 디자인 스튜디오에 확연히 자리를 잡았습니다. 조니는 영락없는 리더의 자세를 견지하게 되었고 다른 디자이너들은 작업과 관련해 그의 재가를 기다리는 분위기였지요." 안드레센의 회상이다. 그녀는 브러너 시절에도 재능이 뛰어난 디자이너들이 많았지만 자신이 "아이디어로 충만한" 분위기를 느끼게 된 건 아이브가 책임을 맡고 난 이후부터였다고 말한다.

안드레센은 기분 좋게 기억을 털어놓는다. "신속했습니다. 흥미진진하기도 했고요. 우리가 하는 모든 일이 진짜로, 진짜로 중요하다고 수시로 느끼면서 작업을 했습니다. 출시 일자가 다가오는 소리가 머릿속에서 늘 울려대는 것 같았고 그랬기에 우리는 콘셉트에서 소비자에 이르는 프로젝트 전체 과정에 소요되는 시간을 아끼기 위해 할 수 있는 최선을 다했습니다. 모든 게 산업 디자인 팀에서부터, 그리고 조니에게서부터 시작됐습니다."

아이맥의 완성이 목전에 이르자 아이브의 디자인 팀은 모든 디테일에 만전을 기하기 위해 밤낮없이 작업에 매달렸다. 새츠거가 고개를 휘휘 저으면서 당시의 기억을 전한다. "우린 하루 스물네 시간 꼬박 일에 매달렸습니다."


## 이름 게임

콜럼버스 제품의 공식 명칭을 결정하기 위해 잡스는 TBWA샤이엇데이의 리 클라우에게 도움을 청했다. 잡스의 오랜 친구이자 홍보 전문가인 클라우는 즉시 로스앤젤레스에서 날아왔다. 클라우의 회사 홍보 담당 임원 가운데 한 사람인 켄 시걸이 그를 수행했다. 잡스는 두 사람을 별실로 안내했다. 회의 탁자 한가운데에 무언가가 천에 덮인 채 놓여 있었다.

잡스가 천을 벗기자 투명한 플라스틱 눈물방울이 형체를 드러냈다. 첫 번째 본다이 블루 아이맥이었다. 홍보 전문가 두 사람으로선 난생 처음 대하는 물건이었다. 그들의 입이 벌어졌다.

"우리는 상당한 충격을 받았습니다. 하지만 우리의 느낌을 솔직히 표현할 수는 없었습니다." 시걸의 회상이다. "신중하게 처신해야 했습니다. 무례를 범하지 않기 위해 속내를 털어놓지 않았지만 머릿속에 가득 피어오르는 의구심은 어쩔 수 없었습니다. '맙소사! 자기들이 무슨 일을 벌이고 있는지 과연 알기는 하는 걸까?' 그건 정말이지 너무 파격적이었습니다."[41]

잡스는 이 컴퓨터에 회사의 운명을 걸었으니 비중에 걸맞은 이름을 정해야 한다고 말했다. 그리고 자신이 생각해 두었던 이름을 제시했다. '맥 맨'. 시걸은 그 이름을 듣는 순간 "간담이 서늘해졌다고" 털어놓았다.[42]

이 새로운 컴퓨터 역시 맥이었다. 따라서 이름에서도 매킨토시 브랜드라는 사실이 드러나야 한다는 게 잡스의 조건이었다. 몇 가지 조건이 더 있었다. 인터넷을 위해 고안된 제품이라는 점을 분명히 알리는 이름, 앞으로 제작할 몇몇 다른 제품들에도 적용할 수 있는 이름이어야 했다. 마지막으로 잡스는 서둘러 이름을 찾아야 한다고 덧붙였다. 늦어도 일주일 뒤엔 포장 작업 준비를 마쳐야 했기 때문이다.

시걸은 두 번째 방문길에 다섯 개의 이름을 들고 찾아갔다. 그 가운데 네 개는 선택의 형식을 취하기 위한 들러리에 불과했다. 마지막 하나, 시걸 자신도 너무나 마음에 들어서 강력하게 추천하고 싶어 한 이름은 바로 '아이맥(iMac)'이었다. "'맥'이 들어가 있으니 잡스의 첫 번째 조건을 충족하는 이름이었습니다. 그리고 '아이(i)'는 인터넷을 의미했습니다." 시걸의 설명이다. "하지만 개인적(individual), 혹은 창의적(imaginative), 아니면 그 밖에 i로 시작하는 모든 바람직한 단어들을 나타낸다고 해석할 수도 있었습니다."

잡스는 다섯 개 이름 모두에 퇴짜를 놓았다. 하지만 시걸은 아이맥을 포기하지 않았다. 세 번째 방문길에 다시 새로운 이름을 서너 개 제시했지만 그것들 역시 들러리에 불과했을 뿐, 시걸은 아이맥을 시종일관 집요하게 밀어붙였다. 이번엔 잡스가 한 발짝 뒤로 물러섰다. "이번 주에는 그 이름이 아주 싫지는 않군요. 그래도 여전히 마음에 들진 않아요."[43]

시걸이 잡스에게 직접 들은 그 이름에 관한 의견은 그것이 전부였다. 하지만 지인들이 그에게, 잡스가 신형 컴퓨터의 시제품에 실크스크린으로 '아이맥'이라고 새겨 보았다는 소식을 들려주었다. 그 상태로 보았을 때 자신의 마음에 들지 안 들지 확인하기 위해서라고 했다.

"그는 그 이름을 두 번씩이나 거부해 놓고 곧바로 기계 위에 입혀 봤습니다." 시걸의 회상이다. 잡스에게 직접 확인하지는 못했지만 시걸은 제품 위에 새겨진 소문자 i가 아주 그럴듯해 보였기에 잡스가 마음을 바꾼 것으로 믿었다.[44]

"굉장한 경험이었습니다. 대기업의 새 주력 제품에 이름을 붙일 수 있는 기회는 자주 찾아오는 게 아닙니다. 그 제품이 대박까지 나게 된다면 그야말로 엄청난 행운이라 할 수 있지요. 기쁨을 형언하기 힘들 정도입니다. 그 이후로 여러 다른 제품들의 작명 공식이 됐으니까요. 수백만 명의 입에 오르내리는 이름이란 말이지요." 시걸이 기분 좋게 기억을 털어놓는다.[45]

지난 몇 년 동안 애플 내부에서는 앞에 붙은 i 자를 그만 떨어내자는 의견이 여러 차례 개진되곤 했다. 이에 대해 시걸의 얘기를 들어 보자. "거기 사람들이 종종 묻더군요. 이제 그만 i를 내려놓을 때가 됐다고 생각하지 않느냐고요. 하지만 그러면서도 그걸 그대로 유지하고 싶은 열망도 느낄 수 있었지요. 아이맥, 아이팟, 아이폰, 아이패드의 성공 신화를 무시할 수 없으니까요. 형태상 깔끔한 이름은 아닙니다만 제 역할을 다하고 있는 것만큼은 분명합니다."

## 정밀 조정

아이맥의 머더보드는 애플의 싱가포르 현지 공장에서 제작되었다. 하지만 혁명적인 케이스를 비롯한 여타의 구성 요소들은 한국에 설립된 특수 공장에서 LG가 제작하고 조립했다.

아이브와 대니얼 코스터는 케이스 주형을 정밀하게 조정하기 위해 프로덕트 디자인 팀의 엔지니어들과 함께 한국 공장을 여러 번 방문했다. 디자인 관행상 생산 공장을 방문하는 것은 당연한 과정이지만 아이브 팀은 일반적인 경우보다 훨씬 자주, 그리고 훨씬 오랫동안 방문했다. 그 모두가 아이맥을 완벽한 제품으로 만들기 위해서였다. 대부분 기숙사에서 생활하는 공장 직원들은 엄청나게 넓은 구내식당에서 식사를 해결했다. 아이브와 코스터도 그 식당을 자주 이용했다. 하지만 묵는 곳은 기숙사가 아니라 근처의 허름한 숙박업소였다. 출시 직전에 마지막으로 공장을 방문했을 때에는 꼬박 2주일을 머물렀다.

"우리는 대부분의 시간을 공장에서 보냈습니다. 대개는 아침 8시부터 저녁 8시나 9시까지였지만 새벽 1~2시까지 있었던 적도 있었습니다." 프로덕트 디자인 팀의 매니저 아미르 호마윤파르의 얘기다. "일단 초벌 샘플을 제작한 뒤 CAD 기술진과 장비 엔지니어들이 수정을 가했고 그다음엔 우리가 넘겨받아 좀 더 손질을 했습니다."[46]

처음 얼마 동안은 주형틀에서 찍혀 나온 케이스 샘플 가운데 표면이 거칠고 모서리가 날카로운 것들이 많았다. "그런 부분을 보완해 최대한 완벽에 가깝게 제작하기 위해 반복에 반복을 거듭하는 검토 과정을 수차례 수행했습니다. 조니와 대니얼이 샘플에 만족할 때까지 계속했지요. 우리의 목표는 완벽이었으니까요." 호마윤파르의 얘기다.

신제품 발표일이 다가옴에 따라 아이브와 코스터는 엔지니어 스물여덟 명과 함께 다시 한국 공장을 방문했다. 한 회분의 샘플을 준비하기 위해서였다. 그들은 주말에도 쉬지 않고 밤늦게까지 작업에 매달렸다. "발표 행사에 내놓기 위해 미국으로 가져올 완벽한 상태의 샘플 서른 개를 마련하려고 그 플라스틱 케이스들을 사포로 열심히도 문질러 댔습니다. 애플 직원 30명과 LG 생산 직원 전원이 말이지요." 호마윤파르의 얘기다.

아이브가 방문단을 30명으로 편성한 것도 각자가 아이맥 한 대씩을 기내 수하물로 운반해 오기 위해서였다. 호마윤파르의 설명이 이어진다. "우리는 서울에서 샌프란시스코로 곧장 날아왔습니다. 공항에선 대기하고 있던 애플 트럭에 컴퓨터들을 조심히 실었지요. 결국 그 제품들은 장거리 여행을 톡톡히 한 셈입니다. 한국 공장에서 샌프란시스코 공항으로, 거기선 다시 쿠퍼티노의 애플 사옥으로요. 그 컴퓨터들은 본사 사옥에서 전원이 켜진 상태로 스티브 잡스를 맞이했습니다. 그는 상태가 가장 양호한 몇 대를 신중하게 선별했습니다. 그렇게 모든 준비를 끝낸 겁니다."

하지만 험난한 여정은 아직 끝난 것이 아니었다. 신제품 발표 행사 전날, 서둘러 조립한 원형으로 프레젠테이션을 연습하던 중 잡스가 트레이 전면에 부착된 버튼을 눌렀다. 그러자 트레이가 미끄러지듯 튀어나왔다.

"아니, 이 빌어먹을 것은 뭐야?" 잡스가 물었다. 그는 그즈음 고가의 스테레오들에 장착되기 시작한, 구멍에 밀어 넣는 방식의 슬롯 로딩 드라이브를 예상하고 있었던 것이다.[47]

아무도 입을 열지 못했다. 잡스는 화가 머리끝까지 치밀어 올랐다. 책임은 루빈스타인에게 있었다. 하지만 그는 급변하는 CD 테크놀로지에 보조를 맞추기 위해 트레이 드라이브를 선택했을 뿐이었다. 곧 열리게 될 기록 가능한 CD 드라이브 시대에 슬롯 로딩 드라이브를 장착한다는 건 아이맥을 한 세대 전으로 후퇴시키는 것이나 마찬가지였다. 루빈스타인은 잡스도 그 사실을 이미 알고 있지 않느냐며 진화에 나섰지만 잡스의 분노는 쉽게 가라앉지 않았다. 그는 발표 행사 자체를 취소할 태세였다.

"나로선 스티브와 함께한 첫 번째 신제품 발표였습니다. 그리고 '제대로 된 제품이 아니면 발표하지 않겠다.'라는 그의 자세를 처음으로 확인한 순간이기도 했습니다." 실러의 회상이다. 다음 판 출시에 맞춰 CD 드라이브를 교체하겠다는 루빈스타인의 다짐을 받고서야 잡스는 화를 누그러뜨렸다.[48]

그다음 날인 1998년 5월 6일, 잡스는 참석자들로 가득 찬 쿠퍼티노의 플린트 강당에서 아이맥의 베일을 벗겼다. 14년 전에 애플이 오리지널 매킨토시를 처음으로 공개한 장소도 바로 그곳이었다.

행사에는 IT 관련 언론인들이 대거 참석했다. 거대한 비치볼이 통통 튀어 다니는 행사장 안의 분위기는 사람들의 기대로 한껏 부풀어 올랐다. "1989년 이래로 애플에 에너지가 그토록 넘쳐 나는 광경은 처음 봤습니다." 그 몇 개월 전 잡스의 디자인 미팅에 참석했던 테크놀로지 분석가 바자린의 회상이다.[49]

잡스는 인텔을 조롱하는 새로운 텔레비전 광고를 방영하는 것으로 행사의 시작을 알렸다. 옛날의 그 피터 건 텔레비전 쇼의 주제 음악이 웅장하게 울리는 가운데 스크린 위로 도로 공사용 증기 롤러가 여러 대의 펜티엄 노트북을 납작하게 깔아뭉개는 영상이 펼쳐졌다. 방청석에서는 웃음과 환호성이 왁자하게 터져 나왔다.

잡스는 소비자 PC의 단점을 조목조목 짚어 나갔다. 느리고, 복잡하고, 매력이 없다는 내용이었다. "지금 여러분이 보고 계시는 것이 오늘날 컴퓨

터의 모습입니다." 그의 뒤에 드리워진 배경막 위에 베이지색 컴퓨터 한 대
가 영사되는 것과 동시에 잡스가 말했다. "이제 저는 오늘 이후의 컴퓨터의
모습을 여러분에게 보여 드리는 영광을 누려 볼까 합니다."[50]

말을 마친 그는 무대 한가운데 놓인 받침대로 천천히 다가갔다. 잡스
가 받침대를 덮고 있던 검은 천을 걷어 내자 아이맥 한 대가 모습을 드러
냈다. 그 행사의 주인공은 강당 스포트라이트 불빛을 받으며 한편으로는
은은하게 또 한편으로는 강렬하게 반짝이고 있었다. 잡스는 박수갈채를 기
대한 모양이었지만 흥분으로 들떠 있던 청중석에는 돌연 침묵이 감돌았다.
강력한 놀라움의 표현이었다.

"몸체 전체가 반투명입니다." 잡스가 열변을 토해 내기 시작했다. "내부
가 훤히 들여다보입니다. 이건 지이이인짜 멋진 제품입니다! 이 물건의 뒷
면은 다른 제품들의 앞면보다도 깔끔합니다."

카메라맨 한 명이 무대 위로 올라와 아이맥 주변을 돌기 시작했다. 그
가 모든 각도에서 찍은 영상이 실시간으로 방영되었다. 청중석에서 탄성이
흘러나오기 시작했다. "마치 다른 행성에서 온 제품 같지 않습니까." 잡스
가 자랑스럽게 연설을 이어 갔다. 여기저기서 웃음이 터져 나왔다. "훌륭한
행성, 훨씬 더 뛰어난 디자이너들이 살고 있는 행성 말입니다."

아이브를 비롯해서 디자인 팀원들 대부분도 청중석에 앉아 있었다.
"행사를 지켜보는 내내 나는 아이맥이 아주 자랑스러웠습니다. 나 자신이
그 제품에 상당한 영향력을 미친 사람 가운데 하나였고 또한 많은 부분들
이 내 손을 거쳐 다듬어졌으니까요." 새츠거의 회상이다. "나는 애플의 다
른 부서 직원들 틈에 앉아 있었는데 잡스가 베일을 걷어 내는 순간 주위
사람들이 모두 깜짝 놀라더군요. 애플 직원들도 신제품을 그때 처음으로
보았다는 사실을 깨달을 수 있었습니다. 법무 팀, 영업 팀, 운영 팀은 물론
소프트웨어 팀 직원들조차 그때까지 그 기계를 보지 못했던 겁니다. 접근

이 허용되지 않았던 거죠. 그 사실은 내게 충격으로 다가왔습니다."⁵¹

아이맥의 출하는 1998년 8월 15일자로 개시됐다. 잡스가 공언했다시피 아이맥에 사운을 건 만큼 애플은 출시 일자에 이르는 여름 동안에만 물경 1억 달러를 광고비로 지출했다. 언론의 취재 열기를 북돋우기 위해 애플의 홍보 부서는 기자들에게 애플 역사상 최대 규모의 출시를 놓치지 말라고 누누이 당부했다.

애플은 다채로운 색상과 재치 있는 문구로 텔레비전과 인쇄 매체, 옥외 광고판 등을 도배하다시피 하며 광범위하고 적극적인 홍보 전략을 전개했다. 중심 메시지는 아이맥의 파격적이고 매력적인 디자인과 사용상의 편의였다. 그 가운데 특히 재미났던 텔레비전 광고 두 편을 간략하게 살펴보자. 첫 번째 광고는 아이맥과 일반 PC의 웹 서핑 기능을 비교하는 내용이었다. 등장인물은 애견의 도움을 받는 일곱 살배기와 스탠퍼드 대학 박사 과정 학생이다.(승자를 알아맞혀도 상품은 없다.) 두 번째 광고의 주제는 Un-PC, 즉 PC를 풀어 주라는 내용이었다. 케이블이 어지럽게 얽혀 있는 일반 PC의 너저분한 모습과 아이맥의 말끔한 모습을 극명하게 대비한 광고였다.

시판 일주일 전, 애플은 15만 건에 달하는 아이맥 선주문 실적을 공개했다. 더불어 애플의 주가는 주당 40달러 이상으로 솟구쳤다. 지난 3년을 통틀어 최고가였다. 애플은 대형 컴퓨터 매장 여러 곳에서 출시 기념행사를 개최했다.(첫 번째 애플 스토어는 그 몇 년 후에야 문을 연다.) 그런 행사에는 애플의 몇몇 간부들도 번번이 참석했다. 아이브도 그들 중 한 명이었다.

광범위하고 전폭적인 광고 전략에도 불구하고 초기 리뷰는 놀라울 정도로 부정적이었다. 잔인하다고 표현할 수밖에 없는 혹평도 더러 있었다. 아이맥이 지나치게 급진적으로 과거와의 단절을 시도했다는 게 공통적인 지적이었다. 반(反)직관적이며 보수적인 성향의 기술 평론가들은 매혹적인 디자인은 칭찬하면서도 레거시를 배제한 기술에는 비난을 서슴지 않았다.

IT 전문 매체들 사이에서는 특히 플로피 드라이브를 떼어 낸 조치에 대해 비난의 소리가 높았다. 관련 기사들은 대부분 그 점을 지적하며 플로피 드라이브 없는 아이맥의 전망에 극도의 회의를 표명했다. 《보스턴 글로브》의 하이어워서 브레이는 이렇게 썼다. "철저한 신봉자들만이 아이맥을 구입할 것으로 전망된다. 그것도 일부에 불과할 것이다. 아이맥에는 파일을 백업하고 데이터를 공유할 수 있는 플로피 드라이브가 없다. 이는 잡스의 터무니 없는 판단 착오다. 보다 신중해야 했다. (중략) 아이맥은 깔끔하고, 우아하며, 플로피 드라이브가 없다. 반드시 실패할 것이다."[52]

플로피 드라이브의 부재 때문에 아이브는 수세에 몰리게 됐다. "나는 플로피 드라이브의 부재에 관해서 애플 전체의 입장을 대변할 수는 없습니다." 그는 한 인터뷰에서 이렇게 답했다. "다만 내 입장에서 최선의 답변을 할 수는 있습니다. 앞으로 나아갈 때는 뭔가를 뒤에 남기게 되는 법입니다. 내 얼굴이 파랗게 질릴 때까지 강변할 수 있는 바, 플로피 드라이브는 마땅히 구시대의 유물로 분류해야 할 기술입니다. 불만의 목소리가 높다는 걸 나 역시 잘 압니다. 하지만 전진하는 과정에 모종의 마찰이 없다면 우리의 발걸음은 우리가 원하는 만큼의 중요성을 갖지 못할 겁니다."[53]

비난은 플로피 드라이브의 부재에만 국한되지 않았다. 상대적으로 높은 가격, 윈도와의 비호환성, 지배적 위치의 마이크로소프트 플랫폼에 비해 상대적으로 빈약한 소프트웨어 등도 모두 도마 위에 올랐다. "윈도 기반 기기가 판치는 컴퓨터 시장에서 소프트웨어의 입수 가능성이 의심스러운 데다가 상대적으로 가격도 비싼 맥을 선뜻 구입하는 소비자들은 그다지 많지 않을 것이다." AP 통신의 관련 기사 내용이다. "게다가 시장 점유율이 3퍼센트 남짓에 불과하기 때문에 새로운 맥 역시 많은 소비자들의 눈에 비주류 제품으로 비칠 뿐이다."[54]

그럼에도 애플의 팬층은 팽창했다. "기존의 기계들과는 확연히 다른 제품입니다." 버클리 매킨토시 유저스 그룹의 상임 이사 할 깁슨은 말했다. "애플이 다시 한 번 모험을 감행한 겁니다. 대단합니다."[55]

그리고 아이맥의 전망을 낙관하는 소매업자들도 많았다. "엄청나게 팔려 나갈 겁니다. 지금까지 내가 봐 왔던 어떤 컴퓨터보다도 매력적인 제품이니까요." 당시 미국 최대의 컴퓨터 소매 체인인 컴프USA의 사장이자 CEO 짐 핼핀은 이렇게 장담했다.

핼핀의 예상은 적중했다. 아이맥은 1998년 8월, 1299달러의 가격으로 시판에 들어갔다. 그리고 6주 만에 27만 8000대가 팔렸고, 연말에 이르자 그 숫자는 80만 대로 뛰어올랐다. 애플 컴퓨터 역사상 가장 빠른 판매 속도였다. 잡스의 염원이 담긴 예상대로 아이맥은 첫 번째로 컴퓨터를 구매하는 소비자들과 일반 PC에 만족하지 못하고 있던 사용자들에게 제대로 먹혀들었다. 총 판매량 가운데 놀랍게도 32퍼센트가 PC를 처음으로 구매하는 사용자에게 팔렸고, 또 12퍼센트는 맥이 아닌 다른 PC를 쓰던 사용자에게 팔렸다.

《새너제이 머큐리 뉴스》의 기자 존 포트는 소비자들의 니즈에 초점을 맞춘 덕분에 아이맥이 히트작이 됐다고 보도했다. "오리지널 아이맥이 대단한 제품으로 부각되고 있는 것은 색깔이나 외형 때문이 아니다. 지금까지 PC 제조 업체들이 외면해 왔던 특정 소비자 층에 인터넷 컴퓨팅의 가능성을 열어 주려는 애플의 정성이 인정받은 결과다."[56]

해당 분기가 끝나자마자 애플은 분기 수익이 1억 100만 달러에 달하며 잡스의 복귀 이후로 세 분기 연속 흑자를 기록했다고 발표했다. 모든 이의 예상을 뛰어넘는 금액이었다. 아울러 '애플이 돌아왔다'라는 이야기를 널리 퍼뜨리는 수익이었다.

# 밀물

아이맥 덕분에 애플은 위기에서 탈출했다. 잡스는 테크놀로지 예언가이자 소비자 트렌드 개척자로서의 명성을 굳혔다. 비즈니스, 디자인, 광고, 텔레비전, 영화, 음악 등 사회의 모든 부문이 아이맥의 영향을 받았다. 아이브에게도 엄청난 변화가 일어났다. 아이맥의 대박은 그의 존재를 세상에 알리는 신고식에 다름 아니었다. 아이브의 이름은 하룻밤 새에 가장 과감하고 독창적인 세계적 디자이너들의 반열에 올랐다.

아이맥의 성공으로 이후 몇 년 동안 스윙라인 스테이플러에서 조지 포먼 그릴에 이르기까지 투명한 플라스틱 제품들이 홍수처럼 쏟아져 나왔다. 타깃 같은 체인점에는 카메라, 헤어드라이어, 진공청소기, 전자 오븐, 텔레비전 등 자연스러운 곡선에 투명한 플라스틱 몸체를 가진 온갖 제품들이 진열대마다 수북이 쌓였다. 개인용 전자 기기 부문에서는 그 경향이 더욱 두드러졌다. 휴대용 CD 플레이어든 호출기든 대형 휴대용 카세트 라디오든 투명 플라스틱 모델이 없는 것을 찾아보기가 힘들 정도였다.

2000년 12월, 《USA 투데이》에서 질문을 하나 던졌다. "오늘날 프로덕트 디자인 분야에서 가장 각광받는 특징은 무엇인가?" 대답은 '반투명'이었다. 신문에서는 그것을 "전자 제품 관음증"이라고 표현했다.[57] 몇몇 경쟁 업체들은 아이맥을 모방한 윈도 PC를 출시했다. 애플은 소송을 제기해 이머신즈와 퓨처 파워에서 출시한 불법 복제품들을 시장에서 철수시켰다.

이제 업무용 기기들이 칸막이 사무실 한 구석에 처박히던 시대는 끝났다. 아이맥 덕분에 컴퓨터는 삶의 재미를 더해 주는 유행 상품으로 거듭났다. 어느 순간부턴가 사람들은 거실 탁자나 회사 리셉션 데스크 위에 자랑스럽게 아이맥을 올려놓기 시작했다. 영국의 디자인 역사가 페니 스파크의 설명을 들어 보자. "아이맥은 (중략) 컴퓨터가 남성적인 물건이라는 이전의 고정관념을 깨뜨렸습니다. 아이맥 덕분에 컴퓨터는 모든 사람이 갖고 싶어 하는 생활의 이기로 거듭났습니다. 컴퓨터 역사의 진정한 신기원이었던 겁니다."[58]

기업보다는 개인 소비자를 타깃으로 삼은 애플의 판매 전략은 주효했다. "디자인이 맹위를 떨쳤던 1950년대의 양상이 재연되고 있습니다." 스미스소니언 재단의 쿠퍼휴잇 내셔널 디자인 박물관에서 대중 프로그램 조감독을 맡고 있던 수전 옐라비치는 이렇게 분석했다. "신세대 제품들은 모두 테크놀로지를 토대로 삼고 있습니다. 하지만 업무 공간에만 갇혀 있던 과거와는 달리 오늘날의 테크놀로지는 가정 안팎에서도 활용되고 있습니다." 그녀는 한 가지 흥미로운 분석을 덧붙였다. "아이맥의 출현은 사무용 기기가 10대들에게 판매되는 시대의 시작을 알리는 신호탄입니다."[59]

아이맥은 컴퓨터 화법을 완전히 바꿔 놓았다. 갑자기 CPU 속도 같은 따분한 항목보다 멋들어진 외형과 편의성, 사용자 지정 옵션 등이 더 중요해진 것이다.

아이브는 아이맥이 기존의 인식에 변화를 주고 있다고 주장했다. "아이맥에 대한 소비자들의 반응을 통해 컴퓨터는 지나치게 복잡하며 인간적인 측면이 결여된 기기라는 고정 관념이 널리 퍼져 있는 현실을 분명히 깨달을 수 있습니다. 지금까지는 모든 감성적인 특질들이 무시되어 왔다는 의미입니다. 이제 바뀔 때가 된 겁니다."

단순히 관심을 끌기 위한 목적으로 애플이 아이맥을 파격적으로 디자인했다고 비난하는 사람들도 많았다. 빌 게이츠도 그중 한 명이었다. 그의 주장을 들어 보자. "현재 애플이 누리고 있는 유일한 특권은 색깔에서의 리더십입니다. 그 부문에서도 우리가 애플을 따라잡는 데 그리 오랜 시간이 걸리지 않을 겁니다. 절대 오래 걸릴 리 없습니다."[60]

아이브는 겉모습을 차별화하기 위해 아이맥을 디자인한 것이 아니라고 항변했다. 디자인 작업의 자연스러운 결과로서 차별화된 모습을 갖게 된 것뿐이라는 주장이었다. "디자인이 제품의 겉모습을 경쟁적으로 차별화하기 위한 수단에 불과하다고 생각하는 사람들이 많은 것 같습니다. 나로서는 도저히 납득할 수 없는 발상입니다. 바로 그런 사고가 기업의 영리를 위한 어젠다입니다. 고객, 나아가 사람을 위한 어젠다가 아니라는 얘깁니다. 제품을 차별화하는 것이 아니라 사람들이 미래에 애용할 수 있는 제품을 창조하는 것이 우리의 목적이라는 사실을 이해해야 합니다. 차별화는 단지 그 과정에서 자연스럽게 생성되는 결과일 뿐입니다."[61]

잡스는 애플에 복귀하자마자 디자인의 재량권을 전폭적으로 허용했다. 그는 그 배경을 애플의 지휘권을 되찾은 직후 《포춘》과의 인터뷰에서 이렇게 설명했다. "대부분의 사람들이 지닌 어휘 체계에서 디자인은 겉치장과 동의어입니다. 하지만 나는 두 단어 사이에서 어떤 연관성도 찾을 수 없습니다. 디자인은 사람이 행하는 창조의 근본적인 영혼입니다."[62]

아이맥을 창조하는 과정에서 잡스와 아이브의 유대는 한층 깊어졌다. 그 유대는 현대의 가장 풍성하고 창조적인 파트너십으로 이어졌다. 두 사람은 애플의 엔지니어링 주도 문화를 디자인 주도 문화로 변신시켰다. "우리 산업 디자인 팀이 마음껏 역량을 발휘할 수 있었던 것은 순전히 스티브와 조니의 유대 관계 덕분이었습니다. 스티브가 복귀하지 않았다면 산업 디자인 팀은 계속 미친 짓거리만 하고 있었을 겁니다." 새츠거의 얘기다.

"혁신을 이루기 위해 탄생한 기업은 혁신을 도모하지 않는 것이 위기입니다." 아이브의 얘기다. "안전 제일주의가 곧 위기라는 뜻입니다. 스티브는 회사의 뿌리를 되찾기 위해 무엇이 필요한지, 애플의 창업 정신을 구현하기 위해 무엇이 필요한지, 새로운 것을 디자인하고 창조할 수 있는 조직으로 회사를 구성하려면 무엇이 필요한지에 관해 명확한 비전을 지닌 인물입니다."[63]

영국 스태퍼드 소재 월턴 고등학교 시절의
조너선 아이브.

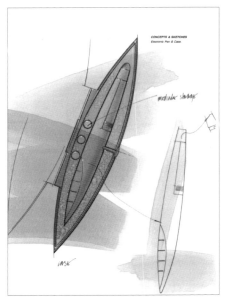

다양한 굵기와 패턴으로 글을 쓰거나 도형을
그릴 수 있는 전자 펜의 콘셉트 스케치.

아이브가 디자인한 제브라의 TX2 펜 상단에는
만지작거리며 놀 수 있는 특별한 메커니즘이
담겼다. 촉각적 놀이 요소는 이후 아이브가 디
자인한 제품에 자주 등장하는 모티프가 된다.

아이브는 뉴캐슬 과학 기술 대학 시절에 독특
한 상상력을 가미한 유선 전화기를 디자인했
다. 그리고 이 전화기에 '웅변가'라는 이름을 붙
였다.

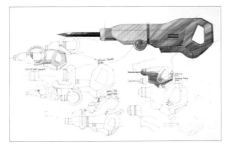

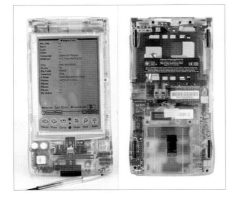

영국 기업 캉고의 동력 드릴을 위해 아이브가
그린 초기 스케치들.

아이브가 애플에서 맡은 첫 번째 굵직한 임무는
뉴턴 메시지패드 110(린디)의 디자인이었다. 이
제품은 아이브에게 다수의 디자인 상을 안겨 주
었지만, 시장에서는 성공하지 못했다.

다른 많은 시제품처럼 린디의 시제품도 열 방
산의 영향을 확인하기 위해 투명 아크릴로 제
작했다.

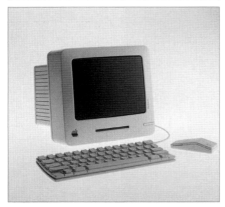

프로그 디자인이 작업한 이 베이비 맥은 아이
맥의 선배 격이며 '백설 공주' 디자인 언어가 구
현된 대표적인 제품이다. 스티브 잡스는 1985년
애플에서 나갈(쫓겨날) 무렵 이 컴퓨터를 개발
중이었다.

프로그 디자인의 백설 공주 미학은 동시대 컴
퓨터들의 디자인 언어를 규정할 정도로 대단히
강력한 영향력을 발휘했다.

1992년 조너선 아이브가 애플에 입사했을 무렵
디자인 팀은 1980년대를 지배했던 백설 공주
디자인 언어와 서서히 이별을 고하고 있었다.

애완용 맥은 아이브가 애플에서 구상한 모험적
인 디자인 중 하나로 사무실용이 아닌 가정용
컴퓨터를 디자인하려는 시도의 일환이었다.

아이브가 애플 초기 시절에 진행한 주요 프로
젝트 중 하나였던 20주년 기념 매킨토시는 애
플 최초의 평면 스크린 컴퓨터였다. 이 역시 사
무실이 아닌 일반 가정을 타깃으로 했지만 빗
나간 가격 책정과 마케팅 때문에 시장에서 실
패했다.

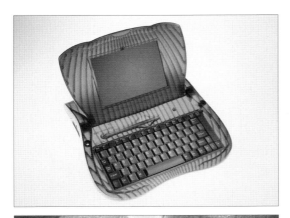

애플이 처음 만든 반투명 제품인 이메이트. 아이브는 반투명으로 만들면 사용자들이 제품에 더 쉽게 다가갈 수 있다고 생각했다.

조너선 아이브(왼쪽)와 그의 전 상관이자 엔지니어링 책임자였던 존 루빈스타인이 다양한 색상의 아이맥 앞에서 포즈를 취했다. 아이맥은 컴퓨터에 패션 감각을 입힌 최초의 제품이었다.

Power Mac G5

Built for speed from the inside out.

스티브 잡스는 1997년 애플에 복귀하자마자 아이브와 각별한 유대 관계를 형성했다. 두 사람은 제품과 디자인에 대한 강렬한 열정을 공유했다.

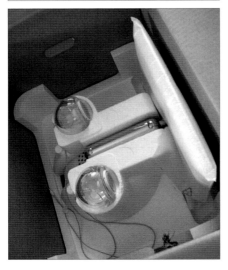

이 독특하고 투명한 아이북은 아이브의 디자인 팀이 개발한 복잡한 내부 금속 골조를 그대로 보여 준다. 아이북은 대박을 터뜨렸다.

럭소 램프를 연상시키는 독특한 아이맥 G4는 아이브가 두 번째로 시도한 가정용 평면 스크린 컴퓨터다.

산업 디자인 팀은 아이맥 G4를 포장 상자에 담을 때 장난삼아 남성 생식기 모양과 비슷하게 배치했다.

파워맥 G4 큐브의 엔지니어링 시제품. 아이브
와 잡스는 이것이 애플 최고의 컴퓨터가 되길
원했지만 이 제품은 시장에서 쓰디쓴 실패를
맛보았다.

파워맥 큐브의 초기 엔지니어링 시제품과 초기
디자인 시제품.

파워맥 큐브의 내부 모습. 데스크톱 컴퓨터 부
품들을 기존 컴퓨터보다 훨씬 좁은 공간에 담
고자 했다.

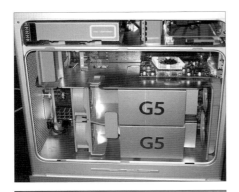

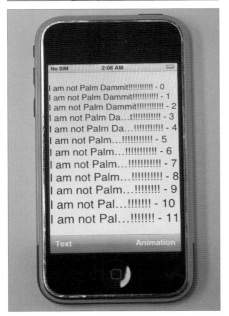

파워맥 G5는 아이브의 디자인 팀이 미적인 가치를 높이고자 내부까지 디자인한 첫 번째 컴퓨터였다.

아이폰의 초기 엔지니어링 시제품인 이것은 주문 제작한 ARM 칩을 비롯한 여러 새로운 부품들을 테스트하기 위해 만들었다.

아이폰이 출시되기 불과 6개월 전인 2006년 말에 제작한 이 아이폰 시제품은 플라스틱 스크린을 장착했다. 이 스크린은 출시를 얼마 남겨놓지 않고 내구성 높은 강화 유리로 바뀌었다.

아이폰 디자인 과정에서 몹시 어려웠던 문제 중 하나는 유리 스크린과 스테인리스강 베젤 사이의 틈을 해결하는 일이었다. 디자이너들 얼굴에 난 수염이 그 틈에 끼곤 했다.

이 아이폰 시제품은 iOS 초기 베타 버전으로 시험했다. 나중에 실제로 출시된 아이폰과는 상당히 다른 모습이다.

iOS 베타 버전으로 구동되는 아이폰 시제품의 모습.

이 아이패드 시제품은 하단과 측면, 이렇게 두 곳에 커넥터 삽입구가 있다.

아이패드 판매가 개시되는 날 샌프란시스코 애
플 스토어에서 디자인 팀원들과 함께 한 아이
브. 다니엘레 데이율리스(왼쪽 끝), 대니얼 코스
터, 피터 러셀클라크(오른쪽)의 모습이다. 디자
이너 크리스토퍼 스트링어는 이날을 "아주 특
별한 날"이라고 말했다.

아이브와 더불어 크리스토퍼 스트링어(왼쪽)와
리처드 하워스(오른쪽)는 애플 산업 디자인 팀
의 핵심 멤버로 알려져 있다.

기사 작위를 받은 직후의 조너선 아이브 경, 그
리고 그의 친구이자 디자이너인 마크 뉴슨.(뉴
슨은 디자인 공로로 CBE 훈장을 받았다.)

아이브는 잡스가 안타까운 죽음을 맞이하기 바로 얼마 전에 잡스의 제품 시연회에 참여했다.

맥북 에어는 애플이 유니보디 디자인을 활용한 초기 제품들 가운데 하나였다. 유니보디 디자인은 복잡한 컴퓨터 케이스를 정밀한 기계 공정을 통해 단일 금속 몸체로 전환한 획기적인 접근법이다.

애플 산업 디자인 팀은 2012년에 D&AD 평생
공로상을 수상했다.

# 6

# 연달아 대박을 터뜨리다

우리처럼 야심 찬 사람들에게 기존의 제품 개발 방법은 맞지 않습니다.

도전이 그만큼 복잡할 때는 보다 협력적이고 통합적인 방법으로 제품을 개발해야 합니다.

—조너선 아이브

스티브 잡스는 아이맥을 사랑했다. 하지만 아이맥이 시장에서 큰 호응을 얻자마자 그는 색깔에 대한 마음이 바뀌었다. 잡스는 호불호가 분명한 사람이다. 이제 그는 본다이 블루가 싫었다. "제품은 아주 마음에 들어. 근데 아무래도 우리가 색상을 잘못 선택한 것 같아. 충분히 밝지가 않아. 생명력도 충분히 느껴지질 않고." 그는 디자인 팀원들에게 이렇게 말했다.[1]

아이브는 당시 공식적으로 디자인 팀의 색상과 소재 부문을 책임지고 있던 더그 새츠거에게 새로운 색상을 조사해 보라고 지시했다. 새츠거에게는 2주의 시간이 주어졌다. 그는 애플 캠퍼스의 빈 사무실 하나를 작업 공간으로 정하고 디자인 팀이 본다이 블루를 찾을 때 그랬던 것처럼 납작한 식기류, 투명 보온병, 밝은 색상의 접시 등 다양한 색깔의 플라스틱 제품을 그러모았다. 그러고는 이 일을 위해 임시로 고용한 프리랜서 한 명과 제품들을 색깔별로 정리했다. 이 테이블 위에는 빨간색 품목들, 저 테이블 위에는 파란색 품목들, 이런 식으로 분류한 후 연구에 들어갔다. 그렇게 준비를 마친 후, 새츠거는 결과물을 아이브와 잡스에게 제시했다.

일은 잘 풀리지 않았다.

"사무실 안으로 들어서면서 스티브가 그러더군요. '뭐가 이렇게 많아?' 그러더니 나를 보면서 다시 이렇게 말했습니다. '자네 아주 형편없어.'" 새츠거의 회상이다. 지금이야 웃으면서 그때를 돌아볼 수 있지만 당시로서는 아니었다.

잡스는 매우 못마땅해했다. 선택의 폭이 너무나 넓었기 때문이다. "우리가 너무 많은 정보를 제시한 겁니다. 결과물을 아이맥에 적용할 구체적인 방법도 정확히 제시하지 못했고요. 스티브가 나를 보면서 이렇게 말했습니다. '언제쯤이면 아이맥 비슷한 물건에 색깔이 입혀져 있는 걸 볼 수 있겠나?' 나는 3주의 말미를 요청했습니다. 조니가 깜짝 놀라 나를 바라보더군요. '당신 제정신이야?'라고 묻는 표정이었습니다."

쉬운 일이 아니었다. 3주도 턱없이 부족해 보였다. 새츠거는 다양한 색상을 새로 입힌, 완성품에 가까운 모형을 잡스에게 보여 주기 위해 밤낮없이 연구에 매달렸다.

"불투명한 색을 투명한 색으로 표현하는 부분이 가장 어려웠습니다. 예를 들어 노란색 콘셉트라면, 투명한 노란색을 구현하는 게 말처럼 쉽지 않았던 겁니다. 고심 끝에 한 가지 방법이 떠올랐습니다. 투명한 유리 튜브에 물을 가득 채운 다음 식용 색소나 여타의 염료를 타는 방법이었습니다. 그렇게 해서 우리는 투명 색상을 열다섯 가지 만들어 냈습니다. 그걸 가지고 색료 제조 공장을 순례하기 시작했습니다. 스티브와 함께 간 날도 있습니다. 공장에서 우리가 원하는 걸 구현하지 못하는 경우엔 곧바로 다른 공장을 찾아갔지요."

색상이 나오자 아이브의 디자인 팀은 케이스 디자인 작업에 돌입했다. CD드라이브 삽입구, 스피커 틀, 후면 덮개, 기계 밑단 등 외관 전체를 업그레이드하는 작업도 동시에 진행했다. 그렇게 완성한 디자인을 중국 현지 공장에 보냈고, 거기서는 가짜 부품으로 내부를 채운 서로 다른 색깔의 아이맥 열다섯 개를 신속하게 제작했다.

새츠거는 딥 블루, 앰버 비어, 블루 글루, 그린 리프 등 농염하고 선명한 색깔들을 선택했다. 그리고 놀랍게도 단 하루도 어기지 않고 데드라인을 지켰다.

"오, 이럴 수가!" 잡스는 갖가지 색깔의 새로운 아이맥이 가득 찬 스튜디오 안으로 들어서면서 감탄을 터뜨렸다.

"스티브는 모델들을 하나씩 하나씩 찬찬히 살펴보았습니다." 새츠거의 회상이다. "그러다가 노란색 모델을 집어 들더니 방 한구석으로 가져다 놓았습니다. 그러곤 우리를 향해 돌아서서 이렇게 말하더군요. '오줌처럼 보이는군. 노란색은 맘에 안 들어.' 몇 가지 색상을 고른 뒤엔 다시 이렇게 말했습니다. '이 색깔들이 아주 마음에 들어. 라이프 세이버스(미국의 사탕 브랜드. ─ 옮긴이)를 연상시키는군. 하지만 그래도 뭔가 빠져 있어. 소녀를 위한 색깔, 그게 빠져 있어. 분홍. 분홍색 모델은 언제쯤이면 볼 수 있겠나?' 결국 우리는 다시 돌아가서 열흘 뒤에 분홍색 계열의 모델 다섯 가지를 스티브에게 제시했습니다. 스티브가 그 가운데 하나를 선택했습니다. 바로 스트로베리(딸기)였죠."

아이브는 그렇듯 중요한 문제를 순식간에 결정해 버리는 잡스의 모습을 보고 감탄을 금할 수 없었다. 새로운 케이스 다섯 종류가 제작되고 그에 따라 소매점에는 재고 단위가 다섯 개나 늘어나는 중차대한 사안이었다. 하지만 어떤 논의도, 어떤 회의도 없었다. 순전히 잡스 혼자서 디자인을 기준으로 내린 결정이었다. 스티브 잡스가 새로운 색상을 원한다는 사실만이 중요했다. 나머지는 모두 부수적인 사항이었고 나중에 해결하면 될 일이었다.

"다른 기업이었다면 그런 결정을 내리기까지 몇 개월은 걸렸을 겁니다." 아이브의 후일담이다. 잡스 복귀 이전의 애플이 좋은 일례였다. 중역들이 제조 및 유통과 관련해 갖가지 의문을 제기하는 통에 작업이 멈춰 있었을 것이다. 하지만 더 이상은 아니었다. "스티브가 결정을 내리기까지 걸린 시간은 딱 30분이었습니다."²

'라이프 세이버스'라는 암호명 아래 제작된 다양한 색상의 새로운 아이맥들은 1999년 1월 시장을 강타했다. 오리지널 아이맥이 시판되고 고작 4개월 뒤의 일이었다. 다섯 가지 색상에는 각각 스트로베리, 블루베리, 탠저린(귤), 라임, 그레이프(포도)라는 소비자 친화적인 이름이 붙여졌다. 다양한 색상의 아이맥은 이전에는 속도와 용량만을 중시하던 컴퓨터 분야에 패션 개념을 도입한 효시로서 중요한 의의를 지닌다.

라이프 세이버 맥은 이후로 거듭 신속하게 업그레이드된 아이맥 시리즈의 첫 번째 버전인 셈이다. 그 후 여러 해 동안 아이맥은 보다 빠른 칩, 보다 용량이 큰 하드 드라이브, 무선 네트워크, 그리고 (당시에는 그게 가장 중요한 요소라는 사실을 깨달은 사람이 별로 없었지만) 색깔과 디자인 옵션을 다채롭게 도입하며 변신을 거듭했다. 2세대 아이맥의 색상들은 그래파이트(흑연), 루비, 세이지(샐비어), 스노(눈), 인디고(쪽빛)로 업데이트됐다. 시리즈 후반부에는 플라워 파워, 블루 달마시안 등 특정한 패턴을 갖춘 제품들도 등장했다.

다양한 색상의 아이맥 시리즈는 2003년까지 출시되었다. 그해 3월 불룩한 럭소 램프처럼 보이는 훨씬 더 파격적인 디자인의 아이맥 G4에게 자리를 넘겨주면서 퇴장한 것이다. 약 4년에 걸친 아이맥의 변신 과정은 훗날 아이팟 등과 같은 공전의 히트작을 낳는 애플의 사업 전략을 정립해 주었다. 획기적인 제품을 개발하고, 과감한 업그레이드 시리즈를 잇따라 신속하게 출시하는 것이 전략의 골자였다. 아이맥은 단지 사양만이 아니라 색상과 가격 부분에서도 공격적으로 업그레이드되었다. 결국 5년 동안 칩 스피드와 여타 하드웨어 사양을 달리한 32개 이상의 모델이 10여 가지 색상 혹은 패턴을 자랑하며 시판되었다.


ANPP


A 팀이 제품 개발의 새로운 방법론 즉 애플 신제품 프로세스(ANPP)를 완성한 것은 아이맥을 출시하고 나서 몇 개월 뒤였다. 그 이후 ANPP는 애플 성공 신화의 주요 요소로 부상한다.

제품 개발의 각 단계를 상세하고 정연하게 규정하는 ANPP는 스티브 잡스가 지배하는 조직에서 의당 그러하듯 신제품 출시의 표준 프로세스로 급격히 진화했다.

ANPP는 애플 내부 네트워크에서 구동되는 프로그램으로 구현되었으며, 거대한 체크 리스트와 닮은꼴이다. 풀어서 얘기하자면 하드웨어 부서에서 소프트웨어 부서에 이르기까지, 그리고 운영과 재무, 마케팅, 심지어 애프터서비스 및 분쟁 중재를 담당하는 지원 팀에 이르기까지 모든 단위의 업무 범위 및 내용은 물론이고 모든 제품의 모든 단계마다 모든 직원이 해야 할 일을 상세하게 규정한다. "재료 수급에서 판매에 이르기까지 모든 것을 망라하고 있습니다." 애플의 한 전임 간부는 이렇게 말했다. "모든 공급 업체는 물론, 공급 업체의 공급 업체들까지 관련 지침에 따라야 합니다. 수백 개에 달하는 업체 모두가, 페인트와 나사못에서 칩에 이르는 모든 것에 대해서 말입니다."3

ANPP는 애초부터 모든 부서를 대상으로 기획되었다. 제품이 출시되는 시점에서나 역할이 제대로 드러나는 마케팅 지침도 프로젝트를 시작할 때부터 수립된다. "애플에서는 제품 개발 초기부터 고객의 니즈와 시장 경쟁에 관한 전략을 염두에 두고 일을 진행합니다. 이는 아주 중요한 부분입니다. 마케팅 팀은 엔지니어링이나 운영 팀과 함께 신제품 창출 과정의 동등한 일원입니다." 애플의 마케팅 책임자 필 실러의 얘기다.4

사실 ANPP는 잡스가 넥스트 시절에 이미 착수한 시스템이었다. 그는 애플에 복귀하고 얼마 지나지 않아 이 시스템의 보완 및 개선을 A 팀에 지시했다. A 팀은 HP와 여타 실리콘밸리 기업들의 모범 사례도 일부 참고해서 ANPP를 완성했다. 그런 식의 업무 절차는 지나치게 완고한 접근 방식으로 비칠 수도 있었지만, 추후 충분한 가치가 입증되는 선구적 시도였다. 당시 애플의 한 직원은 이렇게 묘사했다. "아주 알기 쉽게 정리된 프로세스입니다. 번잡하지도, 획일적이지도 않습니다. 직원 한 사람, 한 사람이 각자 맡은 부분에서 보다 창의적인 역량을 발휘할 수 있게 지원해 주는 시스템입니다. 그 결과를 보십시오. 애플에선 정말 모든 게 신속하게 처리되지 않습니까."[5]

ANPP 시스템은 당연히 아이브의 부서에도 적용되었다. 이제 디자이너들이 연구에서 콘셉트 정리, 디자인, 생산에 이르는 모든 단계의 출발점이었다. 디자인 팀과 긴밀한 업무 관계를 유지했던 선진 기술 팀의 전직 매니저 샐리 그리즈데일은 ANPP가 효과를 십분 발휘할 수 있었던 건 그것이 체계적 기록 시스템이기 때문이라고 단언한다.

"모든 게 기록되었습니다. 마땅히 그래야만 했지요. 유동적이고 가변적인 부분이 매우 많았거든요. 내가 근무할 때에도 ANPP를 이용해 모든 과정을 계획하곤 했지요. 일하기가 얼마나 편했는지 몰라요. 해야 할 일들이 적힌 지침이 있었으니까요. 소프트웨어 구축이든 하드웨어 구축이든 지침을 참고로 해서 작업을 진행하면 실수할 일이 거의 없었습니다. 아주 체계적이었어요. 만일 당시에 익사이트나 야후 같은 회사에서 이직을 제안했다면 나는 그 자리에서 거절했을 겁니다. 그들에게는 ANPP 같은 시스템은커녕 기록된 지침 같은 게 전혀 없었으니까요. '프로세스? 지금 장난해? 빨리 만들어서 출하할 생각이나 하라고!' 뭐 그런 식이었죠."[6]

애플은 ANPP를 완성하는 과정에서 '동시 엔지니어링'이라고 알려진 현대적 엔지니어링 관리 시스템도 상당 부분 참고했다. 동시 엔지니어링은 프로젝트가 하나의 팀에서 다음 팀으로 순서에 따라 넘어가는 기존 방식과는 달리 서로 다른 부서들이 동시에 작업을 할 수 있도록 해 주는 시스템이다.

나사(NASA)나 유럽 우주 기구와 같은 거대 복합 엔지니어링 조직들은 오래전부터 동시 엔지니어링 시스템을 적극적으로 활용해 왔다. 복잡하긴 하지만 거의 모든 문제점을 초기에 집어낼 수 있는 유연한 방법론이다. 제품 개발의 모든 과정, 그리고 제작부터 실제 활용과 재활용에 이르기까지 제품 주기 전체를 고려하기 때문이다. 아이브는 종종 인공위성 디자이너들을 존경한다고 말해 왔는데, 이유를 밝힌 적은 없지만 필경 동시 엔지니어링을 적절하게 활용하는 그들의 업무 방식 때문일 가능성이 높다.

예전의 애플에서는 제품의 본질적인 부분을 엔지니어가 작업한 후 디자이너에게는 마무리 단계로서 외장 작업만을 맡기는 게 관례였다. 하지만 이는 잡스가 복귀한 새로운 애플에서는 더 이상 통용될 수 없는 관례였다. 더불어 산업 디자인 스튜디오의 비중은 갈수록 높아졌다.

"우리처럼 야심 찬 사람들에게 기존의 제품 개발 방법은 맞지 않습니다. 도전이 그만큼 복잡할 때는 보다 협력적이고 통합적인 방법으로 제품을 개발해야 합니다." 아이브의 얘기다.[7]


## 구도 완성

아이맥의 성공 이후 잡스와 A 팀은 잡스의 2×2 로드맵의 나머지 세 사분면을 채우는 작업에 착수했다. 일반 소비자용 데스크톱을 출시했으니 이제 전문가용 데스크톱과 일반 소비자 및 전문가용 노트북 프로젝트도 완수해서 잡스가 복귀 초에 구상했던 구도를 완성해야 했다. 애플은 이후 수년에 걸쳐 이들 제품을 차례로 출시하면서 성장세를 구가한다. 더불어 디자인 팀에는 테크놀로지와 소재, 제조 방법 등 다각적인 측면에서 선구적인 시도를 감행할 수 있는 여건이 주어진다.

아이브의 디자인 팀은 아이맥에 이어 사진 편집자, 동영상 편집자, 과학자 등 전문가들을 위한 강력한 데스크톱을 고안하는 임무를 맡았다. 그 전문가들은 오래전 데스크톱 출판 혁명 시절부터 애플 사용자 기반의 한 축을 형성했던 고객들로서 1980년대 말과 1990년대 초에 애플이 입지를 공고히 하는 데 기여했으며 여전히 충성스럽게 애플의 약진을 돕고 있었다.

파워맥 G3는 아이맥의 디자인 언어를 타워 디자인으로 옮겨 놓았다. '블루 앤드 화이트 파워맥'이라는 별칭에 드러나 있듯이 파워맥 G3는 파란색과 흰색의 플라스틱 케이스를 채택했다. 디자인 팀은 이번에도 손잡이, 아니 보다 정확히 말해서 손잡이들을 달았다. 각 모퉁이에 하나씩 부착했기 때문이다. G3의 손잡이는 사용자의 위화감을 해소하려는 취지라기보다는 실제로 운반에 쓰이도록 의도된 것이었다. 어쨌든 손잡이는 아이브의 새로운 디자인 언어와 일맥상통하는 것이었다.

G3는 조용한 성공을 거뒀다. 아이맥 때와 같은 열렬한 호응은 없었지만 상당량이 판매되었고 비즈니스 시장에서 애플의 존재감도 유지되었다. 당시에는 소비자 시장보다 그쪽이 더 중요했기에 제 몫은 한 셈이었다.

디자인의 관점에서 보자면 그 후속작인 G4가 더욱 흥미로운 제품이었다. 파워맥 G4 타워의 핵심은 파워PC 'G4' 칩이었다. 애플은 파워맥 G4가 "맥은 물론 모든 PC 중에서 가장 빠른 컴퓨터"라고 자신했다.[8] 파워맥 G4의 회색 케이스는 훗날 애플 전문가용 제품들의 알루미늄 케이스로 이어지는 과도기적 외장이었다.

원래의 디자인은 청회색의 그래파이트 케이스였다. 하지만 마지막 순간에 현란한 금속성의 퀵실버(수은) 케이스로 바뀐 것이다. 새츠거는 그 과정에서 새로운 애플에 관한 중요한 교훈을 하나 얻었다고 회상한다.

케이스의 색상과 여러 가지 하드웨어 특색에 변화가 생긴 것은 G4가 생산에 들어가기 직전이었다. 그렇게 바뀐 부분을 서둘러 구현하다 보니 문제가 생겼다. 케이스 전면의 도어와 나머지 부분의 색상이 어울리지 않는 것이었다. 잡스는 당연히 그런 상태가 마음에 들지 않았다. 새츠거는 그 부분을 다시 보완할 시간적 여유가 없다고 항변했다. 이어서 벌어진 상황을 새츠거의 입을 통해 들어 보자. "스티브는 간단명료하게 말했습니다. '이

제품을 더 나은 모습으로 만드는 것이 당신과 나의 의무라고 생각하지 않소?' 나는 그렇다고 대답하고 나서 곧장 수정 작업에 돌입했습니다. 그 결과 한결 나은 제품이 탄생했습니다. 새로운 애플에서는 모든 게 항상 그런 식이었습니다."

퀵실버 케이스는 아이브와 루빈스타인이 크게 다투는 원인이 되기도 했다. 아이브는 특별한 모양의 나사를 별도로 제작해 손잡이에 사용하고 싶어 했다. 하지만 루빈스타인은 그 비용이 "천문학적"이며 제품 출하를 지연시킬 수 있다는 점을 들어 반대했다. 출하 일정 관리는 루빈스타인의 소관이었고, 그래서 그는 아이브의 새로운 나사를 거부했다. 하지만 아이브는 루빈스타인을 무시한 채 잡스에게 승인을 얻어 프로덕트 디자인 엔지니어들을 직접 접촉했다.

"루비(루빈스타인)는 이렇게 말했습니다. '이렇게는 못해. 일정이 지연될 거야.' 나는 이렇게 말했습니다. '할 수 있습니다.' 난 자신이 있었습니다. 루비 모르게 이미 프로덕트 팀과 작업을 진행하고 있었으니까요." 아이브의 회상이다.[9]

나사를 놓고 벌어진 갈등은 아이브와 루빈스타인 사이에 점점 커져가던 균열이 여실히 드러난 사례였다. 이후 몇 년에 걸쳐 두 사람의 충돌은 더욱 잦아졌고 또한 격렬해졌다.

"조니가 중점을 둔 건 디자인이었습니다." 2012년 전화 인터뷰에서 루빈스타인은 이렇게 말했다. "그는 오직 디자인만 신경 썼습니다. 디자인이 아주 중요한 건 사실입니다만 엔지니어링, 제조, 서비스, 지원 등 여타의 역할도 무시할 순 없습니다. 이해 당사자로서 그들 모두 나름의 목소리가 있기 마련입니다. 투표권 행사까지는 아니더라도 최소한 의견은 제시한다는 얘깁니다. 내 역할은 그런 의견들을 조율하는 것이었습니다. 따라서 어느 시점에선가는 타협이 반드시 이뤄져야 했습니다."[10]

하지만 이번엔 아니었다. 아이브는 자신의 뜻을 관철시켰다. 결국 G4에는 아주 세련된 스테인리스 강철 나사가 사용되었다.


## 노트북의 재창조

디자인 팀은 이어서 잡스의 2×2 로드맵의 세 번째 사분면으로 눈길을 돌렸다. 일반 소비자용 노트북 차례였다. "프로젝트 브리핑은 간단명료했습니다. 아이맥을 노트북으로!" 한 디자이너의 회상이다.

아이북을 위한 아이디어 회의에서는 브레인스토밍을 통해 다양한 의견들이 제시됐다. 포커스 그룹이나 시장 조사는 없었다. "우린 포커스 그룹을 통한 연구 조사 따위는 수행하지 않습니다. 디자이너들이 직접 해야 할 일이니까요. 현재의 디자인 맥락에서 내일의 기회를 간파하는 감각이 없는 사람들에게 자문을 구하는 건 올바른 접근 방법이 아닙니다." 아이브의 얘기다.[11]

당시 노트북은 실용성에만 치중한 검은색 상자 모양의 기계라는 고정 관념이 있었다. "우리에겐 상당한 재량권이 주어졌습니다." 새츠거의 얘기다. 하지만 새로운 기계의 몸체 역시 아이맥처럼 곡선의 미를 살린 다채로운 색상의 반투명 플라스틱이어야 한다는 걸 모두가 이해하고 있었다. 거기에 재미있는 요소를 첨가해서 경쟁 제품과 현격한 차별화를 이뤄야 했다. 아이브는 먼저 조개껍데기 모양의 케이스를 스케치한 뒤 크리스토퍼 스트링어에게 그 스케치를 토대로 디자인 작업을 주도하라는 지시를 내렸다.

아이브의 디자이너들은 당시로서는 괄목할 만한 참신한 발상 한 가지를 디자인에 포함시켰다. 상판을 열면 아이북이 '깨어나는' 방식을 도입한 것이다. 그 발상을 구현하려면 걸쇠 없이도 상판을 완전하게 닫을 수 있는 장치를 개발해야 했다. 가방 속에서 컴퓨터가 깨어나 배터리를 소진해서는 안 될 일이었다.

통합형 운반 손잡이도 부착했다. 그러고 나니 다채로운 색상의 플라스틱 지갑 같아 보였다. 로버트 브러너의 저거넛 프로젝트 당시 아이브가 디자인을 도운 매킨토시 스케치패드와 마찬가지로 노트북의 손잡이는 운반용으로서 당연한 발상이었다. 하지만 여기서 또 다시, 그 손잡이에는 만지고 싶은 욕구를 불러일으켜 기계에 대한 사용자의 위화감을 해소하려는 의도도 깃들어 있었다.

"우리는 사용자들이 늘 편하게 기계에 손대고 싶은 마음이 들게 해야 한다는 점을 염두에 두고 아이북을 디자인했습니다. 그래서 친근한 촉감을 느끼도록 표면에 굴곡을 주고 고무 처리를 했습니다." 아이브의 설명이다.[12]

하지만 아이북의 제조 과정은 기술적으로 심각한 난제를 안겨 주었다. 케이스, 손잡이, 상판 모두 마찬가지였다. 아이북의 케이스는 열가소성 폴리우레탄(TPU)에 단단히 접착시킨 경화 폴리카보네이트 플라스틱으로 만들어졌다. 고무 합성물인 TPU를 사용한 것은 케이스 가장자리를 부드럽게 하는 동시에 완충 효과를 얻기 위해서였다. 폴리카보네이트 케이스는 내부의 골조들과도 접착돼 있었다. "모양을 내면서 플라스틱 판들과 그 아래 놓는 금속 박판을 켜켜이 쌓는 기술이 문제였습니다." 새츠거의 얘기다. "제품이 너무 육중해져서는 안 되기 때문에 제대로 제작하기가 정말 힘들었습니다. 재료를 적절히 쌓는 방안을 찾기 위해 대만 현지 공장에서 많은 시간을 보냈습니다. 해결해야 할 문제점들이 산더미 같았습니다."

복잡한 조개껍데기 모양 때문에 주형 작업도 골칫거리였다. 모양에 손상이 가지 않도록 주형틀을 여러 방향으로 나누어 떼어 내야 하는 것도, 플라스틱이 식으면서 케이스 표면에 미세한 균열이 가는 것도 문제였다. 운반용 손잡이 제작 또한 쉽지 않았다. 손잡이의 재료는 듀폰에서 개발한 설린이라는 특수 플라스틱이었는데, 강도를 높이기 위해 가운데에 마그네슘 심지를 박아 넣고 주조했다. 설린은 특히 충격에 강해서 골프공의 주재료로 쓰이는 플라스틱이다. 하지만 설린으로 운반용 손잡이를 제작하려면 금속 사출 성형이라는 특별한 기법이 필요했다. 금속 심지를 주형틀에 먼저 넣은 다음 그 심지를 중심으로 도색한 설린 플라스틱을 넣어서 모양을 만들어 내는 기법이다. 문제는 금속과 플라스틱의 냉각 속도가 달라 주형틀을 여는 순간 플라스틱이 부숴지곤 한다는 데 있었다. 아이브와 디자이너들은 아시아의 현지 공장에서 몇 주 동안 주형틀 교정과 여러 플라스틱의 화학적 혼합 비율 조정에 매달렸다. 그리고 마침내 관련된 모든 문제를 해결했다.

사상 초유의 걸쇠 없는 상판도 어렵기는 마찬가지였다. 하지만 아이브 팀은 수개월 동안 고심한 끝에 이 역시 해결할 수 있었다. 완전히 닫힌 상태를 유지할 수 있는 특수 경첩이 열쇠였다. 걸쇠를 없앤다는 발상은 초기엔 그다지 기발해 보이지 않았다. 하지만 제품을 이루는 부품의 숫자를 가급적 줄이려는 애플 디자인 팀의 줄기찬 노력이 돋보이는 부분이었다. 이는 또한 앞서 언급했듯이 아이브의 디자인 철학이 지닌 특징 가운데 하나이기도 했다. "부품 수가 적다는 것은 내구성이 그만큼 강해지고 부품 간의 관계가 보다 원활해진다는 것을 의미합니다." 아이브 팀 어느 디자이너의 설명이다. 간단히 말해서 고장 날 확률이 줄어든다는 얘기다.

고무 재질의 표면과 운반용 손잡이 그리고 특수 경첩, 이러한 특장점들을 고안하고 제작상의 문제점들을 해결하느라 아이북의 출시는 예정보다 수개월 지연될 수밖에 없었다. 하지만 아이북에 대한 소문은 실제 제품보다 먼저, 그것도 급속하게 퍼져 나갔다. 애플의 기반 고객을 중심으로 관심이 고조되기 시작했고, 전자 제품 소매점들은 아이북에 대한 선주문을 받기 시작했다.

아이북의 실제 모습이 처음으로 공개된 날, 어느 익살꾼이 아이북 외양이 "바비 인형의 변기 의자"를 닮았다고 농담을 했다. 그 표현은 그대로 별칭으로 굳어졌다.[13] 하지만 아이북은 급속히 큰 호응을 얻으며 일반 소비자 시장과 교육 시장(학생 및 교육자들)에서 날개 돋친 듯 팔려 나갔다. 시판되고 첫 3개월 동안 출고된 물량이 25만 대를 넘었다. 이후로 수년 동안 다양한 색상 옵션에 메모리 용량과 파이어와이어 포트 등을 보강한 모델들을 연속적으로 출시하면서 조개 모양 아이북은 고공 행진을 이어 갔다.

아이북은 오늘날 어디서든 접할 수 있는 무선 네트워크 기술인 와이파이를 보편화하는 매개가 되었다는 점에서도 역사적 의의를 지닌다. 애플이 와이파이를 창안한 건 아니었지만 그 잠재성을 간파한 첫 번째 컴퓨터 기업인 것만큼은 분명했다. 아이맥과 USB의 관계가 아이북과 와이파이의 관계로 재현된 셈이다. 당시 다른 노트북 기종들도 와이파이를 활용할 수는 있었다. 하지만 그러기 위해서는 추가 카드가 필요했고, 측면 안테나를 거추장스럽게 뽑아내야 했다. 아이북은 내장형 와이파이를 제공함으로써 이 문제를 깔끔하게 해결했다.

아이북을 한창 개발하는 동안 애플은 홈 네트워크 부문도 탐색하기 시작했다. 인터넷 사용자 수가 급격히 증가하고 있었다. 따라서 조만간 가정에서 이용할 수 있는 네트워크 기술이 필요하게 될 것이 분명했다. 경쟁사들 역시 이 문제의 해법을 찾기 위해 애쓰고 있었다. 특히 컴팩과 인텔은 각각 가정용 전기선과 전화선을 활용한 네트워크를 구상 중이었다. "그건 정말 아니다 싶었습니다." 필 실러의 얘기다. 학교는 애플의 중요한 시장이었다. 학교에서는 가정용 전기선이나 전화선을 활용한 네트워크가 실효성이 없을 게 분명했다. 따라서 애플은 그들과는 다른 접근 방식을 택했다.

애플에는 표준화 관장 조직, 즉 업계 전반에 걸쳐 블루투스나 USB 같은 기술을 표준화하는 위원회들에 관계된 디자이너들이 있었다. 그들 가운데 한 명이 802.11이라는 무선 네트워크 기술이 새로 나왔다는 정보를 상부에 보고했다. 이후의 상황에 관해 실러의 얘기를 들어 보자. "이거다 싶었습니다. 우리는 802.11 기술을 활용하기 위해 신속하게 결정을 내렸습니다. 우리 제품들 모두의 물리적 디자인을 바꿔 안테나와 카드 슬롯을 포함시키고 완전하고도 총체적인 해결책을 내놓기로 말입니다." 그들은 네트워크 카드와 기지국으로 구성된 그들의 시스템을 '에어포트'라고 부르기로 결정했다.[14]

조개 모양의 아이북 모델은 2001년에 단종되며 흰색 폴리카보네이트 외장을 갖춘 재창조 버전의 노트북으로 대체되었다. 하지만 조개 모양의 아이북은 게임의 판도를 바꿔 놓았다. 그 제품에 구현된 혁신의 상당수는 오늘날의 애플 제품들에 그대로 깃들어 있다. 뒷면이 아니라 측면에 장착한 인터페이스 포트, 경첩 없는 상판, 그리고 현재 모든 노트북, 태블릿, 스마트폰의 필수 옵션이 된 와이파이 등이 그것이다.

아이맥과 아이북이 대성공을 거두자 애플의 권력 중심은 자연스레 아이브의 산업 디자인 팀으로 이동했다. 루빈스타인은 아이브 팀이 제시한 디자인을 토대로 성실하게, 그리고 기꺼이 작업할 수 있는 엔지니어들을 대거 영입해야 했다.

당시 하드웨어 부문의 중역으로 재직했던 어느 인사의 얘기를 들어 보자. "전폭적인 개편이 이루어졌습니다. 기계 엔지니어링 팀 전체를 물갈이했다고 해도 과언이 아닐 정도의 규모였습니다. 옛 직원들은 상당수가 애플을 떠났습니다. 새로운 방침에 보조를 맞출 수가 없었던 거죠. 신제품 개발 일정이 평균 3년에서 9개월로 단축됐으니까요. 결국 애플은 기술 업계에서 가장 신속한 기업 가운데 하나로 재탄생한 겁니다."

루빈스타인은 보다 자세히 설명했다. "우린 기계 엔지니어링을 담당할,

즉 프로덕트 디자인 팀에서 일할 새로운 직원들을 영입했습니다. 산업 디자인 팀의 디자인을 넘겨받아 작업하는 게 그들의 주 임무였습니다. 그리고 아시아 지역에서 그 디자인대로 작업할 수 있는 하청 업체도 섭외했습니다. 언제든 생산량을 맞출 수 있는 능력이 필요했으니까요."[15]

예전의 애플에서는 엔지니어들이 주도권을 잡았다. 새로운 애플에서는 산업 디자인 팀이 주도권을 잡았고 프로덕트 디자인 팀의 임무는 산업 디자인 팀에게서 넘겨받은 디자인대로 제품을 제작하는 것이었다.

"모든 사안에 관한 최종 발언권은 산업 디자인 팀이 갖고 있었습니다." 프로덕트 디자인 팀의 프로그램 매니저를 마지막으로 퇴사할 때까지 10년 동안 애플에 재직했던 아미르 호마윤파르의 얘기다. "우리는 그들을 위해 일했습니다."

마저리 안드레센은 한술 더 뜬다. 그녀에 따르면 아이브 팀의 목소리가 애플 내에서 가장 컸다고 한다. "산업 디자인 팀과 일할 때 유념해야 할 가장 중요한 사항은 그들에게 '노'라고 말해선 안 된다는 거였습니다. 비용이 많이 들 것으로 보이든 불합리해 보이든 불가능해 보이든 그들이 원하는 그대로 따라야 했어요. 무슨 수를 써서라도 그들이 원하는 바를 구현해 줘야 했습니다."

## 행렬의 완성

아이맥, 아이북, 파워맥에 이어 잡스의 2×2 구도를 채워 줄 마지막 제품은 전문가용 노트북이었다.

아이브는 데이율리스와 다른 두 명의 디자이너에게 일반 소비자용 노트북을 디자인할 때처럼 전문가용 노트북도 콘셉트부터 다시 생각해 보라고 지시했다. 그가 원했던 건 새로운 사용자 경험, 적절한 소재, 그리고 제작하기 용이한 기기였다. 아이브는 디자이너들이 작업에 전념할 수 있도록 애플의 샌프란시스코 창고에 임시 스튜디오를 따로 만들어 주었다. 그들은 임시 스튜디오에 수천 달러짜리 컴퓨터들을 설치한 후 작업에 들어갔다. 그리고 딱 6주 뒤, 아이브에게 노트북 하나를 선보였다. 그가 주문했던 세 가지 조건 중 두 개를 충족시킨 제품이었다.

티타늄 파워북 G4는 당시에 구현할 수 있는 모든 기능을 갖췄으면서도 그때까지의 노트북 역사상 가장 가볍고 얇은 제품이었다. 또한 노트북으로서는 처음으로 와이드 스크린을 탑재한 제품이기도 했다. 좌우로 멋들어지게 확장시킨 스크린은 다양한 부동(浮動) 팔레트 창이 특징인 전문가용 고급 소프트웨어를 실행하기에 제격이었다. 하지만 제작하기가 어렵다는 게 문제였다. 주형으로 찍어 낸 두 쪽의 티타늄 판을 플라스틱 개스킷으로 깔끔하게 연결해야 하기 때문이다. 게다가 복잡한 내부 골조를 여러 개의 강판과 결합해서 단단히 고정시키는 것도 기술상으로 쉽지 않은 일이었다.

단 6주 만에 기본 콘셉트를 고안한 뒤, 아이브 팀은 세부 디자인 작업에 몇 개월 동안 매달렸다. 특히 상판이 닫힐 때 아래로 모습을 드러내는 안쪽 걸쇠가 걸작이었다. 재미있게도 그 걸쇠는 상판이 거의 다 닫히려는 순간 마치 마법처럼 뽕 하고 나타났다. 단지 걸쇠가 나타났다 사라지는 모습을 보기 위해 상판을 수없이 여닫는 사람들도 적지 않을 터였다.

그 걸쇠에 적용된 메커니즘의 핵심은 파워북 몸체를 이루는 두 개의 티타늄 판 가운데 아래쪽 판에 장착한 작은 자석이었다. 그 자석이 걸쇠를 상판의 작은 슬롯으로 비어져 나오도록 잡아당기는 원리였다. 이는 앞으로 다가올 것을 알리는 전령인 셈이었다. 이후로 기발하고 다각적인 방식으로 자석을 이용한 제품들이 속속 등장하기 때문이다. 자기를 띤 '스마트 커버'

에 의해 잠들고 깨어나는 아이패드 2가 대표적인 예라고 할 수 있다. 아이맥 후기에 나온 평면 스크린 알루미늄 아이맥 가운데에는 내부 접속이 용이하도록 스크린을 자석으로 부착한 제품도 있었다.

오리지널 매킨토시의 후면 전원 버튼처럼 파워북의 자석 걸쇠도 괜찮은 제품을 대단한 제품으로 변모시키는 디테일이었다. 오리지널 매킨토시의 디자이너 제리 매넉은 장인의 정성이 깃든 디테일이 중요하다고 역설했다. 아이브는 그 얘기에 십분 공감한다. "한눈에 들어오지 않는 부분까지 극도로 세심하게 가다듬는 것이 결정적 요소입니다. 간과하기 쉬운 디테일에 집착 수준의 주의를 기울여야 합니다."[16]

몇 년 후 디자이너 크리스토퍼 스트링어는 산업 디자인 스튜디오의 디테일에 대한 집착 수준의 관심을 이렇게 설명했다. "우리는 다분히 광적으로 작업에 매달렸습니다. 예를 들어 버튼을 디자인할 때는 일단 가정용 버튼이나 볼륨 스위치 모델들을 50개 정도는 모았습니다. 그걸 일일이 참고해 가며 우리가 디자인할 버튼의 아주 세세한 부분에까지 철저하게 주의를 기울였습니다. 얼마나 돌출되게 할 것인가, 축을 둘 것인가 말 것인가, 둥근 모양으로 만들 것인가, 금속 재질로 할 것인가, 플라스틱 재질로 할 것인가 등 크기, 길이, 너비, 높이에 신경 쓰며 모든 디테일을 아주 꼼꼼하게 가다듬었습니다."[17]

산업 디자인 팀의 디테일 작업은 제품 개발 과정의 마무리 단계에서 제품의 외양이나 치장하는 수준이 결코 아니었다. 제품 개발 전 과정에 걸쳐 꾸준히 진행되는, 다른 어떤 것 못지않게 필수적인 작업이었다. 그리고 무엇보다도 아이브 접근 방식의 전형을 보여 주는 작업이었다. "간단히 말하면 발상부터 스케치, 모델링, 그리고 생산까지 시간순으로 차례차례 이어 가는 게 일반적인 작업 진행 방식입니다. 하지만 우리의 방식은 달랐습니다. 필요할 때마다 이전 및 이후 단계를 오가며 모델링까지 우리 손으로 끝내곤 했습니다. 물론 기술적인 부분들은 프로덕트 디자인 및 기타 관련 부서들과 공동으로 작업했고요." 스트링어의 얘기다.[18]

디자인 세계에서는 디자인을 돋보이게 하는 버튼이나 걸쇠와 같은 디테일을 따로 부르는 이름이 있다. '보석'. 자동차 업계에서도 문손잡이나 라디에이터 그릴 같은 것들을 보석이라고 부르는데, 그 효과 또한 동일하다. 애플의 신제품들은 그런 요소를 새로운 차원으로 받아들였다. "우리는 정말로 보석들에 중점을 두었습니다. 그것도 아주 고급스럽게 만들기 위해 최선을 다했지요. 누가 봐도 아름답다고 느낄 수 있도록 표면 처리 작업도 고급스럽고 완벽하게 마감하길 원했습니다." 새츠거의 얘기다.

티타늄 파워북의 자석 걸쇠는 보석의 좋은 예다. 고급스러운 스테인리스 강철 버튼을 누르면 걸쇠가 풀리면서 상판이 약간 열렸고, 그러면 사용자가 그 틈새로 손가락을 넣어서 마저 여는 방식이었다. 아이브가 린디 뉴턴을 위해 디자인했던 튕겨져 올라오는 덮개와 마찬가지로 그 장치 역시 사용자들을 즐겁게 해 주는, 장인 정신이 깃든 또 하나의 소품이었다.

아이브 팀은 파워북의 전원 버튼 공급 업체와 계약하기 전에 샘플을 먼저 제작해 줄 것을 요구했다. 각각의 샘플은 모양새가 조금씩 다르지만 재질은 모두 스테인리스 강철인 열두 개의 버튼으로 구성되었다. "언뜻 봐서는 다른 점을 알아채기가 어렵습니다." 지나치게 까다로운 주문이 지금 생각해도 미안한 듯, 새츠거가 계면쩍은 웃음을 지으며 말을 잇는다. "돌아버릴 정도로 미세한 차이를 따지며 깐깐하게 굴었지요."

2001년 샌프란시스코 맥월드 엑스포에서 파워북이 공개될 때, 아이브는 이 제품이 대박을 칠 것으로 예견했다. "사람들은 이 제품의 무게와 부피에 본능적으로 반응을 보일 것입니다."[19] 그리고 그의 예견은 적중했다. 출시되자마자 재고가 바닥이 났고 이후 몇 개월간은 돈을 들고도 구하기 힘들 정도로 귀한 몸이 되었다. 공장 생산량이 수요를 따라가지 못했던 것이다.

가격이 비싸긴 했지만 파워북 덕분에 애플은 괴짜 전문가들을 포함해서 새로운 고객층을 대거 확보할 수 있었다. 파워북은 숱한 하이테크 콘퍼런스 현장에 모습을 드러내면서 리눅스의 창시자 리누스 토르발스와 같은 컴퓨터통들의 애호품이 되었으며, 또한 기술 업계의 거물들 사이에서 애플의 평판을 회생시키는 역할까지 톡톡히 해냈다. 아이맥은 대단한 제품이긴 했지만 일반 사용자를 위한 참신한 플라스틱 장난감 정도로 통했다. 반면에 티타늄 파워북은 전문가들을 위한 본격적인 제품으로 받아들여졌다.

티타늄 파워북은 또한 애플의 디자인 팀이 금속 재료 및 선진 야금 제조 기법으로 역량의 지평을 넓히는 첫 번째 시도였다. 티타늄은 다루기가 아주 어려운 소재다. 처리하지 않은 상태의 티타늄은 아름다운 광택을 자랑하지만 지문이 뚜렷이 남고 쉽게 긁힌다는 단점이 있다. 이 단점을 보완하기 위한 아이브의 해결 방안은 페인트칠이었다. 하지만 시간이 지나면서 키보드와 손목 보호대 부위의 페인트가 벗겨지는 통에 사용자들의 불만이 높았다.

인기를 모으는 가운데 또 다른 문제점들이 불거졌다. 케이스의 복잡한 내부 골조는 여러 가지 금속으로 만들어졌으며 자석 걸쇠 같은 장치들을 작동시키려면 케이스의 일부를 강철로 제작해야 했다. 부품이 많을수록 재료가 더 많이 들어가고 문제도 많아지는 법이다. 티타늄 파워북 역시 장기간 사용하면서 수차례 충격을 주게 되면 케이스의 이런저런 부분들이 분리되는 문제가 생기곤 했다. 결국 디자인 팀은 이러한 문제를 해결하는 과정에서 자사의 휴대용 제품들을 위한 완전히 새로운 제조 기법을 개척하기에 이른다.

아이브의 디자인 팀은 이채로운 금속제 파워북과 함께 일반 소비자 시장과 교육 시장을 겨냥한 새로운 플라스틱 노트북을 고안했다. 아이북의 새 버전으로 환한 흰색 플라스틱 케이스와 두 개의 USB 포트가 특징인 이 제품은 이름에 그 특징이 고스란히 담겨 있다. 듀얼 USB '아이스' 아이북.

전작들이 안겨 준 숙제였던 만큼 아이브는 아이스 아이북의 내구성을 보강하기 위해 고심에 고심을 거듭했다. 그러던 아이브에게 새로운 해결 방안이 떠올랐다. 내부 골조를 마그네슘으로 제작해 케이스의 외벽을 이루는 폴리카보네이트와 결합하는 방안이었다. 또한 하드 드라이브를 비롯한 핵심 부품들은 자동차 엔진처럼 고무 개스킷을 이용한 완충 장치로 보호했으며, 도어와 외부 버튼, 걸쇠 등 손상에 민감한 부분들은 모두 제거해 버렸다. 대신에 전체 제품을 거의 밀폐하다시피 외벽으로 덮었으며 사용 여부를 나타내는 LED 표시등마저도 외피 안쪽에 넣어 사용하지 않을 때만 흐린 불빛과 밝은 불빛을 번갈아 가며 반짝이게 했다.

기발한 L 자형 경첩 덕분에 디스플레이는 상판을 열었을 때 키보드에서 예상보다 먼 위치에 고정되었다. 이는 사용 중에는 공간이 넉넉해서 편안하다는 느낌을, 닫았을 때는 깔끔하게 정리된다는 느낌을 주었다. "아이북은 닫혀 있을 때는 이렇게 매끄럽고 야무진 작은 꼬투리가 됩니다." 아이브는 홍보 비디오에 직접 출연해 이렇게 자랑했다. "하지만 열었을 때는 경첩의 기하학적 작용으로 디스플레이가 멀찌감치 젖혀져 고정되기 때문에 규격 키보드와 널찍한 손목 보호대가 고스란히 드러납니다."[20]

아이스 아이북은 투명한 폴리카보네이트로 만들어졌다. 케이스 내벽에 흰색 페인트를 코팅했기 때문에 바깥쪽 표면에 후광이 생성되어 모종의 깊이감이 느껴졌다. 또한 실제보다 작아 보이는 효과도 있었다. 내벽에 페인트 코팅을 했기 때문에 표면에는 웬만해선 생채기가 나지 않았다. 플라스틱 안쪽 면에 페인트칠을 한다는 발상은 RWG 시절의 실험에서 영감을 얻은 것으로 보인다. 아이브는 RWG에서 일할 때 슬라이드 한쪽 면에만 구아슈 물감을 칠하고 실물 크기의 멋들어진 스케치들을 그린 바 있었다. 한편 후광 효과는 이후로 출시되는 다양한 제품들에서도 시도된다. 특히 아이팟에서 두드러졌으며 최근의 아이폰과 아이패드의 유리 스크린에도 활용되고 있다.

작은 직사각형 박스인 아이스 아이북의 깔끔하고 수수한 외양은 아이브의 디자인 언어가 다양한 색상의 플라스틱에서 흑백의 폴리카보네이트로 완전히 옮겨 갔다는 사실을 보여 주었다.(엄밀히 따지자면 첫 번째 흰색 컴퓨터는 2001년 여름에 출시된 '스노' 아이맥이지만, 그의 디자인 언어가 흰색 플라스틱으로 옮겨 갔음을 분명하게 드러낸 제품은 그 외양이 당시의 다른 모든 노트북들과 완전히 달랐던 아이스 아이북이다.)

"이 새로운 아이북이 파워북 G4와 같은 시리즈라는 건 분명한 사실입니다. 하지만 이 제품은 자신만의 분명한 캐릭터를 지니고 있습니다." 아이브의 얘기다. "더 따뜻합니다. 더 행복합니다. 그리고 나는 이 제품이 훨씬 더 친근감을 주는 디자인이라고 자신합니다."[21]

이후 아이브는 아이맥과 아이팟을 포함해서 애플의 일반 소비자용 제품 대부분에 흑백 폴리카보네이트 케이스를 적용하는 쪽으로 점차 이행한다. 한편 전문가용 제품 대부분은 산화 처리(anodizing, 금속을 특수 용액 속에 넣고 전류를 흐르게 하여 금속 표면에 산화 피막을 형성하는 공정. ― 옮긴이)된 알루미늄을 사용해서 재디자인하게 된다.


## 파워맥 큐브

2000년, 잡스의 2×2 도표의 사분면을 모두 채우고 난 뒤, 아이브와 디자인 팀은 그때까지 만든 것 중 가장 야심 찬 제품이라 할 수 있는 파워맥 큐브 프로젝트에 돌입한다.

파워맥 큐브는 궁극의 컴퓨터를 향한 그들의 첫 번째 도전이었다. 데스크톱 컴퓨터의 성능을 상대적으로 훨씬 작은 케이스에 고스란히 옮겨 담는 시도였다는 뜻이다. 아이브는 타워 디자인에 다량의 부품들을 채워 넣는 것은 나태한 작업이라고 간주했다. 단지 엔지니어와 디자이너들에게 가장 손쉬운 방안이라는 이유만으로 소비자들에게 덩치 크고 아둔한 타워를 안겨 줄 수는 없었다. 그들은 진보된 소형화 기술을 당시로선 검증되지 않은 플라스틱 주물 제작법과 결합해 새로운 제품을 만들겠다는 계획을 세웠다. 많은 애플 제품들의 경우가 그렇듯, 이 제품의 개발 또한 없앨 수 있는 것들은 모두 없앤다는 단순화의 실천이었다. 결국 파워맥 큐브는 소형화 부문의 신기원이자 혁신적인 디자인 사고와 제조의 표상이 되었다.

큐브의 외피는 반투명 하단부만 제외하고는 완벽하게 투명한 플라스틱으로 뽑아낸 직육면체 형태였다. 그래서 그 안에 든 20센티미터 높이의 '정육면체' 큐브가 마치 공중에 매달려 있는 듯한 인상을 주었다. 상단에 설치된 수직 슬롯 로드 DVD 드라이브에서는 DVD가 마치 토스트처럼 튀어올라왔다. 어떤 사람은 큐브를 크리넥스 티슈 상자에 비유했다. 아이브와 디자이너들은 그 비유가 크게 마음에 들었다. 그 이후 디자인 스튜디오에서는 속이 빈 큐브 몇 개를 티슈 용기로 쓰게 되었다.

큐브는 소음을 유발하는 팬 대신에 공기 순환 방식으로 내부 열을 식혔다. 하단의 통풍구를 통해 들어온 공기가 내부의 칩들을 식혀 준 다음 상단의 통풍구로 빠져나가는 방식이었다. 사실상 무음이었다.

이전의 파워맥 G4 타워처럼 이번에도 접근성이 주요 고려 사항 중 하나였다. 내부 부품들을 쉽게 손보기 위해 특수한 디자인이 고안되었다. 밑바닥에 장착된 아주 아름다운 내장형 손잡이를 눌러서 튀어나오게 한 후 잡아 빼면 한 덩어리가 된 통조림처럼 내용물이 고스란히 빠져나오는 디자인이었다. 기계를 켜려면 투명 케이스 표면에 마치 인쇄된 것처럼 보이는 터치 감지 버튼에 손가락을 대면 그만이었다. 그저 허공에 떠 있을 뿐, 어떤 작동 장치와도 연결돼 있지 않은 것 같은 버튼에 손가락만 대면 켜지고 꺼지니 그 자체로 마법이었다. 훗날 아이폰을 가능하게 한 정전식 터치 테크놀로지를 일찌감치 활용한 것이다. 소비자들은 그 기능을 무척 마음에 들어 했다.

큐브의 환경은 450메가헤르츠 G4 칩에 64메가바이트 메모리, 그리고 20기가바이트 스토리지로 설정되었다. 모니터를 제외하고 광마우스와 프로 키보드, 애플 디자인의 하만 카돈 스테레오 스피커를 포함한 기본 모델의 가격은 1799달러, 애플 온라인 스토어에서만 구입할 수 있으며 보다 강력한 프로세서에 메모리와 스토리지가 추가된 특수 사양 모델은 2299달러였다.

"파워맥 G4 큐브는 신기원을 이룩한 제품이었습니다. 흥미진진한 신기술과 아름다운 공법이 듬뿍 구현된 제품이었지요. 정말 대단했습니다." 새츠거의 얘기다.

큐브에 완전히 빠져 버린 고객들도 생겼다. 온라인 IT 매체인 아스테크니카는 큐브가 "세련되면서도 값비싸" 보인다는 평을 올렸다.[22] "이런, 저들이 또 한 건 해냈군요." TBWA샤이엇데이의 최고 크리에이티브 책임자 리 클라우는 그렇게 혀를 내둘렀다.[23] 하지만 대중의 반응은 아이브와 잡스가 기대한 바에 훨씬 못 미쳤다.

소비자들은 큐브를 가격만 올린 중간급의 파워맥 G4 타워 정도로 간주했다. 비슷한 등급의 G4보다 200달러나 비싼 데다가 모니터조차 기본 사양에 포함되지 않았다. 또한 윈도 세계의 어떤 컴퓨터보다도 비싼 가격이었다.

가격 말고도 또 다른 문제점이 드러났다. 투명 케이스에 아주 가느다란 균열이 생기는 문제였다. 언론에서는 그 부분을 집요하게 물고 늘어졌다. 사실 전체가 아닌 일부 제품의 투명 플라스틱 표면에, 특히 상단의 DVD 슬롯과 한 쌍의 나사 구멍 주변에 생기는 미세한 균열이었다. 상대적으로 사소한 외관상의 결함으로 치부할 수도 있는 문제였다. 하지만 어떤 소비자들에겐 도저히 용서할 수 없는 결함으로 비쳐졌다. "미관상으로 사상 최악의 결함이다." 아스테크니카 웹사이트는 이러한 논평을 올렸다. "전면적 보완이 필요할 만큼 '중요한' 문제가 아니라는 의견도 있을 수 있겠지만, 자신이 소유한 하드웨어의 외양에 상당히 신경 쓰는 사람들에게는 아주 거슬리는 하자다. (중략) 큐브 같은 시스템에 매료됐던 바로 그 사람들이 피해자인 것이다!"[24]

2000년 9월, 큐브를 선보이고 불과 몇 개월도 경과하지 않은 그 시점에 애플은 기대했던 것보다 판매 실적이 부진하다고 발표했다. 나중에 밝혀진 자료에 따르면 그때까지 고작 15만 대가 팔렸으며 그것은 애플이 예상했던 판매량의 3분의 1에 불과한 수치였다. 2000년이 저물어 갈 즈음 애플은 마지막 분기 동안의 수입이 "기대에 상당히 못 미쳤으며" 총 6억 달러에 달하는 수익 부족이 발생했다고 보고했다.[25] 애플로서는 3년 만에 처음으로 적자를 기록한 분기였다.

애플을 주시하고 있던 사람들에게는 아주 불길한 소식이었다. 연이은 대박에도 불구하고 애플은 마이크로소프트와 델 같은 강적들이 전성기를 구가하고 있는 시장에서 아직 굳건한 발판을 마련하지 못하고 있는 상태였다. "솔직히 말해서 그 숫자들을 접하고 깜짝 놀라진 않았습니다. 하지만 그 숫자들이 언론 매체에서 떠들어 대던 것보다 훨씬 더 암울한 그림을 그리고 있는 것만큼은 분명한 사실입니다." 가트너 그룹의 업계 분석 전문가 케빈 녹스는 당시 그렇게 말했다. 그는 거기서 그치지 않고 다음과 같이 결론을 내렸다. "그 숫자들은 재난을 시사합니다."[26]

2001년 7월, 애플은 큐브가 '냉동' 상태에 들어갔다는 보도 자료를 배

포했다. 판매는 중단되지만 공식적으로 단종된 것은 아닌, 일시 정지 상태에 들어갔다는 얘기였다. 그 보도 자료는 앞으로 업그레이드 된 모델이 출시될 수도 있다는 "작은 가능성"도 내비치고 있었다. 하지만 그 가능성은 영영 현실로 이어지지 못했고, 그 5년 후 큐브는 적은 예산으로 컴퓨터를 처음 구입하려는 소비자들을 중점적으로 겨냥한 훨씬 저렴한 가격의 '머리 없는' 맥, 맥 미니에게 대를 물려주고 무대 밖으로 사라졌다.

아이브의 디자인 팀에게 큐브는 완전히 실패작만은 아니었다. 비록 시장에서의 성적은 형편없었지만 프로젝트 담당자들 가운데에는 그 기기의 의의를 깊이 새기는 사람들이 적지 않았다. 제조 기법 및 소형화 기술에서 신기원을 이룬 제품이었기 때문이다.

큐브를 제작하는 과정에서 애플은 데스크톱의 부품들을 노트북 크기의 공간에 꾸려 넣는 기술을 완벽하게 습득할 수 있었다. 돔 형태의 아이맥과 그 이후의 평면 스크린 모델들을 제작하는 데 필수적 역할을 하게 되는 기술이었다. 마찬가지로 큐브 덕분에 애플이 훗날 아이팟과 같은 제품들에 구현되는 새로운 제조 기법 개발에 박차를 가하게 됐다는 사실도 중요하다. 이 부분에 관해 새츠거의 설명을 들어 보자. "기본적으로 우리는 당시 플라스틱 제품들을 주조하는 표준 방식에 안주하지 않았습니다. 대신 기계를 이용해 플라스틱을 정밀하게 재단하는 작업에 매달렸습니다. 큐브의 나사 구멍과 통풍구는 바로 그러한 작업의 결과물입니다."

이렇게 기계를 이용한 제작 기법은 훗날 맥북과 아이패드 같은 제품들을 개발할 때 진가를 발휘하게 된다. 다만 플라스틱과 알루미늄이라는 재질의 차이만 있었을 뿐이다. 큐브는 기계를 이용해 대량으로 제품을 재단하는 초기 시도의 산물이었다. 보다 큰 맥락에서 그러한 시도들은 제품 대량생산 방식의 근본적인 변화를 대변했다.

"애플에선 아주 오랫동안 엔지니어들이 디자이너들에게 이렇게 말하곤 했습니다. '그건 불가능합니다.' 하지만 디자인 팀은 모든 것에 도전했습니다. 플라스틱이든 금속이든, 재질에 개의치 않고 말입니다." 새츠거의 얘기다.

판매 실적도 기대에 못 미쳤고 심지어 기능보다 외형이 앞선 대표적 제품이라는 불명예까지 떠안기는 했지만, 큐브는 애플 내에서 커져 가는 조너선 아이브와 디자인 팀의 힘과 영향력을 대변하는 증거였다.

# 7

## 철의 장막 뒤의
## 디자인 스튜디오

스티브가 특정 디자이너와 단둘이서 대화를 나누고 싶어 할 때 그랬습니다.
탁 트인 공간이 조용하면 목소리가 정말 잘 들리거든요. 그래서 우리도 스티브가 들어서면
대화하는 상대방에게만 목소리가 들리도록 음악 볼륨을 높이곤 했습니다.
스티브가 무슨 말을 하는지 당사자 말고는 아무도 들을 수 없었죠.

—더그 새츠거(인텔 산업 디자인 총괄 책임자, 전 애플 디자이너)

2001년 2월 9일, 맥월드 엑스포의 열기가 사그라진 뒤 산업 디자인 스튜디오는 애플 메인 캠퍼스 맞은편의 밸리 그린 드라이브에서 애플 본사의 보다 넓은 공간으로 이전했다.(그리고 지금도 그 자리를 그대로 지키고 있다.) 산업 디자인 팀이 새로 둥지를 튼 곳은 인피니트 루프 2의 1층이었다.(그 건물은 사내에서 IL2로 통한다.)

스튜디오 이전은 어느 정도 상징적인 의미가 있었다. 로버트 브러너는 회사의 간섭에서 벗어나 보다 자유로운 운영권을 확보하기 위해 스튜디오를 거리 맞은편에 독립시켰다. 그런 산업 디자인 팀이 이제는 애플의 심장부에 자리를 잡고 잡스와 보다 가까이에서 호흡을 맞추게 된 것이다. 이제는 사내의 누구든 디자인의 위상이 제고되었음을 분명히 알 수 있었다. 아이브의 말마따나 산업 디자인 팀이 "비로소 진정으로 회사의 심장 박동에 가까워진" 셈이었다.[1]

스튜디오 이전은 설비 및 물류 측면에서도 큰 변화를 의미했다. 디자인 스튜디오에 대규모 기계와 시제품 제작 장비까지 갖춰졌기 때문이다. 새 디자인 본부는 테이블과 의자 등의 가구에서부터 유리벽 등의 인테리어까지 모든 것이 아이브 팀의 디자이너들을 위해 맞춤식으로 주문 제작되었다.

새 스튜디오는 IL2 1층의 대부분을 차지한다. 경비가 매우 철저하며 반투명으로 코팅을 입힌 대형 창이 빌딩 밑바닥까지 드리워져 있어 들여다볼 틈새라고는 찾아볼 수가 없다.

스튜디오 내부는 몇 개의 공간으로 분리돼 있다. 입구 왼편에 대형 테이블이 놓인 풀옵션 주방 겸 식당이 있는데, 여기서 아이브의 디자인 팀이 격주로 브레인스토밍 시간을 갖는다. 입구 오른편에도 작은 회의실이 있지만 사용하는 경우가 드물다.

정면 입구 반대편에 아이브의 전용 사무실이 위치한다. 가로세로 각각

3.6미터 정도 너비의 유리 칸막이로 스튜디오 내에서 유일한 개인 사무실이다. 정면 벽과 문은 애플 스토어에서 볼 수 있는 것과 마찬가지로 스테인리스 부속물이 딸린 유리로 이루어져 있다. 조그만 선반을 제외하면 단순한 흰 벽에 책상과 의자, 램프만 보일 뿐 가족사진이나 트로피 따위는 전혀 없다.

아이브가 앉는 가죽 의자는 영국의 사무용 가구 제조 업체 힐에서 나온 서포토 체어다. 수상 경력이 있는 디자이너 프레드 스콧이 1979년에 가죽과 알루미늄으로 제작한 이 의자는 디자인계의 걸작으로 꼽힌다. 아이브 자신도 그것을 가장 좋아하는 디자인 중 하나라고 밝힌 적이 있다.("서포토는 경이로운 의자입니다." 아이브가 《ICON》과의 인터뷰에서 한 말이다.)[2] 아이브는 자기 자신과 팀원들을 위해 서포토를 캘리포니아 쿠퍼티노의 새로운 산업 디자인 센터에 직접 들여놓았다. 그 이후 산업 디자인 팀의 디자이너들은 모두가 서포토 책상과 가죽 의자를 사용하고 있다.

아이브의 책상은 그의 친한 친구이자 런던을 중심으로 활동하는 디자이너 마크 뉴슨에게 특별히 의뢰하여 맞춤 제작 한 것이다. 평소 책상 위에는 17인치 맥북과 드로잉에 쓰는 색연필(대개는 가지런히 정리되어 놓여 있다.) 외에는 아무것도 없다. 아이브는 외부 모니터나 여타 주변 기기도 사용하지 않는다.

아이브의 사무실을 나오면 곧바로 나무로 짠 대형 프로젝트 테이블 네 개가 눈에 들어온다. 모형이나 시제품을 올려놓고 중역들에게 선보일 때 사용하는 테이블이다. 스티브 잡스도 스튜디오에 올 때마다 먼저 이 테이블 주위로 발걸음을 옮기곤 했다. 사실 잡스가 애플 스토어에 대형 테이블을 설치한 것도 산업 디자인 팀의 스튜디오에서 힌트를 얻은 것이었다. 각각의 테이블에는 대개 전용 프로젝트가 하나씩 정해져 있다.(이를테면 하나는 맥북, 다른 하나는 아이패드, 여기는 아이폰, 저기는 무엇, 이런 식으로 말이다.)

아이브가 잡스를 비롯한 경영진에게 보여 주고 싶은 모형이나 시제품도 이 테이블에 올려놓는다. 모형이나 시제품은 언제나 검은 천으로 덮어 두는 게 관례다.

아이브의 사무실과 프레젠테이션 테이블 옆으로 널따란 CAD 작업실이 자리를 잡고 있다. CAD 작업실 역시 전면이 유리벽으로 되어 있다. 작업실은 열다섯 명 정도 되는 CAD 전문가들('표면 작업 전문가들'이라고 부른다.)의 안방이다. 이들은 디자이너들이 CAD 모델이 실물로 구현된 모습을 보고 싶어 하는 경우 옆방 기계 작업실에 설치된 CNC 밀링 머신으로 CAD 파일을 보낸다.

일명 '더 숍'으로 통하는 기계 작업실은 스튜디오 맨 끄트머리에 있다. 그 역시 유리벽으로 다시 세 개의 공간으로 나뉜다. 맨 앞쪽에 대형 CNC 머신 석 대가 가동되고 있는데, 이 대형 밀링 머신은 금속에서 렌셰이프 수지에 이르기까지 무엇이든 가공할 수 있다. 이들 기계는 재활용이 가능한 잔폐물을 담는 커버가 달려 있어 '클린 머신'으로 통하는 반면, 그 뒤에 있는 다양한 절삭 및 천공 기계들은 잡다한 폐기물을 배출하기 때문에 '더티 머신'으로 불린다. 더티 머신이 설치된 이른바 '더티 숍'은 유리벽으로 밀폐되어 있다. 그 오른편의 마무리 작업실에는 정밀 사포 기계들과 차량 크기의 대형 도료 분사 부스가 설치되어 있다.

더 숍은 디자인 팀이 개발 중인 제품의 모형을 제작하는 데 활용된다. 그때그때 떠오른 아이디어를 현장에서 직접 모형에 적용해 봄으로써 그 유효성을 신속히 확인하는 것이다. "외형을 도안한 CAD 파일을 받아 그에 맞춰 공구 경로(원하는 형상으로 가공하기 위한 공구 중심의 운동 궤적. — 옮긴이)를 만든 뒤 도구를 배치하고 각 장비를 가동시킵니다." 새츠거의 말이다. 제품의 기본 형태뿐 아니라, 모서리나 버튼 등 제품의 세세한 부분까지 모델링하는 디자인 팀은 아이브가 대학 시절 그랬듯이 통상 수백 개의 모형을 제작하곤 한다. 하지만 제품 개발 프로세스가 일정 단계 이상 진전되면 이후의 모형 제작은 외부 전문 업체에 아웃소싱 한다.

아이브의 사무실과 프레젠테이션 테이블, CAD 작업실, 기계 작업실은 모두 정면 출입구 오른편에 위치한다. 그 반대쪽, 그러니까 출입구 왼편으로 아이브의 개인 사무실에 면한 열린 공간은 디자이너들이 작업하는 곳이다. 반투명 유리벽을 따라 넓게 트인 그 공간에서는 디자이너들이 다섯 개의 큰 테이블에 앉아 작업한다. 각각의 테이블은 다시 어깨 높이의 간이 칸막이들로 나누어져 있다. 박스와 부품, 샘플, 자전거, 장난감 등이 도처에 깔려 있어 너저분하고 어수선하다. 분위기가 가벼운 데다가 재미까지 느낄 수 있는 공간이다. "지금도 스케이트보드를 탄 누군가가 점프를 해대고 있을지도 모릅니다. 바트 앤드리와 크리스 스트링어가 공을 차고 있을지도 모르고요." 새츠거의 말이다.

음악도 디자인 스튜디오의 분위기를 띄우는 데 일익을 담당한다. 스튜디오에는 흰색 스피커 약 스무 개에 90센티미터 높이의 콘서트용 서브 우퍼 한 쌍이 설치되어 있다. "철골과 콘크리트로 된 공간이라 소리가 잘 반사돼서 크고 깊은 음향을 즐기곤 했죠." 새츠거의 기억이다. "전 세계의 모든 음악을 트는데, 정말 생생하고 활기가 넘쳤습니다. 갖춰 놓은 음악이 하도 많아서 뭐든 들을 수 있었죠."

아이브는 테크노 음악을 무척 좋아했다. 당시 아이브의 상사였던 존 루빈스타인은 테크노 음악 때문에 정신이 산만해지곤 했다고 회상한다. "디자인 스튜디오에서 테크노 팝을 크게 틀어놓곤 했어요. 나는 주의를 집중하고 생각을 정리할 수 있는 조용한 분위기를 선호했는데 디자이너들은 시끄러운 음악을 좋아했습니다."

"내 경우엔 그 방에 넘치던 에너지와 시끄러운 음악 덕택에 작업 효율이 더 올라갔죠." 새츠거의 말이다. "좁다란 공간에 가만히 앉아 있는 건 딱 질색입니다. (중략) 음악은 소리가 커야 제맛이죠."

스티브 잡스도 음악을 좋아했는데, 디자이너 작업실에 들어서서는 종종 볼륨을 높이곤 했다. 단순히 음악을 한층 더 신 나게 즐기기 위해서만은 아니었다. "스티브가 특정 디자이너와 단둘이서 대화를 나누고 싶어 할 때 그랬습니다." 새츠거가 말을 이었다. "탁 트인 공간이 조용하면 목소리가 정말 잘 들리거든요. 그래서 우리도 스티브가 들어서면 대화를 나누는 상대방에게만 목소리가 들리도록 음악 볼륨을 높이곤 했습니다. 스티브가 무슨 말을 하는지 당사자 말고는 아무도 들을 수 없었죠."

새로운 디자인 스튜디오는 또한 다혈질인 잡스에게 모종의 좋은 영향을 미치기도 했다. "잡스는 산업 디자인 스튜디오에만 들어오면 딴사람이 되었습니다. 훨씬 차분해졌고 남의 말에도 귀를 잘 기울였습니다. 감정 기복이 심한 데다가 사람을 대하는 태도도 수시로 바꾸곤 하는 사람이었는데, 스튜디오에만 오면 늘 상대하기 편한 사람으로 변했습니다." 새츠거의 얘기다.

잡스는 실로 산업 디자인 스튜디오에서 많은 시간을 보냈다. 덕분에 아이브는 무언가 결과물을 내놓으려면 잡스가 없는 시간에 일에 박차를 가해야 했다. "스티브가 가고 나면 우리는 평소보다 150 내지 200퍼센트 분발해서 작업하곤 했습니다. 그가 다시 왔을 때 '짠' 하고 보여 줄 새로운 아이디어나 새로운 작품을 뽑아낼 좋은 기회로 생각했던 겁니다." 새츠거의 설명이다.

## 철의 장막

스티브 잡스는 디자인 스튜디오를 메인 캠퍼스로 이전하면서 보안을 더욱 강화했다. 애플의 아이디어 공장인 디자인 스튜디오에서 정보가 누설되는 것을 원치 않았기 때문이다. 밸리 그린에서는 이따금씩 보안이 느슨했고, 때로는 방문객들이 발을 들여놓곤 했다는 것을 잡스는 잘 알았다. 그래서 신설 스튜디오에서는 그런 일이 벌어지지 않도록 각별히 신경을 쓰기로 마음먹은 것이다.

애플 직원 대다수는 디자인 연구소 출입이 금지된다. 심지어 경영진 중 일부도 스튜디오에는 들어갈 수 없다. 예컨대 애플의 운영 체제인 iOS 소프트웨어 팀장으로 승진한 스콧 포스톨도 출입이 금지되었다. 그의 신분증으로 문조차 열 수 없었다는 얘기다.

더군다나 외부인의 경우에는 디자인 스튜디오에 발을 들여놓은 사람이 거의 없다. 잡스가 아내를 가끔 데려오긴 했다. 잡스의 전기 작가 월터 아이작슨도 내부를 둘러보도록 한 차례 허용되었지만, 그는 잡스 전기에 프레젠테이션 테이블만 묘사했다. 스튜디오 내부를 찍은 사진도 《타임》 2005년 10월호에 공개된 것이 유일하다.[3] 그 사진에는 목재 프로젝트 테이블에 자리한 잡스와 아이브 그리고 중역 세 명이 보이고, 배경으로 더 숍이 눈에 들어온다.

산업 디자인 스튜디오와 관련해 언론을 상대로 미묘한 속임수를 연출한 적도 있다. 아이브는 때때로 CNC 밀링 머신이 가득 찬 엔지니어링 작업장에서 기자들에게 애플 캠퍼스에 대해 설명하곤 했는데, 은연중에 인터뷰 현장이 디자인 스튜디오인 것처럼 처신했다. 사실은 근처의 엔지니어링 작업장이었는데 말이다.

기밀 유지 및 보호는 애플 디자인 스튜디오에 있는 제품들에만 국한되지 않는다. 신제품 개발 작업이 진행되면 소프트웨어 엔지니어들은 하드웨어의 외관이 어떻게 생겼는지 알 수 없고, 마찬가지로 하드웨어 엔지니어들은 소프트웨어의 작동 원리를 알 수 없다. 아이브 팀이 아이폰의 시제품을 제작할 때도 디자이너들은 모조 아이콘을 띄운 바탕 화면 사진을 보며 작업했다.

모든 부서가 저작권이 딸린 나름의 정보를 보유하고 있지만 기밀 유지는 특히 한쪽으로 치우친 양상을 보인다. 애플에서 보안이 가장 철저한 곳은 단연 아이브의 디자인 팀이기 때문이다. "제재가 아주 철저합니다. 직원들은 업무에 관한 얘기를 삼가야 한다는 것, 또 애플 내부에서 진행되는 일을 엉뚱한 사람에게 말해서는 안 된다는 것을 잘 알고 있습니다." 새츠거의 말이다. 엉뚱한 사람이란? 업무와 직접 연관된 동료를 제외한 모두를 가리킨다. 아이브조차도 본인이 진행하고 있는 일을 아내에게 말하는 것이 금지되어 있다.

프로덕트 디자인 팀에서 일하며 아이브 팀과 긴밀히 공조했던 전 엔지니어는 사람의 진을 빼 놓을 정도로 보안 유지가 심하다고 말한다. "평생 살다 살다 그렇게 보안에 철저한 근무 환경은 처음 접해 봤습니다. 자칫 사소한 정보라도 흘렸다가 직장을 잃을 수도 있다는 강박 관념이 가신 적이 없습니다. 동료가 무엇을 하는지도 모르는 경우가 허다했지요. (중략) 머리에 총이 겨누어져 있다는 생각이 들 정도였습니다. 단 한 번이라도 잘못 움직이면 방아쇠가 당겨질 것 같았지요."[4]

애플의 '보안 강박증'으로 인해 디자이너들은 대부분 취재에 응해서도 안 되고 대중의 인정도 멀리해야 한다. 상이란 상은 거의 휩쓸다시피 해도 디자인 세계에서만 존경을 받을 뿐, 일반인들에게는 잘 알려지지 않는다. 그렇게 대중적으로 인정받을 기회가 박탈당하는데도 놀랍게도 불만이 거의 없다. 팀이 그에 적응된 데다가, 그들의 제품이 받는 상이나 인정을 아이브가 기꺼이 팀원과 나누기 때문이다. 대개 아이브가 수상자로 나서는데 소감을 말할 때 팀의 공로를 빠뜨리는 법이 없다. 업계의 어느 관계자가 중의법을 동원해 지적했듯이 아이브가 '아이(I, 나)'라는 말을 입 밖에 내는 경우는 '아이'폰이나 '아이'패드를 언급할 때뿐이다. 어쨌든 애플의 이러한 조치는 팀에 속한 개인을 보호하는 동시에 각자의 공로를 적절히 인정하려는 의도와 맞물린다. 루빈스타인은 이렇게 말한다. "언론에서는 조니가 모든 영예를 독차지하지만 실상은 팀원 전체가 많은 일을 하는 것으로 봐야 합니다. (중략) 그들 모두가 기발한 아이디어를 내며 엄청나게 기여하고 있습니다."[5]

디자인 팀은 대중이 몰라주는 부분에 대해 서운함을 드러내지 않는다. "우리는 모두가 함께 공로를 인정받는 것으로 받아들였습니다. (애플은) 항상 '애플 디자인 팀'을 내세웁니다만, 스티브는 우리가 카메라 앞에 서는 것을 원치 않았죠. 회사는 또한 헤드헌터나 스카우트 관계자들을 철저히 차단했습니다. 언론과 접촉하는 것도 허용되지 않았고 헤드헌터들에게도 숨겨진 탓에 우리는 스스로를 '철의 장막 뒤의 산업 디자인 팀'이라고 칭했습니다." 새츠거의 말이다.[6]

애플의 핵심적인 발명 주체로서 아이브와 디자인 팀은 신제품을 고안하고 창출하는 한편 기존 제품을 개선하기도 하고 기초적인 연구 개발도 수행하고 있다. 물론 디자인 팀만 연구 개발을 수행하는 것은 아니다.(연구 개발을 전담하는 부서는 따로 없다.) 애플에서는 대략 열여섯 명의 디자이너들이 제품을 다듬고 개선하는 데 집중하면서 제조 프로세스에도 신경 쓴다. 그에 비해 삼성은 전 세계 34개 연구소에 도합 1000명 정도의 디자이너를 두고 있다. 물론 삼성은 애플보다 훨씬 많은 종류의 제품을 생산한다.(여기에는 아이폰과 아이패드의 일부 부품도 포함된다.)

스트링어는 애플 산업 디자이너의 역할에 대해 이렇게 말한다. "세상에 없는 제품을 상상하고 이를 실물로 구현하는 프로세스를 안내하며 소비자들이 우리의 제품을 만지고 사용하면서 느끼는 경험까지 정의합니다. 또한 제품의 전반적 형태와 소재, 질감, 색상을 관리할 뿐 아니라 엔지니어링 팀과 공조해 이를 실물로 구현해 출시하는 동시에 애플에 걸맞은 품질을 갖추는 데 절대적으로 필요한 기술까지 쌓아 갑니다."[7]

팀원 다수가 20년 이상 호흡을 맞춰 온 애플 산업 디자인 팀은 탄탄하고 짜임새 있는 조직력을 자랑한다. 그들은 이제 더 이상 혼자서 제품을 디자인하지 않는다. 각 제품마다 실질적인 작업 대부분을 수행하는 선도 디자이너를 한 명씩 정하고 한두 명의 보조 디자이너를 붙이는 방식을 취한다.

주간 회의는 주로 디자인 프로세스의 협력을 공고히 하는 자리가 된다. 한 주에 두세 차례씩은 디자인 팀 전원이 주방 테이블에 모여 브레인스토밍 시간을 갖는데, 결코 열외를 허용하지 않는다. 이 시간은 오전 9시나 10시에 시작되어 통상 세 시간 정도 진행된다.

브레인스토밍은 커피와 함께 시작된다. 디자이너 두 명이 바리스타 역할을 맡아 주방에 비치된 최고급 에스프레소 메이커로 커피를 내린다. 영국계 이탈리아인 다니엘레 데이율리스가 커피의 달인으로 통한다. "대니가 우리에게 커피와 그라인드, 크레마 색깔뿐 아니라, 우유는 어느 정도 타야 적절하며 온도가 얼마나 중요한지 등등 관련된 모든 것에 대해 가르쳤죠." 새츠거의 말이다. 그도 데이율리스의 열정적인 수제자 중 한 명이 되었다고 한다.

본격적인 아이디어 회의에 돌입하면 원형 테이블에 앉은 모두가 자유롭게 창의력을 발휘하며 거리낌 없이 의견을 개진한다. 진행은 아이브가 맡지만 그렇다고 주도하거나 지배하지는 않는다. "조니는 모든 디자인 회의에 참석합니다." 어느 디자이너의 말이다.

브레인스토밍은 늘 특정한 주제를 정해 놓고 집중적으로 이뤄진다. 시제품 프레젠테이션이 안건일 때도 있고, 버튼이나 스피커 그릴을 놓고 토의하거나 작업 중인 디자인의 결함을 철저히 파헤칠 때도 있다.

"목적부터 중점적으로 논의해서 정합니다. 그래서 제품의 이상적인 방향을 이야기할 수 있는 겁니다. 대개는 스케치로 진행되기 때문에 스케치북을 들고 앉아 아이디어를 개괄적으로 그려서 주고받습니다. 이때 솔직한 비평이 가감 없이 튀어나오기도 하죠. 아이디어들을 거듭 걸러 내고 솎아 냅니다. 모형으로 만들어 볼 가치가 있는 무언가를 얻었다고 진정으로 느낄 때까지 말입니다." 스트링어의 말이다.[8]

스케치는 작업 과정의 근간을 이룬다. 스트링어의 이야기를 계속 들어 보자. "나는 결국 어디에든 스케치를 하게 됩니다. 낱장 노트에도 하고, 모형 위에도 스케치를 합니다. 손을 댈 수 있는 거라면 뭐든 가리지를 않지요. CAD 출력물에 개선 사항을 그려 놓는 경우도 적지 않습니다." 스트링어는 특히 CAD 출력물을 선호한다고 말한다. 이미 제품의 외형이 그려져 있기 때문이란다. "이미 구도와 외관이 어떤 식으로든 갖춰진 걸 가지고 작업하는 거니까요. 그 위에다 디테일을 풍성하게 추가할 수 있다, 이얘깁니다."[9]

아이브도 습관처럼 스케치에 열중하는 디자이너다. 스케치 실력이 뛰어나지만 세세한 정확성보다는 속도를 강조한다. "사람들이 신속히 이해할 수 있도록 늘 생각을 빠르게 지면에 옮기고 싶어 했습니다. 아이브는 손을 떨며 쓱싹쓱싹 대충 그리는데, 드로잉 스타일이 정말 재미있었어요." 새츠거의 말이다.

새츠거는 아이브의 스케치북이 "정말 멋졌다고" 기억한다. 하지만 팀의 예술가로는 리처드 하워스와 맷 로박, 크리스토퍼 스트링어를 꼽는다. "하워스는 종종 '쓰레기 같은 아이디어가 떠올라서 그려 봤는데, 보면 짜증 날 거야.'라면서 스케치를 보여 주곤 했는데 그림이 정말 환상적이었습니다."

팀이 아이맥을 디자인하던 무렵만 해도 테이블 위에는 스케치하는 데

쓸 복사 용지가 수북하곤 했다. 하지만 아이브의 팀은 이후 스케치북을 사용하는 쪽으로 방향을 잡았고, 주로 영국의 소기업 데일러로니에서 나온 카셰 양장본 스케치북을 쓰기 시작했다. 요즘도 스튜디오의 사무 용품 보관실에는 카셰 스케치북이 넉넉히 쌓여 있다. 이 스케치북은 최고급 캔버스 천으로 제본을 해서 잘 떨어지지 않는다는 장점이 있다. 하워스와 아이브는 카셰 양장본보다 세 배 더 두꺼운 파란색 스케치북을 쓰는데, 리본으로 표시를 해 두었다.

브레인스토밍 시간에 나온 아이디어는 뭐든 자료로 남기는 게 팀의 관례다. 그렇기 때문에 이전의 아이디어를 언제든 다시 살펴볼 수 있는 스케치북은 매우 중요한 아이템이다. 이들 스케치북은 훗날 애플과 삼성의 소송 사건에서 쟁점이 되기도 했다.

아이디어 회의 때는 특히 많은 스케치가 나오기 마련이다. 브레인스토밍이 막바지에 이르면 아이브는 팀 전원에게 각자의 스케치북을 복사해서 해당 프로젝트의 선도 디자이너에게 넘겨주라고 주문하곤 한다. 나중에 선도 디자이너와 함께 모든 스케치를 면밀히 검토하기 위해서다. 선도 디자이너와 두 보조 디자이너도 참신한 아이디어를 통합할 방법을 모색하기 위해 각각의 스케치를 면밀히 파헤친다.

"나도 열심히 참여한 날에는 스케치를 열 쪽 정도 그려 준 적이 있습니다. 때로는 스케치한 개수를 보고 어떤 디자이너가 사안에 열중했는지 그렇지 않은지 느낄 수도 있었습니다." 새츠거의 회상이다.


## 모형 제작

잡스나 다른 경영진에 아이디어를 발표할 때 쓰는 실물 크기의 모형을 제작하는 일은 외부 전문 업체에 아웃소싱 한다. 가능한 한 최종 제품처럼 보이는 모형을 만드는 것이 목표이고, 그러기 위해서는 전문 장비와 기술이 필요하기 때문이다. 아이브의 팀은 종종 팬시 모델스 코퍼레이션을 이용한다. 프리몬트에 본사를 둔 모형 제작 업체로 홍콩 출신의 모형 제작자인 칭 위가 경영한다. 아이폰과 아이패드 시제품 대부분도 팬시 모델스가 제작했는데, 가격은 모형 하나 당 1만 달러에서 2만 달러 사이다. "애플은 팬시 모델스에만 모형 제작비로 수백만 달러를 쏟아부었습니다." 전 디자이너의 말이다.

사실 애플이 보유한 CNC 머신으로도 정밀 모형을 제작할 수는 있다. 하지만 그 기계들은 대개 초기 모형을 대충 제작하거나, 플라스틱 외관이나 비교적 작은 알루미늄 부속물처럼 당장 필요한 부품을 제작하는 데 주로 쓰일 뿐, 최종 모델을 제작하는 데는 거의 사용되지 않는다.

모형은 최종 디자인을 결정하는 과정에서 중요한 역할을 한다. 아이브는 맥 미니(비교적 저렴한 머리 없는 맥)를 디자인할 때 모형의 크기를 달리하여 10여 개를 제작했다. 매우 큰 것부터 아주 작은 것까지 크기가 실로 다양했다. 그는 스튜디오의 프레젠테이션 테이블 중 하나에 이를 가지런히 나열했다. "부사장 몇 사람과 아이브뿐 아니라 우리도 그 자리에 참석했지요." 당시 프로덕트 디자인 엔지니어였던 고탐 백시의 말이다. "그들은 제일 작은 모형을 가리키고는 이렇게 말했어요. '너무 작네요. 우스꽝스러워 보이기도 하고요.' 그런 다음 제일 큰 모형 쪽을 가리키면서는 '그런데 이건 너무 크죠? 이렇게 큰 컴퓨터를 갖고 싶은 사람은 없을 겁니다. 여기 이 한가운데 있는 것은 어떻게 생각해요?'라고 하더군요. 그런 식으로 그들은 하나하나 살펴보며 의견을 좁혀 나갑니다."

케이스의 크기를 결정하는 일은 사소해 보일지도 모른다. 하지만 그에 따라 맥 미니에 탑재할 수 있는 하드 드라이브의 종류가 달라지는 상황이었다. 케이스가 크면 일반 데스크톱에 쓰는 저렴한 3.5인치 드라이브를 장착할 수 있었다. 하지만 아이브가 작은 케이스를 선택하는 경우 단가가 훨씬 비싼 2.5인치 노트북 드라이브를 내장해야 했다.

아이브와 부사장들은 저렴한 3.5인치 드라이브를 쓰기에 딱 2밀리미터가 모자라는 케이스를 선택했다. "그들은 하드 드라이브는 개의치 않은 채 그저 외관에만 주안점을 두고 결정한 겁니다. 하드 드라이브를 기준으로 케이스를 정하면 비용이 훨씬 덜 드는데 말입니다." 백시의 말이다. 그에 따르면, 아이브는 하드 드라이브를 거론조차 하지 않았다고 한다. 거론되었다 해도 결과가 달라지진 않았을 테지만 말이다. "우리가 그런 식의 피드백을 제공해도 애초의 의향이 바뀌는 경우는 거의 없더라고요. 그들은 그저 미학적으로 이상적인 크기와 외관만을 중시했습니다."[10]


## 아이브의 역할

조너선 아이브가 디자이너보다 관리자에 좀 더 가까워지면서 애플에서 그의 역할도 진화했다. 아이브는 팀을 운영하면서 새로운 팀원도 직접 발굴했다. 또한 디자인 팀과 회사의 여타 구성원 사이에서, 특히 경영진과의 사이에서 정보 전달자 역할도 했다. 작업할 제품과 그 방향을 두고는 스티브 잡스와 긴밀히 호흡을 맞췄다.(잡스가 없는 지금은 경영진과 호흡을 맞추고 있다.) 그의 조언이나 의견 없이는 제품의 색상이든 버튼의 디테일이든 어떤 것도 결정되는 법이 없었다. "무엇이든 조니의 검토를 거쳐야 합니다." 한 디자이너의 말이다.

"조니는 훌륭한 리더입니다. 탁월한 디자이너인 만큼 팀원들의 존경도 받고요. 제품에 대한 감각이 남다른 인물입니다." 루빈스타인의 얘기다.

새츠거도 이에 공감한다. "아주 유능한 리더라고 할 수 있습니다. 부드러운 목소리의 영국 신사인데, 옥석을 가리는 안목은 잡스 수준이라고나 할까요." 과거에는 여러 면에서 아이브가 잡스의 비전을 구현해 내는 손이었다. 잡스는 무엇이든 마음에 들지 않으면 마음에 들지 않는다고 내뱉는 인물이었다. 하지만 그에 대한 개선책을 일일이 지시하지는 않았다. 모종의 방향을 지시하는 피드백은 아니었다는 뜻이다. 그는 아이브와 디자이너들에게 보다 나은 해결책을 제시하라고 촉구할 뿐, 무엇을 어떤 식으로 바꿔야 한다고 제안하는 법이 없었다.

둘의 관계가 가까워지자 아이브 역시 잡스를 잘 다루는 인물로 통했다. "조니가 스티브를 조종하는 경우도 많았습니다. 무언가 달리 가는 게 중요하다고 느끼면 조니는 스티브에게 '제 생각엔 이걸 바꿔야 해요.'라는 식으로 소신을 당당히 밝히곤 했습니다." 게다가 윗선의 누군가가 자신이나 팀원에게 시비를 걸거나 추궁이라도 하면 중역들을 제쳐 놓고 과감히 잡스를 찾아가기도 했다.

아이브는 팀원을 보호하는 리더로서도 손색이 없다. 애플의 여타 부서 리더들과 비교할 때 특히 두드러지는 자질이다. "일이 잘못되면 조니는 그에 대한 책임을 자기 자신에게 돌리곤 합니다. 디자인에서 문제가 발생하는 경우든, 기대에 부응하지 못하는 일이 생기는 경우든 항상 자기 탓으로 돌리곤 합니다. 나는 그가 결코 다른 팀원을 희생양으로 삼을 사람이 아니라는 것을 느낄 수 있었습니다." 백시의 말이다.

디자인 팀은 단합이 잘 되었지만, 그렇다고 다른 부서의 직원들과도 유대가 돈독한 것은 아니었다. 거의 10년간 산업 디자인 팀과 협력 관계로 일했던 어느 전직 프로덕트 디자인 엔지니어는 아이브나 산업 디자인 팀원들과의 상호 작용이 늘 격식을 차리는 부자연스러운 분위기 속에서 이뤄졌다고 말한다. 또한 애플 내에서 디자인 팀이 갖는 우월함을 지속적으로 의식하지 않을 수 없는 분위기였다고 한다.

"나는 누가 말을 걸 때만 입을 열었습니다. 그 친구들은 나보다 연봉도 높았고, 내 삶을 지옥으로 만들 수도 있는 위치에 있었죠. 용무가 있어야만 (산업 디자인 스튜디오에) 출입했고 볼일을 다 마치면 즉시 나왔습니다. 그 외에는 그곳에 들른 적도 없고, 산업 디자인 팀원들과 어울린 적도 없습니다." 엔지니어 백시의 증언이다.

그렇지만 아이브의 디자이너들은, 특히 샌프란시스코에 사는 팀원들끼리는 일과 후에도 서로 어울리곤 한다. 사실 그 디자이너들 다수에게 사교와 일은 하나로 통한다. 맥월드 행사장에서도 그들은 종종 리무진을 빌려 (때로는 볼랭저 샴페인까지 가득 싣고) 저녁 식사를 하러 가기도 하고 끝난 후 술 파티를 벌이기도 했다. 애플 출신의 한 프로덕트 디자인 엔지니어는 클리프트 샌프란시스코 호텔에서 열린 턱시도 차림의 행사에 참가했다가 목격한 일을 이렇게 기억한다. "자정 무렵 산업 디자인 팀원들이 파티 뒤풀이로 호텔 로비에 모여 여흥을 즐기더군요. 스트링어와 아이브, 유진 황 등을 포함해서 한 무리였는데…… 그들은 늘 그렇게 최신 유행 음악에 꽂혀서 삽니다."

팀원 중 다수는 자녀가 있다. 외부인 출입이 금지된 디자인 스튜디오이지만 그들은 종종 자녀들을 데려오곤 한다. 특히 새츠거는 늘 아이들을 대동했다. 디자이너를 꿈꾸는 새츠거의 딸은 대학 입학 에세이로 애플 산업 디자인 스튜디오에서 보낸 어린 시절과 현장에서 본 프로세스, 그리고 제품이 만들어지는 경위와 그 근거에 대해 썼을 정도다. "딸아이도 팀원이었습니다. 거기서 여덟 시간 내지 열 시간을 상주하곤 했지요." 새츠거의 말이다.

그러나 아이브는 예외였다. 아내와 쌍둥이 아들 찰리, 해리를 어수선한 애플 캠퍼스에 얼씬거리게 하는 법이 없었다. 샌프란시스코에 사는 디자이너 가운데 몇몇은 아이브의 가족을 잘 알지만 그 외에 다른 이들은 전혀 모른다. 아버지의 영향으로 디자인에 대한 관심을 키운 아이브 아니던가. 참으로 특이한 모순이 아닐 수 없다.

# 8

## 아이팟 디자인

애플은 하드웨어와 소프트웨어가 들어 있는 예술 작품을 탄생시켰다.

—보노(가수)

2000년대가 막 시작되었을 때 애플은 안정기에 있었다. 아이맥이 큰 성공을 거두었고 새로운 운영 체제인 맥 OS X이 막 출시된 상태였다. 그리고 동영상 편집, 사진 저장, DVD 굽기를 위한 OS X용 응용 프로그램(각각 아이무비, 아이포토, iDVD)들을 준비 중이었다. 하지만 디지털 음악을 위한 응용 프로그램은 빠져 있었다.

당시는 음악 파일 공유 서비스 냅스터 덕분에 음악의 디지털화가 가속되고 CD 굽기 프로그램도 나날이 인기가 높아지고 있었다. 애플은 컴퓨터에 CD 굽기 프로그램을 추가하는 거의 마지막 주자가 될 분위기였다. 유행에 뒤처지지 않기 위해 애플은 소규모 독립 소프트웨어 개발 업체 캐서디 앤드 그린으로부터 MP3 플레이어 프로그램인 사운드잼 MP를 인수했다. 또한 캐서디 앤드 그린의 걸출한 프로그래머 제프 로빈도 영입했다.

애플 본사로 둥지를 옮긴 로빈의 팀은 초보자도 쉽게 사용할 수 있도록 여러 불필요한 기능을 제거하는 등 사운드잼의 개조에 착수했다. 로빈은 잡스의 지휘 아래 수개월에 걸쳐 프로그램을 단순하게 바꾸었고, 잡스는 그것을 2001년 1월 맥월드 엑스포에서 아이튠스라는 이름으로 세상에 공개했다.

로빈이 아이튠스에 매달려 있는 동안 잡스와 간부들은 그 소프트웨어와 함께 사용할 수 있는 기기에 대해 아이디어를 나누었다. 디지털카메라, 캠코더 등 여러 기기를 고려해 봤지만 MP3 플레이어가 가장 적당한 타깃으로 보였다. 그들이 보기에 당시 시장에 나와 있는 초기 MP3 플레이어들의 기능은 형편없었다. 애플의 하드웨어 마케팅 담당 부사장 그레그 조스위악은 "정말로 쓸모없는 제품들"이라고 표현했을 정도다.

당시 시장에 출시된 MP3 플레이어는 크게 두 종류였다. 하나는 전통적인 3인치 데스크톱 하드 드라이브를 기반으로 하는 커다랗고 투박한 것이었고, 다른 하나는 비싼 플래시 메모리를 사용했는데 저장 용량이 매우 작았다. 두 종류 모두 아이튠스를 활용하기에 부적절했기에, 잡스는 루빈스타인에게 아이튠스의 멋진 기능을 제대로 활용할 방법을 어떻게든 찾아보라고 했다.

한편 아이브의 디자인 팀은 이미 MP3 플레이어의 시제품을 만들고 있었다. 과거 브러너의 저거넛 프로젝트에서도 그러했듯 이 시제품들은 순전히 콘셉트에 불과한 실험작이었다. 당시 만든 시제품들은 아이맥의 투명한 플라스틱 디자인 언어에서 영향을 받았고 작은 플래시 메모리 칩을 기반으로 했으며 약 앨범 한 장 분량의 곡을 저장할 수 있었다. "그런 작은 주변 기기들은 핵심 생태계의 연장선상에 있는 것으로 여겨졌습니다. 적어도 초반의 콘셉트 제시 단계에는 엔지니어링 팀이 참여하지 않았습니다." 한 전직 애플 디자이너의 말이다.

아이브는 시제품 중 특히 아이맥의 하키 퍽 마우스를 닮은 디자인이 마음에 들었다. 빨간색 투명 플라스틱으로 만든 것이었다. 요요에서 힌트를 얻은 이 기기는 둘레에 파 놓은 홈에 이어폰 줄을 감을 수 있었고 뒷면에는 이어폰을 쏙 끼워 갈무리하는 공간이 있었다.(아이폰 5의 이어폰 패키지를 둥글게 만든 형태를 연상하면 된다.) 기기를 조작하는 일련의 버튼이 원형으로 배열돼 있고 중앙에 작은 흑백 스크린이 있었다. 우리가 알고 있는 아이팟 스크롤 휠과 닮은 디자인인데 이때는 휠은 없고 버튼만 있었다. 아이브의 디자인 팀은 다른 버전들도 제작했지만(동영상을 볼 수 있는 것도 있었다.) '이거다!' 싶은 시제품은 아직 나오지 않고 있었다.

2001년 2월 말, 잡스와 루빈스타인은 도쿄 맥월드 행사 참석 차 일본에 갔다. 루빈스타인은 애플의 주요 부품 공급 업체 중 하나인 도시바와 정례 회의를 가졌다. 회의가 끝나 갈 무렵 도시바 측에서는 루빈스타인에게 지름이 1.8인치밖에 안 되는 새로운 하드 드라이브를 소개했다. 크기는 작지만 용량이 무려 5기가바이트나 됐다. 노래를 담는다면 1000곡을 채우기에 충분한 용량이었다.

　도시바 엔지니어들은 그 하드 드라이브로 무엇을 해야 할지 감을 못 잡고 있었고, 그걸 카메라에 활용하면 어떻겠냐고 루빈스타인에게 물었다. 애플이 개발 중인 MP3 플레이어를 떠올린 루빈스타인은 입가에 미소가 번졌지만 속마음을 드러내지 않았다. 그는 곧장 호텔로 돌아가 잡스에게 애플의 MP3 플레이어를 제작할 방법을 찾았다고 말했다. 그에게 필요한 건 1000만 달러짜리 수표 한 장이었다.

　잡스는 루빈스타인에게 즉시 일을 추진하라고 했다. 단 한 가지 단서가 붙었다. 대목인 크리스마스를 겨냥해 그해 크리스마스 시즌까지 제품을 출시해야 한다는 것이었다. 이는 곧 8월까지는 제품이 완성돼야 한다는 뜻이었다. 애플의 첫 번째 MP3 플레이어를 만들기 위해 루빈스타인에게 주어진 시간은 6개월밖에 없었다.


## "노래를 주머니 속에"

루빈스타인이 기억하기에 초반의 가장 큰 문제는 아이브의 산업 디자인 팀을 비롯한 애플 직원들 모두가 다른 프로젝트 때문에 바쁘다는 것이었다. 탐구적이고 실험적인 프로젝트를 진행할 때 흔히 그랬듯 이번에도 애플은 외부 컨설턴트를 찾기 시작했다.

　누군가가 휴대용 기기와 디지털 오디오 분야에 전문성을 지닌 디자이너 겸 엔지니어 토니 파델을 추천했다. 파델은 애플에서 분리 독립한 제너럴 매직에서 일한 경력이 있었고 필립스에서 PDA를 개발하기도 했다. 그러다 1990년대 후반에 퓨즈 네트웍스라는 회사를 차렸다.

　직원이 열두 명인 파델의 회사는 테이프 덱이나 FM 라디오 대신에 하드 드라이브와 CD 리더를 갖춘 전통적인 랙 마운트 형 컴포넌트인 MP3 스테레오 플레이어를 개발하느라 여념이 없었다. 파델은 팜이나 스위스의 세계적인 시계 기업 스와치 등과 접촉하며 자신의 아이디어를 실현할 기회를 모색했으나 별다른 성과를 거두지 못하고 있었다. 그러던 중 리얼 네트웍스와도 접촉을 했고, 그 덕분에 루빈스타인의 관심을 끌게 된 것이었다.

루빈스타인이 파델에게 전화를 걸었을 때 파델은 콜로라도 주 애스펀의 스키장에 있었다. 루빈스타인은 함께 의논하고 싶은 프로젝트가 있으니 애플로 와 달라고 했다. 어떤 프로젝트인지는 극비 사항이라 미리 말해 줄 수 없다고 했다. 애플에서 온 연락이니 파델은 당연히 부름에 응했다.

파델이 기밀 유지 계약서에 서명하고 나서야 루빈스타인은 아이튠스와 연결해서 사용할 수 있는 MP3 플레이어를 개발할 계획이라고 설명했다. 파델은 구미가 확 당기지는 않았지만(애플은 2000년도에 그다지 눈부신 성과를 올리지 못했다.) 퓨즈의 재정 상태가 극도로 악화돼 있는 상태였다. 자신이 창업한 회사의 자금이 고갈된 데다 닷컴 거품이 붕괴하면서 이제는 투자를 유치하기도 어려워진 것이었다. 파델은 퓨즈 직원들에게 급여를 주기 위해 루빈스타인이 제안한 프로젝트에 참여하기로 했다.

루빈스타인은 파델에게 MP3 플레이어 개발에 필요한 것들을 분석하기 위한 8주 업무 계약을 제안했다. 파델은 배터리, 스크린, 칩을 비롯한 여러 부품을 알아봐야 했고 팀을 어떻게 구성할지도 파악해야 했다. 이 과정이 끝나면 예비 조사 결과를 잡스에게 보고하게 되어 있었다.

파델은 하드웨어 마케팅 책임자인 스탄 웅과 함께 일하게 되었다. 두 사람은 이 새로운 제품을 위한 디자인 스토리를 신속하게 만들어 냈다. "노래를 주머니 속에'가 이 제품의 슬로건이 되었습니다. 우리가 만들 제품의 가장 중요한 핵심은 바로 크기와 형태였으니까요." 웅의 말이다.[1]

파델은 MP3 플레이어에 들어갈 부품의 대부분을 당시 빠르게 성장하

244

고 있던 휴대 전화 업계에서 찾아냈다. 그는 자신이 고려하는 부품들의 크기를 토대로, 접착제로 결합한 폼 코어를 사용해 실물 크기 모형을 만들었다. 담뱃갑 크기만 한 직사각형 모양의 디자인이 모습을 드러냈다. 모형을 손에 들었을 때 너무 가벼워서 적절한 무게감을 가미하기 위해 차고에서 찾아낸 오래된 낚싯대용 납봉을 활용했다. 그는 납봉을 망치로 납작하게 두드려 모형의 폼 보드 사이에 끼워 넣었다.

루빈스타인은 그 모형을 마음에 들어 했다. 4월 초, 파델과 웅이 스티브 잡스를 비롯한 경영진 앞에서 이 모형을 발표하는 날이 되었다. 루빈스타인, 로빈, 실러도 참석했다. 파델은 잡스를 만나 본 적이 없었지만, 자신이 선호하는 모형을 잡스가 선택하게끔 유도하는 방법을 조언받은 상태였다. 즉, 세 가지 모형을 보여 주되 가장 선호하는 것을 마지막에 보여 주는 것이었다. 파델은 두 가지 모형은 도면으로 준비하고 나머지 하나는 폼 코어 모형으로 준비했다. 폼 코어 모형은 4층 중역 회의실의 긴 탁자에 놓고 사발 모양의 커다란 나무 덮개를 씌워 두었다.

회의가 시작되자 먼저 웅이 음악 시장과 기존 MP3 플레이어들을 분석한 슬라이드를 보여 주었다. 하지만 잡스는 지루해하면서 계속해서 슬라이드 설명을 중지시켰다. 다음은 파델 차례였다. 그는 도시바의 1.8인치 하드 드라이브, 스크린에 쓸 작은 유리 조각, 다양한 배터리 종류, 머더보드 샘플 등 플레이어에 들어갈 부품을 전부 탁자 위에 펼쳐 놓았다. 그리고 메모리와 하드 드라이브의 단가 예상 곡선, 배터리 기술, 다양한 종류의 디스플레이에 관한 설명을 이어 갔다.

그런 다음, 일어나서 첫 번째 콘셉트에 대한 도면을 공개했다. 저장 장치를 자유롭게 장착할 수 있는 슬롯을 갖춘, 커다란 벽돌 모양의 기기였다. 잡스는 너무 복잡하다며 불만을 표시했다.

다음으로 제시한 두 번째 도면은 크기가 더 작았고 수천 개의 곡을 넣을 수 있었지만, 휘발성 플래시 메모리 기반이라서 배터리가 다 되면 음악 파일이 모두 사라질 수 있었다. 잡스는 이것 역시 마음에 들어 하지 않았다. 그러자 파델은 탁자 위에 있는 부품들을 마치 레고 블록처럼 조립하더니 그 결과물을 잡스에게 건넸다. 잡스가 흥미롭다는 듯이 이리저리 돌려 보며 살펴보자, 파델은 사발 모양의 덮개를 열고 보다 완성된 형태의 모형을 잡스에게 보여 주었다.

잡스의 눈이 반짝거리며 빛났다. 다음은 필 실러가 모두를 놀라게 했다. 그는 회의실 밖으로 나가더니 스크롤 휠이 달린 MP3 플레이어 모형 몇 개를 가지고 돌아왔다. 실러는 휠 방식이야말로 이름이든, 주소든, 곡목이든, 기기 안의 목록을 빠르게 살펴볼 수 있는 가장 좋은 방법이라고 설명했다. 휠을 돌리면 돌릴수록 목록이 스크롤 되는 속도도 빨라졌고, 아무리 긴 목록이라도 맨 아래까지 금방 도달할 수 있었다. 원하는 항목을 선택할 때는 중앙의 동그란 부분을 누르면 된다는 설명이었다.

실러는 경쟁 업체들의 MP3 플레이어를 조사하다가 아이디어를 얻은 것이었다. 그는 곡을 찾을 때마다 메뉴를 오르내리며 조그만 버튼을 수없이 눌러야 하는 점이 짜증스러웠다. "플러스 버튼을 수백 번씩 누를 수는 없잖아요! 그래서 생각했죠. 누르지 말고 돌리면 되지 않을까?"[2] 그는 휠 마우스에서 팜의 섬 휠에 이르기까지 스크롤 휠이 전자 기기에 꽤 흔하게 쓰인다는 사실을 발견했다. 뱅앤올룹슨의 베오컴 전화기에도 연락처 및 통화 기록을 검색하기 위한 다이얼이 있었는데, 이 다이얼은 나중에 아이팟 디자인의 핵심 특징이 되는 스크롤 휠과 비슷했다.

잡스는 파델에게 실러가 제안한 스크롤 휠을 제작할 수 있는지 물었고 파델은 "물론이죠."라고 대답했다. 애플의 MP3 플레이어 프로젝트의 암호명은 'P-68'이었다.

# 덜시머 프로젝트

어떤 이유에선지 P-68은 애플 내부자들 사이에서 '덜시머 프로젝트'로 불리기 시작했다. 잡스는 이 프로젝트 진행을 정식으로 승인한 상태였지만, 프로젝트의 핵심 멤버 가운데 한 명인 토니 파델은 애플의 정식 직원이 아니었을 뿐만 아니라 딱히 입사하기를 원하지도 않았다. 파델은 이 프로젝트 관련 업무를 자신의 회사인 퓨즈 네트웍스가 하청받는 방식의 계약을 원한다고 루빈스타인에게 요청했지만 루빈스타인은 이를 거절하고 대신 파델과의 업무 계약을 연장했다.

그러나 프로젝트가 진행될수록 루빈스타인은 이 계약 내용이 점점 더 거슬렸다. 그는 파델이 풀타임으로 애플에 합류하길 원했다. 잡스와 첫 미팅을 하고 4주 후에 파델이 아이브(이때는 프로젝트의 진행 상황을 모르고 있었다.)를 비롯한 애플의 주요 인사 스물다섯 명 앞에서 아이팟 프로젝트에 대해 설명하는 프레젠테이션이 잡혔다. 파델이 프레젠테이션 준비로 바쁜 동안 루빈스타인은 그를 애플에 합류시키기 위한 최후의 방법을 짜냈다.

회의가 열리기 직전, 아이브를 비롯한 스물다섯 명이 기다리는 가운데 루빈스타인은 파델에게 선택을 하라고 말했다. 파델이 정식 직원으로 합류하지 않으면 회의를 취소하겠다는 것이었다. 또 파델이 애플의 입사 계약 조건에 사인하지 않는다면 해당 프로젝트를 진행하지 않겠다고 덧붙였다.

결국 파델은 정규직 제안을 수락하고 프레젠테이션을 시작했다.

애플의 정식 직원이 된 파델은 프로젝트의 엔지니어링을 책임지게 되었다. 로빈은 소프트웨어와 인터페이스 팀을 이끌었고, 루빈스타인은 모든 과정을 총감독하는 역할을 맡았다. 그들 모두에게 주어진 책임은 분명했다. 애플의 명예를 걸 만한 MP3 플레이어를 만들자는 잡스의 열망을 충족하는 제품을 탄생시키는 것, 그것도 촉박한 일정 내에 완성해야 한다는 것이었다. 프로젝트에 가장 늦게 합류한 조너선 아이브는 최종 제품의 외양과 완성도, 사용성을 책임지게 되었다.

파델은 빠듯한 일정이 부담스러웠지만 부지런히 움직였다. 그는 도시바의 드라이브를 기본으로 하고 소니의 휴대 전화 배터리와 스크린을 택했다. 그리고 스코틀랜드의 소기업 울프슨 마이크로일렉트로닉스의 스테레오 디지털 아날로그 변환기, 텍사스 인스트루먼츠의 파이어와이어 인터페이스 컨트롤러, 샤프 일렉트로닉스의 플래시 메모리 칩, 리니어 테크놀로지스의 배터리 충전 및 관리 칩, 포털플레이어의 MP3 디코더 및 컨트롤러 칩을 구성 요소로 선택했다.

파델은 공급 업체들을 만나기 위해 아시아로 출장을 갔다. 그는 공급 업체들이 제조하게 될 제품이 무엇인지 정확히 밝히지 않고 애플이 원하는 작업에 필요한 일부 사양만 모호하게 알려 주었다.

초기 시제품들은 신발 상자 크기만 한 강화 아크릴 박스로 제작했다. 그 때문에 결함을 찾아서 수정하기가 수월했다. 또 신발 상자 같은 커다란 크기 덕분에 뮤직 플레이어를 제작하고 있다는 사실을 숨기기에도 좋았다. 이 제품은 비밀리에 개발 중이었기 때문이다. 심지어 애플 사내에서도 입에 올리는 것을 조심해야 했다. 팀원들은 좀 더 철저한 보안을 위해 새로운 시제품을 만들 때마다 버튼과 스크린의 위치를 바꿨다. 하지만 한 엔지니어는 그 모든 것이 멍청한 속임수였다고 말했다. 사실 기기 내부를 한 번만 들여다봐도 호주머니에 들어가는 작은 제품이라는 것을 금세 알 수 있었기 때문이다.

아이브는 자신의 역할이 덜시머 프로젝트 디자인 제안서의 내용을 완벽하게 구현하는 것이었다고 훗날 회상했다. 한마디로 "기막히게 새로운 것"을 창조해야만 했다는 얘기다.[3]

# 전에 없던 새로운 기기의 탄생

"너무나 자연스럽고 필연적이면서도 단순하게 느껴져서 인간이 설계했다는 생각조차 들지 않는 제품. 우리는 처음부터 바로 그런 제품을 염두에 뒀습니다." 아이브의 말이다. 제품의 형태는 중요한 문제가 아니었다. "마음만 먹으면 바나나 모양으로 만들 수도 있었지요."[4]

그들은 스크린, 칩, 배터리 등의 위치를 고려해 가며 부품들을 자연스럽게 아크릴 박스 안에 배치했다. "재료와 부품만 봐도 알 수 있을 때가 있습니다. 그때도 그랬죠. 다 합쳐졌을 때 어떤 모습이 나올지 분명하게 감이 왔습니다." 루빈스타인의 말이다.[5]

아이브는 리처드 하워스를 선도 디자이너로 지정했다. 그들은 파넬이 만든 폼 코어 모형을 참고해 일을 진행했다. 가장 어려운 부분은 사용자 인터페이스를 디자인하는 일이었다. 스크린 배치와 버튼 부착 여부도 문제였다. 곡을 선택하는 방식은 무엇보다 중요했다. 불필요한 부분을 제거하는 작업을 꾸준히 진행한 결과 전면 다이얼에 네 개의 버튼을 부착하는 것으로 결론이 났다.

잡스는 넥스트에 몸담았던 걸출한 사용자 인터페이스 디자이너 팀 와스코와 함께 인터페이스 개발에 심혈을 기울였다. 와스코는 또한 로빈과 협력하여 아이튠스의 사용자 인터페이스 작업도 진행했다. 과거에 와스코는 퀵타임 4의 금속성 인터페이스(나중에 잡스는 애플의 소프트웨어 대부분에 이 인터페이스를 적용한다.)를 고안해 잡스에게 깊은 인상을 주었고, 그래서 아이팟의 사용자 인터페이스 작업도 맡게 된 것이었다.

먼저 그는 사용자가 곡을 선택할 때 보게 되는 옵션들(가수 이름, 앨범 이름, 특정 앨범의 전체 수록곡)을 준비했다. "그것을 도식화하면 일련의 목록들이 서로 연결된 형태가 나왔습니다. 결국 버튼을 누르면 아래의 다음 목

록으로 이동하고 다른 버튼을 누르면 원래 자리로 올라오게 만들면 되는 것이었지요." 와스코의 말이다.[6]

와스코는 멀티미디어 저작 프로그램인 어도비 디렉터에서 아주 단순하면서도 사용하기 쉬운 데모를 제작했다. 그는 잡스에게 데모를 보여 주기 전에 키보드 커서 키들을 영상 편집용 USB 조그 휠로 대체했다. 조그 휠의 중앙에는 영상을 빠르게 돌리며 화면을 찾는 데 쓰는 다이얼이 있었고 그 위쪽과 아래쪽에 버튼이 여러 개 붙어 있었다. 와스코는 위에 있는 버튼들은 무시하고 아래쪽 버튼 네 개에만 라벨을 붙였다.(재생/중지, 후진, 전진, 메뉴.) 조그 휠은 훌륭하게 역할을 수행했다. 잡스는 이 시스템을 마음에 들어 하면서도 와스코에게 네 번째 버튼을 없애라고 종용했다. 와스코가 잡스의 스타일을 아직 간파하지 못했던 것이 아쉬운 대목이다. 와스코는 이렇게 회상한다. "스티브에게 뭔가를 보여 주면 그게 아무리 훌륭하더라도 꼬투리부터 잡습니다. 그래서 허접스러운 다른 것도 만들어서 함께 보여 줘야 합니다."

당시 와스코는 희생양으로 삼을 다른 것을 준비하지 않은 상태였다. 그래서 버튼 중 하나를 없앨 방법을 궁리하지 않을 수 없었다. 하지만 몇 주간 매달렸음에도 버튼 세 개만으로는 목록을 효과적으로 탐색할 방법을 도저히 찾을 수 없었다. "우리는 그 방법을 찾느라 정말이지 머리를 쥐어짰습니다."

결국 잡스는 자신이 부가적 버튼이라고 여기는 버튼의 존재를 묵인해 주었다. 와스코는 자신의 맥과 조그 휠을 들고 산업 디자인 스튜디오의 아이브에게 보여 주려고 찾아갔다. "회의는 순식간에 끝났습니다. 산업 디자인 팀에서도 아이팟이 휠 방식이 될 것이라는 사실을 이미 알고 있었으니까요. 저는 그저 조니에게 인터페이스 작동 방식만 보여 줬지요." 와스코의 얘기다.

아이브는 스크린과 스크롤 휠의 위치를 여러 방식으로 궁리해 봤지만 선택의 폭이 별로 넓지 않았다. 그의 팀은 처음엔 네 개의 버튼을 휠 위쪽에, 그러니까 스크린 바로 밑에 넣는 방식을 원했지만, 결국에는 버튼들을 스크롤 휠 둘레에 배치하기로 했다. 그렇게 하니 엄지손가락으로 휠을 돌리다가 버튼을 누르기가 편했다.

아이브는 나중에 《뉴욕 타임스》 인터뷰에서 이렇게 말했다. "일찍이 스티브 잡스는 콘텐츠를 탐색하는 방식이 무엇보다 중요하다는 매우 흥미로운 견해를 밝혔습니다. 핵심에 집중하는 제품이어야 한다는 것, 너무 많은 기능을 담아서는 안 된다는 것이었습니다. 만일 그랬다면 복잡한 제품, 그래서 죽음을 맞이하는 제품이 되었을 겁니다. 당연한 기능이 겉으로 드러나 보이지 않는 이유는 최소한의 것만 남겼기 때문입니다."[7]

수많은 소비자와 비평가들이 (적어도 처음에는) 전원 버튼이 없는 것에 당황했다. 아무 버튼이나 누르면 기기가 켜지고 한동안 사용하지 않으면 자동으로 꺼지게 한다는 아이디어, 그것은 미니멀리스트의 천재적인 발상이었다.

"아이팟은 근본적으로 새로운 제품이자 선천적으로 매력 넘치는 물건이었습니다. 그랬기에 최대한 기능을 줄이고 단순화하는 디자인 전략과 맞아떨어진 겁니다." 아이브의 말이다.[8]

아이팟에서는 여타 휴대용 전자 기기에 일반적으로 나타나는 특징 몇 가지도 사라졌다. 그중 대표적인 것은 별도의 배터리 공간이다. 대부분의 휴대용 기기는 배터리를 꺼낼 수 있게 되어 있으므로 배터리 덮개가 필요하고 또 그 덮개를 열었을 때 내부 부품이 보이지 않도록 밀폐하는 내벽도 필요하다. 아이브는 그 두 가지를 다 생략했다. 그러자 더 작고 깔끔한 제품이 탄생했다. 애플은 이미 시장 조사를 통해 배터리를 교체하는 사람이 별로 없다는 사실을 파악한 상태였다. 말로는 그런다고 하면서도 실제로 교체하는 사람은 별로 없었던 것이다. 물론 배터리 밀봉 방식은 격렬한 항의를 불러왔다. 사용자들은, 그리고 특히 비평가들은 교체 가능한 배터리를 기본 사양으로 기대했기 때문이다. 하지만 배터리 교체 방식을 택하지 않은 덕분에 아이팟 케이스는 단 두 부분으로만, 즉 내부 잠금장치를 이용해 결합하는 스테인리스강 후면부(일명 '카누')와 아크릴 전면부로만 구성할 수 있었다. 또한 구성 부분의 개수가 적어지자 제품 제조 시 허용 오차도 줄어들었다.(인접 부품들이 수평을 이루게 하려면 허용 오차를 감안해야 한다. 구성 부분의 개수가 적을수록 정합 문제도 덜 발생한다.)

아이브는 아이팟, 아이폰, 아이패드, 맥북의 몇몇 세대를 포함해 이후의 밀봉형 제품에도 기본적으로 위와 같은 방식을 적용하게 된다. "제품들이 기본적으로 스크린과 후면 커버, 이렇게 두 부분으로만 이뤄지는 거죠. 그럼 더 나은, 아니 훨씬 더 나은 제품이 됩니다." 새츠거의 말이다.

아이팟 뒷면을 스테인리스강으로 만든 것은 논쟁의 여지가 있는 선택임이 드러났다. 포장 상자에서 막 꺼냈을 때는 몹시 근사해 보이지만 긁히거나 찌그러지기 쉬웠기 때문이다. 비록 다소 특이한 소재를 선택하긴 했지만 그래도 소비자 반응은 좋았다면서 디자인 컨설턴트 크리스 레프테리는 이렇게 말했다. "그런 기기에 스테인리스강을 쓴다는 것은 사실 매우 비합리적입니다." 다른 회사들이었다면 십중팔구 내구성이 더 높은 플라스틱을 사용했을 거라는 얘기였다. "휴대용 뮤직 플레이어의 후면을 스테인리스강으로 만든다는 것은 말도 안 됩니다. 긁히거나 찌그러지기 십상이고 무겁기까지 하니까요. 하지만 그럼에도 소비자들에게는 먹혔지요."[9] 애플의 한 간부는 아이브의 팀이 스테인리스강을 선택한 이유가 신속하게 작업할 수 있는 가장 얇고 강한 소재였기 때문이라고 말했다.

레프테리는 제품 뒷면을 제외하면 아이팟이 "정말 아름답다."라고, 당시 디자인 팀이 플라스틱 제품을 다루는 기술에 정통했다는 사실을 보여 준다고 말했다. 아이팟 케이스는 수작업으로 광을 냈으며 기기 내부의 용접선도 수작업으로 다듬었다. 레프테리는 말했다. "애플은 신소재를 그리 자주 사용하지 않았습니다. 그보다는 기존 소재들의 가능성을 탐색했지요. (중략) 애플은 소재에 대단히 많은 공을 들이고 완성도에 강박적일 만큼 집착하는 기업입니다."

아이팟의 흰색은 아이브의 아이디어였다. 아이브는 과거 베이지색의 대안으로 아이맥의 화려한 색상이 등장했다면 이제 화려한 색상의 대안으로 흰색을 택해야 한다고 생각했다. "처음부터 우리는 스테인리스강과 흰색으로 된 아이팟을 생각하고 있었습니다." 아이브의 말이다. "흰색은 단순성을 상징하지요. 그건 그냥 색깔이 아닙니다. 흔히 중립적인 색이라고 여기는데, 우리가 추구한 건 오해의 여지없이 완벽한 중립이었습니다."[10] 또한 흰색은 소비자 위에 군림하지 않는 제품이라는 메시지를 전달했다. 기술적이거나 따분한 느낌을 주는 검은색 전자 제품들과 달리 말이다.

'완벽하게 중립적인 순백색'은 당시 애플의 모든 소비자 제품을 위한 새로운 표준이 되었다. 출시를 앞두고 있던 새로운 아이맥과 아이북 또한 흰색 플라스틱으로 만들어졌다. 애플의 한 전직 간부는 말했다. "전혀 새로운 디자인 언어가 애플 매장에 등장했지요." 프로덕트 디자이너 새츠거도 이렇게 회상한다. "2세대 아이북이 흰색이라서 아이팟도 흰색으로 간 겁니다. 조니 아이브가 영국의 디자인 학교 시절에 만든 것들도 흰색이었지요. 그는 애플에서도 흰색을 밀고 나가기 시작했습니다."

처음에 잡스는 흰색 제품을 달가워하지 않았다. 언젠가 새츠거가 아크틱 화이트 색깔의 키보드를 개발했을 때 잡스는 그것을 싫어했다. 그래서 새츠거는 명암을 조금씩 달리한 여러 색을 제시했는데 그중에 완전한 백색은 없었다. 그가 플라스틱 소재를 위해 제시한 흰색 종류는, 그의 표현을 빌자면 클라우드 화이트, 스노 화이트, 글래이셜 화이트 등이었다. 그리고 문 그레이도 있었는데, 이것은 흰색처럼 보이지만 사실은 회색 계열이었다. 새츠거는 잡스에게 문 그레이 색깔의 칩을 보여 주면서 "흰색이 아닙니다."라고 안심시키듯 말했다. 이 영리한 전략 덕분에 잡스는 문 그레이 키보드를 승인했다. 마찬가지로 하나의 상징적 물건이 된 아이팟의 이어폰 줄도 흰색이 아니라 문 그레이였다. "문 그레이와 시셀 그레이는 우리가 애플에서 개발한 색조였습니다. 얼핏 보면 흰색과 구분이 안 갈 만큼 흰색에 가깝지만 사실은 회색 계열에 속하지요." 새츠거의 설명이다.

흰색 플라스틱으로 된 아이팟 전면부는 아주 얇고 투명한 퍼스펙스 막을 입혀 광택을 더했다. 이 투명한 막은 아이팟 전면부와 밀착돼 있어서 비스듬히 뉘어서 봐야만 제대로 보였다. 한마디로 그것은 아이팟의 투명한 밀봉형 덮개였다. 투명 코팅은 또한 "제품에 강력한 후광 효과를 준다."라고 아이브는 말했다.[11] 아이팟은 눈부신 아름다움을 갖게 될 게 분명했다.

아이팟이 완성되어 감에 따라 모두가 점점 더 일할 맛이 났다. 스티브 잡스는 아이튠즈 및 사용자 인터페이스 작업을 위해 거의 날마다 로빈, 와스코와 시간을 보냈고 아이브와 그의 팀은 디자인에 완벽을 기하느라 여념이 없었다. 빠듯한 일정 내에 완성해야 한다는 부담도 컸지만, 팀원들은 자신들이 뭔가 놀라운 제품을 만들고 있다고 느꼈다. "아이팟 디자인은 마치 사적인 프로젝트처럼 느껴지기 시작했습니다. 저를 비롯한 팀원들 모두가 음악을 무척 좋아하거든요. 다들 아이팟을 손에 넣게 될 날을 고대했지요." 아이브의 말이다.[12]

대개의 경우 시제품은 주 중간에 완성되곤 했다. 그리고 그 주의 남은 기간 동안 문제점을 개선하는 등의 작업을 하는 것이다. 하지만 아이팟은 이례적으로 항상 금요일에 새로운 시제품을 완성해 내놓았다. 워낙 비밀리에 진행된 프로젝트라서 잡스가 어떤 식으로 개입했는지는 잘 알려져 있지 않지만, 일부 덜시머 팀원들은 잡스가 금요일에 시제품을 집에 가져가서 주말 동안 살펴보는 게 아닌가 하고 추측했다. 그렇게 추측한 이유 한 가지는 잡스가 새로운 요구 사항을 월요일에 쏟아 낼 때가 많았기 때문이다.

새로운 뮤직 플레이어의 출시를 앞두고 팀원들은 어느 부분 하나 소홀함이 없이 꼼꼼하게 체크했다. 제품 포장까지도 말이다. 포장도 전반적인 제품 디자인 못지않게 중요했다. 과거에는 제품의 포장 상자를 주로 운송하기 편리하도록 만들었지만, 아이팟의 경우에는 디자인 팀이 운송 회사가 아니라 고객에게 초점을 맞췄다. 소비자들이 밋밋한 운송용 상자에 든 아이팟을 집에 들고 가는 일이 없도록 하기 위해, 운송용과 매장용 포장 상자를 각기 따로 디자인하기로 결정했다. 그 결과 아이팟을 마치 보석처럼 소중하게 감싸 안은 정교한 포장 상자가 탄생했다. "아이팟은 우리가 전반적인 제품 디자인 못지않게 포장에도 공을 들인 첫 번째 제품이었습니다. 포장의 중요성은 다른 부분들의 중요성에 결코 뒤지지 않습니다." 새츠거의 말이다.

8월의 어느 날 마침내 아이팟 시제품 하나가 음악을 재생했다. 그날 밤늦게까지 일하고 있던 팀원들은 이 새로운 기기에 누군가의 오래된 소니 워크맨 이어폰을 연결한 다음 차례로 돌아가면서 음악을 감상했다. 그날 들은 음악은 영국 여성 싱어 소피 엘리스벡스터가 보컬로 참여한 하우스 곡인, 스필러의 「그루브젯(이프 디스 에인트 러브)(Groovejet(If This Ain't Love))」이었다.

잡스가 말했다. "세상에, 이거 정말 죽여주는 제품이 되겠는걸."[13]

# 드디어 장막을 걷다

2001년 10월 23일 애플 사옥에서 열린 제품 발표회에서 스티브 잡스가 말했다. "오늘 여러분께 기막히게 멋진 제품을 보여 드릴 겁니다." 잡스는 이 신제품 발표회에 기자 및 언론 관계자 몇십 명만 초청한 상태였다. 행사의 초청 문구에는 "힌트, 맥은 아닙니다."라고만 밝혔다. 9·11 테러가 발생한 지 한 달 정도밖에 지나지 않아 전 세계가 아직 충격에서 벗어나지 못한 때였으므로 잡스는 절제되고 차분한 분위기로 행사를 진행했다.

잡스가 청바지 주머니에서 아이팟을 꺼내 들었을 때 청중의 반응은 조용했다. 청중은 크게 흥미로워하는 것 같지 않았다. 특히 가격이 399달러라는 소리를 듣자 더욱 그랬다. MP3 플레이어 가격이 400달러에 육박한다니(게다가 윈도 컴퓨터에서는 구동이 안 되고 맥에서만 쓸 수 있었다.) 지나치게 비싸 보였다. 초기 비평가들도 회의적인 반응을 보였으며, 아이팟이 '바보들이 우리의 기기에 가격을 매긴다.(Idiots Price Our Devices.)'의 약자라는 말까지 나왔다.[14] 아이팟은 출시 초기에는 판매량이 별로 인상적이지 않았지만 2년 후에 윈도 컴퓨터에서도 사용할 수 있게 되면서 판매가 급증하기 시작했다. 그렇다 하더라도 아이팟 제품군의 성공에 토대가 된 것은 바로 첫 번째 아이팟이었으며 아이브는 그 새로운 기기에 대한 자신감이 남달랐다.

"우리의 목표는 그야말로 최고의 MP3 플레이어를 디자인하는 것이었습니다. 즉 하나의 아이콘이 될 수 있는 제품을 만드는 것이었지요." 아이브는 아이팟의 첫 번째 홍보 영상에서 이렇게 말했다.[15]

잡스는 그 모든 과정을 뒤돌아보건대 아이팟이 애플이 지향하는 모든 것의 정수라고 생각했다. "애플의 존재 이유를 보여 주는 제품이 있다면 바로 이겁니다. 아이팟은 애플의 놀라운 기술력, 사용자 편의성을 지향하는 철학, 끝내주는 디자인을 한데 결합한 결과물이니까요. 그 세 가지 요소가 이 작은 기기에 융합돼 있습니다. 그게 바로 우리의 지향점이지요. 만일 누군가 애플이 이 지구상에 존재하는 이유를 묻는다면 나는 이 제품을 들어 보이겠습니다." 잡스의 말이다.[16]

하지만 그때까지 다른 대부분의 제품이 그랬듯, 아이팟은 아이브의 디자인 팀이 아니라 엔지니어링 팀이 주도한 '이상한' 프로젝트였다. 빠듯한 일정 때문에 아이팟은 기존의 규격 부품들을 활용해 조립했고 아이브의 역할은 그가 그토록 혐오하는 외피 작업을 하는 것이었다. 그럼에도 아이브는 흰색 아이팟이라는 아이디어로 이 제품에 자신의 중요한 흔적을 남겼다. 대학 시절부터 하이테크 제품에 적용하는 색깔로서 늘 지지해 왔던 그 흰색 말이다.

이 프로젝트는 아이브에게 '조니 아이팟'이라는 별명을 안겨 주었으며 이후 수많은 흰색 기술 제품의 등장을 촉진했다. 아이맥이 투명 플라스틱의 진가를 보여 주었다면 아이팟은 흰색의 진가를 보여 주는 걸작이었다. 더욱이 아이브는 스티브 잡스의 견해(잡스는 처음에 흰색 제품을 싫어했다.)와 다른 방향으로 움직임으로써 그런 변화를 성취해 냈다.

아이팟 시리즈는 애플 최초의 터치 인터페이스(비록 단순한 방식이었지만)를 비롯해 이후 제품들에서 극적으로 활용될 여러 가지 디자인 특성을 보여 주었다. 아이팟의 밀봉형 케이스, 콤팩트한 디자인, 높은 사용자 편의성(모두 아이브의 디자인 팀의 업적이다.)은 이후의 많은 제품을 위한 표준을 확립했다. 또한 아이팟은 아이브와 잡스가 함께한 시기에 나온 애플의 첫 번째 휴대용 제품이기도 했다. 아이팟 개발은 아이브 팀이 휴대용 제품의 디자인 및 제조를 완벽한 수준으로 수행하는 계기가 되었으며, 훗날 전자 기기 업계 전반에 퍼지게 되는, 이음새 없는 매끄러운 케이스와 밀봉형 배터리를 위한 표준을 제시했다.

아이팟은 그 자체로서 경이로운 업적이다. 록 밴드 U2의 보노는 아이팟의 매력을 "섹시하다."라는 한마디로 표현했다. 또 아이팟에는 '유비쿼터스'라는 형용어도 어울린다. 이 제품은 이내 하나의 경이로운 현상으로 떠올랐다.

아이팟에 대한 연구 덕분에 '아이팟 교수'라는 별명을 얻은 서식스 대학의 조교수 마이클 불 박사는 말했다. "아이팟은 21세기 최초의 문화 아이콘이었습니다. 롤랑 바르트는 중세 사회에서 성당이 시대적 아이콘이었다고 말했습니다. 그리고 1950년대에는 자동차가 그런 역할을 했지요. (중략) 나는 그 50년 후에 아이팟이 그런 존재가 되었다고 봅니다. 내가 좋아하는 세상을 주머니에 담을 수 있게 해 준 기기 아닙니까. 아이팟은 21세기 소셜 세계의 핵심적인 순간을 대변하는 제품입니다."[17]

# 9

# 제조와 재료,
# 그리고 여타 문제들

긴밀하게 협력하는 우리 팀의 커다란 강점 하나는 우리가 겨우 시작 단계에 있다는,

이제 막 출발했을 뿐이라는 마음가짐입니다. 우리는 아직 이뤄야 할 게 많습니다.

—조너선 아이브

수년간 조녀선 아이브의 산업 디자인 스튜디오는 특별한 도전을 마주했을 때 천재적인 창의성을 가장 뚜렷이 발휘해 왔다. 직관적 사고와 현실적 구현의 융합은 잡스와 아이브가 진행하는 공동 작업의 상징적 특징이 되었다. 애플의 산업 디자인 팀이 고안해 내는 독창적인 해법은 전통적인 제조 방식의 한계를 넘어설 때가 많았다. 오리지널 아이맥의 디자인을 개선하는 작업이 바로 그 좋은 예다.

첫 번째 아이맥이 출시되고 1년 반쯤 지났을 때 아이브의 팀은 부피가 큰 아이맥의 CRT 모니터를 얇고 가벼운 LCD 스크린으로 교체할 방안을 궁리하기 시작했다. 2000년에 본격적인 작업에 착수한 팀원들은 이 프로젝트가 결코 만만치 않음을 깨달았다. 시제품만 수없이 제작해야 했다. 그러나 나중에 완성된 최종 결과물은 애플의 가장 독특한 컴퓨터 중 하나가 된다.

처음에 아이브의 팀은 본체가 평면 스크린 뒷면에 장착되는 관습적인 모델을 구상했다. 과거 아이브가 디자인했던 20주년 기념 매킨토시와 흡사하게 말이다. 하지만 스티브 잡스는 그 디자인이 못생기고 우아하지 못하다며 싫어했다.

잡스는 아이브에게 말했다. "뒷면에 전부 다 갖다 붙이려면 뭐하러 평면 스크린을 만드나? 각각의 요소가 제각기 그 본분을 발휘하게 해야지."[1]

월터 아이작슨이 쓴 스티브 잡스의 전기에 따르면 그날 잡스는 일찍 퇴근해 팰러앨토의 집에서 이 문제를 곰곰이 생각했다. 아이브가 잡스의 집으로 찾아왔고 두 사람은 정원을 산책했다. 정원은 잡스의 아내 로렌이 심어 놓은 해바라기로 꾸며져 있었다. 아이브와 스티브가 디자인 문제에 대해 계속 고민하던 중, 아이브가 줄기 끝에 매달린 해바라기처럼 스크린을 부품이 담긴 본체와 분리하면 어떻겠냐는 의견을 제시했다.

아이브는 신이 나서 아이디어를 스케치하기 시작했다. 아이작슨은 전기에 이렇게 서술했다. "아이브는 그 디자인이 이야기를 암시한다는 점이 마음에 들었고 해바라기 모양을 택할 경우 평면 스크린이 태양을 향할 수 있을 정도로 유동성과 반응성이 높아진다는 점을 깨달았다."[2]

한 전직 간부는 이 디자인의 탄생에 대해 조금 다른 이야기를 들려준다. 내용은 이렇다. 아이브는 시제품을 두 개 만들었다. 하나는 그 '못생기고 우아하지 못한' 디자인이었고, 다른 하나는 스크린과 토대가 분리된 '거위 목' 형태의 디자인이었다. 프레젠테이션 자리에서 잡스는 사람 모습을 닮았다는 이유로 거위 목 디자인을 선택했다. 잡스는 오리지널 맥처럼 친근한 컴퓨터를 원했다.

아이브의 팀이 풀어야 할 다음 문제는 평면 스크린을 하단의 토대에 부착하는 방법이었다.

처음에 그들은 척추뼈와 유사하게 생긴, 절구 관절 방식을 시도했다. 뼈대는 스프링 케이블 구조에 의해 형태가 유지되고 스크린 후면에는 죔쇠가 부착되었다. 죔쇠를 조이면 케이블이 팽팽해지면서 뼈대가 고정되고 죔쇠를 풀면 케이블이 느슨해지면서 뼈대를 움직일 수 있었다. "공중에 뜬 스크린을 손으로 잡고 죔쇠를 풀고, 스크린을 원하는 각도로 조정하고 나서 다시 죔쇠를 잠그는 식이었습니다. 일련의 정교한 공과 소켓이 사용되었고, 전원 및 신호 케이블들이 목 부분을 통해 연결되었지요. 죔쇠를 풀면 목이 부드러워지고 죔쇠를 조이면 회전 운동을 왕복 운동으로 전환하는 커다란 캠 원리에 따라 잠겼습니다." 새츠거의 말이다.

팀원들은 시제품을 여러 개 만들었는데, 외형상으로는 근사해 보여도 실용성이 떨어진다는 게 문제였다. 죔쇠를 잠그거나 풀 때 두 손을 모두 사용해야 했기 때문에 일부 소비자(특히 어린이)가 모니터를 조정하기 어려울 수 있었다.

아이브는 고민 끝에 디자인 컨설팅 회사 IDEO에 조언을 요청했다.

IDEO 측은 디자인의 유용성을 평가해 주기로 돼 있었으나, 그곳 디자이너들은 평가는 제쳐 두고 앵글포이즈 램프처럼 두 개의 견고한 지지대를 기역 자로 연결하는 방식을 제안했다. 좋은 아이디어였다. 그러면 훨씬 더 실용적인 디자인이 나올 것 같았다.

아이브의 팀이 이 아이디어를 토대로 두 개의 지지대를 적용한 시제품을 여러 개 만들어 보니 꽤 괜찮았다. 그런데 새츠거가 브레인스토밍 회의에서 의문을 제기했다. "유연성이 그렇게 많이 필요할까요? 지지대가 하나만 있어도 되지 않을까요?" 새츠거의 제안은 팀원들의 호응을 별로 받지 못했지만, 다른 회의를 끝낸 아이브와 잡스가 산업 디자인 스튜디오로 돌아오고 나서는 상황이 반전됐다. 잡스가 지지대 한 개를 빼는 데 동의한 것이다.

아이브의 팀은 다시 작업에 들어갔다. 수많은 엔지니어링 과정을 거친 끝에 내놓은 스테인리스강 지지대는 내부의 고압력 스프링 덕분에 스크린의 무게를 완벽하게 지탱하며 균형을 잡았다. 스크린을 손가락 하나로도 쉽게 움직일 수 있었으며, 스크린에 연결되는 케이블은 지지대 내부로 연결했다.

"그 시제품을 보고 다들 흥분을 감추지 못했습니다. 정말 마음에 쏙 들었지요. 우리는 그 작업을 하면서 정말 많은 걸 배웠습니다." 새츠거의 말이다. 아이브는 그 결과물을 "공학 기술의 역작"이라고 표현하며 이렇게 말했다. "정말이지 굉장히 난해한 작업이었습니다. (중략) 우리가 만든 지지대는 얼핏 단순해 보이지만 그 단순함 안에는 무척 복잡한 원리가 숨겨져 있지요."[3]

아이브의 팀은 스크린을 둘러싸는 전면의 플라스틱 프레임인 베젤에 대해서도 고민해야 했다. 초기 시제품들은 베젤을 매우 좁게 만들었는데,

그 때문에 모니터를 조정할 때마다 손가락이 스크린을 눌러 화면에 물결 현상이 나타나기 십상이었다.(액정 표시 장치(LCD)의 '액정'이란 단어를 새삼 환기시키는 그 물결 말이다.) 베젤을 좀 더 넓게 만들어 봤지만 아이브는 넓은 베젤이 "이 놀랍도록 밝고 가벼운 디스플레이에 담긴 스토리를 손상시킨다고" 생각했다.[4]

그래서 후광 효과를 내는 넓은 투명 플라스틱 테두리가 등장했다. 사용자가 이 부분을 잡고 각도를 조정하면 되므로 스크린의 미학을 손상하지 않아도 됐다. 아이팟에도 훌륭하게 적용된 바 있는 후광 효과는 아이브의 순백색 시대를 대표하는 가장 눈에 띄는 디자인 모티프 가운데 하나가 되었으며 최근에는 아이패드 베젤에도 활용되었다.

아이맥 G4의 반구형 본체는 기술 공학이 이룬 또 하나의 개가였다. 이 컴퓨터는 각종 부품과 드라이브, 전원 공급 장치 등이 아래쪽의 반구형 본체에 들어 있었다. 냉각 시스템은 큐브에서 차용한 방식, 즉 하단의 통풍구로 들어온 공기가 상단의 통풍구로 빠져나가는 방식을 택했다. 하지만 큐브와 달리 칩에서 열이 많이 나서 팬이 필요했다. 아이브는 "그럼에도 그 컴퓨터에는 나사든 디테일이든 아주 타당한 이유 없이 적용된 것은 하나도 없었다."라고 회상했다.[5]

아이브의 말에 의하면 아이맥 G4 디자인이 독창적인 것은 모양 때문이 아니라 불필요한 관심을 끌지 않는다는 점 때문이었다. 얼핏 특이한 램프처럼 보이지만, 일단 사용자가 그 앞에 앉으면 스크린 이외에 다른 것은 전혀 눈에 들어오지 않는다. "일단 디스플레이 각도를 조절하고 한 10분쯤 앉아 있으면 컴퓨터 디자인 따위는 머릿속에서 싹 사라집니다. 디자인이 사용자를 방해하지 않는단 얘깁니다. 우리는 디자인을 여봐란듯이 부각시키는 데에는 관심이 없습니다. 그저 디자인을 최대한 단순화하려고 애쓰지요." 아이브의 말이다.[6]

아이팟을 제작할 때처럼 아이브의 팀은 이 새로운 아이맥의 포장에도 심혈을 기울였다. 포장 상자는 사소하게 느껴질 수도 있지만, 아이브 팀은 포장을 푸는 과정이 제품의 첫인상에 무엇보다 큰 영향을 미친다고 생각했다. "스티브와 저는 포장에 많은 시간을 할애합니다. 저는 뭔가의 포장을 벗기는 것을 매우 좋아합니다. 포장 벗기기를 하나의 의식이 되도록 설계하면 제품을 한층 특별하게 느끼도록 할 수 있죠. 포장은 한 편의 연극이 될 수도 있어요. 드라마를 만들어 낼 수 있단 얘깁니다." 당시에 아이브가 한 말이다.[7]

디자인 팀원들은 진지함뿐만 아니라 유머 감각도 남달랐다. 장난기가 발동한 그들은 아이맥 G4의 포장 상자 내부를 남성 생식기 모양과 비슷해 보이도록 만들었다. "상자를 딱 열면 컴퓨터의 목 부분 양옆에 공 모양 스피커가 놓여 있었습니다. 소비자들은 상자를 열고 '엉, 이게 뭐지?' 하는 반응을 보였지요." 새츠거의 말이다.

스티브 잡스는 2002년 1월 맥월드에서 아이맥 G4를 공개했다. 《타임》은 그 주의 표지에 아이맥 G4 사진을 실었다. 특정 신제품이 표지에 실린 것은 《타임》 역사상 두 번째였다.

잡스는 무대에서 이 컴퓨터를 소개하면서 말했다. "지금까지 애플이 만든 것 가운데 최고의 제품입니다. 이 제품의 보기 드문 아름다움과 세련미는 10년이 지나도 퇴색하지 않을 것입니다."

그는 반구형 본체의 사진을 청중에게 보여 주면서 말했다. "이렇게 아름다운 컴퓨터 본체를 보신 적이 있습니까?"

아이브는 잡스가 청중에게 보여 준 홍보 영상에 등장했다. 그는 이렇게 말했다. "평면 패널 디스플레이를 사용하기로 한 결정은 쉽게 내려졌습니다. 하지만 문제는 어떻게 장착할 것인가 하는 것이었지요. 우리가 택한 해법은 중력을 거스르는 방식이었습니다. 그 결과 마치 공중에 떠 있는 듯한 단순하고 깔끔한 프레임이 탄생했습니다. 보시다시피 매우 단순하고 명료합니다. 하지만 가장 단순하면서도 효율적인 디자인을 창안해 내는 것은 결코 만만치 않았습니다."[8]

청중의 반응이 몹시 궁금했던 아이브는 잡스의 기조연설이 끝난 후 조용히 맥월드 행사장 여기저기를 거닐었다. 아이브는 아이맥 G4 프로젝트에 2년 동안 비밀리에 참여해 온 중요 멤버였다. 대중의 반응을 접해 보지 못한 그는 소비자들이 이 창의성 넘치는 새로운 기기를 반기지 않을까 봐 내심 걱정했다. 하지만 그는 나중에 이렇게 말했다. "사람들이 좋아하더군요. 반응이…… 정말 열광적이었습니다."[9]

아이브의 걱정은 기우에 불과했다. 아이맥 G4는 큐브의 실패로 고전하고 있던 애플의 기업 이미지를 회복하는 데 도움이 되었다. 아이브라는 디자인 사령탑을 갖춘 애플은 다시 게임의 승자로 우뚝 섰다. 아이브는 애플이라는 배의 항로를 결정하는 데 중요한 역할을 하는 인물이 된 것이다.


## 아이브의 일과 여가

애플에서의 위치가 어느 정도 확고해지자 아이브는 오래전부터 품고 있던 자동차에 대한 열정을 채우는 데 전념하기 시작했다. 그는 제임스 본드 하면 생각나는 유명한 슈퍼카인 애스턴 마틴 DB9를 구입했다. 아이브는 뉴욕에서 차를 인도받아 아버지 마이크와 함께 대륙을 횡단했다. 하지만 불과 한 달 뒤, 25만 달러짜리 그 자동차는 샌브루노 근처 280번 주간(州間) 고속 도로에서 교통사고로 엉망진창이 됐다. 이 사고로 아이브와 조수석에 타고 있던 통근 동료 데이율리스는 거의 죽을 뻔하다 살아났다.

"조니는 시속 128킬로미터 이상 속력을 내지 않았다고 했지만 실은 꽤 빨리 달렸던 게 분명합니다. 한창 달리던 중에 도로에 무슨 문제가 발생했고, 그 때문에 조니의 자동차는 통제를 벗어났습니다. 자동차는 한 차례 빙글 돌았고, 그러면서 탄력을 받은 꽁무니로 앞에 있던 소형 밴을 들이받아 쓰러뜨린 다음 곧장 중앙 분리대를 들이받았습니다. 차가 박살 났는데도 두 사람이 살아난 걸 보면 천운이 도왔나 봅니다. 차는 성한 곳이 한 군데가 없을 정도로 엉망진창이 되었대요." 한 동료의 말이다.

사고 직후 에어백이 터졌고 그와 동시에 발산된 화약 비슷한 냄새가 차 안에 진동했다. 아이브는 의식을 되찾으면서 화약 냄새가 느껴지자 심한 불안감을 느꼈다. "깨어날 때 차 안에서 화약 냄새가 나니까 섬뜩함을 느꼈다더군요. 그 냄새 때문에 괴로웠답니다." 또 다른 동료의 말이다. "아이러니하게도 애플은 그 사고를 계기로 아이브의 중요성을 새삼 깨닫고 연봉을 대폭 올려 줬다고 합니다."

이런 끔찍한 사고 후에도 아이브는 멋진 자동차와 스피드를 추구하는 것을 단념하지 않았다. 그는 애스턴 마틴 DB9를 또 구매했다. 그런데 어느 날 차고 앞에 세워 둔 차가 갑자기 화염에 휩싸였고, 아이브는 애스턴 마틴 측에 항의를 제기했다. "조니는 영국인인 데다 스티브 잡스나 애플과의 관계도 있잖습니까. 그가 찾아가니까 애스턴 마틴 측에서 꽤 괜찮은 보상 조건을 제시했다더군요." 한 측근의 말이다.

애스턴 마틴 측은 V12 엔진을 장착한 30만 달러짜리 그랜드 투어링 카 뱅퀴시 2004~2005년 모델을 할인된 가격에 살 수 있게 해 주었다. 얼마 후 아이브는 영국을 대표하는 고급 자동차인 흰색 벤틀리를 장만했다. 또 그는 디자인 스튜디오의 동료 한 명이 구입한 랜드로버 LR3를 보고 그것도 구입했다. "조니는 동료를 부러워하더니 며칠 만에 바로 장만하더군요." 한 측근의 말이다. 나중에 그는 검은색 벤틀리 브룩랜즈도 애마 리스트에 추가했다. 16만 달러쯤 되는 브룩랜즈는 내부에 목재와 가죽이 많이 쓰인

수제 자동차였다. 이 역시 고성능 차로, 정지 상태에 있다가 5초 만에 시속 약 100킬로미터까지 도달한다.

애스턴 마틴은 속도와 성능뿐만 아니라 혁신적인 생산 기법으로도 유명하다. 애스턴 마틴 차들은 알루미늄, 마그네슘, 탄소 섬유 같은 이례적인 경량 소재로 제작된다. 알루미늄 섀시는 용접이 아니라 접합 방식으로 제작하는데 이로써 강성이 높아지고 금도 잘 가지 않는다. 아이브는 곧 그와 유사한 생산 기법을 애플의 제조 공정에도 도입하게 된다.

아이맥 G3 프로젝트를 시작하면서 잡스와 아이브의 관계는 어느 때보다 긴밀해졌다. 애플과 협력하던 광고 에이전시 TBWA샤이엇데이의 켄 시걸은 "조니는 우리와 스티브의 격주 회의에 거의 매번 참석했습니다."라고 말했다. 아이브의 업무와 관련이 없는 마케팅 회의였지만, 잡스는 아이브가 나름의 아이디어를 개진하고 반응도 살펴봐 주길 원했다. "스티브는 디자인 이외의 문제에서도 조니의 의견을 매우 귀담아들었습니다."

회의실 바깥에서 이뤄지는 두 사람의 관계 역시 '두목의 고문'이라는 아이브의 역할을 더욱 굳건하게 만들었다. 시걸은 또 이렇게 회상했다. "스티브와 조니는 회사 구내식당을 애용했는데, 스티브가 나타나면 어김없이 그 옆에 조니가 있었습니다. 정말 단짝처럼 보였지요."[10] 한편 아이브와 루빈스타인의 관계는 점점 나빠졌다. 두 사람은 매사에 의견 차이를 보이며 충돌했다.

첫 번째 아이팟의 출시 이후 애플의 철학을 형성하는 데에 아이브의 역할이 부쩍 커졌다는 사실은 누가 봐도 자명했다. 그는 컴퓨터와 뮤직 플레이어가 사용하기 쉬운 동시에 외관도 아름다워야 한다고 생각했고, 이러한 신념은 아이팟의 이후 세대들뿐만 아니라 아이맥과 아이북의 새 모델을 출시하는 과정에서 내려진 많은 결정에서 중요한 역할을 했다.

"애플은 아이팟같이 정말 세련된 기기를 선보이고 나서 그걸 집요하게 개선해 나갑니다. 애플은 시장에 진정한 혁신 제품을 내놓는 것뿐만 아니라 그 제품들을 계속해서 발전시켜 나가는 것에서도 탁월한 기업입니다. (중략) 다른 경쟁사들이랑 비교가 안 돼요." IDEO의 공동 창립자 데니스 보일의 말이다.[11] 출시 2년 만에 아이팟은 윈도 컴퓨터에서 사용할 수 있는 제품으로 탈바꿈했고(더 빨리 가능해졌을 수도 있지만, 윈도용으로 만드는 것은 잡스에게 커다란 심리적 장벽이었다.) 새로운 콘텐츠를 훨씬 쉽게 담을 수 있는 아이튠스 뮤직 스토어도 만나게 되었다.

기기의 소형화를 계속 지향하는 가운데 아이팟 부품들도 작아졌다. 2004년 1월 터치 방식의 더욱 작아진 고형 클릭 휠을 장착한 모습의 아이팟 미니가 출시되었다. 네 개의 조작 버튼이 휠 자체에 통합된 디자인이었다. "아이팟 미니에 기존 아이팟의 버튼을 넣을 공간이 나오지 않더군요. 그래서 할 수 없이 클릭 휠을 고안한 겁니다. 그런데 클릭 휠을 사용해 보자마자 다들 생각했습니다. '맙소사! 왜 이걸 좀 더 일찍 생각해 내지 못했을까?'" 잡스의 말이다.[12]

아이브는 아이팟 미니를 개발하는 과정에서 보다 세부적인 아이디어를 하나 냈다. 원래 소형 아이팟으로 구상한 초기 버전들은 기존의 것과 똑같은 재질 및 디자인 언어를 적용했는데 영 신통치가 않았다. "완전히 빗나간 접근 방식이었습니다." 아이브의 말이다. "그래서 완전히 다른 재료와 접근법을 탐색하기 시작했습니다. 그러다가 알루미늄으로 만들면 어떨까 하고 생각했어요. 스테인리스강과 달리 알루미늄은 압축 공기를 분사한 다음 산화 피막을 입혀서 특별한 방식으로 색을 입힐 수가 있지요."[13]

알루미늄의 도입은 제품의 전 세대에 영향을 미치게 된다. 아이맥이 그랬던 것처럼 아이팟 미니 역시 다양한 색상으로 출시되었다. 아이팟 미니는 시장에서 대히트를 치며 그때까지 출시된 아이팟 중에 가장 빠르게 판매된 모델이 되었다. 특히 여성들에게 인기가 높았다. 아이팟 미니는 아이 팟 중 처음으로 사람들이 호주머니 밖으로 꺼내 줄이나 클립을 이용해 몸에 지니고 다니기 시작한 제품이었다. 아이팟 미니를 예쁜 액세서리처럼 여기는 사람들도 있었다. 또한 이 제품은 헬스클럽 운동을 하거나 야외 조깅을 할 때 전용 소형 아이팟을 사용하는 유행도 만들어 냈다.

애플은 불과 4년 사이에 180그램이었던 아이팟 오리지널을 42그램짜리 아이팟 나노로 진화시켰다. 그러한 진화 과정에서 저장 용량은 수배 증가했고, 컬러 스크린과 동영상 재생 기능 등이 추가되기도 했으며 배터리 수명 역시 늘어났다. 가격대는 100달러 내려갔으며, 궁극적으로 애플은 아이팟 셔플을 포함해서 50달러에서 550달러까지 50달러 간격으로 다양하게 책정된 가격의 아이팟을 판매하게 된다. 스크린마저 없앤 아이팟 셔플은 아마 아이브와 잡스가 아니면 생각해 낼 수 없었을 과감한 미니멀리즘의 극치였다.

몇몇 개선 사항들은 제조 기술의 발전 덕분이었다. 영국판 《GQ》와의 인터뷰에서 아이브는 첫 번째 알루미늄 셔플에서 자신이 구현한 장점에 대해 상세하게 언급했다. 압출 성형 알루미늄에 기계 공정을 가해 만든 그 셔플은 각 부분 사이에 틈이 거의 없이 정교하게 맞물렸다. "각 부분의 접합 부위가 놀라울 만큼 깔끔합니다. 지금껏 그 가격에 그런 용량으로 제작된 제품은 없었다고 봅니다. 엄청난 시간과 공을 들인 제품이지요."[14]

애플의 제품뿐만 아니라 이 기업의 걸출한 책임 디자이너에게도 세간의 관심이 쏠렸다. 아이브는 일찍이 10대 시절부터 상을 많이 받았지만 2000년대 초반에는 그야말로 상복이 터졌다. 2002년 7월에 미국 산업 디자이너 협회에서는 오리지널 아이팟을 올해의 '가장 인상적인 디자인'으로 선정하면서, 애플과 아이브에게 디자인 업계 최고의 영예인 IDEA 금상을 수여했다.[15]

2003년 6월에는 런던 디자인 박물관에서 제정한 '올해의 디자이너' 상의 첫 번째 수상자로 아이브가 선정됐다. 아이브에게는 상금 2만 5000파운드와 황금 훈장이 주어졌다. 아이브가 이러한 특별한 영예의 주인공이 되는 것은 이미 정해진 결론이나 다름없었다. 마커스 페어스는 《ICON》에서 말했다. "올해의 디자이너 상으로도 아이브가 애플 합류 이후 10년간 이뤄 낸 일들을 설명하기엔 부족하다. 애플의 아이브와 그의 팀만큼 상업적, 비평적, 사회학적으로 중대한 영향력을 가진 디자이너들은 찾아보기 힘들다."[16]

아이브는 가급적이면 시상식 자리에 팀원들과 동행했다. 그에게 상을 안겨 준 작품이 언제나 공동의 노력으로 탄생한 결과물임을 분명히 하고 싶었던 것이다. 한번은 런던 디자인 박물관에서 열린 파티에 아이브가 먼저 참석하고 디자인 팀원들이 약간의 시간 차를 두고 합류했는데, 모두 "아이브처럼 짧게 머리를 밀고 아이브와 똑같은 복장을 함으로써 그에게 존경심을 표했고 아이브만큼이나 말수가 적었다."라고 《ICON》은 전했다. 아이브는 상이라는 것이 "물론 좋지만 팀원들을 놔두고 혼자 받으려니 약간 불편한 기분이 든다."라고 기자들에게 말했다.[17]

또 아이브는 덧붙였다. "긴밀하게 협력하는 우리 팀의 커다란 강점 하나는 우리가 겨우 시작 단계에 있다는, 이제 막 출발했을 뿐이라는 마음가짐입니다. 우리는 아직 이뤄야 할 게 많습니다."[18]

아이브와 애플의 성공은 누가 봐도 자명했다. 그가 런던 출장을 갔을 때는 귀에 하얀 이어폰을 꽂은 사람들을 도처에서 볼 수 있었다. 애플의 컴퓨터 시장 점유율이 그다지 높지 않던 시절까지 포함해 오랫동안 애플에서 일해 온 아이브로서는 자신이 디자인한 제품 중 하나가 모든 사람의 손에 들려 있는 것을 보고 몹시 흐뭇하지 않을 수 없었다.

《가디언》의 디자인 평론가 조너선 글랜시는 아이브의 천재성에 대해 이렇게 말했다. "시시하고 재미없는 물건에 상상력을 불어넣는 재주가 있다. 그는 따분한 사무실 매니저들과 전자 기기 전문가들의 전유물이었던 (중략) 테크놀로지에 매혹적이고 매력적이며 인간적인 면모를 부여한다. 딱딱하기 그지없는 테크놀로지를 멋지고 세련된 것으로 변신시킨 것이다."[19]

캐나다의 《새터데이 포스트》에서는 아이팟을 두고 "요즘 세대가 원하고, 필요로 하고, 바라는 신기한 제품이 어떤 것인지 정의한 기기"라고 표현했다. 아이팟은 "베이지를 싫어하는 영국인들" 스타일의 디자인 철학과 그 편재성(遍在性)으로 인해 영원한 아이콘이 되었다.[20]

그해 연말 즈음엔 아이브의 고국인 영국의 정부에서도 그의 높아지는 명성에 주목했다. 당시 재무부 장관이었던 고든 브라운은 이른바 '쿨 브리타니아'의 시대를 이어 가고자 아이브를 영국의 디자인 혁신을 위한 모범 사례로 들었다. 《가디언》은 브라운 장관이 영국의 수많은 디자인 전공자들의 재능을 발판으로 삼아 "영국 제품을 저가 경쟁 제품보다 더 근사하게 만들고 이로써 중국 및 인도의 도전을 물리치고자 한다."라고 보도했다.[21]

이 보도에 따르면, 영국의 디자인 부문 전공자는 1990년대 중반만 해도 대학생 예순네 명 중 한 명꼴이었지만 그 10년 뒤엔 열여섯 명 중 한 명꼴이 됐다. "현대 경제에서 디자인은 부수적인 요소가 아니라 필수적인 요소입니다. 또한 성공의 일부가 아니라 성공의 핵심이며, 부차적인 문제가 아니라 가장 중심적인 축입니다."라고 브라운 장관은 말했다. 영국 정부는 자국 산업에서 디자인이 갖는 경제적 잠재력을 파악하고자 정부 산하 디자인 위원회에 공식 보고서 작성을 위탁했고, 그 결과 디자인 중심 기업들의 경우 "매출이 14퍼센트 높아지고 이윤이 9퍼센트 증가했다는" 사실을 발견했다.[22] 과거 아이브의 아버지 마이크는 영국의 디자인 부흥에 큰 공헌을 하고 그에 상응하는 예우를 받은 바 있었다. 영국 디자인 교육에 대한 공헌을 인정받아 1999년에 대영 제국 4등급 훈장(OBE)를 받은 것이다.

그리고 아들인 조너선 아이브 역시 아버지 못지않은 영예를 누리게 된다. 아이브는 2003년 왕실 산업 디자이너 멤버로 선정되었고 2004년에는 RSA 벤저민 프랭클린 메달을 수상했다. 그리고 2005년에는 브리티시 디자인 앤드 아트 디렉션에서 수여하는 명망 높은 상들의 첫 번째 수상자가 되었으며 2006년에는 아버지가 받은 OBE보다 한 단계 높은 대영 제국 3등급 훈장(CBE)을 받았다.

아이브는 당시 수상에 대해 공개적인 언급을 하지 않았지만, 애플 측에서는 성명을 통해 "우리는 조니가 그처럼 명망 높은 훈장을 받는다는 사실을 더할 나위 없이 자랑스럽게 생각합니다."라고 밝혔다.[23]

아이브의 디자인은 세상의 주목을 받고 있었지만 (문자 그대로) 더 큰 작업이 그를 기다리고 있었다. 널찍한 디스플레이를 자랑하며 2003년 출시된 노트북인 17인치 파워북이 바로 그것이었다. 그런데 애플의 마케팅 자료에서는 내부 프레임, 상판 경첩의 클러치 메커니즘 등 아이브가 가장 자랑스러워하는 혁신적 측면들을 전혀 언급하지 않았다.

아이브가 고안한 변동 비율 클러치는 상판이 거의 닫힌 상태에서도 저항이 적었고, 한 손으로 상판을 열어도 노트북 바닥이 책상에서 들리지 않았다. 디테일까지 꼼꼼하게 신경 쓰는 그의 작업 방식 덕분에 사용자 경험이 한층 근사해졌지만, 그것이 얼마나 많은 노력을 쏟은 결과물인지 아는 사용자는 사실 거의 없었다.

파워북의 구조에 자부심이 컸던 아이브는 런던 디자인 박물관에서 열리는 2003년 올해의 디자이너 전시회에 파워북을 내놓기 위해 한 대를 분해했다. "눈에 보이지 않는 부분까지도 우리가 얼마나 몰두하는지를 보여주려고 분해한 겁니다. 나는 제품의 내부 구조에, 우리가 그것을 조립한 방식(서로 다른 치수의 알루미늄을 레이저로 용접하는 방식 등)에 고유의 아름다움이 있길 바라고 또 분명 있을 거라고 믿습니다. 사람들은 흔히 소량 생산의 경우에만 모든 디테일에 신경 쓸 수 있다고 생각합니다. 하지만 애플에서 우리가 하는 작업의 전형적인 특징 하나는 바로 아주 작은 디테일까지도 주의를 기울이는 겁니다. 때로는 대량 생산 제품이 아니라 공예품을 만드는 일처럼 느껴지기도 하지요. 하지만 그러한 과정은 무척 중요합니다." 아이브의 말이다.[24]

유명한 디자인 회사 시모어 파월의 창립자이자 전무인 리처드 파월은 아이브의 성과에 감탄했다. "조니와 대화를 나누면 그의 두 눈이 반짝이는 게 보인다. 그 눈빛에는 어려운 디자인 과제를 극복했던 기억, 문제를 해결하거나 최적의 재료를 찾아냈던 기억이 고스란히 녹아 있다. 제품 표면을 마무리하거나 프로세스를 탐구하는 과정을 언급할 때면 활기가 넘친다. 아이브는 운에 맡기고 대충 진행하는 법이 없다. 매사에 심사 숙고를 거친다는 의미다."[25]

파월은 아이브의 집중력이 가장 결정적인 강점이라면서 이어서 이렇게 썼다. "혁신이 어떤 원대한 아이디어 하나만으로 이룩되는 경우는 별로 없다. 그보다 혁신이란 일련의 작은 아이디어들을 새롭고 더 나은 방식으로 결합할 때 탄생하는 것이다. 조니가 탁월함을 얼마나 광적으로 추구하는가는 제품의 겉으로 드러나지 않는 부분에서 가장 잘 알 수 있다. 사람들이 쉽사리 알아채기 힘든 바로 그런 부분들이 제품과 소통하는 방식에, 그리고 제품에서 경험하는 감정에 커다란 영향을 미친다."

아이팟이 대박을 터뜨리자 애플에서는 맥 제품군 못지않게 아이팟의 중요성이 높아졌다. 2004년에 아이팟은 별도의 사업 부문으로 분리되었고 하드웨어 책임자였던 루빈스타인이 아이팟 부문을 이끌게 되었다. 한편 잡스와 경영진은 여러 차례의 중역 회의에서 애플이 진출할 수 있는 다른 영

역들도 궁리하기 시작했다. 논의된 아이디어 중에는 애플 브랜드의 자동차와 디지털 카메라도 있었다.[26]

2005년 잡스는 아이브를 산업 디자인 담당 수석 부사장으로 승진시켰다. 루빈스타인과 동일한 지위의 고위직으로 승격시킨 것이다. 그전까지 아이브는 루빈스타인에게 업무 보고를 하면서 끊임없이 마찰을 빚었지만, 이제는 잡스에게만 보고하면 되었다.

아이브와 루빈스타인 사이에 격한 말다툼이 벌어지는 것은 다반사였다. 아이브는 늘 제품 제작 방식에 이의를 제기하면서 기술적으로 구현하기 어려운 디자인으로 한계를 넘어서려고 했다. 한편 출하 일정 관리를 책임지고 있던 루빈스타인은 아이브의 요구 사항을 들어주길 망설일 때가 많았다. 두 사람과 함께 일했던 전직 디자이너에 따르면 루빈스타인은 아이브와 마주치거나 산업 디자인 스튜디오에 가는 것을 최대한 피했으며 일 때문에 할 수 없이 아이브와 대면할 때면 눈에 띄게 흥분했다고 한다. "존(루빈스타인)은 산업 디자인 스튜디오에 가서 조니를 상대할 때마다 핏대를 올리곤 했습니다." 한 관계자의 말이다.

아이브 역시 루빈스타인과의 관계에서 스트레스를 많이 받았다. 수년간 쌓이고 쌓인 갈등 끝에 마침내 올 것이 오고야 말았다. 알려진 바에 따르면 아이브는 잡스에게 이렇게 말했다고 한다. "루비와 저, 둘 중 하나를 택하시죠."

루빈스타인이 아이팟을 비롯한 많은 제품을 개발하는 데 중요한 역할을 했음에도 잡스는 아이브를 택했다.[27] 2005년 10월 애플이 발표한 공식 보도 자료는 루빈스타인의 퇴사를 "누릴 자격이 충분한 은퇴"라고 표현했다. 이후 아이팟 부문 책임자 자리는 토니 파델이 맡게 되었다.[28] 루빈스타인은 한동안 멕시코에서 집을 지으며 보내다가 나중에 팜의 CEO가 되어 아이폰의 경쟁 제품을 개발했다.

훗날 루빈스타인은 그 시절을 되돌아보면서 아이브와의 관계를 외교적 어법으로 표현했다. "조니와 나는 오랫동안 긴밀하게 협력하며 일했고 함께 많은 일을 해냈지요. 내 역할은 업무 프로세스의 균형을 잡고 제품 출하 일정을 관리하는 것이었습니다. 때로는 조니와 일하는 게 힘들기도 했습니다."[29]

갈등으로 힘들 때도 있었지만 아이브와 한때 그의 상관이었던 루빈스타인은 애플에 함께 있는 동안 애플의 디자인 언어가 다양한 색상의 플라스틱, 단색 플라스틱, 여러 종류의 금속 재질에 이르기까지 다양한 단계를 거치며 발전하도록 이끌었다. 중요한 것은 디자인과 제조의 협력 덕분에 매 단계마다 디자인 언어가 점점 더 세련돼졌다는 사실이다.

디자인 프로세스에서 제조 방식이 점점 더 중요한 고려 사항이 되어 가자 두 사람 사이에 갈등이 커질 수밖에 없었다. 디자인 팀은 이제 단지 제품의 외양과 작동 방식에만 신경 쓰는 것이 아니었다. 아이브의 디자인 팀 회의에서는 제품이 만들어지는 과정과 방식도 논했고, 전에는 늘 디자인에 많은 시간을 쏟았지만 이제는 제품을 어떻게 제작할 것인가 하는 점을 생각하는 데에 할애하는 시간이 늘어났다.

과거 디자인 팀의 리더였던 로버트 브러너는 그러한 고충에 대해 이렇게 의견을 밝혔다. "애플 디자이너들은 전통적인 산업 디자인 프로세스에 업무 시간의 10퍼센트를 들입니다. 아이디어를 구상하고 스케치하고 모형을 만들고 브레인스토밍을 하는 등의 일에 말입니다. 그리고 나머지 90퍼센트는 제조 팀과 협력하는 데에, 구상한 아이디어를 제품으로 실현할 방법을 궁리하는 데에 들입니다."[30] 그렇다면 디자인과 재료가 샴쌍둥이 같은 관계가 된 애플이라는 기업에서 아이브의 위상이 높아진 것은 당연한 결과였다.

연구 개발 비용에 관한 아이브의 관점은 간단했다. 즉 굳이 그 비용에 대해 알고 싶어 하지 않았다. 아이브는 운영 팀의 한 전직 엔지니어에게 이렇게 말했다고 한다. "나는 우리 팀원들이 비용 문제를 걱정하는 걸 원치 않습니다. 팀원들이 비용에 신경 써서는 안 됩니다. 그건 그들의 업무가 아니니까요."

애플의 일부 직원들이 보기엔 마치 아이브 위에 상관이 아무도 없는 것처럼 느껴졌다. 심지어 잡스마저도 상관이 아닌 것처럼 말이다. 앞서 언급한 운영 팀 엔지니어에 따르면 아이브는 공급 업체들에게도 이렇게 말했다고 한다. "나에게 돈이 한 무더기 있다고 상상하십시오. 일만 제대로 진행된다면 당신들이 원하는 만큼 가져가게 해 드리지요." 아이브의 팀과 제품 개발 팀, 그리고 운영 팀 사이의 논의는 한 방향으로 즉 디자인 팀에서 출발해 생산 팀으로 진행되곤 했다.

그 운영 간부는 그 모든 상황을 이 한마디로 표현했다. "산업 디자인이 애플을 지배한다."

## 제조 시스템의 능률화

디자인과 제조의 긴밀한 관계 때문에 애플은 중국으로 눈을 돌리게 되었다. 애플이 자사 제품을 중국에서 제조하는 쪽으로 방향을 전환하는 데 주도적 역할을 한 사람은 잡스의 후계자로서 현재 CEO를 맡고 있는 팀 쿡이었다.

잡스는 애플의 공급 업체와 공장들을 직접 관리하다가 1998년에 쿡을 영입해 운영 담당 수석 부사장 자리에 앉혔다. 앨라배마 주 로버츠데일에서 어린 시절을 보낸 쿡은 애플에 합류하기 전에 컴팩의 운영 간부였으며 IBM에서 12년간 몸담은 경력이 있었다. 차분한 성격인 쿡은 변덕스러운 잡스와 금세 유대감을 형성하며 서로 생각이 통한다는 걸 직감했다. 잡스가 수많은 운영 간부 후보자에게 퇴짜를 놓은 이후에(면접을 불과 5분 만에 끝내 버린 적도 있었다.) 드디어 만난 적임자였다. 까다롭기로 유명한 CEO 잡스는 쿡이 마음에 들었고 그에게 애플 합류를 제안하면서 쿡의 사무실을 자신의 방과 가까운 곳으로 결정했다.

쿡은 애플의 혼란스러운 제조 및 유통 네트워크를 점검하는 골치 아픈 임무를 맡게 되었다. 당시 애플은 미국 캘리포니아 주 새크라멘토, 아일랜드 코크, 싱가포르에 자체 공장을 갖고 있었다. 세 곳에서 머더보드를 생산했으며, 이론상으로는 미국, 유럽, 아시아 각 지역에서의 판매를 염두에 두고 세 곳 모두에서 동일한 제품을 조립하는 시스템이었다. 그러나 실상은 달랐다. 머더보드가 싱가포르에서 유럽의 코크로 운송되어 부분 조립된 다음 다시 싱가포르로 보내져 최종 조립된 후에 미국에서 판매되는 경우가 많았다. 쿡은 이런 시스템을 두고 말했다. "비용 면에서나 생산 주기 면에서나 비효율적이었습니다."[31]

잡스는 복귀 후 애플의 제품 라인을 단 네 종류로 줄이는 간소화 조치를 단행했다. 데스크톱용 머더보드도 네 종류에서 한 종류로 줄었다. 그가 제시한 2×2 사분면의 제품들은 가급적 많은 부품을 공유했으며, 특이한 맥 전용 부품 대신에 여타 PC 업체들도 사용하는 업계 표준 부품들을 사용했다.

그럼에도 여전히 애플의 공장들은 고비용 저효율이라는 난점에 시달렸다. 이에 쿡은 외부 업체들로 눈을 돌리기 시작했다. 먼저 그는 애플과 거래 관계에 있는 모든 공급 업체를 방문했다. 그리고 탁월한 능력을 발휘해 어려운 협상을 마무리 짓고 공급 업체들을 통합 정리했으며 필요한 경우엔 공급 업체의 공장을 애플 제품 조립 공장 근처로 옮기도록 설득했다.

1998년 출시한 아이맥의 경우 처음에는 대부분 애플의 자체 공장 세

곳에서 제작하고 케이스와 모니터만 한국의 LG에 맡겼다. 하지만 1999년 2월에 생산 방침을 바꿔 아이맥 제조를 전적으로 LG에 아웃소싱 하고 애플의 공장들은 처분했다. 2000년에 접어들어서는 혼하이 정밀 산업이 아이맥 생산을 맡게 되었다. 대만에 있는 이 전자 기기 회사는 폭스콘이라는 이름으로 더 잘 알려져 있다.

쿡은 노트북 제품에도 동일한 방침을 적용해 생산 거점을 애플 공장에서 대만의 콴타 컴퓨터와 알파톱 코퍼레이션으로 옮겼다.(각각 파워북과 아이북 생산을 담당한다.) 생산을 외부 업체에 맡기자 애플의 커다란 골칫거리 하나를 해결할 수 있었다. 바로 재고가 줄어든 것이다. 애플의 창고에 있는 부품과 제품이 많아질수록 그만큼 재고 관리 비용이 늘어날 수밖에 없다. 1996년에 애플은 팔리지 않은 제품으로 가득 찬 창고들 때문에 거의 침몰할 뻔했고, 이후엔 "재고가 적을수록 좋다."가 새로운 운영 지침이 된 터였다. 쿡은 언젠가 재고를 일컬어 "그냥 해로운 게 아니라 근본적으로 해로운 것"이라고 말했을 정도다.[32]

재고가 너무 많다는 것은 대개 어림짐작으로 이뤄지는 판매량 예측이 빗나간 결과였다. 일반적으로 기업은 일정한 기간의 예상 주문량에 맞춰 제품을 생산한다. 이는 곧 제품이 실제로 판매될 때까지 각 제품의 생산, 운송, 보관에 비용이 들어간다는 의미였다.

보다 개선된 시스템이 필요하다고 느낀 쿡은 실제 고객 수요를 파악하도록 돕는 최신 정보 기술 프로그램을 이용하는 방향을 모색했다. 그리하여 애플이 수요량에 맞게 제품을 제작하도록 하는 최첨단 IT 시스템을 고안했다. 그는 복합적인 전사적 자원 관리(ERP) 시스템을 구축하는 데 힘을 쏟았다. 이 인트라넷 기반 시스템은 애플의 부품 공급 업체, 제조 업체, 재판매 업체들의 IT 시스템과 직접 연결되기 때문에, 쿡은 나사못 하나에서 고객에 이르기까지 애플의 전체적인 공급망을 상세하게 파악할 수 있었다.

그런 데이터를 이용해 주간 판매량 예측을 기반으로 일일 생산량을 관리하고 재판매 업체들의 재고를 정확히 파악할 수 있었다. 예를 들어 컴퓨터 소매 업체인 컴프USA에 재고가 넘치는지 바닥났는지 쉽게 알 수 있었다. 나중에 ERP 시스템은 애플의 자체 스토어에도 확대되었으며 4분마다 판매량을 추적, 보고할 수 있을 만큼 정확도도 높아졌다.

ERP 덕분에 애플은 필요할 때에만 컴퓨터를 생산할 수 있었다. 이른바 적기 공급 생산이 가능해진 것이다. 그에 따라 부품은 공급 업체들의 창고에 보관되어 있다가 필요한 시점이 되면 이동을 시작했다.

쿡이 애플에 합류한 지 7개월도 되지 않아 애플의 재고는 30일분에서 6일분으로 줄어들었다. 1999년에는 불과 2일분으로 줄었다. 이는 재고 관리 시스템에서 업계 최고로 꼽히는 델보다도 훨씬 낮은 수준이었다. 쿡은 이러한 운영 개선 덕분에 애플의 손실을 막고 이윤율을 회복하는 데에 중요한 역할을 한 인물로 인정받았다.

쿡은 수년에 걸쳐 이런 시스템을 세세하게 조정하고 관리하여 비밀리에 준비된 대규모 출시 시점에 맞춰 한꺼번에 수백만 대에 달하는 제품을 출하하는 시스템으로 발전시켰다. 이것이 애플의 엄청난 성장에 크게 기여했음은 두말할 나위가 없다. 쿡은 애플의 생산 라인을 감독하는 과정에서 재고량을 낮게 유지하는 것뿐만 아니라 이윤 폭을 높게 유지하는 성과 또한 거뒀다. 그의 탁월한 운영 감각이 없었다면 아마 애플은 그렇게 빠르게, 또 그렇게 대규모로 성장하지 못했을 것이다. 아이브와 디자인 팀이 멋진 제품을 디자인했다면 쿡과 그의 팀은 그 멋진 제품을 대량으로 생산할 방법을, 그리고 최적의 타이밍을 잡아 극비리에 전 세계에 공급할 방법을 개발한 주역이었다.

# 알루-미-니-엄

애플이 생산 라인을 중국으로 옮긴 또 다른 이유는 디자인 팀이 알루미늄 제품을 디자인하기 시작했는데 이 알루미늄 공급 업체들이 바로 중국에 있었기 때문이다. 티타늄 파워북 G4가 대성공을 거두었지만 티타늄은 단가가 비싸고 다루기 어려운 금속이었다. 게다가 잘 긁히고 지문이 남는 단점을 보완하기 위해 파워북 G4에 금속성 페인트를 입혔는데 시간이 흐르면 페인트가 벗겨지는 경향이 있었다. 아이브는 아이팟 미니의 초기 시제품들을 만들 때도 아크릴과 철강에서 문제가 생기자 산화 피막 처리한 알루미늄으로 바꾸었다.

디자인 팀이 알아본 결과 알루미늄은 노트북 케이스와 아이팟에 사용하기에 좋은 소재로 보였다. 알루미늄은 강하고 가벼울 뿐만 아니라, 산화 피막을 입히면 다양한 색상으로 외관을 마무리할 수 있다. 당시 아이브와 팀원들은 알루미늄 제품 제조에 대한 지식이 거의 없었으므로, 소니를 비롯한 여러 카메라 제조 업체를 조사하기 시작했다. 그런 업체들에서는 카메라에 알루미늄을 많이 사용했기 때문이다.

일본의 업체들은 세련되고 오래 써도 변함없는 질 높은 제품을 생산하고 있었다. 그런데 거기에 들어가는 알루미늄의 원산지는 중국이었다. "그때부터 중국의 알루미늄 공급망과 접촉했지요. 알루미늄 가공에 대해 파악하기 위해 출장을 자주 갔던 게 기억납니다." 새츠거의 말이다.

애플은 중국에 아웃소싱 하는 생산 방식으로 많은 비판을 받아 왔다. 하지만 아이브와 디자인 팀도 알루미늄을 도입한 초기에는 미국 내 업체들과 협력을 시도했다. 미국 업체들과 초기 접촉을 진행한 인물은 디자인 팀에서 재료 및 마감재를 담당하고 있던 새츠거였다. 그는 애플이 원하는 품질과 수량의 부품을 만들 수 있는 업체들을 조사했다.

디자인 팀이 첫 번째 맥 미니 프로젝트를 진행할 때 새츠거는 미국의 한 알루미늄 공급 업체와 함께 일하기 시작했다. 당시 팀 쿡이 이끄는 운영 팀은 "맥 미니를 미국에서 제조해야 한다."라는 명확한 지시를 내린 터였다. 그 미국 업체는 비교적 불순물이 적고 산화 처리가 용이한 고품질 알루미늄을 공급할 수 있었기 때문에 최적의 회사로 보였다.

맥 미니는 외양은 단순해 보이지만 사실 케이스 제조 과정이 대단히 복잡했다. 이 제품의 정사각형 케이스는 알루미늄 판을 정사각형 형태로 압출 성형한 후 적절한 저항력을 갖도록 기계 공정으로 마무리해야 했다.(특히 상판 부분이 그렇다.) 그런 다음 산화 처리를 거쳐 디자인 팀의 요구 사항에 맞는 정확한 질감, 색상, 광택, 두께가 되도록 최종적으로 다듬어야 했다.

새츠거는 그 미국 업체와 몇 달간 일을 진행했다. 하지만 이 업체는 마감일이 임박했음에도 샘플 케이스를 만들어 내지 못했다. 스트레스를 참다못한 새츠거는 운영 팀을 찾아갔다. "결국 우리는 미국 내 생산을 밀어붙이는 운영 팀의 대표자에게 찾아갈 수밖에 없었습니다. 가서 말했지요. '일정은 엄청 빠듯한데 이 미국 업체는 아직도 압출 기계에서 사양에 맞는 부품 하나 뽑아내지 못하고 있습니다. 완성된 부품이 한 개도 나온 적이 없다고요. 그 사람들은 대체 언제 일을 끝내려는 걸까요? 그쪽에서 결과물이 안 나오면 우리 제품 완성은 물 건너가는 겁니다. 세워 둔 대책이라도 있습니까?'"

운영 팀에도 뾰족한 대안은 없었다. 새츠거는 갈수록 답답해졌다. 그는 해당 미국 업체가 애플이 요구하는 품질에 대한 개념이 없었다고 말했다. "애플에서는 '이 정도면 괜찮다' 하는 정도로는 괜찮지 않습니다." 새츠거의 말이다. "미국 업체들은 애플 제품에서 고객이 직접 마주하는 부분에 필요한 품질을 이해하지 못했습니다. 아주 사소한 부분이라도 그런 측면의

품질은 매우 중요합니다."³³

한편, 아이브의 팀은 다른 프로젝트 때문에 해외에 나갔을 때 아시아 공급 업체들이 애플과의 계약을 따내려고 애쓰는 것을 목격했다. "우리는 처음에 일본에 갔다 온 후 티타늄을 사용하기 시작했습니다. 그다음엔 아이팟과 파워북에 알루미늄을 처음 도입했지요." 새츠거의 회상이다. "그러고 나서 그 지식과 경험을 발판 삼아 중국으로 발걸음을 옮겼습니다. 몇몇 일본 회사들을 대동하고 말입니다. 우리는 이미 애플에 주형 부품을 납품하고 있던 폭스콘 같은 업체들에게 이렇게 말했습니다. '기본 판금을 만들어 줄 수 있습니까?' 중국 업체들의 태도는 매우 훌륭했습니다. 그들은 '우리는 요구받은 사양대로 정확하게 제품을 생산할 겁니다.'라고 했지요."³⁴

결국 맥 미니는 아이팟 미니 및 여타 제품들과 더불어 아시아의 폭스콘에서 생산하게 되었다.

또 다른 제품인 파워맥 G5 타워는 애플과 폭스콘의 관계에 중대한 전환점이 되었다. 디자인 팀은 이 제품 역시 이전 모델인 파워맥 G4처럼 플라스틱이 아닌 알루미늄으로 만들고 싶었다. 이는 애플의 기준으로 봤을 때도 굉장히 어려운 프로젝트였다. "프로젝트를 감당하지 못해서 다른 부서로 옮기는 직원이 다수 나올 정도였습니다." 새츠거의 말이다.

이 프로젝트는 1년 이상이 걸렸다. 시간이 지연된 이유 가운데 하나는 2003년 사스의 유행이었다. 이 때문에 폭스콘에 찾아간 아이브를 비롯한 디자인 팀원들의 발이 묶였던 것이다. "석 달 동안 기숙사에서 지내면서 그 일에 매달렸습니다. 루비와 다른 사람들은 불가능한 일이라고 했지만 저는 꼭 이뤄 내고 싶었어요. 스티브와 저는 산화 처리 알루미늄이야말로 제품에 실질적인 통합성을 부여한다고 느꼈거든요." 아이브의 얘기다.³⁵

잡스는 케이스가 압출 성형으로 제작되길 원했고, 이전의 타워 모델들에도 있었던 둥글게 파인 손잡이가 이번에도 역시 제품 이미지에 대단히 중요하다고 여겼다. 아이브의 팀은 커다란 압출 성형 알루미늄 관을 사각 틀 케이스로 만든 다음 두 군데에 둥글게 구멍을 내 손잡이로 삼을 생각이었다. 하지만 당시에 구할 수 있는 압출 성형 알루미늄 관은 배관에 쓰이는 지름 18인치짜리뿐이었다. 그들이 원하는 것은 훨씬 더 큰 사이즈였다. 그래서 팀원들은 알루미늄 관 두 개를 합쳐서 사용할 방법을 연구하기 시작했다.

그러던 중 새츠거가 압출 성형 대신 강철 홈통을 만들 때와 같이 롤 성형 프로세스를 활용하면 어떻겠냐고 제안했다. 납작한 알루미늄 판을 일련의 롤러에 통과시켜 사각 틀 모양으로 구부리는 방식이었다. 새츠거가 팀의 격주 브레인스토밍 회의에서 이 아이디어를 제안했을 때, 다른 디자이너 한 명이 잡스가 압출 성형 케이스에 꽂혀 있으므로 그다지 좋은 아이디어가 아니라고 말했다.

그 디자이너는 새츠거에게 말했다. "이해를 못하나 본데, 스티브가 압출 성형 케이스를 원한다고요."

그러자 새츠거가 맞받아쳤다. "이해를 못하는 건 당신이오. 그건 불가능하거든."

팀 전체가 반대함에도 불구하고 결국 새츠거는 직접 잡스를 찾아가 롤 성형 프로세스를 택하자고 설득해서 잡스의 동의를 얻어 냈다. 이후 그들은 알루미늄 판을 롤 성형으로 디귿 자 형태로 구부린 다음 열려진 쪽에 커다란 문을 다는 방식을 시도했다. 이음매 없는 매끄러운 형태를 원한 팀원들은 처음에 문이 달린 쪽에 있는 작은 접합부 두 곳이 신경 쓰였지만 앞면에서 봤을 때는 접합부가 보이지 않으므로 그대로 가기로 했다.

아이브는 사용자가 컴퓨터를 여는 상황을 감안하여 내부 부품도 디자인하기로 했다. "내부까지 작업한 건 그때가 처음이었습니다. 머더보드의 색상을 정하고, 커넥터와 케이블의 형태와 색상도 하나하나 결정했어요. 안에 있는 부품을 모두 디자인했지요. 냉각용 팬을 설치하는 공기실까지 말입니다." 새츠거의 얘기다.

팀원들은 문을 고정할 방법을 찾는 데에도 여러 달을 보냈다. 처음에는 문 자체에 정교한 잠금 장치를 달려고 했으나 이는 케이스의 단순미를 손상했다. 그래서 보트에 쓰는 오목한 형태의 갑판 걸쇠와 같은 잠금 고리를 달기로 했다. 새츠거는 브레인스토밍 회의에서 기기의 뒤쪽에 잠금 고리를 달자고 제안했다. "생각 끝에 제가 이렇게 말했습니다. '꼭 문에다 달 필요는 없잖습니까? 자동차의 후드 걸쇠를 생각해 봐요. 이런저런 디테일로 외관을 흐트러뜨리면 안 돼요. 문에는 애플 로고만 넣자고요.'"

디자인 팀은 자동차의 후드 걸쇠와 유사한 걸쇠를 고안하되 그것을 가느다란 데드 볼트 한 쌍과 연결했다. 걸쇠는 본체 뒤쪽에 위치했으며, 걸쇠를 작동하면 문 안쪽의 상단 및 하단에 설치된 데드 볼트가 매끄럽게 움직여 고정되는 방식이었다. 복잡하지만 세련된 장치였고, 외부에서 볼 때는 거기에 담긴 메커니즘이 전혀 드러나지 않았다.

완성된 첫 케이스들을 보았을 때 아이브는 이 새로운 제품이 걸작이 될 것이라는 직감이 들었다. 대개 타워형 본체는 책상 밑에 놓고 사용하지만 조니는 이 제품의 디자인이 너무 근사해서 사람들이 책상 위에 올려놓을 것이라고 생각했다. 따라서 컴퓨터의 모든 외면에 앞면과 똑같이 공을 들여야 했다.

대개 제품의 앞면을 A 면이라고 한다. 가장 중요하기 때문에 가장 높은 기준을 적용해 공들여 마무리하는 부분이기도 하다. 그리고 양 측면은 B, 뒷면은 C, 내부는 D에 해당한다. 하지만 새츠거는 이렇게 말했다. "이 제품은 너무나 아름다웠어요. 모든 면이 전부 다 A 면이었지요."

디자인 팀이 이러한 제조 방침을 생산 업체인 폭스콘에 전달하자 그들은 깜짝 놀라며 당혹감을 표현했다. "이런 반응이었어요. '뭐라고요? 이렇게 만드는 건 불가능해요.' 폭스콘 사람들은 이런 식으론 만들어 본 적이 없다고, 도저히 할 수 없다고 말했습니다." 새츠거의 회상이다. 그러나 결국 폭스콘은 애플의 기준에 맞춰 제품을 생산해 냈다.


## 해외 아웃소싱

한편 애플이 해외 위탁 생산의 폐해를 보여 주는 전형적인 기업으로 비치게 된 사건이 있었다. 특히 폭스콘의 조립 공장에 많은 비난이 쏟아졌다. 2009년 폭스콘의 노동자들이 잇달아 자살하는 사건이 일어나면서 국제 사회의 부정적인 시선이 쏠렸고, 이후 노동 실태 조사가 실시되면서 다수의 노동 착취 행태가 세상에 드러난 것이다.

폭스콘의 일부 공장들은 무려 50만 명의 노동자를 고용하고 있었고 그들의 아이폰과 아이패드 조립은 대부분 수작업으로 이루어졌다. 주로 젊은 층인 이 노동자들은 기숙사에 거주하며 거대한 공동 구내식당에서 교대로 식사를 했다. 그리고 주당 80시간에서 100시간을 일하는 경우가 많았다. 노동자 자살 사건으로 애플은 과거 비슷한 문제로 세간의 이목을 집중시켰던 나이키와 마찬가지로 노동 착취와 부당 대우에 대한 비난의 화살을 맞아야 했다. 폭스콘의 공장에서는 애플뿐만 아니라 다른 수많은 주요 전자 기업들의 제품도 생산하는데 말이다.

그러나 노동 착취 논란이 일기 훨씬 전부터 애플은 중국 생산 업체들이 제조 분야의 운영 방식을 바꾸도록 도왔다. 그들과 긴밀한 관계를 구축하고 그 공장들이 가진 역량의 한계를 끊임없이 넓히도록 한 것이다. 하지만 그 과정에서 아시아 회사들의 여러 관행 때문에 어느 정도 곤혹을 겪지 않을 수 없었다.

새츠거는 폭스콘에서 깊은 인상도 받았지만 그들의 업무 방식에서 묘한 점을 발견하기도 했다. "정치적인 요소가 많았습니다. 그들은 우리 앞에서 보란 듯이 뭔가를 연출하곤 했어요. 과장된 연극처럼 말입니다. 간부들이 매니저들을 회의실로 데려와서는 애플 직원들이 보는 데서 마구 호통을 치곤 하더군요."

한번은 이런 일도 있었다. 폭스콘 측의 요청에 따라 애플 관계자들이 커다란 유리창이 달린 회의실 바깥에서 기다리고 있었다. 회의실 안에서는 폭스콘 간부 한 명이 직원들에게 소리를 지르며 꾸짖고 있었다. 애플 관계자들이 지켜보는 가운데 그 간부는 회의실의 유리 테이블을 주먹으로 내려쳐 산산조각을 냈다. "완전히 연출한 장면이라는 냄새가 나더군요." 새츠거의 말이다.

폭스콘에 대한 평판은 엇갈린다. 하지만 새츠거가 보기엔 모든 엔지니어들(애플과 접촉하는 고위급 인사들)이 자기 일에 만족했으며 의욕이 충만했다. 그러나 수많은 노동자가 반복적이고 고된 조립 작업을 수행하는 그 조립 공장들은 비난의 포화를 피할 수 없었다.

애플 디자이너들은 폭스콘이나 다른 하청 업체들과의 관계 때문에 중국 출장이 잦았다. 새츠거는 출장 시 닷새 이상 머문 적이 없었다. 만일 그보다 출장 기간이 긴 경우에는, 캘리포니아에 돌아가서 주말을 보낸 후 그다음 주에 다시 중국으로 갔다. 반면 아이브는 중국에 몇 주씩 머물기도 했고 일부 디자이너들은 몇 개월도 체류했다. 그들이 그런 출장을 통해 애플의 놀라운 제품을 위한 새로운 재료와 새로운 제조 방식을 개척했음은 물론이다.

시간이 흐르면서 높아진 아이브 팀의 위상은 그들의 숙박 시설만 봐도 알 수 있다. 애플의 한 전직 운영 팀 직원의 말을 들어 보자. "프로덕트 디자인 팀원들과 산업 디자인 팀원들이 함께 중국에 갈 때도 있었습니다.

공장을 방문할 때는 대개 함께 움직이며 일했지요. 하지만 공장 문을 나오고 나서는 달랐습니다. 산업 디자인 팀원들은 고급 리무진이 와서 모셔 갔고 우리는 택시를 잡아타야 했으니까요. 산업 디자인 팀원들은 5성급 호텔에서 묵은 반면 프로덕트 디자인 팀원들은 대개 3성급 호텔에 묵었습니다. 10년 전이나 15년 전과는 사뭇 달라진 분위기였지요. 아이맥을 한창 개발할 당시에만 해도 조니와 대니얼을 비롯한 모든 디자이너가 엔지니어나 다른 직원들과 똑같은 호텔에서 숙식을 해결했거든요."

# 10

# 아이폰

디자인 초반 단계에서 우리는 지각적인 측면을 토론합니다. 제품의 스토리에 관해
이야기를 나눌 때가 많지요. 물리적 측면이 아니라 지각적 측면에서
제품을 어떻게 느끼는가 하는 점을 생각한다는 얘깁니다.

—조너선 아이브

아이팟 미니의 출시를 코앞에 둔 2003년 말의 어느 날 아침 아이브와 팀원들은 격주 브레인스토밍 회의를 열었다. 평상시처럼 디자인 스튜디오의 주방 테이블 주위에 둘러앉았다. 그 자리에서 산업 디자이너 중 한 명인 덩컨 커가 팀원들에게 낯선 기술 하나를 소개했다. IDEO에서 몇 년간 일하다가 1999년 애플 디자인 팀에 합류한 커는 엔지니어링 경험이 풍부했고 신기술을 제품에 어떻게 적용할지 궁리하기를 좋아하는 인재였다.

커는 애플의 입력 장치 엔지니어링 팀과 긴밀히 공조하며 일하고 있었는데, 이 팀에서는 맥을 위한 대안적 입력 장치를 연구 중이었다. 30년 이상 넘게 컴퓨터 작업의 중심 요소였던 키보드와 마우스를 대체할 수 있는 무언가를 찾고 싶었던 것이다. 그날 브레인스토밍 회의에서 커가 엔지니어링 팀과의 작업에서 알게 된 것을 설명해 주자, 팀원들의 반응은 놀라움 그 자체였다.

"놀라웠습니다. 정말 머리를 땅 하고 얻어맞은 것 같았어요." 믿기지 않던 그때의 기분이 생각나는 듯 새츠거는 고개를 내저으며 회상했다.

테이블 앞에는 아이브, 리처드 하워스, 크리스토퍼 스트링어, 유진 황, 대니얼 코스터, 다니엘레 데이율리스, 리코 조르켄도퍼, 니시보리 신, 바틀리 앤드리, 더그 새츠거 등 산업 디자인 팀의 주축 멤버들이 모두 모여 있었다.

"덩컨이 손가락 두세 개를 사용하는 멀티터치 방식으로 가능한 새로운 조작법을 설명해 주던 게 지금도 생생합니다. 덩컨이 화면을 회전하거나 키웠다 줄였다 하는 걸 보여 줬지요. 그런 게 가능하다는 사실에 정말 놀랐습니다." 새츠거의 회상이다.

팀원들은 그날 아침 전까진 멀티터치에 대해 들어 본 적이 없었다. 요즘이야 멀티터치 조작이 그리 특별한 게 아니지만 당시만 해도 터치 인터페이스는 매우 초보적인 단계였다. 팜 파일럿과 윈도 태블릿 같은 대부분의 터치 조작 기기는 스타일러스류의 펜을 사용했다. ATM의 스크린처럼 펜이 아니라 손가락에 반응하는 스크린은 터치 포인트를 하나밖에 인식하지 못했다. 손가락 두 개를 스크린에 대고 벌리거나 오므려 화면을 확대하거나 축소하는 것, 상하나 좌우로 미는 것은 생각할 수도 없었다.

커는 이 첨단 기술을 이용하면 손가락 하나가 아니라 두 개나 세 개를 이용할 수 있고, 따라서 손가락 하나로 버튼을 누르는 단순한 방식보다 훨씬 더 정교한 인터페이스를 구현할 수 있다고 팀원들에게 설명했다.

정교한 터치 인터페이스의 잠재력을 알려 주는 커의 설명에 한껏 흥분한 팀원들은 이 신기술을 적용할 수 있는 하드웨어 종류를 궁리하기 시작했다. 가장 유망한 것은 터치스크린 맥이었다. 사용자들이 키보드와 마우스를 쓰는 대신에 컴퓨터 화면을 손가락으로 눌러 조작하게 하자는 것이었다. 디자이너 한 명이 키보드와 마우스의 기능을 대체하는 터치스크린 컨트롤러를 제안했다. 소프트 키가 있는 일종의 가상 키보드였다.

새츠거는 회상한다. "우리는 궁리해 봤습니다. '이미 나와 있는 태블릿 형태의 제품을 어떻게 발전시킬 수 있을까?' 터치 방식은 이미 존재했지만 멀티터치는 전혀 새로운 차원이었지요. 화면의 버튼을 찾아서 누르는 것이 아니라 손가락으로 화면을 쓸어서 페이지를 넘길 수 있고, 이런저런 작동 버튼을 찾는 대신 마치 신문을 넘기듯 페이지를 넘길 수 있다니, 정말로 놀라웠습니다."

특히 아이브는 항상 컴퓨터 작업에 동반되는 촉감 요소를 매우 중요하게 여겨 왔다. 아이브가 과거에 디자인한 몇몇 기기에 손잡이를 고안한 것도 촉감 요소를 살리기 위해서였다. 그런데 그 무엇보다 촉감을 제대로 부각시킬 궁극의 기기를 만들 기회가 온 셈이었다. 키보드나 마우스, 펜은 물론이고 클릭 휠조차도 필요 없는 제품, 사용자가 그저 손가락으로 실제 인터페이스를 터치하는 제품. 이보다 더 친근한 제품이 또 있을까?

입력 장치 엔지니어링 팀은 멀티터치를 시험하기 위해 거대한 실험 시스템을 만들어 둔 상태였다. 탁구대만 한 크기의 커다란 정전식 디스플레이로 위쪽에 프로젝터가 매달려 있었다. 프로젝터가 수많은 와이어로 구성된 어레이 위로 맥의 운영 체제를 투사했다.

그것을 본 아이브는 디자인 팀에게 말했다. "이게 모든 것을 바꿀 겁니다."[1] 아이브는 이 시스템을 잡스에게 보여 주고 싶었지만 잡스가 트집을 잡으며 비난을 쏟아 낼까 봐 걱정스러웠다. 시스템이 아직 조악하고 세련되지 않았기 때문이다. 아이브는 다른 직원들이 없는 상태에서 잡스에게 몰래 진행 상황을 보여 줘야겠다고 생각했다. "스티브는 그 자리에서 곧바로 의견을 내놓는 성향이라 다른 사람들 앞에서 그에게 무언가를 보여 주는 데에 신중을 기해야 합니다. '쓰레기야.'라는 말로 그 아이디어를 끝장낼지도 모르기 때문입니다. 아이디어라는 건 아주 연약한 것이라서 개발 단계에서는 조심스럽게 다뤄야 합니다. 그가 그 프로젝트에 대해 망신을 주면 정말 슬플 것 같았습니다. 그게 얼마나 중요한지 알았으니까요."[2]

아이브는 직감에 따라 다른 사람들이 없을 때 잡스에게 그 시스템을 보여 주었다. 작전은 통했고, 잡스는 그 아이디어를 몹시 마음에 들어 하며 말했다. "이게 바로 미래야."[3]

잡스의 승인이 떨어지자 아이브는 애플의 뛰어난 소프트웨어 엔지니어인 임란 초드리와 바스 오딩에게 커다란 정전식 배열을 태블릿 시제품 크기에 맞게 축소하라고 지시했다. 일주일 안에 그들은 12인치 맥북 디스플레이를 들고 나타났다. 맥북은 손가락 움직임을 해석하기 위한 컴퓨팅 능력을 제공하는 커다란 타워 파워맥에 연결되어 있었다.

그들은 아이브와 디자이너들에게 구글 맵스로 시범을 보여 주었다. 한 명이 애플의 쿠퍼티노 본사를 화면에 띄운 다음 손가락들을 갖다 대고 간격을 넓히자 화면이 확대되었다. 그걸 본 디자이너들의 입에서 탄성이 터져 나왔다. "손가락을 터치하는 것만으로 애플 캠퍼스를 확대하거나 축소할 수 있다니 놀라울 따름이었지요." 새츠거의 얘기다.

손가락으로 제어하는 태블릿의 제작은 실현 가능성이 높아 보였다. 물론 하룻밤 사이에 가능한 일은 아니었다. 어쨌든 시장의 힘 덕분에 애플의 또 다른 혁명적인 제품이 먼저 모습을 드러내게 된다.


## 모델 035

멀티터치는 아이브의 디자인 팀에게는 새로웠을지 몰라도 학계에서는 그렇지 않았다. 멀티터치 기술의 기원은 전문가들이 터치 기반 센서를 위한 투박한 전자 장치를 처음 고안했던 1960년대로 거슬러 올라간다. 다수의 터치 포인트를 동시에 감지하는 시스템은 1982년 토론토 대학에서 개발되었으며, 1984년(스티브 잡스가 매킨토시를 출시한 해다.)에는 실행 가능한 최초의 멀티터치 스크린이 등장했다. 그리고 멀티터치 제품들이 시장에 나오기 시작한 것은 1990년대 후반 무렵이었다. 그러한 초기 제품들 중에는 델라웨어 주의 작은 회사 핑거웍스에서 만든, 제스처 기반의 컴퓨터용 입력 패드와 터치 감지 방식의 키보드 겸 마우스도 있었다.

2005년 초 애플은 비밀리에 핑거웍스를 인수했고 이 회사의 제품들을 즉시 시장에서 거둬들였다. 애플이 핑거웍스를 인수한 사실은 1년 넘게 세상에 밝혀지지 않다가, 핑거웍스의 두 창업자인 웨인 웨스터먼과 존 일라이어스가 애플을 위해 새로운 터치 기술 특허들을 신청하기 시작하면서 알려졌다.

초드리와 오딩이 만든 투박한 모형을 보고 손가락 제어 방식의 태블릿의 실현 가능성을 느낀 산업 디자인 팀은 보다 완성도 높은 시제품들을 만들기 시작했다. 대니얼 코스터와 기계 다루는 것을 좋아하는 바틀리 앤드리가 주도하여 디자인 작업을 이끌었다. 당시 만든 것 중에 사내에서 '모델 035'로 불린 시제품은 2004년 3월 17일에 출원한 특허의 토대가 되었다.

모델 035는 애플의 흰색 플라스틱 아이북의 덮개처럼 생긴 커다랗고 하얀 태블릿이었다. 키보드는 없었지만 아이북과 동일한 부품들을 기반으로 했다. 모델 035에는 홈 버튼이 없었고 2010년의 아이패드보다 훨씬 더 두껍고 폭이 넓었다. 하지만 모델 035와 훗날의 아이패드는 스크린을 둘러싼 검은색 베젤과 둥근 모서리라는 공통점을 지닌다. 모델 035는 맥 OS X의 수정된 버전으로 구동되었다.(모바일 운영 체제인 iOS는 그로부터 몇 년 후에 출시된다.)

아이브의 팀이 태블릿 시제품들에 매달려 있는 동안 애플 간부들은 아이팟을 걱정하고 있었다. 아이팟 판매량은 2003년에 200만 대, 2004년에 1000만 대, 2005년에 4000만 대로 고공 행진 중이었다. 하지만 휴대 전화가 아이팟의 역할을 대체할 날이 멀지 않아 보였다. 사람들은 대개 아이팟과 휴대 전화를 둘 다 가지고 다녔다. 당시에는 휴대 전화에 저장할 수 있는 곡이 얼마 안 되었지만, 조만간 휴대 전화와 뮤직 플레이어를 통합한 제품을 내놓는 경쟁사가 등장할 게 분명했다.

2005년 애플은 모토로라와 손잡고 일명 '아이튠스 폰'인 로커 E1을 출시했다. 아이튠스 뮤직 스토어에서 구매한 음악을 재생할 수 있는, 기다란 직사각형 초코 바 모양의 전화기였다. 사용자들은 아이튠스에서 노래를 내려받아서 아이팟의 기능과 유사한 뮤직 앱으로 재생해 들었다. 그러나 휴대 전화가 가진 한계 때문에 애초부터 실패할 운명이었다. 저장할 수 있는 용량도 100곡밖에 안 되었고 컴퓨터에서 곡을 옮기는 속도도 느린 데다 인터페이스도 형편없었다. 잡스조차도 대놓고 비하할 정도였다.

한편 로커 폰으로 인해 애플 관계자들은 애플이 자체 휴대 전화를 개발해야 할 필요성을 절감하게 되었다. 소비자들은 아이팟이 주는 경험을 자신의 휴대 전화에서도 똑같이 겪길 원했지만, 애플만의 기준에 대한 잡스의 고집에 비춰 볼 때 다른 회사에 맡겨서는 제대로 된 제품이 나오기 힘들어 보였다.

모델 035를 만들어 낸 프로젝트가 아이폰 개발 프로젝트로 변화하게 된 정확한 과정에 대해서는 이야기가 한 가지로 정리되지 않는다. 잡스는 2010년 올 싱즈 디지털 콘퍼런스 자리에서 터치스크린 휴대 전화를 구상한 것이 바로 자신이었다고 말했다.

잡스는 청중을 향해 말했다. "비밀을 하나 알려 드리지요. 처음엔 태블릿을 만들려고 했습니다. 저는 유리로 된 화면에 손가락으로 입력할 수 있는 멀티터치 디스플레이를 떠올렸습니다. 그래서 우리 기술자들한테 만들어 보라고 했지요. 6개월 뒤 그들은 이 놀라운 디스플레이를 들고 나타났습니다. 저는 그것을 애플의 뛰어난 사용자 인터페이스 담당자에게 건넸는데, 얼마 후 그가 관성 스크롤과 이런 저런 결과물을 갖고 오더군요. 그걸 본 순간 '세상에, 이걸로 전화기를 만들면 되겠다!' 싶었습니다. 그래서 태블릿은 제쳐 놓고 아이폰을 개발하게 된 겁니다."[4]

당시 애플에 몸담았던 사람들 중에는 아이폰 개발의 시작 과정을 조금 다르게 기억하는 이들도 있다. 그들의 말에 의하면 휴대 전화 개발 아이디어는 정기 간부 회의 도중에 나왔다. "당시 우리들 대부분이 쓰던 플립폰이 몹시 마음에 안 들었습니다. 그래서 이런 질문을 던져 보았지요. 태블릿의 시제품 단계에서 활용한 터치 기술을 가져다 쓸 순 없을까? 그 기술을 사용해 휴대 전화를 만든다면? 주머니에 쏙 들어가는 크기면서 태블릿에 담고자 하는 모든 기능을 탑재한 휴대 전화를 만들 순 없을까?" 소프트웨어 간부였던 스콧 포스톨의 회상이다.[5]

간부 회의가 끝난 후 스티브 잡스, 토니 파델, 존 루빈스타인, 필 실러가 035 시제품의 시연을 보기 위해 아이브의 스튜디오로 찾아갔다. 그들은 아이브가 보여 준 035의 시연을 보고 큰 인상을 받았지만, 그 기술을 휴대 전화에도 문제없이 적용할 수 있을지는 아직 확신할 수 없었다.

그러다가 035 태블릿의 스크린 일부만을 사용하는 간단한 시험용 앱을 제작한 것이 결정적 돌파구가 되었다. "작은 스크롤 목록을 만들었습니다." 포스톨의 얘기다. "주머니에 들어갈 수 있어야 하므로, 스크린의 한 귀퉁이에 연락처 목록을 작게 만들어 봤습니다. 그 연락처 목록을 스크롤 해서 특정한 연락처를 건드리면 화면이 부드럽게 넘어가면서 연락처 정보가 나타났습니다. 또 전화번호를 건드리면 '통화'라는 단어가 나타났고요. 실제로 전화가 걸리지는 않았지만 '통화'라고 떴습니다. 정말 놀라울 따름이었지요. 그렇게 주머니에 들어가는 크기로 조절한 터치스크린을 전화기에 적용할 수 있다는 사실을 깨달았습니다."

그로부터 몇 년 후 애플의 변호사 해럴드 맥엘히니는 그 프로젝트에 엄청난 노력이 투입되었다며 이렇게 말했다. "완전히 새로운 하드웨어 시스템이 필요한 프로젝트였습니다. (중략) 또 완전히 새로운 사용자 인터페이스도 필요했지요. 직관적으로 이해하고 사용할 수 있는 인터페이스 말입니다." 또 그는 애플이 휴대 전화라는 새로운 제품 영역으로 진출한 것이 대단히 커다란 모험이었다고 말했다. "리스크가 얼마나 컸을지 생각해 보십시오. 애플은 이미 컴퓨터 업계와 음악 업계에서 큰 성공을 거둬 자리 잡은 기업이었습니다. 그런데 이미 다른 거물 기업들이 장악하고 있는 분야에 뛰어든 것이지요. (중략) 당시에 애플은 휴대 전화 시장에서 인지도나 신뢰도가 전무했습니다."[6]

맥엘히니는 만일 프로젝트가 실패했다면 애플이 회복하기 힘든 치명타를 입었을 것이 분명하다고 말했다. 리스크를 낮추기 위해 애플 간부들은 '양다리 작전'을 도입했다. 두 종류의 휴대 전화를 동시에 개발하는 경

쟁 구도를 조성한 것이다. 비밀리에 진행한 이 휴대 전화 프로젝트의 코드
명은 '퍼플(Purple)'이었고 줄여서 'P'라고 불렀다. 아이팟 나노를 토대로 하
는 프로젝트는 P1이었고, 아이브의 주도 하에 035 태블릿을 토대로 새로운
멀티터치 기기를 만드는 프로젝트는 P2였다.

P1은 파델이 지휘했다. 그의 팀은 기존 아이팟과 전화기를 접목하는
방식을 추진했다. "우리가 이미 갖고 있는 아이팟을 다른 새로운 무언가로
변화시킨다는 것은 사실 자연스럽게 나올 수 있는 발상이었지요." 한 전직
간부의 말이다.

파델 밑에서 일하던 젊고 유능한 아이팟 엔지니어 맷 로저스가 휴대
전화용 소프트웨어를 개발하는 일을 맡았다. 로저스는 과거 인턴 시절에
아이팟에 들어갈 복잡한 시험 소프트웨어의 수정 작업을 멋지게 완수해서
파델에게 깊은 인상을 준 인재였다. 늘 그랬듯이 그들의 작업 과정은 극비
사항이었다. "우리가 휴대 전화 프로젝트를 진행한다는 걸 사내에서 아무
도 몰랐습니다." 로저스의 말이다.[7] 그리고 아이팟 팀은 엄청난 업무를 감
당해야 했다. 당시 그들은 새로운 아이팟 나노와 새로운 아이팟 클래식, 아
이팟 셔플에 대한 작업도 진행 중이었기 때문이다.

6개월간 땀을 쏟은 끝에 파델의 팀은 웬만큼 작동이 가능한, 아이팟과
휴대 전화를 통합한 시제품을 만들어 냈다. 아이팟의 클릭 휠이 다이얼 역
할을 하면서 옛날 다이얼식 전화기처럼 한 번에 하나씩 숫자를 선택하는
방식이었다. 이 시제품은 전화를 걸고 받는 것이 가능했다. 주소록을 스크
롤 하여 연락처를 선택하는 방식이 가장 큰 특징이었다.(이미 예상된 특징이
라 놀랍지는 않았다.) 애플은 이 시제품을 토대로 몇 개의 특허를 출원했다.
그중에 하나는 아이팟과 전화를 통합한 기기가 자동 완성 기능으로 문자
메시지를 작성할 수 있다는 점을 적시했다. 이 특허를 발명한 사람으로 잡
스, 포스톨, 오딩, 초드리의 이름이 등재되었다.

그러나 P1에는 한계가 너무 많았다. 클릭 휠로 전화를 거는 것 자체가 귀찮은 방식이었고 기기 활용 방법이 여러 모로 제한되었다. 인터넷을 사용할 수 없었고, 앱도 실행할 수 없었다. 훗날 파델은 아이팟과 전화를 통합한 그 기기가 애플에서 "뜨거운 논란거리"였다고 말했다. 무엇보다 가장 큰 문제는 파델의 팀이 디자인 때문에 궁지에 몰렸다는 것이다. 아이팟이라는 기존 기기를 활용하려 하다 보니 디자인 옵션에 많은 한계가 따라서 임무를 최적으로 수행할 수가 없었다. "P1의 조그만 스크린과 클릭 휠에 발이 묶여 버렸던 겁니다. (중략) 하지만 때로는 뭔가를 시도하다 보면 내다 버리는 일도 생기기 마련이죠."[8]

아이팟과 전화를 접목한 P1 프로젝트가 6개월 진행된 후, 잡스는 이 프로젝트를 폐기했다. "솔직히 말해 이 정도밖에 안 나오다니 실망이군." 잡스는 팀원들에게 말했다. 파델은 패배를 인정하고 싶지 않았다. "멀티터치 접근법이 더 리스크가 컸습니다. 이제껏 아무도 시도한 적이 없는 방식이었고, 또 필요한 모든 부품을 안에 제대로 담을 수 있을지도 불투명했으니까요." 파델의 말이다. 그리고 프로젝트 초기부터 파델은 투박하고 불편한 팜 파일럿 같은 제품들의 사용 경험에 비춰 볼 때 터치스크린 방식이 그다지 승산이 없다고 생각했다.

잡스는 P2를 밀고 나가자며 이렇게 말했다. "우리는 이게 우리가 원하는 것이라는 사실을 알고 있어요. 그러니 이걸로 갑시다."[9]

2년 후 맥월드에서 아이폰을 소개할 때 잡스는 다이얼식 패드가 달린 아이팟 사진을 청중에게 장난삼아 보여 주면서 "새로운 휴대 전화는 이렇게 생겨서는 안 된다."라고 말했다. 청중석에서는 웃음이 터졌다. 애플이 하마터면 그런 전화기를 만들 뻔했다는 사실을 아는 사람은 거의 없었다.

# 아이폰 팀을 구성하다

P2를 추진하기로 결정이 내려진 후 이제 본격적으로 제품 개발 단계에 돌입하면서 아이브는 산업 디자인, 파델은 엔지니어링의 총책임자가 되었다. 과거 맥 OS X 프로젝트를 이끌었던 포스톨은 컴퓨터 운영 체제를 휴대 전화를 위한 새로운 운영 체제로 수정하는 임무를 맡았다.

아이브의 디자인 팀은 운영 체제도 보지 못한 상태에서 아이폰 디자인 작업을 진행했다. 처음엔 아무것도 나타나지 않는 빈 화면을 보면서, 나중에는 알 수 없는 기호 같은 모조 아이콘으로 이루어진 인터페이스의 사진을 보면서 작업했다. 소프트웨어 엔지니어들도 하드웨어 시제품을 보지 못한 채 일을 진행했다. "나는 번개 모양 아이콘이 뭘 의미했는지 아직도 모릅니다." 훗날 디자이너 한 명은 가짜 iOS 스크린에 있었던 아이콘 중 하나를 언급하며 말했다.

그래도 아이브만큼은 아무것도 모르는 채로 있지 않았다. 아이브는 포스톨이 맡은 새로운 운영 체제 개발의 진척 상황을 계속 파악했으며 잡스나 다른 간부들과 끊임없이 이야기를 나누었다. 그리고 그런 정보를 바탕으로 디자인 팀원들에게 피드백을 주고 방향을 잡아 주었다. 디자인 스튜디오 내에서는 리처드 하워스가 P2의 디자인 작업을 주도할 선도 디자이너로 지정되었다.

초기 단계에서는 휴대 전화 개발이 성공하리라고 확신하는 직원들이 별로 없었다. 한 전직 간부는 말했다. "모든 측면이 근본적인 연구 개발 문제에 속했습니다." 어쨌든 그들은 애플 역사상 가장 어려운 것이 될지도 모를 프로젝트를 추진하는 동시에 맥북과 아이팟 같은 다른 제품군의 개발도 병행해야 했다. 주요 직원들이 원래 속해 있던 프로젝트에서 빠지고 아이폰 프로젝트로 옮기는 바람에 일부 제품의 개발이 지연되거나 중단되기도 했다.

만일 아이폰 프로젝트가 성공하지 못하면 애플은 끔찍한 결과를 맞닥뜨려야 할 수도 있었다. "만일 실패했다면 출하량 저하로 인한 손실을 입었을 뿐 아니라 그 손실분을 채워 줄 다른 제품도 없어서 엄청난 타격을 입었을 겁니다." 포스톨의 말이다.

잡스는 간부들에게, 부서를 막론하고 사내의 어떤 누구라도 휴대 전화 프로젝트에 투입해도 좋지만 절대로 외부에 나가 사람을 찾지는 말라고 지시했다. "정말 쉽지 않은 과정이었습니다." 포스톨의 회상이다. "저는 사내에서 최고 실력을 지닌 엔지니어들을 비롯해 능력이 출중한 직원들을 찾아내 제 방으로 불렀습니다. 그리고 앞에 앉혀 놓고 말했지요. '자네가 지금 자리에서 뛰어난 역량을 발휘하고 있다는 것 잘 아네. 상사도 자넬 무척 아끼고 말이야. 지금처럼 그 자리에서 원하는 일을 계속 열심히 한다면 애플에서 크게 인정받으며 잘나가는 직원이 될 거야. 그럼에도 자네한테 한 가지 제안을 하고 싶네. 또 다른 선택권이지. 우리는 지금 새로운 프로젝트를 시작하려는 참이야. 극비 프로젝트를. 그게 어떤 프로젝트인지 밝힐 수는 없지만 말이야……' 그런데 놀랍게도 대단한 재능을 가진 일부 직원들은 저의 제안을 흔쾌히 받아들였습니다. 그렇게 해서 아이폰 팀을 꾸리게 된 겁니다."[10]

포스톨은 애플 본사의 건물 하나를 택해 한 층 전체의 출입을 엄격하게 통제했다. "문마다 신분증 판독기를 달았습니다. 일부 연구실로 들어가는 곳에는 카메라도 설치했고요. 어떤 연구실은 신분증을 판독기에 네 번이나 가져다 대야 들어갈 수 있었습니다." 그 층은 '퍼플 돔'이라는 별칭으로 불렸다.

"그곳은 비어 있는 순간이 없었습니다. 밤낮 가리지 않고, 그리고 주말에도 언제나 팀원들이 있었지요. 늘 어디선가 피자 냄새가 풍겼고요. 우리는 퍼플 돔으로 들어가는 문에 '파이트 클럽'이라고 써 붙였습니다. 영화를 보면 파이트 클럽의 첫 번째 규칙이 '파이트 클럽에 대해 발설하지 말라.'잖아요. 우리 프로젝트의 첫 번째 규칙도 '문을 나서면 이 프로젝트에 대해 절대 말하지 않는다.'였으니까요." 포스톨의 얘기다.

한편 산업 디자인 팀에서는 아이브가 늘 그렇듯 아이폰의 스토리를 구상하는 일부터 착수했다. 훗날 그가 한 설명에 따르면 "사용자가 이 제품을 쓰면서 어떤 '감정'을 경험할 것인가."가 스토리 구상의 핵심이었다. "디자인 초반 단계에서, 그러니까 디자인의 주요 지향점을 확립하고자 할 때 우리는 지각적인 측면을 토론합니다. 제품의 스토리에 관해 이야기를 나눌 때가 많지요. 물리적 측면이 아니라 지각적 측면에서 제품을 어떻게 느끼는가 하는 점을 생각한다는 얘깁니다."

아이브는 아이폰에서 스크린이 무엇보다 중요하다고 생각했다. 초기 단계의 회의에서 디자이너들은 하나같이 이 휴대 전화의 어떤 요소도 스크린의 가치를 손상해서는 안 된다는 데에 고개를 끄덕였다. 아이브는 전화기의 스크린을 '인피니티 풀'에 비유했다. 인피니티 풀은 가장자리가 잘 보이지 않아서 마치 호수나 바다와 이어진 듯한 느낌을 주는 고급 수영장이다.

"우리는 인피니티 풀이라는 콘셉트를 통해 디스플레이가 중요하다는 사실을 확실하게 마음에 새겼습니다. 디스플레이를 하나의 구성 요소로 가져가면서도 다른 모든 부분이 디스플레이를 따르는 듯한 제품, 그런 것을 만들고 싶었어요. 아이폰에 대한 초반의 논의에서는 바로 이 콘셉트에 초점이 모이곤 했지요. 디스플레이가 마치 마법처럼 떠오르는 연못, 그런 느낌을 머릿속에 그린 겁니다." 아이브의 말이다.[11] 팀원들은 디자인 아이디어를 구상할 때 디스플레이의 중요성을 손상시키는 접근 방법은 무조건 피했다.

아이브는 전화기의 디스플레이가 "매혹적"이고 "놀라운" 무언가가 되기를 원했다고 말한다. 이는 사실 아이브가 어떤 디자인에서든 최종 목표로 여기는 것이었다. "아이폰 디자인 초기 단계에서는 인피니티 풀처럼 디스플레이에 빠져들게 한다는 개념이 무척 새로워 보였습니다. 아니 실로 새로운 것이었지요. 그리고 그런 종류의 심취를 토대로 디자인 스토리를 구축할 수 있는 진정한 기회가 있는 것으로 느껴졌습니다." 아이브는 후에 이렇게 말했다.[12]

2004년 늦가을, 아이브의 디자인 팀은 디자인 방향을 두 가지로 잡고 작업을 시작했다. 하나는 크리스토퍼 스트링어가 주도한 '엑스트루도'라는 디자인으로, 아이팟 미니와 유사한 모습이었다. 압출 성형 알루미늄 관을 납작하게 만들어 케이스로 삼는 방식으로 다양한 색상으로 산화 피막 처리가 가능했다. 애플은 아이팟 케이스를 대량으로 제작하고 산화 처리할 수 있는 대규모 생산 라인을 이미 갖추고 있는 상태였다. 이는 엑스트루도에 유리한 요소였다. 또 아이브와 팀원들이 압출 방식의 장점을 선호한다는 점도 간과할 수 없었다.

다른 하나는 리처드 하워스가 주도한 '샌드위치'라는 디자인이었다. 전체적으로 플라스틱이 주요 재질이고 스크린도 플라스틱이었으며 모서리가 둥근 직사각형 형태였다. 또 금속 테두리로 몸체 가장자리를 둘렀고 전면부 가운데에 디스플레이가, 스크린의 아래쪽 중앙에 메뉴 버튼이 위치했다. 스피커 슬롯은 스크린 위쪽 중앙에 자리했다.

아이브와 팀원들은 엑스트루도 스타일을 더 좋아했으므로 그 디자인에 특히 관심을 쏟았다. 그들은 가로축으로 뽑아 보고 세로축으로도 뽑아 보며 여러 종류의 압출 성형 케이스를 시도했다. 하지만 이내 문제가 드러났다. 디자이너들이 기기를 귀에 가져다 댈 때 엑스트루도의 날카로운 모서리 때문에 얼굴에 상처가 났던 것이다. 잡스는 특히 이 점을 무척 못마땅해했다.

결국 모서리를 부드럽게 만들려고 플라스틱 엔드 캡을 추가했는데, 이는 무선 안테나를 위해서도 도움이 되었다. 아이폰은 와이파이, 블루투스, 통화 송수신, 이렇게 세 가지 용도의 무선 시스템을 갖추게 될 터였다. 전파는 금속 껍데기를 통과하지 못하기 때문에 플라스틱 엔드 캡이 중요한 요소로 부상했다.

팀원들은 엑스트루도의 문제점들을 해결하려고 갖은 애를 썼다. 그런데 엔지니어링 테스트 결과 무선 시스템을 원활하게 작동시키기 위해서는 플라스틱 엔드 캡을 더 크게 만들어야 하며 그렇지 않으면 이 디자인 방향이 효과가 없다는 사실이 드러났다. 하지만 플라스틱 엔드 캡이 커지면 깔끔한 외관을 망칠 게 분명했다. "안테나 때문에 디자인을 망치지 않을 방법, 귀에 닿는 부분을 너무 날카롭지 않게 만들 방법 등을 알아내기 위해서 온갖 디자인 시안을 무수히 만들어 봤습니다. 하지만 편의성을 더하는 해결책들은 하나같이 전체적인 디자인을 훼손하는 것 같았습니다." 새츠거의 얘기다.

엑스트루도에는 잡스의 신경을 긁는 또 다른 문제도 있었다. 금속 베젤 때문에 스크린의 느낌이 손상된다는 점이었다. 즉 아이브가 처음부터 염두에 둔 목표와 달리 기기의 전체적인 디자인이 스크린을 따르는 듯한 느낌이 들지 않았다. 훗날 아이브는 잡스가 바로 그 점을 지적했을 때 당황스럽고 민망했다고 회상했다.

결국 애플은 엑스트루도를 폐기했다. 이제 남은 것은 샌드위치였다.

샌드위치에는 엑스트루도에 비해 몇 가지 장점이 있었다. 둥근 모서리 덕분에 디자이너들의 귀가 다치지 않는다는 것도 그중 하나였다. 그러나 엔지니어링 팀에서 건네는 시제품들은 모두 너무 크고 두꺼워서 아이브 팀은 그것을 다시 얇게 구현하는 방안을 찾느라 애를 먹었다. 그들은 수많은 첨단 부품을 안에 담으려 애썼으나, 아직 그 부품 가운데 다수는 모두가 꿈꾸는 휴대 전화라는 복잡한 기기에 넣을 수 있을 정도로 작아지지 않은 상태였다.


## 조니 폰

2006년 2월까지 여러 개의 수정 디자인이 등장했다가 사라져 갔다. 아이브는 진척 상황에 답답함을 느낀 나머지 어느 날 브레인스토밍 회의에서 디자이너 니시보리 신에게 소니 스타일의 디자인에서 힌트를 얻은 시험적 디자인을 한번 구상해 보라고 했다. 훗날 아이브는 그때 자신이 소니 제품을 그대로 모방하라고 한 것이 아니라 약간의 참신하고 "재미난" 아이디어를 불어넣으라고 요청한 것이라고 주장한다.

니시보리 신은 일본에서 유명한 젊은 디자이너로 다년간 활약하다가 애플에 합류한 인재였다. 2001년 이래로 니시보리가 작업한 애플 제품들에서는 소니나 일본의 디자인에서 영향을 받은 흔적이 드러났고, 그걸 본 스티브 잡스와 아이브, 그리고 여러 애플 디자이너들은 일본의 미니멀리즘 미학에 경탄할 때가 많았다.

2006년 2월과 3월에 니시보리는 당시 소니 제품들의 디자인 요소를 차용한 휴대 전화 디자인을 몇 가지 내놓았다. 그런 요소 중에는 소니의 PDA 클리에에 장착된 컨트롤 휠 겸 스위치인 조그 휠도 있었다. 니시보리는 심지어 기기들 뒷면에 소니 로고까지 넣었는데, 한 시제품에는 장난삼아 '조니(Jony)'라는 로고를 넣기도 했다.

훗날 애플과 삼성의 소송에서, 아이브의 디자인 팀이 그들의 주장과 달리 아이폰을 독자적으로 개발한 것이 아니라 다른 기업들의 디자인을 모방한 것임을 보여 주는 증거로서 니시보리의 가짜 소니 휴대 전화 하나가 제시된다. 그러나 애플은 '소니' 또는 '조니' 로고가 박힌 디자인이 자신들이 이미 디자인해 둔 기기에 소니 스타일의 장식만 가미한 것임을 입증하는 데 성공했다.[13] 애플 측 변호사들이 지적했듯 니시보리의 디자인은 비대칭적인 스타일이었으며 실제로 출시된 아이폰에는 소니 스타일의 버튼이나 스위치가 전혀 장착되지 않았다.

2006년 3월 초, 리처드 하워스는 P2 프로젝트가 진전되는 상황에 대해 걱정을 토로했다. 니시보리가 만든 소니 스타일의 디자인과 비교해 보니 특히 P2의 사이즈가 불만스러웠다. 니시보리가 훨씬 얇은 몸체를 내놨던 것이다. 하워스는 아이브에게 이런 이메일을 보냈다. "니시보리가 만든 소니 스타일 디자인을 보니 귀에 갖다 대기에도, 또 주머니에 넣기에도 훨씬 편한 형태의 아담한 제품이더군요. (중략) 그리고 만일 볼륨 버튼을 기기 측면에 넣으면 압출 성형 아이디어의 순수성을 잃고 형편없는 모습이 나올까 봐 걱정스럽습니다. 스타일을 망치지 않는 범위 내에서 이것저것을 추가해야 하는데, 가장 효율적인 구축 방법은 안 나오고 엉뚱한 방향으로 흐르곤 합니다."[14]

아이브의 팀은 또한 굴곡 있는 디자인도 시도해 오고 있었는데 어느 시점엔가는 이 디자인이 성공 가능성이 높은 방향으로 느껴졌다. 굴곡을 가미하면 가운데의 불룩한 부분에 더 많은 부품을 넣을 수 있었다. 이는 나중에 애플이 아이패드에서 아이맥에 이르기까지 다수의 신제품에 사용하게 되는 접근법이다.

새츠거의 회상에 따르면 디자인 팀은 초반부터 유리 두 장을 사용하는 디자인에 "강한 관심"을 가졌다고 한다. 그래서 그들이 만든 시제품 중에는 분할 스크린을 장착한 것도 있었다. 위쪽에 스크린이 있고, 그 아래에는 소프트웨어 기반의 터치패드가 달린 모습이었다. 터치패드는 기능에 따라 여러 가지로 변했다. 즉 어떤 때는 다이얼 패드가 되고 어떤 때는 키보드가 되었다. 그러나 유리 표면을 불룩하게 만들기가 너무 어려웠다.

하워스는 개발 후반에 이를 때까지도 여전히 엑스트루도 디자인을 비교 대상으로 삼았지만, 일련의 엔지니어링 테스트 결과 샌드위치 쪽으로 가닥이 잡힐 가능성이 높아 보였다. 그런데 얼마 후 샌드위치 디자인을 적용한 엔지니어링 시제품들에 대해 좋지 않은 평가가 나왔다. 기기가 너무 크고 두껍다는 것이었다. 모든 기술을 억지로 눌러 담으며 멋진 형태를 창출할 수는 없다는 판단에 따라, 결국 샌드위치 역시 폐기하자는 결정이 내려졌다.

"우리는 안테나나 음향 문제에 대한 지식이 부족했습니다. 기기 안에 그 많은 기술을 담는 것에 대해서도요. 그 시제품은 작동은 됐지만 사람을 확 끌어당기는 매력이 없었습니다." 한 전직 간부의 말이다.

막다른 길에 몰린 아이브 팀은 역방향 전략을 취했다. 프로젝트 초반에 만들어 두었지만 샌드위치와 엑스트루도에 주력하느라 뒤로 밀쳐놓았던 옛날 모델에 다시 눈을 돌린 것이다. 이 모델은 나중에 실제로 출시하게 될 휴대 전화와 대단히 흡사한 디자인이었다. 홈 버튼 하나가 있는 부분을 제외하면 전면이 스크린으로 꽉 차 있었다. 부드러운 곡선이 가미된 후면부가 앞쪽 스크린과 이음매 없이 매끄럽게 맞물린 모습이 오리지널 아이팟을 연상시켰다. 무엇보다 중요한 점은, 아이브의 인피니티 풀 콘셉트를 구현했다는 사실이다. 전화기가 작동하지 않을 때는 새까맣고 매끈한 유리판처럼 보이다가 전화기를 켜면 내부에서 스크린이 마법처럼 나타났다.

탄성이 절로 터져 나왔다. "우리가 간과했던 걸 뒤늦게야 발견한 겁니다. 그 모델에 디테일을 보완하고 얼마간의 시간을 들여 작업해 놓고 보니 그때까지 나온 것 중에 가장 최선의 안이라는 판단이 들었지요." 스트링어의 얘기다. 그는 최종적으로 장식이 없는 깔끔한 디자인으로 가자는 결정이 거의 고민 없이 금세 내려졌다고 기억한다. "우리가 디자인한 것 중에 가장 아름다웠습니다." 전화기 전면부에는 애플 로고도, 제품명도 넣지 않았다. "우리는 아이팟에서 얻은 경험으로 알고 있었습니다. 디자인이 놀랄 만큼 멋지고 독창적이면 굳이 전면에 로고나 제품명을 넣을 필요가 없다는 걸 말이에요. 제품 스스로가 자신을 말하니까요. 그런 제품은 문화 아이콘이 됩니다."

나중에 아이브는 아이폰 4를 디자인할 때 샌드위치를 부활시켰다. 옛날 디자인을 다시 살펴보고 과거에 간과했던 특징이나 장점을 재발견해 낸 또 다른 사례였다. 아이폰 4에서는 이 전화기 구조의 주요 요소인, 유리판 두 장 사이의 금속 테두리가 안테나 역할도 하게 된다. 그런데 유감스럽게도 이 테두리에 문제가 있는 것으로 드러났다. 금속 테두리가 둘로 분할되어 두 개의 안테나 역할을 하는데, 사용자가 손으로 두 안테나 사이의 틈을 덮으면 안테나 작동에 문제가 생겨 통화가 끊기곤 했던 것이다. 알려진 바에 따르면, 애플은 안테나에 투명 코팅을 입히는 방식으로 이런 문제를 쉽게 피할 수도 있었지만 아이브가 금속 테두리의 온전한 질감이 손상되는 걸 원치 않았다고 한다.

팀원들은 전화기 형태뿐만 아니라 멀티터치 기능에도 주목했다. 당시 대부분의 터치 기기는 감압식 터치스크린을 사용했다. 이는 전도성 물질의 얇은 막 두 장 사이에 얇은 공기층이 채워져 있는 스크린이었다. 스크린을 누르면 이 두 개의 막이 접촉하게 되어 터치를 인식하는 원리였다. 감압식 스크린은 대개 플라스틱으로 만들었으며, 팜 파일럿이나 애플 뉴턴처럼 펜이 딸린 기기들에서 흔하게 사용되었다.

아이브의 디자인 팀도 아이폰에 감압식 스크린을 시도해 보았으나 결과가 만족스럽지 않았다. 스크린을 누르면 화상이 일그러지는 데다 세게 눌러야 하기 때문에 손가락이 쉽게 피로지고 불편했다. 이 방식은 '터치스크린'이라는 이름값도 하지 못했다. 디자이너들은 생각했다. 사용자가 말 그대로 화면을 살짝 '터치'만 해도 작동해야 터치스크린이라는 이름에 어울리지 않겠는가?

그래서 하드웨어 팀은 감압식 스크린을 포기하고 정전식 기반의 터치스크린을 만드는 일에 착수했다. 정전식 터치는 스크린 표면에 흐르는 전하의 변화를 감지하는 방식이다. 사람의 피부도 전도성을 띠는데, 정전식 터치스크린은 인체의 그런 특성을 이용하므로 아주 살짝만 화면을 건드려도 감지할 수 있다. 애플은 이미 아이팟의 스크롤 휠, 노트북의 트랙패드, 그리고 정전식 전원 버튼이 달린 파워맥 큐브 등에서 다년간 이 기술을 활용하고 있었다. 그러나 투명 스크린에 적용해 본 적은 없었다.

한 가지 문제는 정전식 스크린을 위한 공급망이 없다는 것이었다. 당시에는 정전식 스크린을 산업적인 규모로 생산하는 업체가 없었다. 하지만 애플은 TPK라는 대만의 작은 회사를 찾아냈다. TPK는 혁신적이지만 생산 규모가 제한적인 기법을 사용하여 판매 시점 정보 관리 시스템 디스플레이에 쓰이는 정전식 스크린을 생산하고 있었다. 잡스는 TPK와 계약을 맺기로 합의하면서 이 회사가 생산하는 모든 스크린을 애플이 구매할 것이라고 약속했다. 이러한 합의에 따라 TPK는 1억 달러를 투자하여 빠른 기간 내에 자신들의 제조 설비 및 역량을 강화했다. TPK는 첫 번째 아이폰에 사용된 스크린의 약 80퍼센트를 공급했으며, 고도의 성장을 거듭하여 2013년에는 30억 달러 규모의 기업으로 성장했다.


## 플라스틱에서 유리로

애플의 운영 팀이 아이폰의 제조 방안을 놓고 고심하는 동안 아이브의 디자인 팀은 그들이 선택한 스크린 소재에 회의를 느끼기 시작했다.

아이브와 팀원들이 플라스틱을 쓰기로 한 주된 이유는 잘 깨지지 않는다는 점 때문이었다. 그래서 시제품에 전부 플라스틱 스크린을 장착했지만 아무래도 만족스러운 마음이 들지가 않았다.

"처음에 만든 무광택 플라스틱 패널에는 이상한 굴절 현상이 생겼습니다. 그래서 광택 플라스틱을 썼더니 파형이 생겨서 형편없어 보였지요." 새츠거의 얘기다. 아이브는 팀원들에게 특별하게 질감을 살린 플라스틱을 써 보라고 했지만 그래도 역시 신통치 않았다. 그다음으로는 유리를 써 보기로 했다. 유리는 쉽게 깨지는 소재인 데다가 그렇게 큰 유리가 달린 소비자 전자 기기는 이제껏 없었음에도 그런 결정을 내린 것이다.

플라스틱에서 유리로 방향을 전환한 과정에 대해서는 여러 설이 있다. 아이브의 팀이 이미 유리를 택하는 방안을 타진하고 있었지만, 어떤 이들은 유리로 바꾸는 것을 주도한 인물이 잡스였다고 말한다. 이 설에 따르면 아이폰 시제품을 사용하던 잡스가 그것을 열쇠들과 함께 주머니에 넣고 다녔는데 열쇠 때문에 스크린이 긁혀서 툭하면 짜증을 냈다고 한다.

잡스는 말했다. "표면이 긁히는 제품을 판매할 수는 없습니다. 아무래도 유리 스크린으로 가야겠어요. 6주 안에 유리 스크린을 만들어 내야 합니다."[15]

좀 더 상세한 설에 따르면 유리 스크린 개발에는 6주가 아니라 6개월이 걸렸다고 한다. 애플의 운영 팀은 가장 강력한 유리를 찾아내는 임무를 맡았고, 조사를 진행하던 중 뉴욕 주 북부에 본사를 둔 유리 제조 업체인 코닝이라는 회사를 알게 되었다.

코닝은 1960년에 일명 '근육 유리'라고 불리는, 웬만해선 깨지지 않는 강화 유리 켐코를 만들었다. 켐코 제작의 핵심은 유리를 고온의 칼륨염에 적시는 혁신적인 화학 처리법이었다. 이렇게 하면 유리 속의 나트륨이 빠져

나가고 그 자리에 칼륨이 들어가는 화학 작용이 일어난다. 유리가 식으면 칼륨 원자들이 단단하게 뭉쳐 파손에 대한 저항력이 대단히 뛰어난 유리가 탄생하는 것이다. 이렇게 만들어진 유리는 1평방인치당 10만 파운드의 압력도 견딜 수 있었다.(보통 유리는 7000파운드 정도만 견딜 수 있다.) 켐코의 시장성은 밝아 보였지만 실제로는 성공하지 못했다. 일부 항공기와 아메리칸 모터스의 자동차 재블린에 사용된 것을 제외하면 켐코의 판매량은 저조했고 결국 코닝은 1971년에 켐코 생산을 중단했다.[16]

2006년 애플 운영 팀이 연락을 취해서 알아보니 코닝은 몇 년 전부터 이 강화 유리 생산을 재개할지 여부를 고려하던 중이었다. 모토로라의 레이저 V3에 유리가 쓰이는 것을 보고 휴대 전화에 사용할 수 있을 만큼 얇은 켐코를 제작할 방법을 연구하기 시작한 것이었다.

아이브의 산업 디자인 팀은 유리의 필요 사양을 제시했다. 아이폰 디자인에 맞으려면 유리 두께가 1.3밀리미터여야 했다. 잡스는 코닝의 CEO 웬들 윅스에게 6개월 동안 최대한 많은 양을 생산해 달라고 요청했다. 이에 윅스는 현재로선 그럴 만한 생산 능력이 안 된다고, 게다가 켐코를 그렇게 대량으로 생산해 본 적도 없다고 답했다. 윅스는 말했다. "지금 우리 공장들은 그 유리를 전혀 만들지 않고 있습니다." 하지만 잡스는 현실 왜곡장을 펼치며 윅스를 회유했다. "잘 생각해 보세요. 당신은 분명히 할 수 있어요."[17]

거의 하룻밤 새에 코닝은 켄터키 주에 있는 제조 공장을 완전히 개조했다. LCD 디스플레이를 제작하던 몇몇 공장들을 '고릴라 유리'라고 불리는 켐코의 생산을 전담하도록 바꾼 것이다. 2007년 5월 코닝은 수천 미터에 이르는 고릴라 유리를 생산하기에 이른다.

코닝의 유리와 알루미늄 후면부의 결합은 아이브의 디자인 언어가 또 다른 단계로 변화한 징표였다. 그것은 금속과 유리로 구현된, 놀라울 만큼 빼어난 미니멀리즘이었다.

아이브의 팀은 유리 스크린을 고정하기 위해 반짝이는 스테인리스강 베젤을 사용하기로 했다. 중요 구조 요소의 역할도 겸하는 이 베젤은 아이폰에 견고함을 더해 주면서 보기에도 좋아야 했다.

아이브의 팀은 전화기를 떨어뜨렸을 때 유리면이 깨지는 문제가 염려됐다. "유리와 스테인리스강 베젤을 밀착시키는 디자인이었습니다. 전화기를 떨어뜨렸을 때 유리 자체가 땅에 부딪히는 걸 걱정할 필요는 없었어요. 그보다는 유리를 둘러싼 스테인리스강이 유리에 충격을 줄 수 있다는 게 문제였지요." 새츠거의 말이다.

유리 스크린과 스테인리스강 베젤 사이에 아주 얇은 고무 개스킷을 넣는 해법이 떠올랐다. 그러나 개스킷 때문에 미세한 틈이 생겼고, 적어도 처음엔 디자이너들이 다분히 개인적인 이유 때문에 그 틈을 싫어했다. "디자인 팀원들은 대부분 면도를 잘 안 해서 수염이 텁수룩했습니다. 그래서 기기를 귀에 갖다 대면 그 틈으로 수염이 끼곤 했지요." 새츠거는 그때를 떠올리고 웃으며 말했다. 팀원들은 틈새 문제를 궁리하다가 결국엔 해결했다. "유리와 금속 사이의 틈새를 단계별로 여러 크기로 디자인해 보고 마침내 수염이 끼지 않는 지점에 도달했습니다."


## 맥월드를 향한 초읽기

2006년 어느 가을날 아침 잡스는 아이폰 프로젝트의 리더들을 회의실로 소집했다. 아이폰 개발 진척 상황을 논의하기 위해서였다. 《와이어드》의 프레드 보걸스틴은 당시 회의가 무시무시한 호러 쇼의 한 장면 같았다면서 이렇게 표현했다.

"시제품이 아직 형편없다는 것은 분명했다. 버그 문제뿐만이 아니었다. 갑자기 작동이 멈추곤 했다. 통화가 끊어지는 일이 빈번했고, 배터리는 충전이 다 되기도 전에 충전을 멈췄으며, 데이터와 애플리케이션들은 툭 하면 오류가 발생해 동작을 멈췄다. 문제점은 끝이 없어 보였다. 시연이 끝나자 잡스는 방 안에 있는 열두 명 정도 되는 사람을 흔들림 없는 시선으로 응시하면서 말했다. '아직 제대로 된 제품이 안 나왔군요.'"[18]

잡스가 평소처럼 불같이 화를 내는 게 아니라 침착한 모습을 보이자 사람들은 더 겁이 났다. 보걸스틴의 말에 따르면 한 간부는 그때가 "애플에서 등골이 오싹했던 몇 안 되는 순간"이었다고 표현했다.

아이폰 발표가 얼마 후에 열릴 맥월드 행사의 핵심 이벤트였으므로 조금이라도 일이 지연되는 것은 곧 재앙이 될 수 있었다. 보걸스틴은 이렇게 썼다. "아이폰 프로젝트에 매달린 이들에게는 이후 3개월이 그 어느 때보다 스트레스가 큰 시기였다. 사내 복도에서는 툭 하면 고함이 오가는 말다툼이 일어났다. 밤새 코딩 작업으로 녹초가 된 엔지니어들은 회사를 때려치우겠다면서 나갔다가 밀린 잠을 자고 나서 며칠 후 다시 돌아왔다. 한 프로덕트 매니저는 방문을 하도 세게 닫는 바람에 문손잡이가 휘어 버려서 방 안에 갇히고 말았다. 결국 동료들이 한 시간 넘게 끙끙대다 알루미늄 야구 배트로 손잡이를 몇 번 내려치고 나서야 방에서 나올 수 있었다."

문제는 아이폰에 적용하는 대부분의 기술이 새로운 것이었는데 제대로 작동하는 게 하나도 없다는 것이었다. 터치스크린뿐만 아니라 가속도 센서도 새로운 기술이었다. 사용자가 전화기를 귀에 갖다 대면 스크린이 자동으로 꺼지게 하는 근접 센서는 후반부 시제품에서 문제가 나타났다. 대개는 잘 작동했지만 짙은 색의 긴 머리칼을 가진 사람이 사용하면 센서가 혼란을 일으킨 것이다.

"우리는 아이폰 프로젝트를 보류할 뻔했습니다. 해결하기 힘든 근본적

문제들이 있는 것 같았기 때문입니다." 런던의 한 비즈니스 콘퍼런스에서 아이브가 한 말이다. "귀 모양, 턱 모양, 피부색, 헤어스타일을 일일이 신경 써야 했으니까요. (중략) 그것 말고도 '이 프로젝트는 실패할지도 몰라.' 하는 불안감이 든 순간은 수없이 많았습니다."[19]

하지만 맥월드를 불과 몇 주일 앞두고 아이브의 팀은 마침내 AT&T 통신사 측에 보여 줄 수 있을 만큼 훌륭하게 작동하는 시제품을 손에 쥘 수 있었다. 2006년 12월에 잡스는 라스베이거스로 가서 그 시제품을 AT&T의 CEO 스탠 시그먼에게 보여 주었다. 시그먼은 "평소답지 않게 야단스럽게 흥분하면서" 아이폰을 일컬어 "태어나서 지금껏 본 것 중에 최고의 기기"라고 칭찬했다.[20]

드디어 맥월드에서 아이폰이 공개되었다. 시장에 내놓기 위해 2년 반이 넘는 시간 동안 땀 흘리며 작업하고 연구하고 몰두했던 모든 것이 결실을 맺는 순간이었다. 애플의 한 간부는 그 과정을 이렇게 표현했다. "매 순간순간이 분투의 연속이었습니다. 2년 반이라는 시간 동안 어느 것 하나 수월하게 된 일이 없었지요."

2007년 여름 아이폰의 판매가 개시되는 날, 아이브는 디자인 팀 전원을 샌프란시스코에 소재한 애플 플래그십 스토어에 모이게 했다. "그날 정말 얼마나 흥분됐는지 모릅니다." 스트링어의 말이다. "우리가 전에 없던 새로운 것을 만들어 냈으니까요. 바깥은 웅성거리는 소리로 시끄러웠습니다. (중략) 스토어 앞에 엄청난 인파가 몰려와 있었습니다. 우리는 사람들의 열기를 직접 느끼고 싶었어요. 우리가 만든 신제품을 손에 쥐었을 때 그들의 표정이 어떤지 보고 싶었습니다. 아이폰을 최초로 구입하는 사람들 아닙니까. 문이 열리자 아수라장을 방불케 할 정도였어요. 마치 축제 현장 같았죠."[21]

스트링어는 감정이 북받쳐 올랐다. "얼마나 뿌듯했는지, 말로 다 못 합니다. 정말 열심히 노력했으니까요. 정말로 많은 이들이 개인적인 희생을 감수하며 프로젝트에 참여했고 이제 커다란 보상이 돌아온 거였죠. 잊을 수 없는 멋진 날이었습니다."

과거 아이팟에 대해서도 적잖은 수의 전문가들이 그저 애플이 운이 좋았던 것뿐이라고, 일회성 히트작으로 끝날 것이라고 여겼다. 애플이 경쟁이 치열한 휴대 전화 시장에 발을 들일 때도 일각에서는 아이폰이 실패하리라고 예측했다. 마이크로소프트의 스티브 발머는 아이폰이 시장 점유율을 조금도 확보하지 못할 것이라고 말했다.(이는 유명한 예측 실패 사례로 회자되곤 한다.) 그러나 아이폰은 출시되자마자 폭발적인 반응을 얻었고, 애플은 다른 제품군에서도 늘 그랬듯 이후 새로운 기능과 모델들을 빠른 속도로 선보였다.

2007년 중반에 출시된 아이폰은 그해 말까지 370만 대가 판매되었다. 2008년 첫 분기에는 아이폰 판매량이 맥 제품군 전체 판매량을 넘어섰다. 그리고 2008년 말 아이폰의 분기당 판매량은 맥 제품군의 세 배가 되었다. 애플의 매출과 이윤은 높이 치솟았다.

잡스는 아이폰을 공개하는 2007년 1월 맥월드에 오랜 지인인 앨런 케이를 초대했다. 잡스는 오래전 제록스 PARC를 찾았다가 상호 작용 컴퓨팅의 선구적 인물인 그를 만났다. 케이는 1980년대 중반에 애플의 선진 기술 팀에 합류해 10년간 일하기도 했으며, 영예로운 지위인 '애플 펠로'에 추대되기도 했다. 케이는 일찍이 1968년에 세상의 모든 지식으로 가는 창을 보여 줄 태블릿 컴퓨터 '다이나북'을 구상한 것으로도 유명하다.

아이폰을 공개하던 날 잡스는 케이에게 무심한 듯한 어조로 툭 질문을 던졌다. "앨런, 어때요? 비평할 가치가 있습니까?" 이 질문은 케이가 거의 25년 전에 오리지널 매킨토시를 "비평할 가치가 있는 최초의 컴퓨터"

라고 말했던 것을 차용한 것이었다. 케이는 잠시 생각하더니 면직물 커버를 단 자신의 노트를 들어 올려 보이며 말했다. "스크린을 최소한 가로세로 5×8인치로 만들면 세상을 지배하게 될 겁니다."[22]

그리고 세상 사람들은 머지않아 아이패드를 만나게 된다.

# 11

# 아이패드

하나의 범주 전체를 정의해 놓고 그렇게 짧은 기간에 완전히 재디자인된 제품이
또 있을지 의문입니다. 아이패드는 디스플레이가 진정한 특징으로,
달리 주의를 산만하게 하는 군더더기가 없습니다.

—조너선 아이브

아이브 팀이 은밀히 아이패드를 제작하고 있을 무렵 스티브 잡스는 대중과 언론을 상대로 애플은 태블릿을 출시할 의향이 전혀 없다고 밝혔다. "태블릿은 PC와 디지털 기기를 이미 상당량 보유한 부유한 사용자에게나 끌릴 만한 제품이죠." 그가 공개적으로 한 말이다. 하지만 잡스는 진짜 의도를 숨기고 있었다. "스티브는 태블릿을 출시하겠다는 욕심을 버린 적이 없습니다." 필 실러의 말이다.[1] 사실 아이브의 디자인 팀은 아이폰을 개발하는 동안에도 태블릿 작업까지 적극 추진하고 있었다. 잡스는 그저 태블릿을 시장에 내놓을 적절한 시간만 기다렸을 뿐이었다.

태블릿 개발의 자극제로 작용한 한 가지 요인은 넷북의 출현이었다. 저출력의 저렴한 소형 노트북 범주에 속하는 일련의 넷북들은 2007년 모습을 드러내면서 빠르게 노트북 시장을 잠식하기 시작했고 2009년 무렵에는 20퍼센트의 점유율을 차지하기에 이르렀다. "도대체 넷북에 무슨 장점이 있다고? 그냥 싸구려 노트북일 뿐인데." 당시 스티브 잡스는 이렇게 성토했다.[2] 그럼에도 넷북은 중역 회의에서 몇 차례 화두가 되곤 했다.

2008년에 열린 그러한 고위급 중역 회의 석상에서 아이브는 팀에서 개발 중인 태블릿이 넷북에 대한 대응책이 될 수 있다고 주장했다. 태블릿은 키보드가 없는 저렴한 노트북이라는 것이 아이브의 설명이었다. 그의 아이디어는 잡스에게 먹혀들었고, 태블릿 시제품을 개선해서 제대로 된 '물건'을 만들어 보라는 허가가 떨어졌다.

중요한 것은 아이폰이 출시된 이후 불과 몇 년 사이에 모바일 기술이 상당한 진보를 이뤘다는 사실이었다. 2008년의 그 무렵, 2004년에 제작해 놓은 035 태블릿 시제품은 크고 거추장스러워 보였다. 하지만 이제 새로운 스크린과 배터리 덕분에 훨씬 더 얇고 가벼운 태블릿을 만들 수 있다는 점을 모두가 알았다. 아이패드 개발이 더 일찍 승인되지 않은 주요 원인 중 하나는 적절히 활용할 만한 스크린이나 배터리 등이 없었기 때문이었다.

"기술 수준이 아직 거기에 못 미쳤던 거지요." 전직 애플 간부의 말이다.

우선 아이브는 크기와 스크린 비율이 다른 모형 스무 개를 주문 제작했다. 그렇게 완성된 모형들은 아이브와 잡스가 검토할 수 있도록 스튜디오의 프로젝트 테이블 위에 가지런히 진열되었다. "스크린 사이즈는 늘 그런 식으로 결정했어요." 아이브의 말이다.[3] 그들은 맥 미니를 비롯한 여타 제품들의 크기를 결정할 때도 그렇게 했다.

"스티브와 조니는 거의 모든 제품에 대해 그런 식으로 결정하길 원했지요. '외관'만 갖춘 모형들을 다수 제작한 다음에 그것들을 다시 다양한 크기로 만들어 놓고는 원하는 것을 찾곤 했어요." 운영 팀의 한 전직 엔지니어가 한 말이다.

하지만 종종 그렇듯이 기억은 사람마다 다르기 마련이다. 당시 애플에 재직했던 한 중역의 증언에 따르면, 스크린 크기는 그보다 훨씬 단순한 물건에 큰 영향을 받았다고 한다. 그 물건이란 바로 규격 종이였다. "태블릿은 규격 종이 크기로 결정되었습니다. 이미 리걸 노트 태블릿으로 콘셉트가 잡혔던 터라 그 크기가 적당하다고 생각한 겁니다. 교육계나 학교, 전자책 시장이 주요 타깃이었으니까요." 하드웨어도 또 하나의 요인으로 작용했다. 아이패드의 내부는 아이북이 아니라 아이팟 터치에 기반을 둘 터였다. 아이패드는 초기부터 사실상 터치스크린 아이팟의 크기를 키운 제품이 될 것으로 이해되고 있었다.

아이브의 궁극적인 목표는 설명이 전혀 필요 없을 만큼 직관적인 기기를 제작하는 것이었다. "엄청나게 간편하고 세련된 제품, 누구나 꼭 갖고 싶어 하고 이해하기도 매우 쉬워서 직접 써 보면 금방 아는…… 한마디로 설명이 필요 없는 그런 제품 말입니다." 스트링어의 말이다.

하지만 "엄청나게 간편한" 제품을 만들려면 시간과 창의력이 대거 투입되기 마련이다.

## 기기 제작

아이브의 디자인 팀은 아이폰을 디자인할 때처럼 아이패드도 방향을 두 가지로 잡고 디자인을 연구했다.

엑스트루도 디자인에 기반한 첫 번째 접근 방식은 알루미늄 압출 성형 방식의 아이팟 미니를 닮은 케이스를 토대로 삼는 것이었다. 단지 그것을 더 크고 더 납작하게 만들면 되는 일이었다. 이 버전의 선도 디자이너는 엑스트루도 아이폰 제작에 참여한 바 있는 크리스토퍼 스트링어였다. 휴대 전화를 디자인할 때와 마찬가지로 스트링어의 엑스트루도 아이패드는 압연 및 압출한 단일 알루미늄 몸체로 만들어졌으며, 역시 와이파이 및 휴대 전화 전파 수신을 위한 플라스틱 캡을 달았다. 이번에는 가장자리가 날카롭다는 사실이 우려할 만한 사항으로 부각되지 않았다. 태블릿을 얼굴에 대고 누를 사람은 없을 테니까.

아이브의 산업 디자인 팀은 몇몇 시제품보다 큰 데다가 받침다리까지 딸린 사진틀 모델을 시도해 보았다.(받침다리는 나중에 마이크로소프트를 비롯한 여타 경쟁 업체에서 출시한 태블릿들의 두드러진 특징이 된다.) 하지만 팀은 이내 그 생각을 접었다. 훗날 아이패드 2에는 접으면 받침대가 되는 마그네틱 커버로 그 아이디어를 추가하지만 말이다.

팀원들은 스트링어의 엑스트루도 아이패드에서 엑스트루도 아이폰과 같은 한계를 발견했다. 이번에도 역시 베젤 부분이 스크린에 집중하는 것을 방해했다. "어떻게 하면 시선을 분산시키는 무수한 버튼과 특색을 디스플레이에서 제거할 수 있을까?"[4] 아이브는 또 다시 인피니티 풀 착시 효과를 원했다. 스크린이 가장 중요했기에 어떤 것도 거기서 시선을 돌리게 해서는 안 되었던 것이다.

한편 리처드 하워스는 샌드위치 아이폰 모델을 제작하면서 쌓은 경험을 시제품에 적용하여 몇 가지 버전의 샌드위치형 아이패드 모형을 제작했다. 초기 샌드위치 아이패드 모형들은 035 시제품을 보다 날씬하게 만든 모양과 흡사했다. 광택이 나는 흰색 플라스틱 상자 형태로 2006년 초에 출시된 플라스틱 맥북과 확연히 동일한 디자인 계열에 속했다.(플라스틱 맥북 디자인의 주역이 하워스였다는 점을 감안하건대 납득이 가는 일이다.) 플라스틱 맥북처럼 그 시점의 그 기기 역시 아주 큼지막하고 두꺼웠다. 하지만 아이브 팀은 베젤이 튀어 보이지 않도록 단순화하여 스크린을 살리는 데만 전념하고 있었다.

디자인 작업이 진전됨에 따라 새로운 모델들은 점점 얇아지고 가장자리도 날렵해졌다. 일부는 뒤판이 알루미늄으로 제작되기도 했지만, 아이브 팀은 샌드위치형으로 방향을 잡는 듯했다. 하지만 잡스는 여전히 뭔가가 거슬리는 듯한 눈치였다. 아이패드가 그다지 편해 보이질 않았던 것이다.

아이브도 이를 간파했다. 아이패드에는 모종의 신호 즉 암시가 있어야 했다. 이를테면 한 손으로 가뿐히 들 수 있고 얼마든지 정을 붙일 수 있다는 암시 말이다. 늘 그렇듯 아이브는 사용자들이 기기에 손대고 싶은 충동을 느끼길 바랐다. 만져 보고 들어도 보고 쥐어도 보면서 촉감을 느껴 보게 하고 싶었다.

그런 논리에 치중하다 보니 손잡이를 추가하는 것이 다음 수순으로 보였다. 아이브 팀은 아이패드에 편하게 손이 가는 친화력을 부여하기 위해 몇 가지 실험을 거듭했다. 결국 후기 시제품 중 하나는 커다란 플라스틱 손잡이 한 쌍을 달고 나와 마치 텔레비전을 보며 식사할 때 쓰는 식판 같아 보였다. 손잡이 방식이 적절하지 않다는 것을 깨달은 아이브 팀은 뒤판이 가장자리 근처에서 점차 가늘어져 밑으로 손가락을 집어넣을 공간이 생기는 방식을 연구하기 시작했다.

아이브 팀은 아이패드 디자인에 주력하는 와중에도 2세대 아이폰 작업을 마무리하고 있었다. 최신 3G 휴대 전화 네트워크와의 호환성을 강조하기 위해 '아이폰 3G'라는 이름을 달고 2008년 후속작으로 출시된 이 제품은 오리지널 아이폰의 알루미늄 뒤판을 없애고 대신 단단한 폴리카보네이트 플라스틱을 채택했다. 아이패드와 아이폰 3G는 동시에 진행되던 프로젝트라 여러 요소를 공유하지 않을 수 없었다. 아이패드 역시 흰색이나 검은색의 폴리카보네이트 플라스틱 뒤판을 채택하고 스테인리스 강철 베젤로 뒤판과 스크린을 결합하는 쪽으로 가닥이 잡혔다.

그러나 디자인에 관해 의견 일치를 보자마자 아이브는 생산에 따르는 문제 때문에 어쩔 수 없이 이를 수정해야 했다.

아이폰 3G의 플라스틱 뒤판은 단순해 보이지만 제조 공정이 상당히 까다로웠다. 아이브 팀은 아이패드에도 그와 유사한 껍데기(폴리카보네이트와 아크릴로니트릴 부타디엔 스티렌을 합성한 것)를 쓰고자 했다. 그러나 아이폰보다 크기가 큰 아이패드는 플라스틱으로 뒤판을 제작하기가 훨씬 더 어렵다는 사실이 드러났다. 플라스틱이 주형틀을 나오는 순간 수축되고 뒤틀리는 현상이 발생했기 때문이다. 가장자리의 수축을 막으려면 뒤판을 필요 이상으로 크게 뽑은 다음 크기를 축소하는 기계적 공정을 거쳐야 했다.

주형 작업 후에도 연결 부위의 선을 제거하기 위해 광택 처리를 해야 했고, 그런 다음에도 페인트를 칠한 후 구멍 주위의 페인트 수축을 방지하기 위해 다시 기계 공정을 거쳐야 했다. 여기서 끝나는 것도 아니었다. 제조 프로세스에 또 몇 단계가 추가되었다. 페인트 작업과 기계 공정이 끝나면 버튼과 스피커 그릴을 설치하고 뒷면에는 애플 로고를 박아야 했다. 플라스틱을 사용하면 이렇게 전체 프로세스가 곤란을 겪었다. "기계 공정의 순서를 제대로 잡아야 합니다. 기계를 먼저 돌리고 페인트 작업을 하면 페인트의 화학적 성질이 플라스틱의 표면 장력을 약화시켜 군데군데 홈이 생기거든요." 새츠거의 얘기다. "플라스틱보다는 알루미늄으로 제작하는 편이 여러 모로 수월했습니다."

아이브 팀은 원점으로 되돌아가 알루미늄 뒤판을 디자인했다. 작업하기에 훨씬 편한 소재였다. 공정과 생산 라인도 이미 갖춰진 상태였다. 새로운 알루미늄 뒤판은 아이브가 원했던 것만큼 가장자리가 가늘어지진 않았다. 아이패드의 강도를 높이기 위해 그들은 얇은 측벽을 추가해야 했다. 그래서 튼튼해지긴 했지만 플라스틱 버전보다 더 두꺼워졌다.

하지만 아이브 팀은 작업을 마친 후 그 기기에 구현된 순전한 미니멀리즘에 흥분했다. "이것저것 많은 걸 시도했지만 결국 그날 저녁 우리는 다른 무엇을 닮은 게 아닌 그 자체로 특별한 기기를 만들어야 한다는 점을 깨달았죠. 자기 자신을 모방할 수는 없잖아요. 우리는 유일무이한 형태를 원했어요. 기존의 가전제품 계열에서 벗어난, 아주 낯선 물건 말이에요."[5] 크리스토퍼 스트링어의 회상이다.

그들이 제작한 아이패드는 기존의 어떤 제품과도 느낌이 달랐다. 스트링어의 말마따나 "아주 새로운 물건"으로 느껴졌다.


## 아이패드 데이

2010년 1월 27일, 스티브 잡스는 샌프란시스코 예르바 부에나 아트 센터에서 애플의 최신 무기를 공개했다. 아이패드를 소개하며 잡스는 그것이 아이폰과 노트북의 중간 포지션에 존재하는 제품으로 한 손에 쥘 수 있어 휴대하기도 편한 데다 터치스크린 인터페이스를 채택한 태블릿이라고 설명했다. 또한 잡스는 "노트북보다 더 친근한 기기"라는 묘사와 함께 아이패드를 넷북과 구별하며 기술과 인문학의 교차로에 선 제품이라는 느낌을 전달했다.

아이패드의 시판은 4월부터 시작되었다. 그리고 한 달도 채 되지 않아 100만 대가 팔렸다. 아이폰보다 두 배 빠른 판매 속도였다. 출시 후 1년 남짓 지난 2011년 6월께는 2500만 대 판매를 돌파하며 거의 모든 기준에서 역사상 가장 성공적인 소비자 제품의 자리에 올랐다. 2011년 아이패드의 출하량은 넷북을 급속히 추월했고, 리서치 회사 캐널리스에 따르면 2011년 말까지 아이패드는 6300만 대가 판매되어 3000만 대 미만 판매된 넷북에 압승을 거두었다.[6]

한편 애플 본사에서는 이와 같은 성장에 기여한 임원 중 일부가 교체되고 있었다. 2008년 11월 토니 파델이 루빈스타인에게서 인계받았던 아이팟 담당 수석 부사장직에서 물러났다. 애플은 보도 자료를 통해 파델과 그의 아내 대니엘 램버트(당시 인적 자원 개발 담당 부사장이었다.)가 "직무를 줄이고 어린 자녀들과 더욱 많은 시간을 함께하기로 결정했다."라고 밝혔다.[7] 그러나 애플에 몸담았던 직원 두 사람은 잡스와 아이브의 긴밀한 관계 때문에 파델이 희생자가 된 것이라고 입을 모았다.

"토니는 팽 당한 겁니다. 몇 년치 연봉에 수백만 달러에 달하는 위로금까지 챙겼으니 보상은 제대로 받은 셈이었지만, 조니와 전투를 벌인 대가로 해고당한 겁니다. 수도 없이 스티브를 찾아가 조니에 대해 험담을 해 댔지만, 이미 조니를 끔찍이 아끼던 스티브였는데 누구 편을 들어 줬겠습니까."[8]


## 아이패드의 진화

아이패드가 출시된 지 1년이 채 안 된 2011년 3월, 애플은 후속작 출시 계획을 발표해 세간에 화제를 불러일으켰다. 새로운 버전은 하드웨어의 성능이 크게 업그레이드될 뿐 아니라 디자인도 대폭 바뀐다고 했다.

아이패드 2는 오리지널보다 더 얇고 가벼웠다. 전후면 변경이 가능한 양방향 카메라와 같은 새 기능이 추가되었고 전원을 켜고 끄는 마그네틱 스마트 커버와 같은 사려 깊은 마무리도 가미되었다. 아이패드 2의 디자인은 제조 부문의 진일보를 보여 주었다. 그런 발전 덕분에 아이브는 애초에 바랐던 깊숙이 경사진 뒷면을 빚어낼 수 있었다. 또한 애플의 새로운 유니보디(일체형 몸체) 제조 프로세스를 이용함으로써 금속 가공 부문의 발전도 선보였다. "제품 가장자리 주변의 구조적인 벽을 제거함으로써 본질적으로 세 면이었던 것을 두 면으로 줄인 겁니다. 덕분에 손에 쥐기도 훨씬 편해졌고, 유니보디 엔지니어링 혁신으로 단단하고 견고해진 데다가 넘치지도 모자라지도 않는 상태에 가까워졌죠."[9]

이번에도 역시 아이브는 팀원들의 노력을 크게 자랑스러워했다. "하나의 범주 전체를 정의해 놓고 그렇게 짧은 기간에 완전히 재디자인된 제품이 또 있을지 의문입니다. 아이패드는 디스플레이가 진정한 특징으로, 달리 주의를 산만하게 하는 군더더기가 없습니다."[10]

2012년 3월 애플은 더욱 빠른 칩과 더 나은 카메라, 고해상도 레티나 디스플레이(인간의 망막으로 구별할 수 있는 인치당 픽셀 수를 넘어서는 고해상도의 디스플레이라는 점을 강조하기 위해 망막이라는 의미의 '레티나'와 '디스플레이'를 결합하여 만든 용어. ─옮긴이)를 탑재한 3세대 아이패드를 출시했고, 같은 해 10월에는 훨씬 더 빠른 프로세서와 셀 커넥션, 그리고 '중년을 지나' 이미 유물이 된 30핀 커넥터 대신 소형 라이트닝 커넥터를 갖춘 4세대 아이패드를 선보였다.

애플은 이렇게 지속적으로 새로운 버전을 선보이며 경기를 주도하는 동시에 '빠른 추종자'들을 물리쳤다. 빠른 추종자란 시장을 선도하는 제품을 잽싸게 모방해 그보다 싸게 시장에 내놓는 업체를 가리킨다. 그런 제품은 때로는 싸구려 짝퉁에 불과하지만 무수히 많은 안드로이드 폰들이 경합을 벌이는 양상에서 볼 수 있듯이 경쟁 상품으로 부상하는 경우도 허다하다. 그러나 애플은 아이패드를 신속하고도 공격적으로(그리고 각각의 버전을 경쟁 상품보다 훨씬 더 낫게) 업그레이드함으로써 경쟁 업체들을 따돌리고 있었다.

2012년 말 4세대 아이패드와 호흡을 맞추기 위해 곧바로 합류한 제품이 있었으니, 바로 스크린을 8인치 이하로 줄인 아이패드 미니였다. 아이패드 미니는 시장에 선보이자마자 사용자들의 폭발적인 호응을 얻었다. 《뉴욕 타임스》의 기술 평론가 데이비드 포그는 이렇게 썼다. "미니는 보다 다루기 편한 크기로 아이패드의 모든 장점을 안겨 준다. 참으로 경이로울 따름이다. 아이패드가 늘 되고자 했던 바가 아이패드 미니로 구현되었다 해도 무방하다."[11] 2013년 1사분기 동안 아이패드 미니는 아이패드 총 매출의 60퍼센트를 차지했다.[12]

처음 출시되고 거의 하룻밤 사이에 아이패드는 카페와 기내에 모습을 드러내기 시작했다. 애플 경영진은 언젠가는 아이패드가 PC를 대신할 것이라고 수차례 예측했는데, 그러한 교체가 의외로 예상보다 빨리 진행되고 있다. 아이패드는 출시 1년 만에 거의 1500만 대가 팔렸고, 2011년 4사분기 3개월 동안에는 여타 경쟁업체가 판매한 PC보다 더 많은 수량이 팔렸다. 시장 조사 전문 회사인 인터랙티브 데이터 코퍼레이션은 2015년 무렵이면 태블릿(대부분 아이패드)이 시장 점유율 면에서 전통적인 PC를 앞서 나갈 것으로 내다본다. 아이브와 애플이 선도하는 포스트 PC 시대가 곧 본격적으로 우리 앞에 펼쳐진다는 얘기다.

# 12

## 유니보디 시대를 열다

디자인과 엔지니어링의 관점에서 볼 때 애플은 결함이 제로에 가까운 제품을
창조해 낼 수 있는 절대적 정점에 올라 있습니다.

—데니스 보일(디자인 컨설팅 회사 IDEO 공동 창업자)

2008년 애플의 한 행사에서 아이브는 특별한 무언가에 대해 알리기 위해 직접 무대에 올랐다. 그 특별한 무언가는 바로 애플의 새로운 '유니보디' 제조 프로세스였다. 그가 직접 연단에 선 것 자체가 디자인에 관련된 이 약진을 회사도 중시하고 있다는 명백한 표시였다.

아이브는 당시 시장에서 가장 가벼우면서도 가장 튼튼한 노트북으로 통하던 구형 맥북 프로에 대한 이야기로 입을 열었다. 맥북 프로의 견고한 내구성은 내부 골격에 나사와 용접으로 강화판을 결합한 복잡한 구조 덕분이었다. 아이브가 말하는 동안, 뒤쪽 스크린에는 일련의 슬라이드가 다양한 부품이 켜켜이 놓이고 결합되고 마지막으로 중간 부위를 두르는 플라스틱 개스킷으로 짝지어지는 장면을 보여 주었다.

"지난 수년간 애플은 노트북을 만드는 보다 나은 방법을 찾고자 애를 써 왔습니다." 아이브는 잠시 말을 멈추고는 입가에 미소를 띠었다. "이제야 그 방법을 찾은 것 같습니다."[1]

그러고는 애플의 새로운 초박형 노트북인 맥북 에어의 제조 공정을 설명하기 시작했다. 새로운 프로세스는 여러 금속판을 겹쳐 쌓는 대신에 아예 두툼한 금속 블록으로 출발해, 자재를 덧붙이는 기존의 공정과는 반대로 제거해 나가면서 골격을 제작했다. 몸체를 이루는 여러 부품을 단 하나의 부품으로 대신하는 것이 골자였으며, 그래서 이름이 '유니보디'였던 것이다.

아이브는 각 단계를 슬라이드로 보여 주었다. 알루미늄을 영국식으로 발음(알루-미-니-엄)하고는 미소를 띠며 말을 이었다. "알루미늄의 환상적인 특성 중 한 가지는 재활용이 가능하다는 겁니다. 우리는 각각의 단계에서 떨어져 나오는 알루미늄을 꼬박꼬박 수거해서는 다시 정련해서 재활용하고 있습니다."[2]

그는 프로세스의 핵심 기밀 사항은 밝히지 않았지만 그 환상적인 로봇 제어 생산 공정으로 다음과 같은 바를 이뤄 냈다고 밝혔다. "1.1킬로그램짜리 고품질 알루미늄 강판으로 시작해서 공정을 마치면 이렇게 놀랍도록 정교한 부품이 나오는데 이때는 무게가 110그램을 살짝 넘을 뿐입니다. 그렇게 초경량이면서도 아주 튼튼하기까지 하다, 이 얘깁니다."

이 프로세스에는 아이브의 디자인 정신에 부합하는 무엇을 구현해 냈다는 의미도 배어 있었다. 탁월한 디자인과 첨단 제조 기술을 융합하여 획기적이고 참신한 제품을 만들어 냈다는 것이 그 무엇이었다. "바로 이 부분이, 고작 이 하나의 부품이 맥북 에어의 본체를 이룹니다. 고도로 정밀한 이 유니보디 알루미늄 케이스 덕분에 이런 제품의 생산이 가능해진 겁니다." 아이브가 덧붙였다.

당시만 해도 맥북 에어가 유니보디 프로세스로 제작된 유일한 애플 제품이었다. 하지만 애플은 곧바로 맥과 아이폰, 아이패드 등 주요 제품 거의 모두에 유니보디 프로세스를 적용할 계획이었다.

이러한 변화는 모종의 분수령을 이룰 만큼 중요했지만, 다양한 제품의 출시를 둘러싼 기대와 흥분 속에서 대중의 관심은 그다지 끌지 못했다.


## 분수령

그 몇 달 전 아이브는 디자인 스튜디오에서 맥북 프로를 분해해 널찍한 프로젝트 테이블 중 하나에 부품 전체를 진열했다. 그리고 옆 테이블에는 갓 나온 유니보디 맥북 중 하나의 부품을 가지런히 늘어놓았다.

깔끔히 정렬해 놓고 보니 구형 맥북 프로의 부품은 테이블 전체를 다 차지하는 반면, 유니보디 기기의 부품은 현격히 적어 극명한 대조를 이루었다. 아이브는 디자인 팀원들을 불러 그 차이를 느껴 보도록 했다.

아이브는 간소화와 단순화에 대한 특유의 욕구로 부품의 개수를 줄이고, 그럼으로써 부품 간의 연결부도 줄이고 싶었다. 그 얼마 전에 산업 디자인 팀은 오리지널 아이폰에 대해서도 이와 유사한 분해 및 검사를 실시해 각 부품이 만나는 연결부가 거의 서른 군데에 달하는 것을 확인한 바 있었다. 아이폰은 유니보디 공정으로 전환된 이후 연결부가 딱 다섯 군데로 줄었다.

사실 아이브와 팀원들이 훗날 유니보디로 이어지는 프로세스를 개시한 시점은 훨씬 더 이전이었다. 2001년 파워맥 G4 퀵실버를 개발할 때 기계 공정(원자재를 부분적으로 제거해 나가면서 부품을 제조하는 프로세스로서 드릴링과 터닝(선삭), 보링(천공) 등을 포함한다. ─옮긴이)을 처음 연구하기 시작했던 것이다. 이후 팀은 큐브와 맥 미니, 다양한 알루미늄 아이팟 등의 제품들에 기계 공정을 적용하며 서서히 이용을 늘려 나갔다.

그러다 2005년 아이폰을 개발하면서 기계 공정의 본격적인 적용을 진지하게 고민하기에 이른다. 당시 그들은 시계 제조 업체들을 찾아다니며 정밀하고 내구성 강한 시계가 어떤 식으로 만들어지는지 살펴보기도 했다.

"우리가 시계 제조 업체를 찾아다닌 이유는 금속 가공과 마감 처리, 제품 조립 방법 등에 대해 이해하기 위해서였습니다." 새츠거의 회상이다.[3] 그들은 시계 업계의 제조 수준이 놀랄 정도로 높다는 사실을 발견했다. 무엇보다도 중요한 발견은 시계 업계에서 최고급 제품에 고도의 기계 공정으로 가공한 부품을 사용한다는 사실이었다.

그럴듯한 해결책이었지만, 애플의 조사 팀은 시계가 동일한 형태로 한 번에 제작되는 양이 비교적 적다는 사실도 배웠다. 하지만 그럼에도 팀은 전력을 다하기로 결정하고 기계 공정을 애플 주력 제품의 주요 제조 프로세스로 확대하는 계획을 짰다.

유니보디 프로세스는 여러 다양한 기계 공정 작업을 두루 아우르는 이름이다. 기계 공정은 아주 오래전부터 대개 시간 및 노동 집약적인 작업으로 통해 왔다. 통상 덩치가 크고 속도도 더딘 드릴이나 밀링 머신 같은 기계에 의존하기 때문이다. 하지만 현대의 CNC 머신은 속도와 자동화 면에서 크게 진보한 기계이다.

전통적으로 기계 공정은 대량 생산에 활용되는 경우가 드물었다. 제품을 수백만 대씩 생산해 내려면 스탬핑(형단조)이나 몰딩(주형)과 같은 신속하고 효율적인 공정에 의존해야 했다. 기계 공정은 일반적으로 일회성 생산이나 소량 생산에 알맞은 방식이다. 아이브의 디자인 스튜디오에서도 시제품은 CNC 밀링 머신을 이용해 개별적으로 깎는 기계 공정으로 제작한다. 산업계에서도 일반적으로 항공이나 국방 관련 업체, 최고급 시계나 애스턴 마틴과 같은 유명 브랜드 승용차 제조사 등 자본이 넉넉하고 품질 기준이 높은 전문 제조 업체들만이 기계 공정을 채택해 왔다. 결국 기계 공정은 정밀도와 세련미를 최고치로 높인 최상의 부품을 생산할 수 있는 비결이지만 시간과 자금이 적잖이 들어간다는 것이 문제였다.

"기계 공정 덕분에 이제 우리 업계에서도 전대미문의 수준으로 정밀도를 높일 수 있게 되었습니다. 우리의 제품들에 기계 공정을 적용하는 방법을 놓고 참으로 열정적이고도 집요하게 연구해 온 결과입니다. 나는 기계 공정으로 여러 면에서 외부보다 내부가 더 아름다워졌다고 생각합니다. 그리고 그 점이 곧 우리의 관심의 정도를, 우리가 얼마나 많은 관심을 쏟았는지 증명해 주는 게 아닌가 합니다." 아이브의 말이다.[4]

아이브는 유니보디 프로세스를 아이폰과 아이패드, 맥북의 무게와 크기를 줄일 열쇠로 보았다. 이 모든 제품에서 단 하나의 부품으로 뒤판과 골격을 구성할 수 있기 때문이다. 나사 볼트도 전부 판에 조각해 놓으면 여타의 부품을 부착하고 더 많은 부품을 하나로 압축할 수 있다. 아이브 팀은 유니보디 덕분에 아이폰 5를 아이폰 4S보다 3밀리미터 더 얇게 만들 수 있었다. 고작 3밀리미터라는 생각이 들지도 모르겠지만, 그렇지 않아도 얇은 제품의 두께를 30퍼센트나 더 줄인 것이다.

노트북 본체의 경우, 프로세스의 첫 공정은 압출 성형을 통해 원기둥 모양의 알루미늄 강재를 알루미늄 블록으로 만드는 것이다. 원기둥 알루미늄을 핫프레스에 통과시키면 마치 밀가루 반죽이 납작한 면발이 되어 나오듯 일정 두께의 알루미늄 판이 만들어진다.

알루미늄 판은 이후 열세 차례의 개별 밀링 작업을 거쳐 최종 형태를 갖추게 된다. 먼저 알루미늄 판은 노트북 크기의 직육면체 블록으로 절단되고, 그런 다음 첫 번째 CNC 머신으로 옮겨지면 그 안에서 레이저 드릴이 다음 절단 작업을 안내하는 레지스트레이션 홀(절단이나 덧붙이기 작업에서 위치를 정확히 맞추기 위해 뚫는 구멍. — 옮긴이)을 뚫는다. 그러고 나서 진행하는 것이 불필요한 부분 대부분을 거칠게 잘라 내는 절삭 작업이다.

갈수록 정밀도를 높여 진행하는 일련의 밀링 작업이 그 뒤를 잇는데, 이 작업들을 마치면 최종 형태의 외형이 완성된다. 이후 주요 캡과 입력 포트, 나사 볼트를 새기고 내부 지주와 가로보 등의 형태를 갖춘다.

다음 단계는 레이저 드릴로 표시등을 위한 구멍을 뚫는 작업이다. 케이스 안쪽, 표시등이 놓일 부분을 레이저 드릴이 미세한 구멍을 뚫기에 충분할 정도로 얇게 밀링한다. 레이저 드릴은 극도로 정확하고 신속하며 진동으로 금속을 증발시킨다. 그렇게 만들어진 구멍은 아주 작아 외부에서는 보이지 않지만 LED 빛이 통과할 만큼은 된다. 정밀함을 통해 제품에 마법을 불어넣는 혁신에 다름 아니다.

"세부 디자인까지 구석구석 들여다보면 그저 경이로울 따름입니다. 그저 금속에 구멍을 뚫어 LED를 끼워 넣고 그 위에 플라스틱 캡을 씌우면 되는 일이죠. 어떤 제조 업체라도 할 수 있는 일이고, 또 그 정도 수준에서 적절히 작업한 걸로 판단했을 겁니다. 그런데 애플은 거기서 머물지 않고 기계 공정으로 본체에 육안으로는 보이지 않는 구멍을 여러 개 뚫은 겁니다. 안쪽에서 빛이 갑자기 생성되는 것처럼 보이는 효과를 연출하기 위해서 말입니다. 대량 생산 프로세스에 장인 정신까지 접목한 접근 방식이라고나 할까요." 디자이너 크리스 레프테리의 말이다.[5]

레이저 드릴은 스피커 그릴과 여타의 작은 입구를 낼 때도 쓰이는데, 그 작업까지 마치고 나면 세정액을 분사해 부스러기를 제거한다. 애플은 각 제품의 일련번호와 기술 정보를 케이스에 새기는 데에도 레이저를 사용한다. 또한 아이팟 등의 뒷면에 사적인 명문(銘文)이나 헌사를 새기로 싶을 때 사용할 수도 있다. 이 프로세스에 사용되는 '드릴'은 알루미늄에 직접 접촉하지 않기 때문에 마모되지 않을 뿐 아니라 CNC 제어를 통해 설정과 재설정이 용이하다.

레이저 드릴 작업이 끝나면 케이스를 CNC 그라인딩(연마 혹은 연삭) 머신으로 옮겨 흠집이나 거친 부분 등 표면 결함을 제거한다. 그런 후 케이스에 고압으로 세라믹과 실리카, 유리, 금속 등의 미립자를 분사하는 건식 분사 마감 처리를 해 표면의 질감을 살린다. 그리고 마지막으로 각 부분에 따라 산화 처리나 코팅 혹은 광택 작업으로 마무리한다.

유니보디 전체 프로세스는 기업 비밀이기 때문에 애플은 그 세부 사항을 거의 공개하지 않는다. 따라서 프로세스의 자동화 비율이 어느 정도인지는 확실치 않다. 하지만 적어도 조립 라인의 상당 부분이 로봇으로 가동되는 것은 분명하다. 그동안 애플 제품은 대개 수많은 인력이 수작업으로 조립해 왔으나 유니보디 공정을 도입하면서 자동 조립 방식으로 이행한 것으로 보인다.

"애플은 로봇 공학과 로봇 제어에 특히 많은 중점을 두고 있습니다." 전직 기계 엔지니어의 증언이다. 그는 주로 산업 디자인 팀과 제품 개발 팀,

운영 팀 사이에서 연락책 역할을 수행했으며, 공장에서 수개월간 근무한 적도 있었다. 그는 기밀 유지 서약을 이유로 구체적인 설명은 거부했지만 현재 애플 제품 가운데 상당수가 기계 공정 사이클에 맞춰 부품을 옮기는 로봇과 단계별 CNC 머신으로 제작되고 있다고 밝혔다.[6]

"컴퓨터 부품 전문 제조 업체인 폭스콘에 가 보면 공장 건물들이 눈으로 다 볼 수 없을 정도로 줄줄이 늘어서 있습니다. 그중 상당수에 애플 전용 기계들이 들어차 있는데, 주로 알루미늄을 가지고 작업을 하는 모습을 볼 수 있습니다." 2005년에서 2010년까지 애플에 몸담았던 프로덕트 디자인 엔지니어 고탐 백시의 말이다. "정말 눈길이 닿는 모든 곳에 공장들이 늘어서 있습니다."[7]


## 오늘날의 유니보디

유니보디 프로세스는 첨단 기술 제조 공정에 혁명을 일으키고 있다. 로봇 작업 흐름을 향한 애플의 움직임은 어찌 보면 스티브 잡스의 오랜 염원을 되살린다는 의미가 있다. 잡스는 1980년대에 베이 에어리어의 매킨토시 공장에 자동화 생산 라인을 갖추면서 제조 혁신에 대한 꿈을 밝힌 바 있었다. 아이브가 애플에 합류하기 전까지만 해도 기계 공정은 시제품 제작에만 이용하는 게 엄격한 관행이었으며 산업적인 규모에는 적용할 엄두를 내는 이가 없었다. 그러나 기계 공정의 중요성을 간파하는 것조차 모두가 느렸던 것은 아니다. IDEO의 공동 창업자 데니스 보일은 기계 공정으로 제품을 대량 생산하는 것이 "프로덕트 디자이너들의 숙원"이라고 밝혔다.[8]

"기업들은 전통적으로 늘 기계 공정을 피했습니다. 다른 기법에 비해 비용이 훨씬 많이 들어가니까요. 하지만 애플은 방법을 찾아냈더군요. (중략) 애플은 어떤 기업이든 아이브와 그 팀원들 같은 디자이너를 갖춘 상태에서 막대한 자금을 투입하며 외형이나 질감과 관련해 타협하는 일 없이 진정으로 바람직한 디자인을 고수한다면 꿈에 그리던 세련되고 멋진 제품을 창조해 성공시킬 수 있다는 점을 입증한 겁니다. 디자인과 엔지니어링의 관점에서 볼 때 애플은 결함이 제로에 가까운 제품을 창조해 낼 수 있는 절대적 정점에 올라 있습니다."

사실 애플의 입장에서 유니보디는 재정적으로 거대한 도박과도 같았다. 2007년 무렵 본격적인 투자를 개시하면서 애플은 일본의 기계 제조 업체와 계약을 맺었다. 그 업체에서 향후 3년간 제작하는 밀링 머신을 전량 매입한다는 계약이었다. 어느 관계자의 계산에 의하면, 그것은 곧 대당 평균 25만 달러 이상인 데다가 특별한 것은 한 대 가격이 100만 달러가 넘는 CNC 밀링 머신을 연간 2만 대씩 구입한다는 의미였다. 설비 투자는 거기서 그치지 않았다. 애플은 눈에 띄는 CNC 밀링 머신은 어디서 나오는 것이든 족족 매입했다. "공급되는 물량 전체를 싹쓸이한 셈입니다. 남들은 눈독도 들이지 못했지요." 한 관계자의 증언이다.[9]

설비 투자 지출은 아이폰과 아이패드를 제조하면서 더욱 늘어났다. 아이폰과 아이패드는 각각의 새로운 버전을 출시할 때마다 점점 더 많은 부분을 기계 공정에 의존했기 때문이다. 시장 조사 전문 업체인 아심코의 호러스 데디우에 따르면 오리지널 아이폰의 경우 설비 투자에 4억 800만 달러를 지출했다. 그러나 2012년 아이폰 5와 아이패드 3(둘 다 유니보디 제품이다.) 제작에 돌입했을 때 애플의 자본 지출은 상상하기 힘든 수준으로 불어났다. 95억 달러를 쏟아부었는데, 제조 설비와 프로세스에 배정된 금액이 대부분이었다. 당시 전문 유통 매장에 투자한 8억 6500만 달러와 비교해 볼 만하다. 애플은 대부분 부동산 가격이 꽤 높은 주요 상권에 위치한 유통 매장에 투자한 비용의 거의 열한 배를 공장에 투입한 셈이다.[10]

아이브가 디자인 욕구(이번에는 2012년형 아이맥에 초박형 테두리를 도입하는 것)를 채우기 위해 필요로 했던 또 하나의 제조 혁신은 마찰 용접이었다. 아이맥의 얄팍한 외관을 감안하건대 앞뒤 판을 결합하는 데 기존의 용접 방법을 쓸 수는 없었다. 그래서 찾아낸 것이 이른바 마찰 교반 용접(FSW)이라는, 1991년에 발명된 고체 상태 용접 프로세스였다. 이는 사실상 용접이라기보다는 재결정(再結晶)에 가까웠다. 초고속 보빈(전기 회로용 코일을 감는 속이 빈 원형이나 다각형의 통. ─ 옮긴이)이 두 자재의 접합부를 따라 움직이면서 마찰을 일으켜 거의 녹는점에 이르도록 연화시킬 때 두 자재의 원자가 초강력으로 결합되는 방식이기 때문이다. 회전하는 보빈이 접촉면에 상대 운동을 일으켜 마찰열을 발생시키고 그로 인해 가소화된 두 자재를 막대한 힘으로 압착하면 원자가 결합되면서 이음새 없이 매끄럽고 강력하게 접합된다는 얘기다.

예전에는 FSW 방법을 쓰려면 대당 300만 달러에 달하는 기계가 필요했다. 그래서 그 용도가 로켓이나 항공기 부품을 조립하는 데 국한되었다. 하지만 최근에는 기술 발전 덕분에 CNC 밀링 머신에 부품만 추가하면 훨씬 저렴한 비용으로 FSW 방법을 이용할 수 있게 되었다. 그렇게 해서 CNC 머신을 다량 보유한 애플에 기회의 문이 열렸던 것이다.

FSW 프로세스의 여러 장점 가운데 특히 주목할 부분은 독성 연기를 배출하지 않을 뿐 아니라 충전재를 쓰지 않아 추가적인 기계 공정도 필요 없기 때문에 전통적인 용접보다 훨씬 환경 친화적이라는 점이다.


## 환경을 생각하는 애플?

새로운 제조 방법들이 연구된 데에는 애플을 친환경 기업으로 만들려는 아이브의 욕구도 한몫했다. 그러한 욕구에 발동이 걸린 시점은 2005년 애플이 글로벌 환경 단체 그린피스의 제보로 대중의 비난에 직면했을 때였다. 애플이 재활용 프로그램이 미흡한 데다가 제조 공정에 독성 화학 물질을 대량으로 쓰고 있다며 그린피스가 맹폭을 가한 것이다. 스티브 잡스는 처음에는 그런 비난을 무시해 버렸지만, 마냥 외면할 수만은 없었던 터라 2007년에 이르러 애플의 환경 관행을 총체적으로 점검하겠다고 발표했다. 이후 애플은 제조 공정에 활용되는 수은과 비소, 브롬화방염제, 폴리염화비닐 등의 독성 물질을 줄여 가며 친환경 이미지를 구축하기 시작했다.

친환경 이미지 구축을 위한 추가적인 노력으로 애플은 또한 다수 제품의 전력 요구 수준을 낮춰 전자 제품 환경 평가 기구(EPEAT)의 에너지 고효율 등급을 획득했다. EPEAT는 에너지 이용량과 재활용 가능성, 디자인 및 제조 방법 등을 참고해 제품의 수명이 다할 때까지 환경에 미치는 영향을 측정한다. 아울러 애플은 포장 상자의 크기를 줄여 적재량을 늘리는 방법으로 차량 연료를 절감하기도 했다. 근래에 들어서는 최신 맥북이 100퍼센트 재활용 가능하다는 점을 과시했다. 사실 애플의 제품은 전반적으로 알루미늄과 유리로 구성되기 때문에 재활용과 재사용이 수월하다.

그럼에도 애플은 그린피스로부터 높은 점수를 받지 못하고 있다. 기밀이 너무 많기 때문이다. 2012년 그린피스는 10점 만점에 4.5점을 주면서 애플을 기술 기업 중 중간 순위에 올렸다.(전에는 밑바닥이었으니 많이 발전하긴 한 셈이다.) 그린피스는 애플이 전보다는 환경 관련 책임 의식을 높이고 있지만 "온실가스 배출량과 청정에너지 지향성, 독성 화학 물질 관리에 대한 추가적인 정보, 사용 후 플라스틱 재활용에 대한 세부 사항 등을 100퍼센트 투명하게 공개하지 않기 때문에 점수가 깎였다."라고 지적했다.[11]

애플의 환경 친화적 노력에 대한 대중의 박수는 스티브 잡스에게 돌아갔지만, 애플 내부의 한 관계자는 해당 추진력의 상당 부분이 아이브에게서 나왔다고 밝혔다. 그린피스가 처음 비난의 포문을 열었을 때 아이브는 "진정으로 속상해했다고" 한다.

"조니는 애플이 환경적 영향과 관련해서 상당히 긍정적인 스토리를 보유한 기업이라고 느끼고 있었거든요." 그 관계자의 말이다. 사실 쓰레기 같은 제품을 만들지 않기 위해 전념하는 아이브의 헌신만 놓고 보면, 환경의 밝은 측면에 기여하는 인물로 분류해도 무방하다. 그냥 쓰고 버려지는 까닭에 환경에 보다 즉각적이고도 해로운 영향을 미치는 허섭스레기 제품들과 달리 그의 제품들은 오랜 기간 사용되며 고이 간직되기 때문이다.

아이브와 애플에 날아든 또 다른 비난은 상당수 제품을 밀봉하는 관행과 관련이 있었다. 배터리 하나를 교체하려 해도 특수한 도구와 기술이 필요하기에 애플 제품은 사용자 편의성이 떨어진다는 성토였다. 아이픽스잇의 환경 운동가 카일 윈스는 밀봉된 기기가 고장이 나면 비전문가라도 쉽게 수리할 수 있는 제품보다 그냥 버려질 공산이 더 크다고 지적했다.

그의 말을 더 들어 보자. "아이패드는 아주 파렴치한 제품입니다. 강하게 붙여 놓은 데다가 충전 사이클이 500회 정도만 되면 배터리도 더 이상 쓸 수 없게 되거든요. 그게 갖다 버리라고 디자인한 게 아니면 뭐란 말입니까? 수리의 필요성 따위는 안중에도 없는 겁니다. 거기 디자이너들이 앞으로 이 점을 감안할 것 같지도 않고요."[12]

애플 관계자들은 이에 동의하지 않는다. 애플 제품은 분명히 수리할 수 있도록 디자인된 것이라고 그들은 주장한다. 소비자가 직접 수리할 수는 없지만 말이다. "애플의 서비스 프로세스는 특별합니다. 사실 자사 제품을 서비스할 역량을 갖추지 못한 회사나 그런 것에 관심이 부족한 회사들이 베스트바이 같은 데서도 수리할 수 있도록 제품을 디자인하는 겁니다." 새츠거가 해명한다.

새츠거는 그런 점에서 애플 제품이 실상은 사용자 편의성이 더 높다고 주장했다. "애플은 필요한 경우 매장을 통해 제품을 회수해 수리해 줍니다. 수리와 여타 서비스는 제품을 디자인하는 초기부터 감안하는 사항이지요. (중략) 애플의 서비스 프로세스는 자사 제품에 맞춰 정교하게 특화되어 있습니다."[13]

애플은 세계 최대의 자금력과 영향력을 자랑하는 기업 중 하나다. 그리고 그동안 그에 걸맞게 제조 업계의 리더 역할을 수행해 왔다. 그럼에도 여전히 글로벌 노동 인력 및 환경 문제와 관련해 세간의 우려가 있는 게 사실이다. 만약 그들이 이를 불식시키기 위해 분명한 노력을 기울이지 않는다면, 조너선 아이브가 가만있지 않을 것이다. 분명히 목소리를 내 가시적인 해결책을 내놓게 할 것이다.

# 13

# 애플의 MVP

나를 제외하고 회사의 운영에 가장 큰 영향력을 행사하는 사람이 조니예요.
그에게 이래라저래라 하거나 상관 말라고 할 수 있는 사람은 아무도 없어요.
내가 분위기를 그런 식으로 만들어 놨거든요.

—스티브 잡스

2004년 7월 스티브 잡스는 췌장암 수술을 받았다. 수술 후 회복실에서 그는 두 사람을 불렀다. 아내 로렌 파월 잡스와 조너선 아이브였다.

8년을 거의 매일 함께 일하며 아이브와 잡스는 특별하고도 돈독한 관계로 발전했다. 둘은 한마디로 갈라놓을 수 없는 사이였다. 회의에도 같이 참석하고 점심도 같이 먹었으며 오후에는 주로 미래의 프로젝트들을 검토하며 스튜디오에서 함께 시간을 보냈다.

잡스는 첫 수술로 완치가 되지 않았다. 그래서 후에 두 번째 수술을 받았고 2009년 1월 병가를 냈으며 3월에는 테네시 주 멤피스로 날아가 간이식 수술까지 받았다. 수술을 받고 약 두 달이 지난 5월, 잡스가 아내와 함께 전용기를 타고 집으로 돌아오던 날, 아이브와 팀 쿡은 새너제이 비행장으로 마중을 나갔다. 애플의 미래에 대한 세간의 의구심이 팽배하던 때였다. 잡스가 병가를 낸 사실이 공개된 이후로 많은 언론에서 잡스 없는 애플은 쇠락의 길을 걸을 것으로 예측했기 때문이다. 업계 전문가들 사이에서는 애플의 운명이 온전히 잡스의 어깨에 달려 있다는 데에 이견이 없는 것처럼 보였다.

비행장에서 잡스의 집까지 차를 몰면서 아이브는 잡스에게 언론 기사들 때문에 마음이 불편하다고 솔직히 털어놓았다. 애플의 존립은 잡스의 복귀 여부에 달려 있다는 견해가 대세를 이루었기 때문이다.

"정말 속상합니다." 아이브가 잡스에게 말했다. 그는 잡스의 건강뿐 아니라 두 사람이 애정을 쏟고 있던 애플의 건강도 걱정스러웠다. 아이브가 잡스의 전기 작가 월터 아이작슨에게 밝힌 바와 같이 잡스가 애플의 혁신을 주도하는 엔진이라는 인식이 오히려 회사에 해를 끼치고 있었다. "그 점이 애플이라는 조직을 취약하게 만드는 겁니다." 당시 아이브가 아이작슨에게 한 말이다.[1]

아이브가 언제나 본인의 자존심을 죽이고 잡스와 애플만을 우선시한 것은 아니었다. 이는 별로 놀랄 일이 아니다. 아이브는 월터 아이작슨에게 잡스가 습관적으로 자신의 아이디어를 도용하는 데 대한 불만을 토로하기도 했다. "내 아이디어들을 살펴보고는 '이건 별로, 이것도 별로, 이건 좋다.'라고 말하곤 했어요. 그리고 나중에 그것을 발표할 때면 그는 그게 마치 자신의 아이디어인 것처럼 이야기했죠. 내가 그 자리에 앉아 있는데도 말이에요. 나는 아이디어의 출처에 대해 극도로 신경을 쓰는 편이에요. 내 아이디어들을 공책에 적어 관리할 정도죠. 그러니 내 디자인이 잡스의 공훈으로 돌아갔을 때 얼마나 마음이 아팠겠어요."2

그럼에도 아이브는 잡스가 없었다면 지금과 같은 성취는 결코 없었을 거라는 점은 인정했다. "다른 수많은 회사들에서는 훌륭한 아이디어와 디자인들이 업무 처리 과정에서 사라지고 말아요." 그가 아이작슨에게 한 말이다. "나와 내 팀의 아이디어들은 다른 곳에서는 아무 인정도 못 받고 사장되었을 거예요. 만약 스티브가 이곳에서 우리를 밀어붙이고 함께 일하며 수많은 저항을 헤쳐 나가도록 돕지 않았다면 우리의 아이디어 상당수는 제품으로 현실화되지 않았을 겁니다."3

결국 마지막이 된 병가로 잡스가 애플을 비우고 있던 2011년 내내, 아이브가 3년 만기 스톡옵션 계약을 끝으로 회사를 떠나겠다며 애플을 위협하고 있다는 보도가 줄을 이었다. 보도에 따르면 아이브 부부는 쌍둥이 아들을 영국에서 공부시킬 참이라고 했다. 영국의 《가디언》은 "애플 최악의 악몽"이라는 헤드라인으로 아이브의 퇴사가 임박했다고 전했고4 런던의 《선데이 타임스》는 아이브가 쿠퍼티노를 떠나 영국 서머싯(그곳에 집이 있다.)으로 돌아가고 싶어 하기 때문에 회사와 불화를 겪고 있다는 내용의 기사를 실었다. 어느 기사는 아이브가 영국에서 캘리포니아로 통근할 거라고 예측하기도 했다.5

어쩌면 '위협'이 옳은 표현이었는지도 모르겠다. 그만두지 않았기에 하는 말이다. 익명의 지인이 영국 신문에 제보한 내용에 따르면, 애플은 아이브에게 "애플에 몹시 귀중한 존재인 당신이 만약 영국으로 돌아간다면 모든 인연이 끝나는 것으로 간주하겠다."라고 확실하게 밝혔다고 한다. 보도에 따르면 애플은 아이브와 관계를 더욱 공고히 하기 위해 보너스 3000만 달러를 주었고 추가로 2500만 달러 상당의 주식까지 제공했다. 당시 아이브의 개인 재산은 도합 1억 3000만 달러에 이른 것으로 추정되었다.

몇 가지 사실을 토대로 돌이켜 보건대 아이브는 애당초 떠날 의향이 없었던 것 같다. 그는 부모님 댁과 가까운 서머싯의 저택을 매각했다. 살지도 않는 집을 그냥 놔둘 이유가 없었기 때문이다. 아이브는 이후 전보다 더 애플에 헌신하는 자세를 보여 주었다.

아이브에게는 다른 회사나 헤드헌터의 전화가 수시로 걸려온다. 신발에서 자동차 업계에 이르기까지 모두들 아이브가 디자인 부문만 맡아 주면 한몫 크게 잡을 기회를 제공하겠다고 한다. 하지만 아이브는 애플을 떠날 의향이 있느냐는 질문에 단호히 없다고 밝혔다. "문제는 나와 이 디자인 팀을 다른 곳에 옮겨 놓을 수는 있어도 여기서 이룬 것과 유사한 성과를 기대할 수는 없다는 겁니다."[6]

2011년 8월 24일, 애플은 스티브 잡스가 CEO 자리에서 물러난다고, 하지만 이사회 의장직은 계속 수행할 것이라고 발표했다. 그러면서 이제 팀 쿡이 공식적으로 회사 경영을 맡는다고 덧붙였다.

언론은 모두 이를 충격으로 받아들였다. 이미 충분히 예상하고 있었으면서도 그랬다. 1월에 병가를 낸 이후 공식 석상에 모습을 드러내는 경우가 드물었지만 수척해진 데다가 병색이 완연한 모습이 만천하에 공개된 상태였다. 그러나 엄연한 현실을 앞에 두고도 사람들은 스티브 잡스가 없는 애플을 상상하기 어려워했다.

많은 전문가들이 아이브가 잡스의 자리를 이어야 한다고 주장했다. 조니는 수많은 홍보 영상에도 출연하고 각종 상을 싹쓸이했던 터라 대중적 인지도가 높았다.(쿡은 그렇지 않았다.) 그러나 애플을 유심히 지켜본 사람들은 대부분 아이브를 차기 CEO감으로 점찍지 않았다. 그리고 그것은 아이브 자신도 마찬가지였다. 전에 디자인 팀에 몸담았던 한 관계자는 CEO가 되는 것에 대한 아이브의 태도를 이렇게 설명했다. "그는 회사의 경영 측면에는 전혀 신경 쓰질 않았습니다." 이렇게 애플의 비즈니스에는 관심이 전무하다면서(탠저린에 있을 때도 그러지 않았던가.) "그저 디자인 팀에만 집중하고 싶어 해요."라고 덧붙였다.

"내가 하고 싶은 것은 오로지 디자인과 제작뿐입니다. 그게 내가 사랑하는 일입니다." 아이브 역시 한 인터뷰에서 이렇게 밝혔다. "하고 싶은 일을 찾을 수 있다면 그것만으로도 대단한 겁니다. 그런데 그 일을 직접 할 수 있고 빠져들 수도 있다면 거기에 전념하는 게 맞지 않을까요."[7]

애플의 글로벌 공급 체인에 통달한 팀 쿡이 CEO직을 계승하는 게 사실 논리적으로 더 타당했다. 지난 13년간 쿡이 그 복잡다단한 조직을 제대로 구성해서 관리했기 때문에 애플이 타사와는 견줄 수 없는 속도와 물량, 효율 및 수익성으로 아이브가 디자인한 탁월한 기기를 출시할 수 있었던 것이다. 비록 잡스만큼의 카리스마는 없었지만 쿡은 물류계의 거물이었다. 또한 잡스가 마지막 병가를 낸 이후로 회사를 효과적으로 운영해 왔으며, 2004년과 2009년 잡스가 부재중일 때에도 임시 CEO 역할을 수행했다. 이 책을 위한 취재에 응한 애플 관계자들은 대부분 쿡이 상냥한 성격에 합의를 중시하는 인물이라 고집 세고 때로 괴팍스러운 잡스보다 같이 일하기에는 편하다고 평했다.

잡스는 2011년 10월 5일, 사임한 지 한 달여 만에 세상을 떠났다. 스탠퍼드 대학 졸업식 연설에서 "죽음은 삶이 만든 최고의 발명품일 것"이라고 역설한 그가 향년 56세를 일기로 조문을 받게 된 것이다. 장례는 이틀 후 알타 메사에서 치러졌으며 참석한 사람 중 애플 동료는 에디 큐 소프트웨어 담당 부사장, 케이티 코튼 커뮤니케이션 담당 부사장, CEO 팀 쿡, 그리고 조너선 아이브 이렇게 네 명뿐이었다. 추도식은 열흘 뒤에 스탠퍼드 대학에서 비공개로 진행되었다. 잡스와 친분이 있던 외부 인사와 저명인에게만 초청장이 발송되었는데, 빌 클린턴 전 대통령을 비롯하여 앨 고어 전 부통령, 빌 게이츠, 구글의 CEO 래리 페이지, U2의 리더 보노, 뉴스 코프의 CEO 루퍼트 머독 등이 참석했다. 아이브는 잡스가 사망한 지 2주 후에야 멘토이자 친구였던 그의 죽음을 공개적으로 애도할 기회를 가졌다. 애플의 쿠퍼티노 사옥에서 열린 직원 추도식에서 아이브는 약 8분에 걸쳐 개인적인 일화를 소개해 가며 그날의 가장 진심 어린(유머도 섞인) 헌사를 잡스에게 바쳤다. 스티브의 열의와 열정, 유머 감각 그리고 일을 완벽하게 처리하면서 느끼던 쾌감에 대해 이야기할 때는 감동과 재미, 통찰력을 주기도 했다.

아이브는 여담으로 추도사의 운을 뗐다. "스티브는 종종 제게 이렇게 말하곤 했습니다. '조니, 정말 멍청한 아이디어 한번 들어 보겠나.' 그러면서 때로는 정말 멍청한 아이디어를 들려주었습니다. 때로는 아주 끔찍한 아이디어를 내놓기도 했고요. 하지만 때로는 방 안의 공기를 다 앗아 가며 우리 둘을 완전히 침묵시키는 정말 멋진 아이디어를 꺼내 놓았지요."

"스티브는 항상 물었습니다. '이 정도면 될까? 이게 올바른 거야?'라고 말입니다." 아이브는 "냉소주의를 물리치고 불가능하다는 의견을 거부하면서 만인에게 찬사를 받을 만한 제품을 만든 것"이 바로 잡스의 위대한 승리라고 평했다.

아이브는 행사장에 운집한 애플 직원들을 향해 이렇게 말하며 추도사를 마쳤다. "우리는 거의 15년간 함께 일했습니다. 그런데도 스티브는 제가

'알루미늄'이라고 발음할 때마다 여전히 웃음을 터뜨렸지요. 지난 2주간 우리 모두는 나름대로 작별을 고할 방법을 찾기 위해 애를 썼습니다. 오늘 아침 저는 그저 이런 말로 마무리하고 싶습니다. '고맙습니다, 스티브. 이 비범한 집단을 단결시키고 고취하는 놀라운 비전을 제시해 준 데 대해 감사드립니다. 당신에게 배운 모든 것에 대해, 또 우리가 앞으로 서로 배워 나갈 모든 것에 대해 감사드립니다. 고마워요, 스티브.'"

## 증대하는 애플의 자산 규모

스티브 잡스가 사망하기 하루 전, 쿡은 샌프란시스코 예르바 부에나 아트센터에서 아이폰 4S를 선보였다. 잡스가 앉던 자리는 예약석으로 표시한채 비워 두었다. 아이브의 빈자리도 눈에 띄었다.

아이폰 4S는 아이브의 3세대 디자인으로 리처드 하워스의 초기 샌드위치 콘셉트를 기초로 했으며 그때까지 나온 아이폰 중 가장 진보한 모델이었다. 아이폰 4와 외형은 같았지만 훨씬 더 향상된 성능을 보유한, 엔지니어링의 경이라 할 만한 제품이었다. 10월 14일 그 새로운 모델이 시판에 들어가자 일부 평론가들은 이전과 별다를 게 없는 모델을 과대 선전한다고 평했으나, 판매량을 보건대 소비자들은 그에 동의하지 않는 모양이었다. 아이폰 4S는 첫 주말에만 400만 대가 팔리면서 데뷔 신기록을 경신했고, 전 세계에서 가장 많이 팔리는 스마트폰으로 빠르게 부상했다.

월스트리트는 잡스 사후 첫 번째로 출시한 제품의 성공이 내포하는 중요성을 간과하지 않았다. 애플의 주가가 치솟기 시작했다. 대차 대조표상 현금 보유액이 1000억 달러가 넘는 데다가 그 금액이 나날이 증가한다는 사실이 반영되어 애플의 주가는 2012년 1월 3일 주당 407.61달러로 올랐으며 1월 말에는 447.61달러가 되었다.

이 같은 고공 행진을 거듭하며 애플은 엑손모빌을 제치고 시가 총액 세계 1위 기업에 등극했다.


## 조너선 아이브 경

2012년, 잡스는 세상에 없었지만 아이브와 애플에게는 상서로운 소식으로 새해가 시작되었다. 아이브가 디자인 및 기업 분야에 기여한 공로로 영국 여왕의 신년 서작 서훈 목록에 오르며 대영 제국 2등급 훈장(KBE)을 수여받은 것이다. 2005년에도 이 목록에 올라 대영 제국 3등급 훈장(CBE)을 받았으니 두 번째 영광인 셈이었다. 기사단 서열 2위를 뜻하는 KBE는 CBE와 달리 기사 작위에 해당하며 서훈자는 이름에 '경'을 붙일 수 있는 자격이 부여된다. '조너선 아이브 경'이 탄생한 것이다.

아이브는 이 영예에 "전율이 일 정도로 흥분된다."라면서 "과분한 처우에 그저 감사할 따름"이라고 소감을 밝혔다. 《데일리 텔레그래프》와의 인터뷰에서 그는 자신을 가리켜 "영국식 디자인 교육의 산물"이라고 밝혔다. "고등학생 시절부터 영국이 디자인 및 제조업 부문에 놀라운 전통을 보유한 나라라는 사실을 깊이 인식했습니다. 산업 혁명이 시작된 나라 아닙니까. 그 점을 기억하는 것이 중요합니다. 결국 영국에서 제 직업의 기반이 닦였다고 말할 수 있는 강력한 근거인 겁니다."[8]

RWG에서 아이브의 첫 번째 상사였던 필립 그레이는 2012년 런던 하계 올림픽 때 아이브와 런던에서 만났다. "조니 경에게 기사 작위를 받은 소감을 물었더니 그러더군요. '그게 있잖아요. 샌프란시스코에서는 정말 아무런 의미도 없는 건데, 영국에 돌아오면 부담으로 작용해요.'라고요."[9] 영국의 엄격한 계층 구분을 두고 한 말이었다. 아이브는 더 이상 평민이 아니다. 왕국의 기사로 신분이 상승했고, 그 점이 그를 당혹케 하는 것이다.

아이브는 런던을 방문하면 모교인 노섬브리아 대학의 디자인 전공 학생들과 대화를 나누는 시간을 마련하곤 한다. 대개 런던의 한 애플 스토어를 임시로 폐쇄하고는 그곳에 학생들을 초대해 자유롭게 대화를 나눈다. "조니는 자신의 견해를 납득시키려 애쓰는 타입입니다. 그 점은 의문의 여지가 없습니다." 어느 정보원의 전언이다. "하지만 학생들에게 약간의 지원을 제공하는 것도 그에게는 중요한 일입니다. 그것이 조니 나름의 사회 환원 방법인 것 같습니다."

노섬브리아 동문들은 졸업생 중 가장 유명한 인물인 아이브를 매우 귀중한 자산으로 간주한다. 아이브는 객원 교수의 지위를 부여받은 터라 이따금씩 강의차 모교에 돌아온다. 노섬브리아 대학 당국은 홍보 자료에 그를 적극 활용하고 있다. 하지만 대학 측은 아이브와의 특별한 관계를 보호하고 싶어서인지 그의 학창시절에 관한 어떤 정보도 제공하길 거부했고 그에 대해 말하는 것도 피했다.

아이브는 1년에 서너 차례 고국에 돌아가 런던에 머문다. 런던 패션위크 행사장이나 빠르고 이국적인 자동차의 애호가들이 모이는 연례 굿우드 스피드 페스티벌에서 그의 모습을 찾아볼 수 있다. 한번은 굿우드 행사에서 심사 위원으로 활약하기도 했는데, 그때 절친한 동료 디자이너 마크 뉴슨과 역시 절친한 작곡가 닉 우드와 함께 사진 기자들 앞에 서기도 했다. 이 3인방은 서로의 행사에 종종 참여하는 것으로 유명하다. 아이브는 영국의 패션 디자이너 폴 스미스와도 친한데, 그에게는 분홍색의 대형 아이팟 나노를 생일선물로 주기도 했다.

디자인은 때로 고독하고 고립된 프로세스로 여겨진다. 하지만 아이브는 정기적으로 세계를 여행한다. 때로는 공급 업체들을 둘러보기 위해 아시아에서 몇 주를 보내기도 하지만, 출장 중에는 볼일만 보고 빠져나오는 경우가 대부분이다. 2013년에는 하루를 잡아 암스테르담을 방문해서는 스티브 잡스의 요트(필립 스탁의 디자인으로 네덜란드에서 맞춤 제작 했다.)에 타 보고 현지에 애플 스토어를 오픈하는 일정을 소화했다.

2012년, 아이브와 아내, 쌍둥이 아들은 샌프란시스코에서 집을 늘려 이사를 했다. 억만장자 동네로 통하는 샌프란시스코 골드코스트에 소재한 1700만 달러 상당의 저택을 매입한 것이다. 상냥한 말씨에 청바지와 티셔츠를 즐겨 입는 일반인 이미지가 강하지만 아이브는 종종 일반인은 출입하기 힘든 장소에서 옷을 잘 빼입은 부유층과 어울리는 사진이 찍히곤 한다. 샌프란시스코에서는 오케스트라 연주회를 자주 찾는 것으로 유명하며, 실리콘밸리 엘리트들과 어울리는 모습도 종종 눈에 띈다. 명사 디너파티에 참석해 야후 CEO 머리사 메이어, 트위터 CEO 딕 코스톨로, 옐프와 드롭박스, 패스 CEO 등과 같은 실리콘밸리 중요 인물들과 함께한 사진이 보도되기도 했다.

아이브는 이따금 부차적인 프로젝트에도 관여한다. 그가 디자인한 하만 카돈의 사운드스틱 스피커 가운데 몇몇 빼어난 제품은 현재 뉴욕 현대 미술관의 영구 소장품으로 등록돼 있다. 2012년에는 소정의 커미션을 받고 자선기금을 마련하기 위해 경매에 부쳐질 라이카 원숏 카메라를 디자인하기도 했다. 아이브와 잡스는 둘 다 그 유서 깊은 카메라 제조 업체의 팬이었다. 잡스는 아이폰 4를 발표할 때 그것을 "옛 향취가 아름답게 묻어나는 라이카 카메라"에 빗댄 바 있다.[10]

때로 그에 반하는 루머가 떠돌긴 하지만, 아이브는 표면상으로는 여전히 애플에 헌신하고 있는 것으로 보인다. 보도에 따르면 그는 현재 애플에서 자신이 하는 일을 주제로 모노그래프(특정한 문제를 자세히 다룬 연구 논문. ─ 옮긴이)를 쓰고 있다고 한다.

## 기세를 이어 나가는 애플

가까이서 도전 정신을 불어넣는 잡스는 없었지만, 아이브는 2012년에도 분주하게 움직였다. 3월, 애플은 '뉴 아이패드'라는 이름으로 3세대 아이패드를 발표했다. 뉴 아이패드는 첫 주말에 무려 300만 대 이상이 팔리면서 이전 모델들의 기록을 갱신했다.

몇 달 뒤인 2012년 9월에는 아이폰 5가 공개되었다. 전보다 큰 4인치 레티나 디스플레이를 탑재한 아이폰 5에 대해 필 실러는 "애플이 창조한 소비자 제품 가운데서 가장 아름다운 기기"라고 강조했다. 공개 24시간 만에 선주문만 200만 건이 넘었고, 9월 21일 출시와 더불어 주말에만 500만 대가 팔리는 신기록을 세웠으며, 그 후 몇 주 동안은 수요가 공급을 초과했다.

아이폰 5를 출시하고 한 달 뒤, 애플은 연내에 두 번째 뉴 아이패드와, 그것의 자매품으로 아이패드 미니까지 출시하겠다고 발표했다. 아이패드 미니는 7.9인치 디스플레이를 탑재한 소형 태블릿이었다. 11월 그 한 쌍의 새로운 태블릿은 34개국에서 동시에 출시되었고, 3일 만에 전 세계적으로 300만 대가 판매되었다. 이 '깜짝' 아이패드 한 쌍은 애플이 일반적으로 출시 스케줄을 크게 변경한 적이 없다는 점에서 이례적인 경우에 속했다. 이렇게 빨리 후속작이 나온 경우가 전에는 없었다.

아이패드 신제품은 주가와 관련해서도 효자 노릇을 톡톡히 했다. 제품이 출시되고 며칠 후 애플의 주가는 505달러에서 568달러로 12퍼센트 증가했고 이후로도 계속 상승세를 이어갔다.

애플의 기세는 갈수록 등등해지는 듯 보였다. 스티브 잡스의 빈자리로 고통을 겪을 조짐은 보이지 않았다. 그러기는커녕 오히려 재정과 창의력이 차고 넘치는 한 해가 되고 있었다. 그러던 2012년 10월 29일, 애플은 경영진 개편을 발표함으로써 세인을 놀라게 했다.

애플은 막후에서 실제 어떤 일이 있었는지 드러내지 않으려는 의도가 엿보이는 보도 자료를 통해 주요 중역진의 인사이동을 공표했다. 홍보 부서의 발표를 보다 직설적으로 옮기자면, iOS 책임자인 스콧 포스톨이 해고되고 아이브가 크리에이티브 부문 총책임자로 승진한다는 내용이었다.

아이브는 산업 디자인 담당 수석 부사장직을 그대로 수행하면서 이제부터는 "회사 전반의 휴먼 인터페이스에 대해서도 지휘권과 리더십을 발휘하게" 되었다.[11] 다시 말해서 하드웨어와 소프트웨어 양 부문의 지극히 중요한 제품 인터페이스를 총괄하게 되었다는 의미다. 전에는 스티브 잡스가 맡았던 역할이었다. "조니는 디자인에 대한 놀라운 미적 감각을 보유한 데다가 지난 10여 년간 우리 회사 제품의 외형과 느낌을 주도하는 견인차 역할을 충실히 수행해 왔습니다. 우리 회사 제품 다수의 얼굴은 우리의 소프트웨어인 만큼, 조니의 역량을 이 분야로 확대하는 이번 인사는 결국 애플과 경쟁 업체의 격차를 더욱 벌리는 결과를 안겨 줄 것입니다." 대외 공표에 이어 직원들에게 이메일을 돌리며 쿡은 이렇게 썼다.[12]

쿡의 메시지를 주의 깊게 분석해 보면 이렇게 요약할 수 있다. 오랫동안 애플 하드웨어의 방향을 제시해 온 인물이 이제 소프트웨어의 향방을 결정하는 권한까지 갖게 되었다! 애플은 인정도 부인도 하지 않았지만 소문에 따르면 포스톨은 사용자 인터페이스 디자인을 놓고 아이브와 불화를 겪다 쫓겨난 것이었다. 결과적으로 포스톨은 회사를 떠나고 아이브는 막중한 책임을 떠안게 되었으니 포스톨이 권력 투쟁에서 패한 것으로 봐도 무방하다.

핵심 쟁점은 포스톨이 스큐어모피즘 디자인을 선호한다는 데 있었다. 스큐어모피즘이란 현실의 실물과 흡사한 느낌을 주는 그래픽 인터페이스를 말한다. 아이북스토어 앱에서 전자책은 가상의 목재 책꽂이에 꽂혀 있었고, 애플의 팟캐스트 앱은 오픈릴 테이프 녹음기를 닮았으며, iOS의 멀티플레이어 게임 서비스인 게임 센터는 라스베이거스 카지노 테이블 모양이었다. 그동안 이런 식으로 포스톨의 디자인 방식에 따라 가죽이나 천연 나뭇결을 모방한 패턴이 애플의 유명 앱에 자리를 잡았던 것이다.

스큐어모피즘 디자인은 낯선 제품을 처음 쓰는 사용자도 금방 익숙해진다는 장점이 있다. 실물과 똑같은 기능이 담겨 있다고 생각하고 조작하면 되기 때문이다. 더할 나위 없이 간편한 방식인 셈이다. 예컨대 오리지널 매킨토시 데스크톱 컴퓨터 역시 사무용 책상을 위에서 내려다보는 느낌의 스큐어모피즘으로 고안된 제품이었다. 책상 위에 무엇이 어떤 식으로 놓여 있고 어떤 식으로 사용되는지, 그 전형적인 환경은 누구라도 알고 있지 않은가. 그러한 환경을 함축적으로 디지털 버전에 옮겨 놓은 것이 스큐어모피즘이었다.

그러나 근래에 들어 애플은 '조잡한' 스큐어모피즘 요소에 너무 심하게 의존한다는 비판에 시달리고 있었다. 구식의 사무용 가구와 오디오 장비에 대한 시각적 비유가 시대에 뒤떨어질 뿐 아니라 어울리지도 않는다는 성토가 일고 있었다. 보도에 따르면 포스톨은 잡스가 없는 애플에서 스큐어모피즘 디자인의 주요 지지자였고, 결국 그 때문에 외부 비평가뿐 아니라 사내에서도 성토의 대상이 된 것이었다.

익명을 요구한 애플 디자이너가 《뉴욕 타임스》에 밝힌 바에 따르면, 조너선 아이브는 스큐어모피즘을 전혀 좋아하지 않았다.[13] 영국 《텔레그래프》와의 인터뷰에서 그 주제가 언급되었을 때 아이브는 눈에 띄게 "움찔하고 놀랐지만" 거기에 말려들어 구체적인 내용을 밝히지는 않았다. "저는 제품의 아이디어에 대해 다른 팀과 공조하면서 하드웨어를 개발하는 것에 초점을 맞추고 있습니다. 그것이 우리 팀의 책무이고 주안점입니다. 기자분이 말씀하신 그 부분은 저와는 크게 관련이 없습니다."[14] 쿡의 인사 개편으로 이제 관련성이 있는 것으로 바로 잡힌 셈이다.

애플의 경영진 개편은 소프트웨어 디자인의 변혁을 의미했다. 그에 따라 iOS 7이 출시되던 2013년 7월 무렵 포스톨의 스큐어모피즘은 대부분 자취를 감추고 사라졌다.

새로운 모바일 소프트웨어는 평면적이며 현대적인 외양을 갖추었다. 하이라이트와 그림자를 이용한 3D 효과는 물론이고 펠트 천이나 가죽 재질의 느낌도 완전히 사라졌다. "이를 제작하기 위해 양이나 소를 잡아야 할 일은 이제 없어진 셈입니다." 소프트웨어 엔지니어링 담당 수석 부사장 크레이그 페더리기는 출시 행사에서 iOS 7의 캘린더 앱을 소개하면서 이런 농담을 던졌다. 그는 다른 앱도 모두 깨끗해졌다면서 "펠트와 목재에서 완전히 벗어났습니다. 이게 환경 보호를 위해 좋은 일 아니겠습니까."라고 덧붙였다.[15] iOS 7 디자인은 철저히 미니멀리즘을 지향했으며, 아이브 팀이 2000년대 중반 아이폰과 아이패드 하드웨어를 디자인할 때 참고했던 모조 운영 체제와 묘하게 닮은 모양이었다. 평면적인 외양과 몇몇 아이콘이 매우 흡사했다. 그 모조 운영 체제로 돌아갔다는 사실은 아이브와 포스톨 사이의 적대감을 암시하는 동시에 소프트웨어 디자인에 관련된 아이브의 본능이 포스톨에게 밀려 수년간 경시되었다는 점을 시사했다.

한편 아이브의 전면적인 iOS 개편은 하드웨어에 대한 접근 방식과 맥락을 같이했다. 아이브의 하드웨어는 항상 최소한도의 실용적인 미니멀리즘을 추구해 왔다. 그는 장식을 경멸한다. 그가 밝혔듯이 작은 나사못 하나도 타당한 이유 없이 들어가는 법이 없었다. 아이브의 목표는 디자인을 시야에서 사라지게 하는 것이다. 그에 반해 스큐어모피즘은 소프트웨어가 본연의 모습이 아닌, 이를테면 룰렛 테이블이나 노란색 메모장과 같은 실물로 비처지게 만들 뿐 아니라 부가적인 장식이 필수적으로 따른다. 스큐어모피즘을 적용한 소프트웨어는 아이브의 미니멀리즘 하드웨어와 대립되는 셈이다. 한쪽은 거치적거리는 것을 전부 벗겨 내는데 다른 한쪽은 이를 다시 입히는 꼴이었다.

애플 내부의 이 같은 모순은 iOS 7의 등장과 더불어 종결되었다. 아이브의 소프트웨어는 장식을 과감히 쳐 냄으로써 비로소 군더더기 없이 본질만 남기는 그의 하드웨어와 궤를 같이하게 됐다. 더욱이 iOS 7은 탁월한 디자인 취향을 선보였는데, 특히 조판의 활용성 면에서 그랬다. 스위스에서 고안된 헬베티카 노이에 서체의 가늘고 섬세한 버전을 기본 서체로 도입한 것이다. 이는 애플의 최신 기기들에 레티나 디스플레이가 탑재되기에 가능한 일이었다. 운영 체제 전반에 서체 디자인에 대한 깊고도 올바른 인식이 주입된 셈이다.

애플의 모바일 기기가 성숙해짐에 따라 아이브가 하드웨어와 소프트웨어를 두루 맡게 된 변화는 보다 큰 의미를 갖게 될 것이다. 아이브와 그의 디자인 팀은 앞으로도 계속 하드웨어 개선 작업에 매달릴 것이지만, 근본적인 변화가 아니라 점진적인 변화가 일어날 공산이 크다. 얇은 직사각형 유리가 진화할 수 있는 방식에는 한계가 있기 마련이다. 오늘날 디자인의 최전선은 하드웨어가 아니라 소프트웨어라는 말이다.

1990년대 중반 아이브와 함께 일했던 샐리 그리즈데일은 그가 사실 소프트웨어 분야에도 능숙하다고 밝혔다. "(아이브와 OS 디자인은) 완벽한 조합입니다. 그는 항상 하드웨어와 소프트웨어의 통합성에 신경을 썼어요. (중략) 하드웨어와 소프트웨어의 상호 작용은 그가 가장 흥미로워하는 부분입니다. 어쨌든 수년간 원활한 상호 작용을 이끌어 내는 길을 선도해 온 인물입니다. 그에게는 전혀 낯선 분야가 아닙니다. 조니는 항상 소프트웨어를 염두에 두고 하드웨어를 만들어 왔거든요. 그저 규모와 범위가 더 커진 것뿐이지요. 조니와 OS 디자인은 아주 찰떡궁합입니다."[16]

디자인 팀에서 함께 일한 동료 래리 바베라도 아이브를 애플의 소프트웨어를 쇄신하는 데 충분히 준비가 된 인물로 생각했다. 하지만 먼저 프로그래머들과 원만한 관계를 구축할 필요가 있다고 지적했다. 아무리 수년간 소프트웨어 부문에 깊숙이 관여했다 해도 "조니는 모두가 공감할 수 있는 비전을 제시함으로써 소프트웨어 친구들을 전도해야 합니다. 조니가 치러야 할 전쟁 중 반은 소프트웨어 팀원의 마음을 사로잡는 일이 될 겁니다."[17]

아이브는 매우 중차대한 시기에 소프트웨어 팀을 맡게 되었다. 안드로이드가 계속 업그레이드되며 보다 많은 통제권과 보다 폭넓은 선택권을 선호하는 고객을 끌어들임에 따라 경쟁 업체들이 애플에 바짝 따라붙고 있기 때문이다. 마이크로소프트의 윈도 8은 깔끔하고 야심 찬 터치 인터페이스로 시장의 갈채를 받지 않았던가. "아주 결정적인 순간이라 할 수 있습니다. 하드웨어가 제 할 바를 다하고 길을 비켜 준 상황이니까요." 샌프란시스코에 있는 광고 회사 세이 미디어의 디자인 및 크리에이티브 부문 책임자 알렉스 슐라이퍼의 말이다. "유리잔의 형태에 따라 거기에 담기는 경험도 달라지는 법입니다. 우리는 사용자 인터페이스에 따라 긍정적으로든 부정적으로든 해당 기기를 기억하게 될 겁니다. 그것의 외형과 반응 방식에 따라서 말입니다. 사용자 인터페이스는 우리의 차량과 거실에 함께하며 건축물의 일부가 되고 풍광을 뒤덮고 우리가 소비하는 미디어는 물론이고 우리가 세상을 바라보는 방식과 배우고 소통하는 방식에도 영향을 미칠 것입니다. 바야흐로 사용자 인터페이스의 시대가 시작된 겁니다."[18]

《블룸버그 비즈니스위크》에 게재된 인터뷰 기사에서 쿡은 특유의 발언 스타일로 민감한 질문을 피하는 수준을 뛰어넘어 애플의 고위층 개편의 배경이나 앞으로 애플이 나아갈 방향에 대해서는 거의 언급을 하지 않았다. "창의성과 혁신은 제조 공정 흐름도나 조직도에 담을 수 있는 것이 아니죠. 즉 소수 정예 팀들이 서로 협력하면 놀라운 일을 해낼 수 있다는 얘깁니다. 협력이 혁신의 핵심입니다."

그렇지만 그는 질문을 아예 무시할 수는 없었던지 온화하게 의견을 피력했다. "조니 아이브보다 더 나은 감각을 보유한 사람은 세상에 없을 겁니다. 조니와 저는 애플을 사랑하고, 우리 둘 다 애플이 위대한 성과를 내길 바랄 따름입니다."[19]


## "조니를 대체할 수 있는 사람은 없습니다"

잡스는 세상을 떠나기 전 그가 회사 내부에서 아이브에게 부여한 권한이 어느 정도인지 밝힌 바 있다. "나를 제외하고 회사의 운영에 가장 큰 영향력을 행사하는 사람이 조니예요. 그에게 이래라저래라 하거나 상관 말라고 할 수 있는 사람은 아무도 없어요. 내가 분위기를 그런 식으로 만들어 놨거든요."[20]

잡스는 이 말의 진의를 정확히 설명하진 않았다. 애플의 조직도에 따르면 아이브는 쿡의 지시를 받는 위치다. 그런데 잡스에 따르면 쿡은 그에게 이래라저래라 할 수 없다는 것 아닌가. 일반적인 경우와는 거리가 먼 합의로 보인다. 운영에 관한 아이브의 영향력이 그만큼 대단하기 때문이 아닌가 싶다. 그의 산업 디자인 팀은 사내의 실세로 엔지니어링과 제조 공정을 두루 지휘한다. 애플은 아이브의 까다로운 제조 방법을 구현하기 위해 수십억 달러를 투자하고 있다. 쿡의 운영 팀이 아이브 팀의 디자인을 구현하는 과정에서 예산과 실행 가능성은 고려 대상에 전혀 포함되지 않는다.

아이브는 스티브 잡스와 독특한 파트너십을 발전시킨 덕분에 벌써 수년 전부터 산업 디자인 팀장의 역할을 초월해 이런저런 사안에 관여해 왔다. 잡스는 아이브를 진정한 협력자 겸 혁신가로 인정했다.

"비즈니스 개념과 마케팅 개념도 잘 이해하고 무엇이든 매우 빠르고 쉽게 파악하지요. 그는 우리가 하는 일의 핵심을 누구보다도 잘 알아요. 애플에 내 영혼의 파트너가 있다면 바로 조니입니다. 조니와 내가 대부분의 제품들을 구상하고, 그런 다음 다른 사람들을 끌어들여 의견을 묻지요. '이봐, 이거 어떤 것 같아?' 그는 제품의 전체 그림뿐 아니라 아주 세부적인 사항들도 볼 줄 알아요. 그리고 애플이 제품 회사라는 사실도 확실히 이해하고요. 단순히 디자이너라고만 할 수 없어요." 잡스가 아이작슨에게 설명한 내용이다.[21]

현재의 친구들과 예전의 친구들은 아이브가 상냥한 말씨의 영국 신사 이미지를 지키기 위해 주의 깊게 신경을 써 왔다고 입을 모았다. 하지만 그것은 곧 그가 기업 조직의 역학을 이해하는 노련한 조직원이라는 의미이기도 하다. 산업 디자인 팀원들에게는 관대하게 감싸며 보호해 주는 신사적 리더일지 모르지만, 건전한 자부심이 있어 아이디어와 혁신에 대해서는 자신의 공로를 주장하는 데 주저함이 없다. 포스톨이나 루빈스타인과의 설전도 공격적인 성격의 일면을 보여 준다. 그는 중역 동료들과 싸우는 일을 결코 두려워하지 않는다. 외부에 공개된 조직 내 언쟁의 결과로 미루어 볼 때 조너선 아이브는 필요한 경우 주도권 다툼에 기꺼이 뛰어드는 결단력에 그 싸움을 승리로 이끌 수 있는 조직력까지 보유한 인물이라 할 수 있다.

창의성 영역에서 잡스는 아이브를 자신의 절대적인 계승자로 준비시킨 게 분명하다. 그건 CEO 타이틀과는 별개의 문제다. 세심한 관리자인 쿡에게는 조직의 원활한 순항을 맡기면 될 터였고, 제품 전문가 아이브에게는 회사 전반의 방향키를 쥐어 주는 게 마땅했을 것이다.

잡스의 그러한 조치 덕분에 회사의 상황이 여러 면에서 전과 다름없이 유지되는 것으로 봐도 무방하다. "우리는 2년 전이나 5년 전, 혹은 10년 전과 똑같은 방식으로 제품을 개발하고 있습니다. 같은 방식으로 작업하는 소수가 남아 있다는 뜻이 아니라 거대 집단 전체가 전과 다름없는 방식으

로 일하고 있다는 뜻입니다." 아이브의 말이다.[22]

아이브는 분명 잡스의 가치관을 유지하려 애쓰고 있다. 잡스에게 그랬듯 아이브에게도 '위대한 제품'을 창출하는 것이 회사의 대차 대조표보다 훨씬 중요하다. "우리의 목표는 돈을 버는 것이 아닙니다." 2012년 7월, 영국 대사관에서 열린 크리에이티브 정상 회담에서 아이브는 청중을 놀라게 했다. "애플의 목표는 단연코 수익을 창출하는 것이 아닙니다. 다소 시건방지게 들릴지도 모르겠습니다만, 사실이 그렇습니다. 우리의 목표는 바로 위대한 제품을 창조하는 것이고 우리가 가슴 뛰는 흥분을 맛보는 순간은 바로 그 목표를 이루기 위해 노력할 때입니다. 우리가 목표를 이루는 데 성공한다면 소비자들이 좋아할 것이고, 그런 가운데 운영상의 역량을 발휘하면 수익도 창출될 것입니다. 하지만 여전히 중요한 것은 우리가 분명한 목표를 가지고 있다는 사실입니다."[23]

아이브는 이 교훈을 애플이 하락세에 접어들 무렵 잡스에게서 배웠노라고 덧붙였다. "애플이 파산 직전에 몰렸을 때, 의미 없는 존재로 몰락할 위기에 처했을 때 저는 많은 것을 배웠습니다. 마치 죽음을 통해 생명에 대한 많은 교훈을 배우듯이, 생명력 없는 기업을 직접 체험함으로써 생명력 있는 기업에 대한 많은 교훈을 얻었다는 뜻입니다. 여러분은 분명 돈 때문에 파산 직전에 몰렸으면 돈을 버는 일에 주력해야 마땅하다고 생각하실 겁니다. 하지만 스티브 잡스는 그런 생각에 사로잡히지 않았습니다. 그는 제품이 충분히 훌륭하지 않다는 점을 간파하고는 '더 나은 제품을 만들어야겠다.'라고 결심했습니다. 기업을 회생시키기 위한 이전의 시도들과는 극명히 대조되는 접근 방식이었지요."

아이브는 또한 잡스의 그 유명한 집중 개념을 유지하는 데에도 전념하고 있다. 잡스는 늘 집중은 프로젝트를 '예스'라고 승인하는 문제가 아니라 '노'라고 거부하는 문제라고 강조했다. 아이브의 지휘 아래 애플은 확고한 규율을 세우고 '위대한 제품'의 정반대 개념인 '유력한 제품'에 대해서는 과감히 '노'를 외치고 있다.

"대량 생산을 준비하는 단계에서 회의 중에 해당 제품의 장점을 놓고 목소리가 높아지는 경우가 왕왕 있습니다. 나는 그런 때가 바로 경각심을 곤두세워야 할 순간이라고 생각합니다. 뭔가에 대해 목소리를 지나치게 높인다는 건 그것이 훌륭하다는 점을 스스로에게 납득시키려 애쓰고 있다는 방증이거든요." 아이브의 말이다.[24]

아이브의 첫 사업 파트너였던 클라이브 그리니어는 그가 애플을 더 높은 위치로 끌어올릴 것이라는 확신을 피력했다.

"조니는 이미 오래 전부터 단지 디자이너에 불과한 인물이 결코 아니었습니다. 그는 애플에서 항상 훨씬 더 전략적인 역할을 수행했습니다. 거기에는 사용자 인터페이스를 바꾸는 결정을 이끌어 낸 역할도 포함됩니다. (중략) 조니는 현재 전략적으로 매우 중요한 지위에 올라 있습니다. 나는 늘 애플을 매우 낙관적으로 봐 왔습니다. 애플의 성공은 상당 부분 조니 덕분이니까요. 스티브가 조니를 해방시켰습니다. 프린터 덮개에 깔려 있던 그를 끄집어내 역량을 마음껏 펼칠 수 있는 일을 맡긴 셈입니다. (중략) 스티브는 조니가 천부적인 디자인 재능을 살려 놀라운 제품을 창조하도록 자신감을 심어 주기도 했습니다. 앞으로도 조니는 전과 다름없이 성공을 이어 나갈 것입니다.

애플은 이미 세계 최고의 출중한 기업으로 성장했습니다만, 지난 10년 사이에 그 수준에 오를 수 있었던 것은 조니가 있었고 신기원을 이룩할 작품을 제작할 수 있도록 그에게 스티브가 힘을 실어 주었기 때문입니다."[25]

그리니어는 한 단계 더 나아갔다. "믿지 않을지 모르겠지만, 조니가 애플을 떠난다면 잡스의 사망보다 더 큰 악재가 될 겁니다. 조니를 대체할 수 있는 사람은 없기 때문입니다. 만약 그가 떠난다면 애플은 인간미와 비전과 침착함과 팀원을 결집시키는 능력을 겸비한 디자인 팀장을 영입해야 할 텐데, 그건 불가능한 일입니다. 그가 없으면 애플은 아주 다른 조직으로 변모할 겁니다."[26]

"디자이너로서의 정체성은 그가 세상을 바라보는 방식을 기준으로 정의할 수 있습니다. 그리고 디자이너의 직업병 중 하나는 끊임없이 무언가를 보고 '왜지? 왜 그게 그렇지? 왜 그게 그렇지 않고 이러면 안 되지?' 하고 생각한다는 것 아닐까 싶습니다." 아이브의 말이다.[27]

자기 자신을 "끊임없이 디자인하는" 디자이너로 보는 조너선 아이브는 애플을 미래로 이끌기 위해 계속 그 일을 할 것이다. 참신한 디자인과 신제품으로 행복한 비명을 지르게 될 그런 미래로 말이다.


## 씨실과 날실 읽기

아이브의 삶과 경력에서는 아주 흥미로운 대칭과 연속성을 관찰할 수 있다. 그의 아버지는 교육 개혁가였는데, 그가 이룬 모종의 성과가 아들의 디자인 교육에 직접적인 영향을 미쳤다. 아이브가 대학 시절 수행한 전공 프로젝트는 흰색 플라스틱 재질의 미래형 전화기였다. 그가 탠저린에서 제작한 태블릿 시제품은 애플에 영입되는 계기가 되었다.

아이브의 경력에는 인맥(그리니어와 브러너)과 우연(브러너의 애플행)이 적잖은 영향을 끼쳤다. 그러나 몇 차례 행운이 작용하긴 했지만 아이브 스스로 자신의 운을 개척한 것 역시 사실이다.

그는 항상 디자인에 미친 듯이 몰두했다. 어린 시절에는 단지 재능이 있는 정도가 아니라 디자인 신동이었다. 영국의 초등학생들에게 디자인에 대한 열정을 불어넣는 일에 헌신한 아버지의 도움도 받았다. 뉴캐슬 과학 기술 대학의 교육은 손으로 무언가를 제작하는 실습이 주류를 이뤘고, 덕분에 그는 제작에 대한 관심을 꾸준히 키울 수 있었고, 이는 훗날 가급적 많은 시제품을 제작하려는 열의와 새로운 형태의 대량 생산을 개척하려는 열정으로 재현되었다.

탠저린에서 컨설턴트로 일했던 초기 경력은 그에게 컨설팅 조직의 사고방식을 심어 주고 작업 흐름을 일깨워 주었다. 아이브는 그때 배운 것을 그대로 애플에 적용해 대기업 내부에서 컨설팅 회사처럼 움직이는 디자인 스튜디오를 완성할 수 있었다.

"다수의 고객을 상대로 폭넓고 다양한 제품을 디자인하는 독립된 작업 환경에서 일을 배웠던 터라 대규모 조직에 들어가면 한정된 작업만 하게 되지는 않을지 걱정이 적지 않았지요." 언젠가 아이브는 이렇게 말했다. "하지만 막상 애플로 옮기고 보니 그런 걱정은 기우에 불과하더군요. 컴퓨터는 물론이고 헤드폰과 리모컨, 마우스, 스피커 등 정말 다양한 부품 및 제품을 디자인하거든요."[28]

뉴턴 메시지패드와 20주년 기념 맥을 위시하여 그가 애플에서 디자인한 초기 작품들은 모종의 불길한 조짐을 알리는 전령과 같았다. 하지만 아이브는 애플이 어려움을 겪을 때 핵심 팀원들을 영입했으며 애플이 암흑 속에서 헤맬 때도 그들을 보호하고 성장시켰다. 그렇게 형성된 팀이 바로 수년 후에 연달아 대박을 터뜨리며 회사에 공헌한 것이다.

아이브는 애플을 떠나려고 마음먹은 시점에 운명적으로 스티브 잡스를 만났다. 둘은 아이맥을 필두로 서로 호흡을 맞추면서 역사상 가장 풍요로운 결실을 안겨 준 창의적 파트너십을 형성했다. 또한 둘은 엔지니어링이 주도하는 문화를 훨씬 더 응집력 있게 통합된 디자인 주도 방식으로 바꾸었으며, 그럼으로써 애플이 하는 모든 일에 디자인을 스며들게 했다.(하드웨어든 소프트웨어든 광고든, 모든 창의적 엔지니어링이 디자인에 속한다.)

후속 제품을 개발하며 아이브는 늘 보다 나은 방법을 찾으려는 마음으로 새로운 재료와 제조 방식을 깊이 탐구하여 새로운 지평을 열기에 이르렀다. 아이팟은 아이브의 단순화 철학이 낳은 결정체였다. 또 하나의 복잡한 MP3 플레이어가 되는 것으로 끝날 수도 있었던 그것을 아이브는 이후의 모바일 기기들이 디자인의 단초로 삼는 상징적 제품으로 탈바꿈시켰다. 이후 그가 선보인 두 가지의 유쾌한 혁신은 아이폰과 아이패드였다. 이 둘은 "다른 것을 생각하는 철학"의 산물이자, 창의적 엔지니어링을 여러 수준의 문제 해결에 합리적으로 적용해서 얻은 결과물이었다.

유니보디 프로세스는 제조 프로세스에 단순화를 적용한 아이브의 천재성이 돋보이는 성과다. 기계 공정으로 이룬 성과를 보건대 그가 산업적 규모의 제조 방법에 있어 모종의 정점에 올라섰다고 해도 무방할 것이다. 놀랄 것도 없이 2012년 D&AD는 애플을 지난 50년 역사상 최고의 브랜드이자 최고의 디자인 스튜디오로 선정했다. D&AD 상은 기술 업계의 오스카 상으로 통하는데, 아이브는 그 상을 무려 열 차례나 수상했다.(어떤 디자이너보다도 수상 횟수가 많다.)

단순화 프로세스는 디자인의 기본 개념으로, 모든 디자이너 지망생이 학교에서 배우는 정신이다. 하지만 모든 전공자가 이를 실무에 적용하는 것은 아니며, 더욱이 아이브처럼 엄격한 규율로 삼고 지키는 경우는 매우 드물다. 만약 조너선 아이브의 작업에 한 가지 비결 같은 게 있다면 그것은 실로 단순화 철학을 맹종하는 태도가 아닐까 싶다. 이 접근 방식은 주요 혁신 제품 상당수의 성공 이유로 유명하지만, 일부 실패작과 또 일부 출시 철회 제품의 원인이 되기도 했다. 제대로 된 제품을 완성하기 위해 엄청난 시간과 노력을 투입하는 의지와 집념은 대학 신입생 때 착수했던 프로젝트 이후 그만의 전매특허로 자리 잡았다.

아이브의 궁극적인 목표는 디자인이 사라져 보이지 않게 만드는 것이다. 칭퍼드 출신의 이 수줍음 많은 소년은 사용자가 그의 디자인 작업을 전혀 눈치채지 못할 때 가장 행복하다고 말한다. "디자이너가 이렇게 말하면 의아해할지도 모르지만, 나는 디자이너가 내 면전에 대고 자신의 꼬리를 흔들고 있는 것 같은 제품을 접할 때 정말 짜증이 납니다. 우리의 목표는 단순한 제품입니다. 여타의 다른 방식으로는 상상할 수도 없을 정도로 단순한 제품 말입니다. (중략) 제대로 된 디자인이라면 사용자를 더 가까이 끌어당겨 제품에 더욱 집중하게 만들지요. 예컨대 뉴 아이패드를 위해 우리가 제작한 아이포토 앱은 사용자의 마음을 사로잡아 아이패드를 사용하고 있다는 사실마저 잊게 만들거든요."<sup>29</sup>

앤드루 하가든은 데이비스 소재 캘리포니아 주립 대학의 디자인 및 혁신 학부 교수로 아이브가 팀장을 맡기 전에 애플 디자인 스튜디오에 몸담았던 인물이다. 그는 아이브가 컴퓨터와 스마트폰을 필수품으로 만들었을 뿐 아니라 보다 나은 디자인을 갈구하는 문화를 촉진하고 있다고 말했다.

"아이맥이 젤리빈(겉은 약간 단단하면서도 부드러운 사탕을 씌우고 속은 젤리로 채운 콩 모양의 과자. ─옮긴이) 색상으로 출시되었을 때 다른 많은 제품들이 그 디자인 방식을 모방했죠. 여섯 가지 젤리빈 색상을 적용한 스테이플러가 나왔을 정도였으니까요. 아이맥은 그렇게 소비자를 전과는 사뭇 다른 디자인 애호가로 바꾸어 놓았습니다. 그게 아마 오늘날의 우리로 하여금 보다 나은 디자인을 기대하게 만든, 단일 요인으로는 가장 큰 요인이 아니었나 싶습니다. 애플 덕분에 우리는 허접스러운 휴대용 컴퓨터와 멋진 휴대용 컴퓨터, 쓰레기 같은 전화기와 준수한 전화기를 비교하게 되었습니다. 비포 애프터 효과를 경험한 셈이지요. 한 세대가 아니라 불과 몇 년 사이에 말입니다. 어느 날 갑자기 6억 명이나 되는 인구가 이전에 쓰던 전화기를 부끄럽게 만드는 스마트폰을 손에 쥐었단 말입니다. 우리의 문화 속에서 디자인 교육이 펼쳐지고 있는 셈입니다."<sup>30</sup>

현재 아이브의 도전 과제는 애플을 계속 새롭고 혁신적인 기업으로 유지하는 일이다. 잡스가 복귀하기 전 암울한 시기에 애플의 가장 큰 리스크는 리스크를 감수하지 않는다는 데에 있었다. 만약 잡스가 돌아와서 리스크를 감수하지 않았다면(일부는 엄청난 보상을 안겨 주었다.) 애플은 이미 업계에서 퇴출되었을지도 모른다. 오늘날 확고한 영역을 구축한 데다가 몇몇 시장까지 장악한 애플은 이미 엄청나게 성공한 기업으로서 큰 위험에서는 벗어난 상태다. 또 주요 제품들의 각 세대는 더 점진적으로 도약할 것이며 그에 따라 리스크는 더 적어질 것이다.

그러나 애플의 성공으로 인해(그리고 아이브가 회사에 도입한 연속성으로 인해) 고객들은 이제 앞으로 나올 제품의 외관을 거의 예측할 수 있는 단계에 이르렀다. 새로움이 안겨 주는 충격은 이제 사라지고 없다. "애플은 그동안 브랜드 DNA를 주도면밀하게 창출해 왔어요. 그런데 그것이 이제는 빠져나올 수 없을 정도로 애플의 목을 옭아매는 올가미로 작용하고 있습니다." 알렉스 밀턴 교수의 경고다. "과거 애플은 대안적인 그 무엇이었는데, 이제는 자리를 옮겨 주류 중에 주류로 통하고 있지 않습니까."[31]

밀턴은 이를 아이브가 긴장해야 할 상황으로 풀이한다. 최근 아이브가 다녔던 것과 같은 종류의 디자인 스쿨 졸업생들이 그의 미학을 거부하는 움직임을 보이고 있기에 더욱 그렇다. "아이브는 이제 기득권 세력입니다. 그가 이 시점에서 자문해야 할 질문은 '나를 재창조할 수 있을 것인가? 아니면 그냥 시간 속에 갇힐 것인가?' 하는 겁니다." 밀턴의 단언이다. "아울러 애플은 새로운 언어를 찾아야 합니다. 문제는 어디서 무엇을 찾아내야 하는가에 있습니다. 분명 조너선 아이브는 애플의 다음 행보를 주도할 수단을 보유하고 있습니다. 애플의 재력을 이용하면 됩니다. 하지만 지금부터 전과는 비교할 수 없을 정도로 어려운 과정이 시작될 겁니다."

# 감사의 말

우선 집필을 종용한 에이전트 테드 와인스타인에게 감사드린다. 사장인 에이드리언 잭하임을 비롯하여 여러모로 도움을 제공해 준 포트폴리오 출판사의 팀원에게도 깊이 감사한다. 내털리 호바쳅스키와 브룩 케리는 탁월한 편집 실력을 유감없이 발휘해 주었고 휴 하워드는 이야기를 다듬는 등 탈고 후의 원고를 잘 손질해 주었다.

호세 가르시아 페르모소와 나의 친동생 알렉스 카니는 관련 인물을 찾고 접촉하고 취재하는 과정에서 개인적으로 큰 도움을 제공했다.

여러 차례에 걸쳐 오랜 기간 자리를 비운 컬트 오브 맥 블로그를 운영하고 글을 올리는 데 도움을 준 존 브라운리에게도 감사드리며, 블로그 관리에 만전을 기해 준 동료들, 찰리와 버스터, 킬리언, 알렉스, 롭, 어폰에게도 심심한 감사를 표한다.

책을 쓰는 과정에서 다른 저자들의 도움도 많이 받았다. 특히 폴 컨켈의 『애플 디자인』과 루크 도멜의 『애플 혁명』, 월터 아이작슨의 스티브 잡스 전기가 크게 도움이 되었음을 밝힌다.

## 애플의 보안 문화와 집필 자료

애플 캠퍼스에 있는 컴퍼니 스토어에 가면 티셔츠를 살 수 있다. 셔츠 앞면에는 이런 글귀가 인쇄돼 있다. "애플 캠퍼스를 방문했다. 하지만 내가 말해도 되는 것은 그 사실뿐이다." 애플에 대해 취재할 때 겪게 되는 상황을 단적으로 요약한 표현이 아닐까 싶다.

회사에 대한 이야기를 들려 달라고 설득하는 일은 결코 쉽지 않다. 애플 직원들은 입을 열지 않는다. 심지어 30년 전에 있었던 일을 두고도 묵묵부답이다. 회사는 철저히 기밀을 유지하며 직원은 어떤 사실이든(무엇에 관한 것이든) 발설하면 해고감이다. 본사 직원뿐 아니라 하청 업체 및 협력 업체 직원 모두가 기밀 유지 서약에 서명했기에 자칫 실수라도 하면 계약 파기뿐 아니라 법적 소송까지 당할 수도 있다. 직원들은 현재 준비 중인 제품에 관한 계획뿐 아니라(이건 이해가 가지만) 예전의 프로젝트에 대해서도 끝끝내 침묵을 지킨다. 기밀 유지는 애플이 기업 비밀로 간주하는 내부 프로세스는 물론이고 본사의 일거수일투족 전체에 적용된다. 이를테면 애플이 회의를 진행하는 방식만 새어 나가도 경쟁 업체에 보탬이 될 수 있다는 식이다.

애플은 알 필요가 있는 정보만 제공하는 문화를 보유한 조직이다. 마치 스파이 조직처럼 운영된다. 모든 직원이 고도로 전문화된 업무에 종사하므로 업무에 필요한 최소한의 정보만 제공받는다. 소수의 경영진과 수석 부사장들은 전체적인 그림을 파악할 수 있지만, 담당이 아닌 부서의 업무 진행 상황이나 일반 구성원 사이에서 벌어지는 일은 모를 때도 허다하다.

기밀 유지는 애플 문화에 깊이 뿌리박혀 있으며, 침묵은 호흡만큼이나 자연스러운 것으로 간주된다. 애플 직원들은 거대한 애플 풍선에 갇혀 사는 셈이다. 그들은 콘퍼런스에 참가하거나 강연을 하지도 않는다. 실리콘밸리의 전문가 모임이나 동호회에 나타나는 경우도 거의 없다. 지인들도 애플 친구라면 일에 대해서 묻지 말아야 한다는 것쯤은 잘 안다. 행여 그런 주제를 꺼내기라도 하면 미안해하는 미소에 묻히고 만다. 심지어 배우자와도 회사 얘기는 공유하지 않는다. 필자가 이 책을 위해 취재차 만난 어느 여성 디자이너는 부부가 일에 대한 얘기를 입 밖에 꺼내지 않으려고 특히 조심한다고 했다. 다들 그들이 뭔가를 말해 주길 기대하는 눈치라 그렇다는 것이다. 그들 부부는 실수하지 않기 위해 노력을 더 기울여야 하는 셈이다.

이 책을 쓰기 위해 현 애플 직원과 최근에 회사를 나온 사람을 중심으로 약 200명 정도 되는 사람들을 만났다. 기록해서 보도해도 무방하다며 흔쾌히 이야기하는 사람도 일부 있었지만, 그보다 훨씬 많은 수의 사람들이 익명을 요구했다. 애플 측은 수차례의 코멘트 요청을 그저 묵살하는 것으로 일관했다.

그럼에도 필자와 필자의 취재 파트너는 끈질긴 설득으로 여러 사람들의 입을 여는 데 성공했으며, 그들로부터 공개 및 비공개 조건으로 애플과 조너선 아이브, 그리고 그들의 독특한 기업 문화에 관해 많은 얘기를 들을 수 있었다. 아이브와 수십 년을 밀접한 관계 속에서 일한 몇몇을 포함하여 주요 인물들을 취재한 부분은 특히 주목할 만하다. 그들은 우리를 스튜디오 내부로 안내했을 뿐 아니라 애플을 지탱하는 사고방식에 대해서도 설명했다. 이례적인 일이었다. 그들이 제공한 정보와 수년간의 애플 생활에 대한 세세한 경험담은 가치를 따질 수 없을 정도로 귀중한 자료가 되었다.

그러한 인터뷰와 광범위한 조사, 동영상, 녹취록, 신제품 발표 자료, 책, 기사, 애플 제품 등을 토대로 필자는 조너선 아이브의 이력 및 영향력 이면에 내재된 진실을 최대한 이 책에 담아낼 수 있었다.

# 주

## 1 학창 시절

1 London Design Museum, interview with Jonathan Ive, http://designmuseum.org/design/jonathan-ive, last modified 2007.

2 Interview with Ralph Tabberer, January 2013.

3 Ibid.

4 Design and technology curriculum of UK schools, http://www.education.gov.uk/schools/toolsandinitiatives/a0077337/design-and-technology-dt, updated November 25, 2011.

5 Interview with Malcolm Moss, January 2013.

6 Interview with Ralph Tabberer, January 2013.

7 Rob Waugh, "How Did a British Polytechnic Graduate Become the Design Genius Behind £200 Billion Apple?", *Daily Mail*, http://www.dailymail.co.uk/home/moslive/article-1367481/Apples-Jonathan-Ive-How-did-British-polytechnic-graduate-design-genius.html, last modified 3/19/13.

8 John Coll and David Allen (Eds.), *BBC Microcomputer System User Guide*, http://regregex.bbcmicro.net/BPlusUserGuide-1.07.pdf

9 Rob Waugh, "How did a British polytechnic graduate become the design genius behind £200 billion Apple?"

10 Shane Richmond, "Jonathan Ive Interview: Apple's Design Genius Is British to the Core", *Telegraph*, http://www.telegraph.co.uk/technology/apple/9283486/Jonathan-Ive-interview-Apples-design-genius-is-British-to-the-core.html, May 23, 2013.

11 Walter Isaacson, *Steve Jobs*(Simon & Schuster, 2011), Kindle edition.

12 Paul Kunkel, *AppleDesign*(New York: Graphis Inc., 1997), p. 253.

13 David Barlex, "Questioning the Design and Technology Paradigm", Design

& Technology Association International Research Conference, April 12~14, 2002, pp. 1~10, https://dspace.lboro.ac.uk/dspace-jspui/bitstream/2134/3167/1/Questioning%20the%20design%20and%20technology%20paradigm%20.pdf

14 Mike Ive OBE, keynote address 1, "Yesterday, Today and Tomorrow", NAAIDT Conference 2003 Wales, Developing Design and Technology Through Partnerships, archive.naaidt.org.uk/news/docs/conf2003/MikeIve/naaidt-03.ppt

15 E-mail from a former schoolmate, October 2012.

16 Interview with Craig Mounsey, March 2013.

17 Interview with Dave Whiting, September 2012.

18 Interview with Phil Gray, January 2013.

19 Ibid.

20 "Provisional GCE or Applied GCE A and AS and Equivalent Examination Results in England", http://www.education.gov.uk/researchandstatistics/datasets/a00198407/a-as-and-equivalent-exam-reults-2010-11

21 John Arlidge, "Father of Invention", *The Observer*, http://observer.guardian.co.uk/comment/story/0,6903,1111276,00.html, December 21, 2003.

## 2 영국식 디자인 교육

1 Northumbria University, About Us page, http://www.northumbria.ac.uk/sd/academic/scd/aboutus/

2 Interview with David Tonge, January 2013.

3 Interview with Paul Rodgers, October 2012.

4 Interview with Craig Mounsey, March 2013.

5 Design for Industry, BA(Hons), Course Information, 2013 entry, http://www.northumbria.ac.uk/?view=CourseDetail&code=UUSDEI1

6 Industrial Placement Information Handbook, Northumbria University School of Design, Placement Office, 2011~2012, http://www.northumbria.ac.uk/static/5007/despdf/school/placementhandbook.pdf

7 Octavia Nicholson, "Young British Artists", from Grove Art Online, Oxford University Press, http://www.moma.org/collection/theme.php?theme_id=10220

8   Interview with Penny Sparke, September 2012.

9   Interview with Alex Milton, October 2012.

10  Ibid.

11  Carl Swanson, "Mac Daddy", *Details* Vol. 20 Issue 4, February 2002.

12  Nick Carson, first published in Issue 5 of *TEN4*: Jonathan Ive: http://ncarson. wordpress.com/2006/12/12/jonathan-ive/, Jonathan Ive in conversation with Dylan Jones, editor of British *GQ*, following his award of honorary doctor at the University of the Arts London, November 16, 2006.

13  Ibid.

14  Rob Waugh, "How Did a British Polytechnic Graduate Become the Design Genius Behind £200 Billion Apple?"

15  Clive Grinyer, History, http://www.clivegrinyer.com/history.html

16  Luke Dormehl, *The Apple Revolution: Steve Jobs, the Counter Culture and How the Crazy Ones Took Over the World*(Random House, 2012), Kindle edition.

17  Interview with Clive Gryiner, January 2013.

18  Interview with Peter Phillips, January 2013.

19  Interview with Phil Gray, January 2013.

20  Luke Dormehl, op. cit.

21  Ibid.

22  Peter Burrows, "Who Is Jonathan Ive?", *Businessweek*, originally in Radical Craft Conference, the Art Center College of Design in Pasadena, California, http:// www.businessweek.com/stories/2006-09-24/who-is-jonathan-ive, Septermber 26, 2006.

23  Luke Dormehl, op. cit.

24  Jonathan Ive, "Travel and Attachment Report", http://www.thersa.org/about-us/ history-and-archive/archive/archive-search/archive/r31382, 1987~1988, 1988~1989.

25  The Royal Society for the Encouragement of Arts, Manufactures and Commerce, History, http://www.thersa.org/about-us/history-and-archive

26  Interview with Craig Mounsey, March 2013.

27  Interview with Barry Weaver, January 2013.

28 Ibid.

29 Interview with David Tonge, January 2013.

30 The Design Council Collection, The Design Council/The Manchester Metropolitan University, Design Council, Design Centre, Haymarket, London. Young Designers Centre Exhibition 1989. Radio hearing aid designed by Jonathan Ive of Newcastle Polytechnic. http://vads.ac.uk/large.php?uid=114262&sos=0

31 Peter Burrows, "Who is Jonathan Ive?"

32 Luke Dormehl, op. cit.

33 Melanie Andrews, "Jonathan Ive & the RSA's Student Design Awards", RSA's Design and Society blog, http://www.rsablogs.org.uk/category/design-society/page/3/, May 25, 2012.

34 London Design Museum, interview with Jonathan Ive, http://designmuseum.org/design/jonathan-ive, last modified 2007.

35 Ibid.

## 3 런던 생활

1 Robert Brunner Facebook page, https://www.facebook.com/robertbrunnerdesigner/info

2 Interview with Robert Brunner, March 2013.

3 Ibid.

4 Ibid.

5 Ibid.

6 Melanie Andrews, "Jonathan Ive & the RSA's Student Design Awards".

7 Interview and e-mails with Barrie Weaver, January 14, 2013.

8 Interview with Phil Gray, January 2013.

9 Ibid.

10 Interview and e-mails with Barrie Weaver, January 2013.

11 Interview with Clive Grinyer, January 2012.

12 Ibid.

13 Documents provided by Martin Darbyshire, May 2013.

14  Ibid.

15  Luke Dormehl, op. cit.

16  Interview with Paul Rodgers, October 2012.

17  Interview with Clive Grinyer, January 2012.

18  Luke Dormehl, op. cit.

19  Interview with David Tonge, January 2013.

20  Interview with Peter Phillips, January 2013.

21  Paul Kunkel, op. cit, p. 254.

22  Ibid.

23  Interview with Clive Grinyer, January 2013.

24  Ibid.

25  Paul Kunkel, op. cit, p. 254.

26  Interview with Clive Grinyer, January 2013.

27  Documents provided by Martin Darbyshire, May 2013.

28  Peter Burrows, "Who is Jonathan Ive?"

29  London Design Museum, interview with Jonathan Ive.

30  Interview with Phil Gray, January 2013.

31  Interview with Robert Brunner, March 2013.

32  John Sculley on Steve Jobs, YouTube, www.youtube.com/watch?v=S_JYy_0XUe8

33  Harry McCracken, "Newton Reconsidered", *Time*, http://techland.time.com/2012/06/01/newton-econsidered/, June 1, 2012.

34  Paul Kunkel, op. cit, pp. 237~238.

35  Ibid.

36  Luke Dormehl, op. cit.

37  London Design Museum, interview with Jonathan Ive.

38  Paul Kunkel, op. cit, pp. 236~246.

39  Interview with Robert Brunner, March 2013.

40  Luke Dormehl, op. cit.

41  Interview with Martin Darbyshire, May 2013.

42  Paul Kunkel, op. cit, p. 254.

43  Luke Dormehl, op. cit.

44  Interview with Robert Brunner, March 2013.

45  Ibid.

46  Luke Dormehl, op. cit.

47  Ibid.

48  Interview with Robert Brunner, March 2013.

49  Paul Kunkel, op. cit, p. 255.

50  Luke Dormehl, op. cit.

51  Interview with Peter Phillips, January 2013.

52  Peter Burrows, "Who Is Jonathan Ive?"

53  London Design Museum, interview with Jonathan Ive.

54  Ibid.

55  Interview with Peter Phillips, Spring 2013.

## 4 애플 입사 초기 시절

1  John Markoff, "At Home with Jonathan Ive: Making Computers Cute Enough to Wear", http://www.nytimes.com/1998/02/05/garden/at-home-with-jonathan-ive-making-computers-cute-enough-to-wear.html, published Feruary 05, 1998.

2  Paul Kunkel, op. cit, p. 81.

3  Interview with Robert Brunner, March 2013.

4  Ibid.

5  Ibid.

6  Interview with Rick English, December 2012.

7  Ibid.

8  Paul Kunkel, op. cit, pp. 229~230.

9  Ibid.

10  College of Creative Arts, Massey University, http://creative.massey.ac.nz.

11  Paul Kunkel, op. cit, p. 253.

12  Interview with Robert Brunner, March 2013.

13  Ibid.

14 Ibid.

15 Paul Kunkel, op. cit, pp. 253~256.

16 Ibid.

17 Ibid.

18 Ibid.

19 Ibid., p. 256.

20 Ibid.

21 Ibid.

22 Ibid., p. 258.

23 Interview with Rick English, December 2012.

24 Poornima Gupta and Dan Levine, "Apple Designer: iPhone Crafters Are 'Maniacal'", http://www.reuters.com/article/2012/08/01/us-apple-samsung-designer-idUSBRE87001O20120801, July 31, 2012.

25 Paul Kunkel, op. cit, p. 266.

26 Ibid., p. 265.

27 Interview with Don Norman, September 2012.

28 Paul Kunkel, op. cit, p. 272.

29 Ibid., p. 274.

30 Ibid., p. 275.

31 Ibid., pp. 272~277.

32 Interview with Clive Grinyer, January 2013.

33 Jim Carlton, *Apple: The Inside Story of Intrigue, Egomania and Business Blunders*(HarperBusiness, 1997), p. 412.

34 Paul Kunkel, op. cit, p. 65.

35 Daniel Turner, *MIT Technology Review 2007*, http://www.technologyreview.com/Biztech/18621/, May 1, 2007.

36 Ibid.

37 Ibid.

38 Rachel Metz, "Behind Apple's Products is Longtime Designer Ive", *Associated Press*, http://usatoday30.usatoday.com/tech/news/story/2011-08-26/Behind-

Apples-products-is-longtime-designer-Ive/50150410/1, updated 8/26/2011.

39 Walter Isaacon, op. cit.

40 Interview with Jon Rubinstein, October 2012.


## 5 돌아온 잡스와 만나다

1 Walter Isaacson, op. cit.

2 Steve Jobs at Apple's Worldwide Developers Conference 1998, video, http://www.youtube.com/watch?v=YJGcJgpOU9w

3 Apple 10K Annual Report 1998: http://investor.apple.com/secfiling.cfm?filingID=1047469-98-44981&CIK=320193; and Apple 10K Annual Report 1995: http://investor.apple.com/secfiling.cfm?ilingID=320193-95-16&CIK=320193

4 Walter Isaacson, op. cit.

5 Ibid.

6 Rob Walker, "The Guts of a New Machine", *New York Times*, http://www.nytimes.com/2003/11/30/magazine/the-guts-of-a-new-machine.html, November 30, 2003.

7 Paul Kunkel, op. cit, p. 21.

8 Ibid., p. 24.

9 Ibid., p. 26.

10 Walter Isaacson, op. cit. Named after the Bob Dylan song "Stuck inside of Mobile with the Memphis Blues Again". The group's leader was a fan.

11 Bertrand Pellegrin, "Collectors Give '80s Postmodernist Design 2nd Look", *San Francisco Chronicle*, http://www.sfgate.com/homeandgarden/article/Collectors-give-80s-postmodernist-design-2nd-look-2517937.php, January 15, 2012.

12 Andy Reinhardt, "Steve Jobs on Apple's Resurgence: Not a One-Man Show", *Businessweek*, http://www.businessweek.com/bwdaily/dnflash/may1998/nf80512d.htm, May 12, 1998.

13 Bill Buxton, *Sketching User Experiences: Getting the Design Right and the Right Design*(Morgan Kaufman, 2007), pp. 41~42.

14 Ibid.

15  Peter Burrows, "Who is Jonathan Ive?"

16  Walter Isaacson, op. cit.

17  Interview with Doug Satzger, January 2013.

18  Alan Deutschman, *The Second Coming of Steve Jobs*(Random House, 2001), p. 251.

19  Walter Isaacson, op. cit.

20  Jennifer Tanaka, "No More Beige boxes", *Newsweek*, http://www.thedailybeast.com/newsweek/1998/05/18/what-inspires-apple-s-design-guru.html, 05/18/1998.

21  Paul Kunkel, op. cit, p. 280.

22  Delphine Hirasuna, "Sorry, No Beige", *Apple Media Arts* Vol. 1 no. 2, p. 4, http://timisnice.blogspot.com/2011/02/interviewing-jonathan-ive-delphine.html, Summer 1998.

23  Ibid.

24  Interview with Paul Dunn, July 2013.

25  Mark Prigg, "Sir Jonathan Ive: The iMan Cometh", *London Evening Standard*, http://www.standard.co.uk/lifestyle/london-life/sir-jonathan-ive-the-iman-cometh-7562170.html, March 12, 2012.

26  Interview with Marj Andresen, December 2012.

27  Interview with Roy Askeland, July 2013.

28  Interview with Paul Dunn, July 2013.

29  Walter Isaacson, op. cit.

30  Dike Blair, "Bondi Blue", Interview with Jonathan Ive for *Purple #2*, Winter 98/99, pp. 268~275.

31  Walter Isaacson, op. cit.

32  Benj Edwards, "The Forgotten eMate 300 — 15 Years Later", originally in *Macweek*, December 21, 2012.

33  Interview with Doug Satzger, January 2013.

34  Walter Isaacson, op. cit.

35  Apple brochure from 1977, noted in Walter Isaacson, op. cit.

36  David Kirkpatrick, reporter associate Tyler Maroney, "The Second Coming

of Apple Through a Magical Fusion of Man — Steve Jobs — and Company, Apple Is Becoming Itself Again: The Little Anticompany That Could", *Fortune*, http://money.cnn.com/magazines/fortune/fortune_archive/1998/11/09/250834/, November 9, 1988.

37  Dike Blair, "Bondi Blue".

38  Walter Isaacson, op. cit.

39  Ibid.

40  Interview with Don Norman, September 2012.

41  Leander Kahney, "Interview: The Man Who Named the iMac and Wrote Think Different", *Cult of Mac*, http://www.cultofmac.com/20172/20172/, November 3, 2009.

42  Ibid.

43  Ibid.

44  Ibid.

45  Ibid.

46  Interview with Amir Homayounfar, April 2013.

47  Walter Isaacson, op. cit.

48  Ibid.

49  Jodi Mardesich, "Macintosh Power Play $1,299 PC: A Combination of Techno-Lust and Fashion Envy; It'll Be Available in 90 Days", *San Jose Mercury News*, May 7, 1998.

50  Steve Jobs, Apple Special Event, introduction of the iMac, May 6, 1998, http://www.youtube.com/watch?v=oxwmF0OJ0vg

51  Interview with Doug Satzger, January 2013.

52  Hiawatha Bray, "Thinking Too Different", *Boston Globe*, May 4, 1998.

53  Matt Beer, "New Unit Built with Users, Not Engineers, in Mind", *Vancouver Sun*, August 13, 1998.

54  "Will iMac Ripen Business for Apple?", *Associated Press*, published on Cnn.com, http://www.cnn.com/TECH/computing/9808/15/imac/, August 15, 1998.

55  "Apple Computer's Futuristic New iMac Goes on Sale", *Associated Press*, http://

chronicle.augusta.com/stories/1998/08/15/tec_236131.shtml, August 15, 1998.

56 Jon Fortt, "New iMac Friendlier, but Apple Falls Short", *San Jose Mercury News*, January 14, 2002.

57 Theresa Howard, "See-Through Stuff Sells Big: iMac Inspires Clear Cases for Other Gadgets", *USA TODAY*, December 26, 2000.

58 Interview with Penny Sparke, September 2012.

59 Theresa Howard, "See-Through Stuff".

60 CNET News.com staff, "Gates Takes a Swipe at iMac", CNET, http://news.cnet. com/Gates-takes-a-swipe-at-iMac/2100-1001_3-229037.html, July 26, 1999.

61 James Culham, "Forever Young: From Cars to Computers to Furniture, the Current Colourful, Playful, Almost Toy-like Design Esthetic Owes More to the Playhouse Than the Bauhaus", *Vancouver Sun*, February 10, 2001.

62 Walter Isaacson, op. cit.

63 Delphine Hirasuna, "Sorry, no beige."

## 6 연달아 대박을 터뜨리다

1 Interview with Doug Satzger, January 2013.

2 Walter Isaacson, op. cit.

3 Interview with a former Apple executive, December 2012.

4 Phil Schiller testimony during Apple v. Samsung trial, trial transcript online at Groklaw (but behind paywall).

5 Interview with a former Apple executive, December 2012.

6 Interview with Sally Grisedale, February 2013.

7 Lev Grossman, "How Apple Does It", *Time*, http://www.time.com/time/magazine/ article/0,9171,1118384,00.html, October 16, 2005.

8 Neil Mcintosh, "Jobs Unveils the G4 Super Mac", *Guardian*, http://www.guardian. co.uk/technology/1999/sep/02/onlinesupplement1, September 1, 1999.

9 Walter Isaacson, op. cit.

10 Interview with Jon Rubinstein, October 2012.

11 Mark Prigg, "Sir Jonathan Ive: The iMan Cometh", *London Evening Standard*,

http://www.standard.co.uk/lifestyle/london-life/sir-jonathan-ive-the-iman-cometh-7562170.html

12 Jonathan Ive in Apple iBook G3 Introduction, 2007, video, http://www.youtube.com/watch?v=_X9PWjUD9gU

13 Henry Norr, "iBook Looks Less Different: This Time, Enternal Features Distinquish Apple's Noebook", *San Francisco Chronicle*, http://www.sfgate.com/business/article/REVIEW-iBook-looks-less-different-This-time-2920054.php, May 17, 2001.

14 Steve Gillmor, "Off the Record", *Infoworld*, http://www.infoworld.com/d/developer-world/record-937, October 21, 2002.

15 Interview with Jon Rubinstein, October 2012.

16 Jonathan Ive, "Celebrating 25 Years of Design", Design Museum 2007, http://designmuseum.org/design/jonathan-ive.

17 Christopher Stringer testimony during Apple v. Samsung trial, trial transcript online at Groklaw (but behind paywall).

18 Ibid.

19 Simon Jarry, "2001MW Expo: Titanium G4 PowerBook stunner", Macworld UK, http://www.macworld.co.uk/mac/news/?newsid=2323, January 10, 2001.

20 Jonathan Ive in Apple iBook G3 Introduction, 2007.

21 Ibid.

22 John Siracusa, "G4 Cube & Cinema Display", http://archive.arstechnica.com/reviews/4q00/g4cube_cd/g4-cube-3.html, October 2000.

23 Andrew Gore, "The Cube", Macworld.com, http://www.macworld.com/article/1015641/buzzthe_cube.html, October 1, 2000.

24 John Siracusa, "G4 Cube & Cinema Display".

25 Apple.com press releases, "Apple to Report Disappointing First Quarter Results", http://www.apple.com/pr/library/2000/12/05Apple-To-Report-Disappointing-First-Quarter-Results.html, December 5, 2000.

26 Brad Gibson, "Macworld: Numbers Tell the Story for Apple Sales", *PC World*, http://www.macworld.com/article/1021753/apple.html, January 19, 2001.

## 7 철의 장막 뒤의 디자인 스튜디오

1  Charles Piller, "Apple Finds Its Design Footing Again with iMac", *LA Times*, http:// articles.latimes.com/1998/jun/08/business/fi-57794, June 8, 1998.

2  Marcus Fairs, "Jonathan Ive", *ICON*, http://www.iconeye.com/read-previous-issues/ icon-004-|-july/august-2003/jonathan-ive-|-icon-004-|-july/august-2003, July/ August 2003.

3  Lev Grossman, "How Apple Does It".

4  Interview with a former Apple engineer, June 2013.

5  Interview with Jon Rubinstein, October 2012.

6  Interview with Doug Satzger, January 2013.

7  Christopher Stringer testimony, Apple v. Samsung trial, San Jose Federal Courthouse, July 2012.

8  Ibid.

9  Ibid.

10  Interview with Gautam Baksi, June 2013.

## 8 아이팟 디자인

1  Steven Levy, *The Perfect Thing: How the iPod Shuffles Commerce, Culture, and Coolness*(Simon & Schuster, 2006), p. 36.

2  Ibid., p. 38.

3  Ibid., p. 133.

4  Sheryl Garratt, "Jonathan Ive: Inventor of the decade", *The Guartdian*, http://www. guardian.co.uk/music/2009/nov/29/ipod-jonathan-ive-designer, November 28, 2009.

5  Leander Kahney, "Straight Dope on the IPod's Birth", http://www.wired.com/ gadgets/mac/commentary/cultofmac/2006/10/71956, October 26, 2006.

6  Interview with Tim Wasko, April 2013.

7  Rob Walker, "The Guts of a New Machine", *New York Times Magazine*, http:// www.nytimes.com/2003/11/30/magazine/the-guts-of-a-new-machine. html?pagewanted=all&src=pm, November 30, 2003.

8  Jonathan Ive, "iPod — 2001 and 2002", Design Museum Online Exhibition, http://
    designmuseum.org/exhibitions/online/jonathan-ive-on-apple/ipod-emac

9  Interview with Chris Lefteri, October 2012.

10  Steven Levy, op. cit, p. 78.

11  Ibid., pp. 99~100.

12  Jonathan Ive in Apple Original iPod Introduction, 2006, video, http://www.
    youtube.com/watch?v=TSqNHGJw2qI

13  Steven Levy, op. cit, p. 50.

14  Macslah Forum post, found on "Apple's 'breakthrough' iPod", Brad King and
    Farhad Manjoo, Wired.com, http://www.wired.com/gadgets/miscellaneous/
    news/2001/10/47805, October 23, 2001.

15  Apple, "Introducing the First iPod", http://www.youtube.com/watch?v=BCYhrt_
    PF7Q

16  Steven Levy, op. cit, p. 51.

17  Johnny Davis, "Ten Years of the iPod", The Guardian (UK), http://www.guardian.
    co.uk/technology/2011/mar/18/death-ipod-apple-music, March 17, 2011.

## 9 제조와 재료, 그리고 여타 문제들

1  Walter Isaacson, op. cit.

2  Ibid.

3  Garry Barker, "The i of the Beholder", interview with Jonathan Ive, Sydney
    Morning Herald, http://www.smh.com.au/articles/2002/06/19/1023864451267.html,
    June 19, 2002.

4  Henry Norr, "Apple's New iMac: Team Develops Unique Ideas", San Francisco
    Chronicle, January 8, 2002.

5  Ibid.

6  Garry Barker, "The i of the Beholder".

7  Walter Isaacson, op. cit.

8  Apple iMac G4 , 2011, video, http://www.youtube.com/watch?v=0Ky_vxFBeJ8

9  "Apple Takes a Bold New Byte at iMac", New Zealand Herald, http://www.nzherald.

co.nz/technolog y/news/ar t icle.cfm?c_id=5&objectid=787149, January 21, 2002.

10 Email from Ken Segall, April 2013.

11 Interview with Dennis Boyle, October 2012.

12 Steven Levy, "The New iPod", *Newsweek*, http://www.thedailybeast.com/ newsweek/2004/07/25/the-new-ipod.html, July 25, 2004.

13 Steven Levy, op. cit, p. 102.

14 Jonathan Ive in conversation with Dylan Jones, editor of British *GQ*, following his award of honorary doctor at the University of the Arts London, © Nick Carson 2006. First published in issue 5 of *TEN4*, http://ncarson.wordpress. com/2006/12/12/jonathan-ive/, November 16, 2006.

15 IDEA, www.idsa.org/award

16 *ICON* 004, http://www.iconeye.com/read-previous-issues/icon-004|-july/ august-2003/jonathan-ive-|-icon-004-|-july/august-2003, July/August 2003.

17 Neil Mcintosh, "Return of the Mac", http://www.guardian.co.uk/ artanddesign/2003/jun/04/artsfeatures.shopping, June 3, 2003.

18 Ibid.

19 Garry Barker, "Hey Mr. Tangerine Man", *Sydney Morning Herald*, http://www. smh.com.au/articles/2003/06/11/1055220639850.html, June 12, 2003.

20 Nathalie Atkinson, "That New White Magic", *Saturday Post*, Canada, http:// www.nationalpost.com/search/site/story.asp?id=1378CAFA-0509-4389-8B7E-4333915AF45A, August 2, 2003.

21 Larry Elliott, "Better Design Requires Better Product", http://www.guardian.co.uk/ business/2005/nov/21/politics.economicpolicy, November 20, 2005.

22 Ibid.

23 Jonny Evans, "Apple Design Chief Jonathan Ive Collects CBE", Macworld, http:// www.macworld.co.uk/mac/news/?newsid=16510, November 17, 2006.

24 Marcus Fairs, *ICON*, http://www.iconeye.com/read-previous-issues/icon-004-|-july/august-2003/jonathan-ive-|-icon-004-|-july/august-2003, July /August 2003.

25 Dick Powell, "At the Core of Apple", *Innovate* Issue 6, Summer 2009, http://www. innovation.rca.ac.uk/cms/files/Innovate6.pdf

26 Phil Schiller, Apple v. Samsung trial testimony.

27 Walter Isaacson, op. cit.

28 Apple Press info, "Tim Cook Named COO of Apple", http://www.apple.com/pr/
library/2005/10/14Tim-Cook-Named-COO-of-Apple.html, October 14, 2005.

29 Interview with Jon Rubinstein, October 2012.

30 Leander Kahney, *Inside Steve's Brain*, expanded edition(Portfolio, 2009), p. 96.

31 Joel West, "Apple Computer: The iCEO Seizes the Internet", http://www.scribd.
com/doc/60250577/APPLE-Business, October 20, 2002.

32 Adam Lashinsky, "Tim Cook: The Genius Behind Steve", *Fortune*, http://money.
cnn.com/2011/08/24/technology/cook_apple.fortune/index.htm, August 24, 2011.

33 Interview with Doug Satzger, January 2013.

34 Walter Isaacson, op. cit.

35 Ibid.

## 10 아이폰

1 Walter Isaacson, op. cit.

2 Ibid.

3 Ibid.

4 John Paczkowski, "Apple CEO Steve Jobs Live at D8", http://allthingsd.
com/20100601/steve-jobs-session/, June 1, 2010.

5 Scott Forstall, Apple v. Samsung trial testimony.

6 Ibid.

7 Kevin Rose, "Matt Rogers: Founder of Nest Labs interview", *Foundation 21*, 2012,
video, http://www.youtube.com/watch?v=HegU77X6I2A

8 "On the verge," The Verge, April 29, 2012, video http://www.theverge.
com/2012/4/30/2987892/on-the-verge-episode-005-tony-fadell-and-chris-grant

9 Walter Isaacson, op. cit.

10 Scott Forstall testimony at Apple v. Samsung trial.

11 Apple v. Samsung trial, deposition of Jonathan Ive.

12 Ibid.

13 Ibid.

14 Ibid.

15 Charles Duhigg and Keith Bradsher, "How the U.S. Lost Out on iPhone Work", *New York Times*, http://www.nytimes.com/2012/01/22/business/apple-america-and-a-squeezed-middle-class.html, January 21, 2012.

16 Bryan Gardiner, "Glass works: How Corning Created the Ultrathin, Ultrastrong Material of the Future", Wired.com, http://www.wired.com/wiredscience/2012/09/ff-corning-gorilla-glass/all/, September 24, 2012.

17 Walter Isaacson, op. cit.

18 Fred Vogelstein, "The Untold Story: How the iPhone Blew Up the Wireless Industry", Wired.com, http://www.wired.com/gadgets/wireless/magazine/16-02/ff_iphone, January 1, 2008.

19 Katherine Rushton, "Apple Design Chief Sir Jonathan Ive: iPhone was 'Nearly Axed'", http://www.telegraph.co.uk/technology/apple/9440639/Apple-design-chief-Sir-Jonathan-Ive-iPhone-was-nearly-axed.html, July 31, 2012.

20 Fred Vogelstein, "The Untold Story".

21 Christopher Stringer, Apple v. Samsung trial testimony.

22 Janko Roettgers, "Alan Kay: With the Tablet, Apple Will Rule the World", Gigaom. com, http://gigaom.com/2010/01/26/alan-kay-with-the-tablet-apple-will-rule-the-world/

## 11 아이패드

1 Walter Isaacson, op. cit.

2 Brian Heater, "Steve Jobs Shows No Love for Netbooks", http://www.pcmag.com/article2/0,2817,2358514,00.asp, January 28, 2010.

3 Walter Isaacson, op. cit.

4 Ibid.

5 Christopher Stringer, Apple v. Samsung trial testimony.

6 Charles Arthur, "Netbooks Plummet While Tablets and Smartphones Soar, says Canalys", *The Guardian*, http://www.guardian.co.uk/technology/blog/2012/

feb/03/netbooks-pc-canalys-tablet, February 3, 2012.

7 Apple Press info, "Mark Papermaster Joins Apple as Senior Vice President of Devices Hardware Engineering", http://www.apple.com/pr/library/2008/11/04Mark-Papermaster-Joins-Apple-as-Senior-Vice-President-of-Devices-Hardware-Engineering.html, November 4, 2008.

8 Fadell declined to comment.

9 Jonathan Ive in Apple iPad 2 official video 2011, video, http://www.youtube.com/watch?v=fjlvmbJEUmk, March 2011.

10 Ibid.

11 David Pogue, "This Year, Gift Ideas in Triplicate", *New York Times*, http://www.nytimes.com/2012/11/01/technology/personaltech/presenting-the-nook-hd-ipad-mini-and-windows-phone-8-review.html, October 30, 2012.

12 Gartner Inc., "Gartner Says Worldwide PC, Tablet and Mobile Phone Shipments to Grow 5.9 Percent in 2013 as Anytime-Anywhere Computing Drives Buyer Behavior", http://www.gar tner.com/newsroom/id/2525515, June 24, 2013.

## 12 유니보디 시대를 열다

1 Apple special event video, Oct 14: Apple Notebook Event 2008, New Way to Build 2-/6, 2008, video, http://www.youtube.com/watch?v=7JLjldgjuKI

2 Ibid.

3 Interview with Doug Satzger, January 2013.

4 Apple special event video, Oct 14.

5 Interview with Chris Lefteri, October 2012.

6 Interview with a former Apple engineer, June 2013.

7 Personal interview, June 2013.

8 Interview with Dennis Boyle, October 2012.

9 Interview with a former Apple engineer, June 2013.

10 Horace Dediu, "How Much Do Apple's Factories Cost?", http://www.asymco.com/2011/10/16/how-much-do-apples-factories-cost/, October 16, 2011.

11 Greenpeace, "Guide to Greener Electronics 18", http://www.greenpeace.org/new-

zealand/en/Guide-to-Greener-Electronics/18th-Edition/APPLE/, November 2012.

12 Interview with Kyle Wiens, June 2013.

13 Interview with Doug Satzger, January 2013.


## 13 애플의 MVP

1 Walter Isaacson, op. cit.

2 Ibid.

3 Ibid.

4 Jemima Kiss, "Apple's Worst Nightmare: Is Jonathan Ive to Leave?", http://www. theguardian.com/technology/pda/2011/feb/28/apple-jonathan-ive, February 28, 2011.

5 Maurice Chittenden and Sean O'Driscoll, "I Created the iPad and iClaim my £18m", http://www.thesundaytimes.co.uk/sto/news/uk_news/Tech/article563855.ece, February 27, 2011.

6 Martha Mendoza, "Apple Designer as Approachable as His iMac", *Associated Press*, April 8, 1999.

7 Shane Richmond, "Jonathan Ive interview".

8 Ibid.

9 Interview with Phil Gray, January 2013.

10 Apple WWDC 2010 — iPhone4 Introduction, 2010, video, http://www.youtube. com/watch?v=z__jxoczNWc

11 Apple Press info, "Apple Announces Changes to Increase Collaboration Across Hardware, Software & Services", http://www.apple.com/pr/librar y/2012/10/29Apple-Announces-Changes-to-Increase-Collaboration-Across- Hardware-Software-Services.html, October 29, 2012.

12 Mark Gurman, "Tim Cook Emails Employees, Thanks Scott Forstall, Says Bob Mansfield to Stay On for Two Years", http://9to5mac.com/2012/10/29/tim-cook- emails-employees-thanks-scott-forstall-says-bob-mansfield-to-stay-on-for- two-years/, October 29, 2012.

13 Nick Wingfield and Nick Bilton, "Apple Shake-Up Could Lead to Design Shift", New York Times, http://www.nytimes.com/2012/11/01/technology/apple-shake-

up-could-mean-end-to-real-world-images-in-software.html, October 31, 2012.

14 Shane Richmond, "Jonathan Ive Interview".

15 Apple 2013 Worldwide Developers Conference, keynote video: http://www. youtube.com/watch?v=qzUH9PJA1Ro, June 10, 2013.

16 Interview with Sally Grisedale, February 2013.

17 Interview with Larry Barbera, June 2013.

18 Alex Schleifer, "The Age of the User Interface", http://saydaily.com/2013/02/ design-really-is-everything-now.html, February 15, 2013.

19 Josh Tyrangiel, "Tim Cook's Freshman Year: The Apple CEO Speaks", *Bloomberg Businessweek*, http://www.businessweek.com/articles/2012-12-06/tim-cooks-freshman-year-the-apple-ceo-speaks, December 6, 2012.

20 Walter Isaacson, op. cit.

21 Ibid.

22 Shane Richmond, "Jonathan Ive Interview: Simplicity Isn't Simple".

23 Katherine Rushton, "Apple Design Chief: 'Our Goal Isn't to Make Money'", *Telegraph*, http://www.telegraph.co.uk/technology/apple/9438662/Apple-design-chief-Our-goal-isnt-to-make-money.html, July 30, 2012.

24 Katherine Rushton, "Apple Design Chief Sir Jonathan Ive: iPhone Was 'Nearly Axed'", *Telegraph*, http://www.telegraph.co.uk/finance/newsbysector/mediatechn ologyandtelecoms/9440639/Apple-design-chief-Sir-Jonathan-Ive-iPhone-was-nearly-axed.html, July 31, 2012.

25 Interview with Clive Grinyer, January 2013.

26 Ibid.

27 Jonathan Ive, speaking in Objectified documentary, 2009.

28 London Design Museum, interview with Jonathan Ive.

29 Mark Prigg, "Sir Jonathan Ive: Knighted for Services to Ideas and Innovation", *The Independent*, http://www.independent.co.uk/news/people/profiles/sir-jonathan-ive-knighted-for-services-to-ideas-and-innovation-7563373.html, March 13, 2012.

30 Interview with Andrew Hargadon, October 2012.

31 Interview with Alex Milton, October 2012.

# 찾아보기

옮긴이 **안진환**

1963년 서울 출생. 경제경영 분야에서 활발하게 활동하고 있는 전문 번역가이다. 연세
대학교 졸업 후 번역 활동을 하며 명지대학교와 성균관대학교에 출강했고, 2014년 현
재 번역 에이전시 인트랜스와 번역 아카데미 트랜스쿨의 대표이다. 저서로 『영어실무번
역』, 『Cool 영작문』 등이 있으며, 역서로 『스티브 잡스』, 『넛지』, 『괴짜경제학』, 『빌 게
이츠@생각의 속도』, 『스틱!』, 『스위치』, 『포지셔닝』, 『왜 도덕인가』, 『전쟁의 기술』,
『The One Page Proposal』, 『마켓 3.0』, 『불황의 경제학』, 『이코노믹 씽킹』, 『실리콘
밸리 스토리』 등이 있다.

# 조너선 아이브 Jony Ive

위대한 디자인 기업 애플을 만든 또 한 명의 천재

1판 1쇄 펴냄  2014년 4월  4일
1판 4쇄 펴냄  2022년 8월 17일

지은이  리앤더 카니
옮긴이  안진환
발행인  박근섭, 박상준
펴낸곳  (주) 민음사

출판등록  1966. 5. 19. (제 16-490호)
주소      서울특별시 강남구 도산대로1길 62(신사동)
          강남출판문화센터 5층 (135-887)
대표전화  515-2000 / 팩시밀리 515-2007
홈페이지  www.minumsa.com

한국어 판 ⓒ (주) 민음사, 2014. Printed in Seoul, Korea

ISBN  978-89-374-8902-0 03320

독자 검토에 참여해 주신 신정규, 위민복, 유정일 님께 감사드립니다.